"十三五"国家重点图书出版规划项目
中国互联网金融研究丛书
丛书主编 裴平

互联网金融时代中国普惠金融发展研究

查华超 裴平 著

南京大学出版社

裴平 管理学博士，1993—2004年担任南京大学金融学系主任，2004—2015年担任南京大学商学院副院长，2013—2017年受聘为教育部高等院校金融学类专业教学指导委员会委员。现为南京大学国际金融管理研究所所长，二级教授，博士生导师，南京大学教学名师和优秀共产党员，赵世良讲座教授，江苏省优秀研究生导师，国家精品课程"国际金融学"负责人，国家社会科学基金重大项目"互联网金融的发展、风险与监管研究"（14ZDA043）首席专家，享受国务院特殊津贴。兼任中国金融学年会理事、中国保险学会理事、中国国际金融学会理事、中国上市公司协会独立董事专门委员会副主任、江苏国际金融学会副会长、江苏保险学会副会长、江苏互联网金融协会副会长、江苏上市公司协会独立董事专门委员会主任。主要讲授国际金融学、国际金融研究、高级金融学，以及社会主义政治经济学等课程。主持和参加省校级以上科研项目20多个，已出版《中国货币政策传导研究》《美国次贷风险引发的国际金融危机研究》《互联网+金融：金融业的创新与重塑》和《国际金融学》等著作和教材27部，在《经济研究》《管理世界》《金融研究》和《经济学家》等期刊发表论文220多篇，30多次获省校级以上教学科研优秀成果奖。曾赴比利时、美国、墨西哥、荷兰、奥地利、日本、新加坡、越南、中国台湾、中国香港和中国澳门等海外国家与地区攻读学位或从事学术交流。

查华超 经济学博士，现为安徽财经大学经济学院讲师，主要从事金融科技、普惠金融、金融发展和碳金融等领域的研究，已主持和参加安徽省哲学社会科学规划项目、安徽省人文社会科学重点项目、安徽省教育厅高等学校省级质量工程项目等省级课题近10项，在《统计与信息论坛》《经济与管理研究》《当代经济管理》《西安财经学院学报》《南京财经大学学报》等期刊发表论文20余篇，主要讲授宏观经济学、微观经济学、公司经济学、经济分析方法与手段（实验）和制度经济学等课程，2次获省级教学成果奖。

总　序

一

1994年4月,中国国家计算机与网络设施(The National Computing and Networking Facility of China,简称 NCFC)通过美国移动运营商(SPRINT)全功能接入国际互联网 64K 专线,从而拉开了中国与世界互联互通的历史帷幕。1997年7月,中国银行在互联网上建立专门网页介绍中国银行的主要业务,这标志着中国互联网金融开始萌芽。2013年6月,以"余额宝"的推出为里程碑,中国进入"互联网金融元年"。

2014年3月,国务院总理李克强在十二届全国人民代表大会的政府工作报告中指出"要促进互联网金融健康发展",这引起理论界和实务部门对互联网金融的高度重视。互联网金融是指基于互联网,采用先进信息和通信技术,实现支付、结算、投融资和中介服务的新型金融业务模式。为推进互联网金融的理论探索和业务实践,国家社会科学基金于2014年初发布了中国第一个以"互联网金融"为研究主题的重大项目。2014年7月,经过充分论证和认真准备申报材料,我作为首席专家,带领以南京大学教授和博士生为主的课题组成功获得"互联网金融的发展、风险与监管研究"重大项目(14ZDA043)的立项。

几年来,课题组成员积极投入到重大项目的研究之中,如多次举办高层次互联网金融论坛,到阿里巴巴等互联网公司的互联网金融平台和工商银行等各类金融机构的互联网金融部门深入调研,并且还组织和参与了互联网金融的创业实践。目前,课题组提交的三份决策咨询报告得到了副省级以上领导的肯定性批示,在《经济研究》等刊物公开发表了标注项目编号的论文78篇,出版了《互联网+金融:金融业的创新与重塑》等著作4部,完成了与互联网金融相关的博士学位论文7篇,而且还与江苏广播电视总台等单位联合录制了《互联网金融风云人物访谈》(1—4),多次获优秀成果奖。为不断深化互联网金融研究,课题组决定撰写和出版《中国互联网金融研究丛书》。经申报和评审,《中国互联网金融研究丛书》成功入选"十三五"国家重点图书出版规划项目。2021年2月9日,"互联网金融的发展、风险与监管研究"重大项目(14ZDA043)通过全国哲学社会科学工作办公室组织的评审,顺利结项。

二

回顾历史,以蒸汽机发明与应用为代表的第一次工业革命使人类社会进入蒸汽机时代,以发电机发明与应用为代表的第二次工业革命使人类社会进入电气时代,以计算机发明与应用为代表的第三次工业革命使人类社会进入信息时代,以网络技术发明与应用为代表的第四次工业革命使人类社会进入互联网时代。第一次工业革命前,以现金和网点为主要特征的传统金融十分活跃。经历了蒸汽机时代、电气时代、信息时代,特别是在迈进互联网时代后,资金融通的底层技术构架在不断升级。随着互联网、大数据、云计算、人工智能和区块链等先进信息技术与金融服务的深入融合,互联网金融的科技含量已经远远超过传统金融的科技含量。尽管如此,互联网金融的支付、结算、投融资和中介服务等基本功能并没有因为科技进步而发生根本变化,互联网金融的本质还是金融。近10年来,互联网支付、网络借贷、股权众筹、互联网保险、互联网基金、互联网信托,以及互联网消费金融等业务模式各异的互联网金融呈现井喷式发展,不仅明显降低了融资成本、提高了金融效率、改善了客户体验,而且推动了金融业的创新与重塑,进而为社会经济发展提供了强有力的金融支持。如今,中国已成为拥有10多亿网民的互联网金融第一大国。

但是,由于社会信用缺失和金融监管不到位等原因,中国互联网金融发展过程中也出现了一些问题和挫折,如不少P2P网络借贷平台侵犯投资者权益等行为严重损害了互联网金融的声誉。在不少场景中,互联网金融被贴上非法集资和危害社会稳定的标签,人们甚至羞于讨论源于中国的"互联网金融",而是较多地讨论源于美国的"金融科技"。其实,这是历史虚无主义和缺乏道路自信的表现。第一,中国的互联网金融萌芽于接入国际互联网后中国银行网页上的金融业务介绍,发轫于阿里巴巴等互联网公司跨界进入金融领域;而美国的金融科技则萌芽于硅谷科技公司为银行业提供性能较好的打票机等设备,发轫于金融机构采用先进信息技术全面提升金融效率。中国互联网金融产生与发展的背景不同于美国金融科技产生与发展的背景。第二,中国互联网金融的基因是"互联网+金融",美国金融科技的基因是"科技+金融"。事实上,当代金融科技也是基于互联网底层技术架构的,即互联网+(如大数据、云计算、人工智能和区块链等)。离开了互联网,就没有当代金融科技,当代金融科技在很大程度上可被视为互联网金融的升级版。第三,不论是互联网金融还是金融科技,它们都是金融与科技深度融合的产物,都有利于发展金融业和服务实体经济。中国对互联网金融进行清理整顿是必要的,但不能在倒"洗澡水"时,把"婴儿"也倒掉。因此,课题组认为,中国的"互联网金融"无须改名换姓为美国的"金融科技"。

为互联网金融正名,坚持中国发展互联网金融的道路自信。课题组不会因互联网金融发展过程中的问题和挫折而在思想认识上摇摆不定,更不会将《中国互联网金融研究丛书》改名为《中国金融科技研究丛书》。课题组始终立足于中国的理论探索和业务实践,通过深入思考和勤奋写作,力争使《中国互联网金融研究丛书》具有较高的学术和应用价值,并且能够在世界金融发展史上留下深刻和闪亮的印记。

三

互联网金融的历史渊源、主要实践和重大影响都根植于中国大地,互联网金融在很大程度上就是中国的著名品牌,中国应该有一部准确记载和科学分析互联网金融历史演进的编年史。课题组有责任肩负起这一使命，即借鉴历史学研究的理论和方法，在广泛收集和认真考证历史资料的基础上，追本溯源，梳理发展脉络，记录重大事件，总结经验教训，并且预测互联网金融发展趋势，撰写一部具有编年史意义的著作。这不仅有利于为中国互联网金融树碑立传，而且有利于以史为鉴，指引中国互联网金融的稳健发展。

互联网金融以不同于传统金融的经营理念和业务模式推动着金融业的创新与重塑，并且能够为实体经济发展提供强有力的金融支持。课题组基于"开放、平等、协作、分享和透明"的互联网精神，研究互联网金融"用户中心、体验至上"的经营理念；研究互联网支付、网络借贷、股权众筹、互联网保险、互联网基金、互联网信托，以及互联网消费金融等业务模式；研究传统金融机构互联网化和互联网公司跨界进入金融领域的路径与策略；研究互联网金融时代中国普惠金融发展等，力求使所做研究具有较高的理论价值和可操作性。

互联网金融借助先进信息技术，对实体经济、金融机构，以及不同社会群体都具有强大的渗透力和影响力。课题组重视互联网金融发展对经济增长、金融机构、小微企业和中低收入群体，以及货币政策有效性等重要方面的影响，并且对这些重要影响进行经济学分析和实证检验，希望所做研究能够为政策制定和企业决策提供科学的依据。

互联网金融不仅面临传统金融的信用风险、流动性风险、市场风险、操作风险和合规风险，而且面临与互联网金融特征相关的征信风险、道德风险、技术风险、"长尾"风险 和声誉风险。这些风险一旦产生，就会在互联网上迅速传播，能够在短时间内造成较大经济损失并诱发社会不稳定事件。针对互联网金融风险的复杂性和特殊性，课题组在对互联网金融风险进行识别的同时，研究互联网金融风险的形成和传导机制，探讨以大数据征信和风险控制为核心的互联网金融风险管理理论与方法，进而为防范互联网金融风险提供有益的借鉴与参考。

互联网金融在中国异军突起。一方面，互联网金融产品和服务创新层出不穷,但其中也混杂着不少资质低下,或超出经营许可范围的不规范行为;另一方面,互联网金融监管的法律法规不健全,分业监管模式和传统监管手段还不能对互联网金融进行有效监管。针对互联网金融监管存在的问题,课题组研究互联网金融监管的法律法规体系,探索互联网金融监管的新模式,提出大数据监管和"监管沙盒"等监管创新的建议。课题组还研究互联网金融的行业自律机制,进而为形成政府监管与行业自律相辅相成的互联网金融监管架构贡献智慧与方案。

在互联网金融平台,数据已成为最重要的生产要素,而且获取数据的成本很低,同样的数据还可以反复使用,原始数据交叉组合又会自动生成新数据……,数据可谓是取之不尽、用之不竭的"金矿"。课题组认为,迅速发展的互联网金融已经动摇了主流经济学"资源稀缺性"的假设前提,并且向主流经济学的"边际革命"理论、货币需求理论,以及厂商理论等发起了挑战,实践呼唤理论创新。课题组把握理论创新的重要机遇,从互联网金融主要实践中抽象和概括出一些重要规律,争取在修正主流经济学局限性和拓展经济学理论框架的同时,为发展具有中国特色的经济学,特别是互联网金融学做出原创性贡献。

中国互联网金融发展还面临不少理论与实践问题,如互联网金融的社会责任、投资者教育,以及知识产权和隐私权保护等问题也都需要研究和解决。随着大数据、云计算、人工智能和区块链等先进信息技术与金融服务的进一步融合,互联网金融的发展趋势更令人关注。因此,课题组必须以更加广阔和长远的眼光,加倍努力和坚持不懈地深化对互联网金融,特别是对中国互联网金融发展的研究。

四

《中国互联网金融研究丛书》的出版是以国家社会科学基金重大项目(14ZDA043)课题组所做研究为基础的,其理论分析框架是比较宏大和严密的,其研究内容也是比较丰富和具有典型意义的。丛书中每一本著作都是作者潜心研究和认真写作的结晶。

　　作为国家社会科学基金重大项目(14ZDA043)的首席专家,我不仅要继续投身于互联网金融的研究和写作,而且要精心组织、修改和编撰丛书中的每一本著作。我相信每一本著作的作者也会与我共同努力,力争使《中国互联网金融研究丛书》成为相关研究领域中的扛鼎之作。

　　我并代表课题组,向所有关心和支持《中国互联网金融研究丛书》出版的专家学者和各界朋友们表示由衷的感谢。

2021 年 1 月 8 日

目 录

导　论	001
第一章　理论分析框架	024
第一节　主要概念的辨析与界定	024
第二节　普惠金融的特征与分类	031
第三节　相关理论	042
第二章　中国普惠金融发展的历史演进与运作模式	049
第一节　中国普惠金融发展的历史演进	049
第二节　中国普惠金融的运作模式	065
第三章　中国普惠金融发展水平的测度方法	103
第一节　普惠金融发展水平测度的原则	103
第二节　中国普惠金融发展指标体系的构建	112
第三节　中国普惠金融发展水平测度方法的选择	123
第四章　互联网金融时代中国普惠金融发展的广度	140
第一节　全国普惠金融发展的广度	140
第二节　分地区普惠金融发展的广度	162
第三节　普惠金融发展广度的进一步探讨	193
第五章　互联网金融时代中国普惠金融发展的深度	203
第一节　全国普惠金融发展的深度	203
第二节　分地区普惠金融发展的深度	234
第三节　普惠金融发展深度的进一步探讨	281

第六章　互联网金融时代中国普惠金融发展中的风险 ………… 293
第一节　普惠金融发展中的风险……………………………………… 293
第二节　普惠金融发展中风险的案例分析…………………………… 311

第七章　研究结论及对策建议……………………………………… 326
第一节　互联网金融时代中国普惠金融发展的成效与不足………… 326
第二节　提高互联网金融时代中国普惠金融发展的整体水平……… 334
第三节　促进互联网金融时代分地区普惠金融的均衡发展………… 341
第四节　加快互联网金融时代中国普惠金融发展的主要策略……… 346

主要参考文献……………………………………………………………… 366
后　记……………………………………………………………………… 379

图目录

图0-1	所做研究的技术路线	020
图2-1	2011—2019年中国第三方支付规模	067
图2-2	个体网络借贷贷款模式	070
图2-3	网络小额贷款公司贷款模式	071
图4-1	网点和人员覆盖广度指数	157
图4-2	金融产品覆盖广度指数	158
图4-3	弱势群体金融服务广度指数	159
图4-4	互联网技术普及度	160
图4-5	征信广度指数	160
图4-6	全国普惠金融发展广度指数	161
图4-7	普惠金融发展广度指数高速增长地区	183
图4-8	普惠金融发展广度指数中速增长地区	183
图4-9	普惠金融发展广度指数低速增长地区	184
图4-10	东部地区普惠金融发展广度指数年均增值	184
图4-11	中部地区普惠金融发展广度指数年均增值	185
图4-12	西部地区普惠金融发展广度指数年均增值	186
图5-1	存贷业务使用深度指数	222
图5-2	证券业务使用深度指数	223
图5-3	保险业务使用深度指数	223
图5-4	支付业务使用深度指数	224
图5-5	弱势群体业务使用深度指数	224
图5-6	其他业务使用深度指数	225
图5-7	存贷业务经济深度指数	226

图 5-8	证券业务经济深度指数	226
图 5-9	保险业务经济深度指数	227
图 5-10	支付业务经济深度指数	228
图 5-11	弱势群体业务经济深度指数	228
图 5-12	其他业务经济深度指数	229
图 5-13	全国普惠金融业务使用深度指数	230
图 5-14	全国普惠金融业务经济深度指数	232
图 5-15	分地区普惠金融业务使用深度指数高速增长地区	261
图 5-16	分地区普惠金融业务使用深度指数中速增长地区	261
图 5-17	分地区普惠金融业务使用深度指数低速增长地区	262
图 5-18	分地区普惠金融业务经济深度指数高速增长地区	263
图 5-19	分地区普惠金融业务经济深度指数中速增长地区	263
图 5-20	分地区普惠金融业务经济深度指数低速增长地区	264
图 5-21	东部地区普惠金融业务使用深度指数年均增长值	265
图 5-22	中部地区普惠金融业务使用深度指数年均增长值	265
图 5-23	西部地区普惠金融业务使用深度指数年均增长值	266
图 5-24	东部地区普惠金融业务经济深度指数年均增长值	267
图 5-25	中部地区普惠金融业务经济深度指数年均增长值	267
图 5-26	西部地区普惠金融业务经济深度指数年均增长值	268
图 6-1	中国普惠金融发展风险分类	295
图 7-1	中国金融监管体制	358

表目录

表1-1	普惠金融的互联网金融服务分类	037
表1-2	普惠金融的传统金融服务分类	039
表1-3	普惠金融的专业化金融服务分类	040
表2-1	2013—2019年中国普惠金融发展成效	061
表2-2	中国主要的第三方移动支付平台	067
表2-3	2015—2017年中国网络众筹发展概况	073
表2-4	2010—2019年中国银行业基础设施建设	082
表2-5	2010—2019年中国银行业传统金融服务概况	083
表2-6	2010—2019年中国"三农"、小微企业及国家助学贷款概况	085
表2-7	2010—2019年中国农村金融机构和城市商业银行发展概况	087
表2-8	中国银行业互联网金融服务创新概况	089
表2-9	2010—2019年中国保险业发展概况	092
表2-10	2010—2017年中国证券业发展	096
表2-11	中国传统券商移动证券业务排名TOP 10	098
表2-12	2010—2019年中国小额贷款公司发展概况	100
表3-1	国际性组织构建的普惠金融指标体系	104
表3-2	国内外学者构建的多国或地区普惠金融指标体系	106
表3-3	国内学者构建的中国普惠金融指标体系	107
表3-4	中国普惠金融发展广度指标体系	113
表3-5	中国普惠金融业务使用深度指标体系	117
表3-6	中国普惠金融业务经济深度指标体系	118
表3-7	作者所构建指标体系与国内外学者构建指标体系的比较	122
表3-8	层次分析法标度	135

表 3-9	普惠金融测度方法的优缺点比较	137
表 4-1	全国普惠金融发展广度指标体系	141
表 4-2	全国普惠金融发展广度样本数据的描述性统计	144
表 4-3	全国普惠金融发展广度指标的主成分特征值与方差贡献率	148
表 4-4	全国普惠金融发展广度基础指标的主成分系数及权重	149
表 4-5	判断矩阵	151
表 4-6	"全国普惠金融发展广度指标体系"判断矩阵	152
表 4-7	基于主成分分析的维度指标得分	154
表 4-8	调整后的维度指标指数和全国普惠金融发展广度指数	156
表 4-9	分地区普惠金融发展广度指标体系	163
表 4-10	分地区普惠金融发展广度指标样本数据的描述性统计	165
表 4-11	分地区普惠金融发展广度指标的主成分特征值与方差贡献率	168
表 4-12	分地区普惠金融发展广度基础指标的主成分系数及权重	169
表 4-13	"分地区普惠金融发展广度指标体系"判断矩阵	172
表 4-14	2010年分地区普惠金融发展广度的维度指标指数	173
表 4-15	2019年分地区普惠金融发展广度的维度指标指数	175
表 4-16	2010—2019年分地区普惠金融发展广度指数	179
表 4-17	分地区普惠金融发展广度水平区划分	187
表 4-18	东部地区普惠金融发展广度指数比较	189
表 4-19	中部地区普惠金融发展广度指数比较	190
表 4-20	西部地区普惠金融发展广度指数比较	192
表 4-21	普惠金融发展广度的国际评判标准	194
表 4-22	中国普惠金融发展广度的国际比较	195
表 4-23	中国分地区普惠金融发展广度的收敛性检验	199
表 4-24	中国东、中和西部地区普惠金融发展广度的收敛检验	199
表 4-25	互联网技术普及度指数与其余维度指标指数的相关系数	201

| 表录 |

表 4-26　分地区互联网技术普及度指数影响作用的回归分析 ………… 202
表 5-1　全国普惠金融业务使用深度指标体系 …………………… 203
表 5-2　全国普惠金融业务经济深度指标体系 …………………… 204
表 5-3　全国普惠金融业务使用深度样本数据的描述性统计 ……… 207
表 5-4　全国普惠金融业务经济深度样本数据的描述性统计 ……… 208
表 5-5　全国普惠金融业务使用深度指标的主成分特征值与方差贡献率
　　　　………………………………………………………………… 211
表 5-6　全国普惠金融业务使用深度基础指标的主成分系数及权重 … 211
表 5-7　全国普惠金融业务经济深度指标的主成分特征值与方差贡献率
　　　　………………………………………………………………… 212
表 5-8　全国普惠金融业务经济深度基础指标的主成分系数及权重 … 213
表 5-9　"全国普惠金融业务使用深度"判断矩阵 ………………… 214
表 5-10　"全国普惠金融业务经济深度"判断矩阵 ………………… 215
表 5-11　基于主成分法的"全国普惠金融业务使用深度指标体系"维度指标
　　　　得分 ………………………………………………………… 217
表 5-12　基于主成分法的"全国普惠金融业务经济深度指标体系"维度指标
　　　　得分 ………………………………………………………… 218
表 5-13　"全国普惠金融业务使用深度指数"测算结果 ……………… 219
表 5-14　"全国普惠金融业务经济深度指数"测算结果 ……………… 220
表 5-15　全国普惠金融业务使用深度增长水平分析 ………………… 231
表 5-16　全国普惠金融业务经济深度增长水平分析 ………………… 233
表 5-17　分地区金融业务使用深度指标体系 ………………………… 235
表 5-18　分地区金融业务经济深度指标体系 ………………………… 236
表 5-19　分地区普惠金融业务使用深度样本数据的描述性统计 ……… 237
表 5-20　分地区普惠金融业务经济深度样本数据的描述性统计 ……… 239
表 5-21　分地区普惠金融业务使用深度指标的主成分特征值与方差贡献率
　　　　………………………………………………………………… 241

表 5-22	分地区普惠金融业务使用深度基础指标的主成分系数及权重 241
表 5-23	分地区普惠金融业务经济深度指标的主成分特征值与方差贡献率 242
表 5-24	分地区普惠金融业务经济深度基础指标的主成分系数及权重 243
表 5-25	"分地区普惠金融业务使用深度"判断矩阵 244
表 5-26	"分地区普惠金融业务经济深度"判断矩阵 245
表 5-27	2010 和 2019 年分地区普惠金融业务使用深度维度指标指数 246
表 5-28	2010 和 2019 年分地区普惠金融业务经济深度维度指标指数 251
表 5-29	2010—2019 年中国"分地区普惠金融业务使用深度指数"合成结果 255
表 5-30	2010—2019 年中国"分地区普惠金融业务经济深度指数"合成结果 258
表 5-31	中国分地区普惠金融业务使用深度比较 269
表 5-32	中国分地区普惠金融业务经济深度比较 272
表 5-33	东部地区普惠金融业务使用深度指数比较 274
表 5-34	中部地区普惠金融业务使用深度指数比较 275
表 5-35	西部地区普惠金融业务使用深度指数比较 276
表 5-36	东部地区普惠金融业务经济深度指数比较 277
表 5-37	中部地区普惠金融业务经济深度指数比较 279
表 5-38	西部地区普惠金融业务经济深度指数比较 280
表 5-39	普惠金融业务使用深度的国际评判标准 281
表 5-40	中国普惠金融业务使用深度的国际比较 282
表 5-41	普惠金融业务经济深度的国际评判标准 284

| 表目录 |

表 5-42	中国普惠金融业务经济深度的国际比较	284
表 5-43	中国31个省市(自治区)普惠金融业务使用深度的收敛检验	286
表 5-44	中国东、中和西部地区普惠金融业务使用深度的收敛检验	287
表 5-45	中国31个省市(自治区)普惠金融业务经济深度的收敛检验	288
表 5-46	中国东、中和西部地区普惠金融业务经济深度的收敛检验	289
表 5-47	中国31个省市(自治区)金融业务使用深度维度指标指数的回归结果	291
表 5-48	中国31个省市(自治区)金融业务经济深度维度指标指数的回归结果	291
表 6-1	中国普惠金融发展风险的相互关系	301
表 6-2	中国普惠金融发展风险指标重要性评分	307
表 6-3	中国普惠金融发展风险指标的权重	308
表 6-4	中国普惠金融发展风险单指标评价	309
表 6-5	中国普惠金融发展风险评价等级	310
表 7-1	中国普惠金融服务覆盖广度国家标准的构建建议	336
表 7-2	中国普惠金融业务使用深度国家标准的构建建议	337
表 7-3	中国普惠金融发展水平较低地区发展重心及建议	345
表 7-4	中国互联网金融服务平台分类	359

导　论

一、研究背景与意义

（一）研究背景

金融市场存在排斥现象，该现象最早发现于美国，它是指在金融市场里，只有金融机构认可的"优质客户"才能充分享受金融服务，而有相当一部分"劣质客户"，如小微企业主、农户等受到歧视，被排斥在金融服务的大门之外。这一现象在广大发展中国家，特别是贫困落后国家尤为严重。

1974年，穆罕默德·尤努斯在孟加拉国创立小额贷款，为被排斥在金融市场之外的群体提供有效金融服务，成为缓解金融排斥现象的一条可行思路。穆罕默德·尤努斯在贫困的孟加拉国农村，采用建立小组基金和中心基金的方式，为有信贷需求的孟加拉国妇女提供贷款服务，有效解决了她们的资金短缺问题，让孟加拉国贫困人口因享受信贷服务而逐步摆脱贫困，受到孟加拉国农村居民的普遍欢迎。其后，穆罕默德·尤努斯的小额贷款项目越做越大，并于1983年获得银行牌照成立孟加拉乡村银行（Grameen Bank），也称格莱珉银行。孟加拉乡村银行同时还开展针对穷人的住房贷款、教育贷款、水井贷款和乞丐贷款，以及养老保险、人寿保险、移动通信业务等。穆罕默德·尤努斯靠一系列创新，不仅成功开发了孟加拉国农村金融市场，而且围绕金融服务还成功开展了一系列商业活动。他的成功告诉全世界，设计出适合农户需要的经营模式，为贫困农民提供金融服务不仅可行，而且也可盈利和做大做强。

穆罕默德·尤努斯创新的小额贷款模式，以及"整贷零还"①的信贷方式，为世界各国开展针对"弱势群体"的金融服务提供了成功范式。穆罕默德·尤努斯教授，也因此获得2006年诺贝尔和平奖。

孟加拉乡村银行的成功，为世界各国和地区树立了典型榜样，受到世界银行、联合国等国际组织的高度肯定和重视。2005年，联合国将该年的会议主题定为"国际小额信贷年"，并将孟加拉乡村银行的小额信贷理念发扬光大。此次会议首提普惠金融(Inclusive Finance)的概念，提倡在全球范围内发展惠及弱势群体的金融服务，得到了与会各国和地区的一致认可。2008年后，普惠金融联盟(Alliance for Financial Inclusion，AFI)②、全球普惠金融合作伙伴组织(The Global Partnership for Financial Inclusion，GPFI)③等普惠金融国际组织相继成立，致力于在全球范围内推动普惠金融服务的发展。至今，已有多个国家和地区加入这两个国际组织，成为推进一国或地区普惠金融发展的卓越力量。截至2019年，普惠金融联盟(AFI)共有来自90余国的100多个机构成员参加，包括各国中央银行、财政部和监管机构，已覆盖全球近80%的无银行服务地区。全球普惠金融合作伙伴组织(GPFI)，由G20创立，并在2010年于韩国举行的第一次会议上，邀请到肯尼亚、菲律宾、秘鲁、马来西亚、挪威、智利、荷兰、泰国等非G20成员参加了该组织。至2021年初，至少已有100多个国家有发展普惠金融的意向，50多个国家设立促进普惠金融发展的明确目标。

中国政府高度重视普惠金融发展。2005年，由商务部、"全国妇联"、社科院、国务院扶贫办等部门联合牵头的中国小贷联盟成立，主要从事农村扶贫小贷，取得了一定成绩，但因覆盖面偏窄导致整体效果不甚理想。其后，经过数

---

① "整贷零还"为还款方式的一种，即一次借贷后不是一次还本付息，而是数次分散还本付息，如采用按月或按周等方式分散还款。

② 普惠金融联盟成立于2009年9月，总部现设在马来西亚吉隆坡，是一个旨在推动发展中国家、新兴市场国家发展普惠金融的国际协会。

③ 全球普惠金融合作伙伴组织，前身为普惠金融专家组(Financial Inclusion Experts Group，FIEG)，是依托二十国集团所形成的松散性国际组织，成立于2010年。

年努力,到2012年年底,由财政支持的、以扶贫为宗旨的金融服务得到较大发展,而且"小额贷款""农村金融服务"等普惠金融服务也取得了长足进展。尤其是2013年以来,随着中国互联网金融的异军突起,大量非金融机构通过科技手段为广大群体提供支付、结算、转账、信贷、投资、保险和生活缴费等金融服务,从而有力地推动中国普惠金融快速发展。如今在中国,只需手持一部智能手机,就可完成一系列金融活动,这在极大程度上提升了中国普惠金融的服务水平,并促使传统金融机构不断寻求普惠金融服务的创新。

为更好推进普惠金融服务的发展,中国政府更将发展普惠金融提升为国家战略。2015年12月,中国国务院发布首份国家层面的普惠金融发展规划,即《推进普惠金融发展规划(2016—2020年)》(以下简称《规划》)。《规划》明确提出中国"到2020年,建立与全面建成小康社会相适应的普惠金融服务和保障体系",要"积极引导各类普惠金融服务主体借助互联网等现代信息技术手段"。2016年,在中国杭州举行的G20峰会上,作为G20主席国的中国,主持制定和发布了《G20数字普惠金融高级原则》,该文件融合中国发展普惠金融的经验,得到与会各方的高度认同和评价,互联网金融这一创新模式成为全球发展普惠金融的新共识。《规划》还明确指出,虽然中国"普惠金融发展呈现出服务主体多元、服务覆盖面较广、移动互联网支付使用率较高的特点",但因"普惠金融服务不均衡,普惠金融体系不健全,法律法规体系不完善,金融基础设施建设有待加强,商业可持续性有待提升"等问题的存在,中国普惠金融的发展水平仍有待获得全面提升。

(二) 研究意义

1. 理论意义

研究互联网金融时代中国普惠金融发展具有重要的理论意义。其一,以金融抑制论、金融排斥论、信息经济论及金融脱媒论等为理论基础,研究在(移动)互联网、大数据、云计算、人工智能和区块链等技术影响下,中国普惠金融的特征、分类、发展阶段和发展模式等问题将能够诠释和分析互联网金融时代中国普惠金融领域内呈现的新气象。其二,借鉴已有普惠金融研究的理论成果,创新性地将金融广度和金融深度理论引入中国普惠金融研究领域,构建出符合中国互联网金融时代特征的普惠金融发展指标体系,即"中国普惠金融发展广度指标体系""中国普惠金融业务使用深度指标体系"和"中国普惠金融业务经济深度指标体系",并采用主成分分析和层次分析相结合的方式确定指标权重,对中国普惠金融的发展广度和发展深度水平做出测度研究;其三,尝试通过构建具有国际可比性的评判标准,研判中国普惠金融发展的国际水平,进而探讨中国普惠金融发展水平的收敛性,并结合对互联网金融时代中国普惠金融发展风险与监管问题的研究,为中国普惠金融健康发展提供理论指引。

2. 现实意义

自2013年以来,随着互联网金融的逐步兴起,大量非金融机构加入互联网金融服务供给队伍,互联网巨头、电子商务平台和金融科技公司等非金融机构采用独立自建、联合共营、直接入股联姻等方式,推动互联网金融业务的发展,不断活跃着中国普惠金融市场,助力科技引领中国普惠金融发展的新时代到来。

实践上,互联网金融正"倒逼"中国传统金融机构加速金融服务模式创新。如中国商业银行、证券机构和保险公司等"被迫"开始布局互联网普惠金融服务,小贷公司、农村金融机构和其他小型金融机构等也努力以互联网技术提升金融服务水平。但与此同时,中国互联网金融服务的"普惠性"与"野蛮性"并存,传统金融机构发展普惠金融业务和互联网金融业务的步伐依然不大,小贷公司、农村金融机构和其他小型金融机构等发展普惠金融服务缺乏持续性等问题,正导致中国普惠金融发展陷入"非均衡""不完善"和"商业难持续"的困局,甚至引发网络金融诈骗、网络非法集资等新问题的出现。因此,深入探讨互联网金融时代中国普惠金融发展的实际水平和困境问题,为从实践上更好地推动普惠金融加快发展提供现实证据,显得迫切而必要。

因此,研究互联网金融时代中国普惠金融发展也具有重要的现实意义:一是全面梳理中国普惠金融发展进程和运作模式,并尝试将互联网金融纳入中国普惠金融体系之中,利于弥补因忽略互联网金融作用造成对中国普惠金融发展进程认识的不足;二是立足严谨科学的测算原则,在遵循中国普惠金融发展实际进程基础上,分别测算全国层面和分31省市(自治区)的普惠金融发展广度和发展深度水平,有助于全面深入地认识中国普惠金融发展成效和发展问题;三是将系统分析互联网金融时代中国普惠金融发展所面临的风险及监管不足问题,并提出契合互联网金融时代特征的促进中国普惠金融发展的对策建议,从而具有重要的政策和现实指导价值。

二、文献综述

(一) 互联网金融

1. "互联网金融"的提出

1995年10月,美国亚特兰大安全第一网络银行(Security First Network Bank)正式开业,被业界视为互联网金融的标志性开端。在中国,"互联网金融"的概念则由谢平和邹传伟于2012年首次提出。谢平和邹传伟(2012)认为,可能出现不同于商业银行间接融资和资本市场直接融资的第三种融资模式,称为"互联网金融"。

"互联网金融"概念提出后,迅速得到中国社会各界的广泛接受,并且成为理论界和实务部门关注的热点之一。如李博、董亮(2013)认为,互联网金融主要有三种模式,即传统金融服务的互联网延伸、金融的互联网居间服务和互联网金融服务。宫晓林(2013)认为,中国互联网金融模式可归纳为第三方支付、网络借贷和众筹融资。艾瑞咨询集团(2013)从业务角度出发,将互联网金融大致分为支付结算、网络融资、虚拟货币、渠道业务以及信息服务五种。罗明雄(2014)将互联网金融模式做第三方支付、网络借贷、众筹、大数据金融、互联网金融门户和金融机构信息化六分法。谢平(2014)则进一步将其分为传统金融互联网化、移动支付、第三方支付、互联网货币、基于大数据的征信和网络贷款、基于大数据的保险及众筹、互联网消费金融,以及大数据在证券投资中的应用八种模式。

相较于学术界尚未达成一致的概念诠释,中国政府给出了"互联网金融"的官方定义。2015 年 7 月 18 日,由中国人民银行联合有关部委共同起草制定的《关于促进互联网金融健康发展的指导意见》(以下简称《指导意见》)正式对外发布,指导意见明确指出"互联网金融是传统金融机构与互联网企业(以下统称从业机构)利用互联网技术和信息通信技术实现资金融通、支付、投资和信息中介服务的新型金融业务模式"。《指导意见》还将中国互联网金融划分为"互联网支付、网络借贷、股权众筹融资、互联网基金销售、互联网保险、互联网信托和互联网消费金融"七种模式,为中国互联网金融发展指明了方向。

2. 互联网金融对传统金融服务的影响

互联网金融对传统金融服务产生深远影响,就此国内外学者做了深入研究。部分研究指出,互联网金融会给传统金融服务,尤其是给传统商业银行带去巨大挑战。如周宇(2013)认为,互联网金融对传统金融支付方式和交易方式产生颠覆性作用,并对传统金融业务、传统金融机构、传统金融模式和传统金融监管方式提出挑战。刘澜飚、沈鑫、郭步超(2013)从梳理国际上对互联网金融的研究现状和趋势出发,认为互联网金融对传统金融中介的替代作用较小,两者之间存在较大的融合空间。张晓芬、张羽(2013)分析指出,互联网金融企业在金融服务模式上显示出了很强的创新性和竞争性,并且对传统商业银行的管理模式和发展趋势产生了深远的影响。袁博、李永刚、张逸龙(2013)指出,互联网金融不仅是传统金融的有益补充,而且会推动我国的金融效率提升、交易结构和金融架构的深刻变革,互联网金融对原有商业银行带来"去中介化""泛金融化"和"全智能化"的新挑战。曹凤岐(2015)认为,互联网金融对传统金融带来新的挑战和竞争,但同时也催生了新的合作。

还有研究表明,互联网金融与传统金融具有共生性和融合性,互联网金融服务对传统金融服务,尤其是对商业银行服务甚至产生积极的促进作用。如 De Young(2007)通过实证研究发现,互联网金融模式显著地提高了美国社区银行的盈利能力。Lewis(2014)研究了 2006 年以来互联网金融对投资业务的影响,发现依赖计算机编程和高速光纤网络的高频交易,华尔街投行和部分美国机构投资者获取超额投机利润。王达(2015)研究发现,互联网金融加速了美国传统金融机构的信息化转型,美国互联网金融模式已与传统金融模式形成共生、融合的发展格局。李莹(2015)则研究了互联网金融与传统金融相互融合后的银行发展问题,指出互联网金融最终应走向与传统金融融合的结局。徐二明、谢广营(2016)从相对价格与路径依赖角度,分析认为传统金融发展到互联网金融是制度变迁的必然结果。彭迪云、李阳(2015)提出未来互联网金融和传统商业银行之间最好的相处方式,就是带有良性竞争的共生发展。蓝庆新、韩羽来(2018)通过建立 Logistic 增长模型,采用中国 P2P 平台信贷规模数据,实证检验发现传统金融与互联网金融存在非对称性共生关系。

3. 中国互联网金融发展及其监管

与世界其他国家及地区相比,中国互联网金融发展更为迅猛,但因互联网金融而爆发的风险与监管问题也更为复杂,对此,大量国内文献展开了相应研究。

国内大量研究表明,中国互联网金融不仅面临传统金融服务的信用风险、流动性风险和市场风险等,而且还面临战略风险、声誉风险、法律合规风险、信息技术风险和操作风险等新风险。如闫真宇(2013)指出,互联网金融风险主要包括法律政策风险、业务管理风险、网络技术风险、货币政策风险和洗钱犯罪风险等类型,当前我国互联网金融风险虽然总体可控,其发展态势需要密切关注,稳妥应对。刘志洋、汤珂(2014)指出,互联网金融存在一定的传染性风险,并可能加速各类风险之间的转化。霍兵(2014)分析认为,互联网金融交易系统风险主要涉及安全漏洞、不可避免的技术错误、交易或服务平台的不稳定性。朴铭实(2017)认为,应重视互联网发展中所面临的各种风险,尤其是与之相关的网络技术风险、法律法规风险及信用风险。

关于中国互联网金融监管,任春华、卢珊黎(2014)认为,互联网金融风险具有并存性、多样性、虚拟性、超越性和速发性等特点,应遵循一定的原则,从构建互联网金融安全体系、堵塞技术漏、加强市场自律、加强信息披露和完善法律法规等多方面,来加强对中国互联网金融的监管。欧阳资生、莫廷程

(2016)采用互联网金融指数和上证综合指数的日收益率数据,对中国互联网金融风险做了度量,发现 Pareto 极值分布模型能准确反映互联网金融的风险。黎来芳、牛尊(2017)指出,互联网金融风险事件频发对监管提出严峻挑战,应从健全法律法规、明确监管主体、完善监管协调机制和实现金融创新的风险预警等方面,来加强对中国互联网金融风险的监管。胡辰(2017)从 P2B 产业特征出发,以问卷调查分析的方式,论证 P2B 互联网金融风险结构路径,并提出互联网金融风险可控的七大原则。陆岷峰、葛和平(2017)从金融混业经营视角,提出建立金融监管磋商会议制度,以构建系统性金融监管体系和分层次推进混业监管改革。张健(2018)提出应从多方面入手,建立和完善互联网金融监管体系,推动互联网金融健康可持续发展。

4. 互联网金融的升级——金融科技

目前,国内外学者普遍认为互联网金融仅是金融科技的一个阶段,而有关金融科技(Fintech)的研究也处于起步阶段,研究内容则主要集中于金融科技内涵、金融科技领域和金融科技监管等方面。

(1)"金融科技"的提出

金融科技(Fintech)源于美国硅谷的科技企业为金融机构提供先进的技术和设备,以提高金融机构营运效率。其后,美国花旗银行等金融机构也借助硅谷科技企业,或自己搭建科技平台,不断地在其金融服务中采用先进的技术和设备,金融科技概念及其内涵在美国等发达国家逐渐变得清晰。2016 年 3 月国际权威机构金融稳定理事会(Financial Stability Board,FSB)在发布的全球首份金融科技专题报告中对金融科技(Fintech)进行了定义:金融科技是技术带来的金融创新,它能创造新的业务模式、应用、流程或产品,从而对金融市场、金融机构或金融服务的提供方式造成重大影响。

目前理论界对金融科技仍存在认识分歧:一种观点从金融角度出发,认为金融科技的本质为金融;另一种观点则从技术角度出发,认为金融科技的本质为科技。出于所做研究的需要,在此仅关注前一种观点,即:金融科技的本质是金融。对于这一种观点,国际权威机构金融稳定理事会(FSB)认为,金融科技是指技术催生金融创新,推动金融领域内出现新模式、新业务、新流程与新产品的产生,并对金融市场、金融机构或金融服务供给方式造成重大影响。国际证监会组织(IOSCO)认为,可能改变金融服务行业创新的商业模式和新兴技术统称为金融科技。美国国家经济委员会(NEC)将金融科技定义为,覆盖多种类别的技术创新,且此类技术创新会对所有金融活动造成影响,如会影响支付结算、投资理财、筹集资本、存贷款方式、保险业务乃至其他一系列的金融活动。英国金融行为监管局(FCA)指出,能为创新型实现金融服务去中介化目的的新技术即为金融科技。新加坡金融管理局(MAS)将金融科技理解为,运用科技手段来设计金融服务和金融产品。

伴随金融科技的蓬勃发展,国内理论界也开始关注金融科技内涵方面的研究。中国银行业协会首席经济学家巴曙松(2017)指出,金融科技通常被界定为金融和科技的融合,通过技术工具的变革推动金融领域的创新。中国农业银行科技与产品管理局局长刘国建(2017)指出,Fintech(金融科技)是金融和信息技术的融合型产业,是利用各类科技手段对传统金融行业所提供的产品及服务进行革新。易宪容(2017)认为,金融科技主要是指大数据背景下,利用现代科技及数据挖掘而开发的成本低、使用便利、有效的金融产品及服务。

(2) 金融科技领域

金融科技(Fintech)概念虽较晚引入中国,但有关金融科技领域问题的研究也成为当前理论研究焦点之一。

在很多国内外专家学者看来,金融科技就是大数据、云计算、人工智能和区块链等先进信息技术在金融业的应用。如京东发布的《2017 金融科技报告》指出,金融科技主要具有高创新、高度重视客户体验、高扩展性、去中介化、普惠化和易合规等特征,并主要包涵大数据、云计算、人工智能和区块链等一系列技术创新。中国投资资讯网有文章指出①,金融科技主要包括互联网和

---

① 资料来源于中国投资资讯网,网址为:http://www.ocn.com.cn/chanye/201701/wcsxk07093933.shtml。

移动支付、网络信贷、智能金融理财服务以及区块链技术四个部分。李文红、蒋则沈（2017）根据巴塞尔银行监管委员会的分类方法，将金融科技分为支付结算、存贷款与资本筹集、投资管理和市场设施四类，其中，支付结算类主要包括小额零售类支付服务和大额批发类支付服务，存贷款与资本筹集类主要包括 P2P 网络借贷和股权众筹，投资管理类主要是指智能投资顾问和电子交易服务，而市场设施类则包括客户身份认证、多维数据归集处理等、分布式账户、大数据、云计算等基础设施。朱太辉、徐璐（2016）从金融科技对金融稳定发挥作用的角度，提出金融科技的创新点主要在于大数据、云计算、人工智能等。朱俊杰、王彦西、张泽义（2017）指出，中国是金融科技领域的领军者，特别在移动支付、互联网信贷和互联网投资三大领域内处于全球领先水平。

(3) 金融科技的发展与监管

金融科技的发展具有明显的阶段性特征，其中三阶段说影响力最大。如 Zhou W & D.W. Arner et al. (2015) 从较长的历史阶段对金融科技做了三阶段划分，即：1866—1967 年的金融科技 1.0 时代，以电报和电话为代表的技术推动了金融市场的全球化，此阶段的金融行业和科技行业并驾齐驱存在，却未相互融合；1968—2008 年的金融科技 2.0 时代，以计算机为代表的 IT 技术推动金融业无纸化办公的出现，金融业的服务效率大幅度提升，此阶段的科技行业仍仅为金融行业提供科技服务，而其自身并未提供实质性金融服务；2009 年至今的金融科技 3.0 时代，信息技术尤其是移动通信技术的广泛运用，推动科技行业与金融业深度融合与共同发展。中国银行业协会首席经济学家巴曙松（2017）也将中国金融科技发展可分为三阶段：第一个阶段为金融 IT 阶段（或金融科技 1.0）。在此阶段，金融行业通过应用传统 IT 软硬件，实现办公和业务的电子化、自动化，进而提高业务开展效率；第二个阶段为互联网金融阶段（或金融科技 2.0 阶段）。在此阶段，金融机构通过搭建在线业务平台，实现金融业务中的资产端、交易端、支付端、资金端的任意组合的互联互通，创新出互联网基金销售、P2P 网络借贷和互联网保险等互联网金融模式；第三个阶段为金融科技 3.0 阶段。在此阶段，大数据、云计算、人工智能、区块链等新的

| 导 论 |

IT技术开始被广泛应用于金融行业,金融服务效率得到大幅度提升。

金融科技发展促进了金融创新,但同时也使许多游走于传统监管边缘的违法行为难以被及时发现和有效控制,进而使金融风险扩散,影响金融体系的安全与稳健。对此,国内外理论界做了深入研究。新斌、曾令华(2009)通过考察金融危机的共性发现,金融科技发展在促成市场流动性逆转和金融危机生成中起着至关重要的作用,所以要将市场流动性纳入监控范围,并加强对金融创新活动的监管。英格兰银行行长Mark Carney(2017)指出,政策制订者为了保持金融稳定,应对金融科技的风险进行细致管理。夏杨东(2017)指出,金融科技背景下金融发展风险与挑战,主要来自操作风险、信用风险和合规性风险等,故而要借助信息工具规制金融风险、要保护消费者利益和树立穿透式监管理念。IMF课题组(2017)指出,技术改变着金融服务业的效益和市场结构,金融监管必须保持实时有效,监管因此对技术的发展有着重要影响。尹海员(2017)通过分析"监管沙盒"的模式和意义,提出将金融科技创新纳入监管沙盒内进行监管是解决中国金融科技,包括互联网金融监管问题的一个有效途径。杨松、张永亮(2017)则从法律视角提出,金融科技监管应从"命令控制型监管"转向"调适性监管",同时需注重规则监管与原则监管的协调。

(二) 普惠金融

国内外有关普惠金融研究的文献较多,具体涉及小额信贷与包容性金融、普惠金融内涵与特征、普惠金融发展水平及测度、普惠金融发展的影响因素、普惠金融发展效应和数字普惠金融等内容。

1. 小额信贷与包容性金融

在普惠金融概念提出以前,相关研究多以其雏形——小额信贷为主要对象。国内外有关小额信贷的研究主要涉及小额信贷机构的可持续性、小额信贷机构的产品和服务供给、小额信贷有效性以及小额信贷影响等方面问题。

在实践上,大部分小额信贷机构运行的收益均不足以抵消其成本,很多小贷公司依赖政府财政和慈善捐赠生存,这严重影响到小额信贷机构的可持续性。对此,部分研究认为可采用"最优实践"准则,即小额信贷机构只要遵循项目收益能覆盖项目运营成本的原则就能持续。如 Hollis & Sweetman(1998) 分析发现"最优实践"准则制度设计，促成 19 世纪英国、德国和意大利的贷款基金获得成功，但依靠救助的贷款基金也显脆弱。还有研究表明，贷款机构要保证持续性并不需要实现收支平衡。如 Hermes et al.(2004)实证分析表明，小额信贷机构的可持续性与贷款覆盖深度（衡量收支平衡）之间负相关。

部分文献关注了小额信贷机构应提供怎样的产品和服务等方面问题。其中，Nourse(2001)认为小信额款机构应提供多样化的服务，不仅要提供信用还应提供储蓄和保险服务。Garg & Pandey(2007)通过研究印度金融系统指出，银行和小额信贷机构都不能代替高利贷的作用，所以小额信贷机构只能提供有限的金融服务。小额信贷是否缓解了贫困，对此方面的研究也有分歧。Adams & Pischke(1992)研究发现，农村信贷机构非常失败，不仅未消除贫困反而浪费大量公共资金。Woller et al.(1999)则指出，大量采用诸如集团贷款、村镇银行等技术创新，小额信贷机构将会取得成功。此外，还有研究关注小额信贷的影响问题。Chemin(2008)& Rashid et al.(2011)研究表明，小额信贷机构拓展了穷人的融资渠道，能够有效减少贫困。

就中国而言，小额信贷是普惠金融服务的重要实践模式之一，但也存在较多的发展问题。如刘锡良、洪正(2005)认为，政府和非政府背景的正规的小额信贷机构，在同一地区同时开展小额信贷时可能会形成相互间的盲目竞争，导致市场缺乏效率。程恩江、刘西川(2010)实证考察发现，小额信贷有效缓解了农户正规信贷配给问题。周孟亮等(2012)的研究表明，小额信贷无法实现"资金"与"机制"有效结合，公益性小额信贷、小额信贷公司均难以承担服务"三农"的重任。吴晓灵(2013)指出，小额信贷在身份定位、政策环境、税收制度等方面存在着诸多困难，应为小额信贷发展提供良好制度环境，使其利率能覆盖风险。

普惠金融概念提出以来，一些中国学者将其翻译为包容性金融，并对之做了深入研究。如时任中国人民银行行长周小川(2013)指出，发展包容性金融有助于进一步加强金融服务实体经济和改善民生，中国要设立清晰、合理、有效的包容性金融战略目标,要建立一套与战略相匹配的政策体系和指标体系。崔艳娟、刘旸(2017),从金融服务深度、广度、效度和稳定性4个维度,选用2008—2013年数据测算发现,中国各地区包容性金融发展水平存在显著差异。谢家智、王文涛、李尚真(2017)认为,包容性金融发展应涵盖金融发展的普惠性、经济与金融的耦合性、金融发展的创新性三个维度,并对产业结构升级具有促进效应。

包容性金融发展能够对收入分配和减少贫困等产生积极影响。对此,张彤进、任碧云(2016)研究发现,包容性金融发展对中国劳动收入份额上升有显著的正面作用。张彤进、任碧云(2017)还发现,包容性金融发展对中国缩小城乡居民收入差距具有明显的促进作用。车树林、顾江(2017)利用平衡面板数据实证检验后发现包容性金融发展对中国农村人口具有显著的减贫效应。

概括而言,小额信贷因其天生具有收益低、融资难及难持续等缺陷,并非是提供普惠金融服务的最佳选择,相反,包容性金融的发展在很多方面都比小额信贷更优越,也更易推动金融服务普惠大众,尤其是能更有效地减轻贫困人口的贫困程度。

2. 普惠金融内涵及发展水平

"普惠金融"一词,源于对"Inclusive Financial System"的翻译。周小川(2013)和任碧云、张彤进(2015)等学者将之翻译为"全面的金融体系""包容体系"或"包容性",焦瑾璞(2010)和高霞(2016)等大部分学者则更加认可中国小贷联盟白澄宇秘书长的"普惠金融体系"这一译义。在2006年"第一届亚洲小贷论坛"上,时任中国人民银行研究局副局长的焦瑾璞,在发言中首次公开使用"普惠金融体系"的提法,自此"普惠金融"一词被中国社会各界所熟知。

对于普惠金融的内涵,联合国及世界银行的通常提法是普惠金融体系(Inclusive Finance system)①,并将其界定为"一个为社会所有群体和阶层提

---

① 具体见联合国和世界银行分别于2005年完成的《建设普惠金融体系》与《服务于所有的人——建设普惠性金融体系》两本著作。

供金融服务的体系,以让所有人尤其是社会穷弱群体享有金融服务平等的权利"。中国学术界则一般将其划分为广义和狭义两种,广义的概念认为普惠金融服务涉及所有的金融服务内容,而狭义的概念则指出某一项或几项金融服务达到了金融包容性的程度。普惠金融概念的狭义和广义之分,以及理论界有关普惠金融体系认识的不同,也致使一些学者还将普惠金融体系界定为小额信贷、农村金融、微型金融、政策性金融、扶贫金融及全民借贷(高霞,2016)。

普惠金融概念提出后,其发展水平问题受到学术界普遍关注,大量文献对世界各国普惠金融发展水平进行了测度研究。如 Honohan(2008)通过构建普惠金融指标体系,测度了全球 160 多个国家的普惠金融发展水平。印度经济学家 Mandira Sarma(2011)从金融服务可得性、银行服务渗透度及使用情况三个维度构建评价指标体系,对包括印度在内的 45 个国家的普惠金融发展指数做了测算。Chakravarty & Pal (2013)以印度 17 个州为研究对象,测算了 1972—2009 年的印度分地区普惠金融发展水平。李涛、徐翔、孙硕(2016)采用全球金融包容数据库(Global Findex)、企业调查数据库(Enterprise Survey)和金融可得性调查数据库(Financial Access Survey)数据,研究了全球 100 多个国家的普惠金融发展水平问题。

一些学者还重点关注了中国普惠金融发展水平测度问题。如中国学者王婧、胡国晖(2013)从金融服务范围和金融服务使用两个维度,采用 2002—2011 年中国银行业数据,研究发现中国普惠金融的发展虽历经波折但整体状况良好。焦瑾璞等(2015)以金融服务的"可获得性""使用情况"及"服务质量"为维度,建立包含 19 个指标的普惠金融指标体系,计算 2013 年中国普惠金融发展指数后发现,中国各地区普惠金融发展水平存在较大差异,且与经济发展水平基本呈正相关关系。杜强、潘怡(2016)运用 2006—2013 年中国 31 省市数据测算后同样发现,中国普惠金融发展存在显著的地区差异,且东部地区普惠金融发展水平要高于中西部地区。马彧菲、杜朝运(2017)测算宏观、银行、保险三个维度下的普惠金融指数后指出,2005—2013 年中国各地区三个维度的普惠金融指数得分基本都呈现上升之势。此外,杨军等(2016)和黄昌隆等

(2017)还分别以江苏省52个县域和粤东西北地区12地级市为对象进行测算,他们的测度结果均表明,即便是一个省份或者地理区位靠近的市域地区,普惠金融发展水平依然存在较大程度的异质性。

3. 普惠金融发展的影响因素

普惠金融发展水平受到多种因素影响,现有国外相关文献表明,金融市场发展、人口因素、收入分配、政府政策、技术创新和经济发展等因素,均是推动普惠金融加速发展的重要原因。如Anderloni(2008)通过研究欧盟普惠金融发展状况,发现金融市场自由化程度、人口变化、收入不平等、劳动力供给状况、反洗钱政策、财政政策、社会福利政策等因素,均对欧盟普惠金融发展水平造成影响。Beck et al.(2009)以发展中国家为研究对象,发现交易成本、经济增长率及储蓄率的高低、投资决策、技术创新等因素,会对金融服务获得的难易度产生较大影响。Priyadarshee et al.(2010)研究印度金融发展状况后发现,政府公共政策和社会保障项目等对普惠金融进行支持,是普惠金融目标实现的重要保障。

国内相关研究则表明,中国普惠金融的发展主要受基础设施建设、政府政策、经济发展、城市化率和城乡收入差距等因素影响。如王婧、胡国晖(2013)实证研究发现,交通便利程度、第一产业拉动率对普惠金融指数作用更大,而城乡收入差距、法定存款准备金率调整次数均不利于普惠金融发展。Fungdeovd & Weill(2014)研究认为,收入和教育程度与中国普惠金融发展水平正相关。翟帅(2015)选用江苏省2005—2013年数据,实证分析后指出,第一、三产业拉动率、网络普及率等因素与江苏普惠金融指数正相关,第二产业拉动率、城乡收入差距与江苏普惠金融指数负相关,而公路铁路里程、教育水平与普惠金融指数不相关。陆凤芝、黄永兴(2017)运用动态面板系统GMM估计方法,实证结果发现普惠金融与地区经济之间呈U形关系,人口城市化率等因素对中国普惠金融发展具有显著且稳健的正向影响。张正平、杨丹丹(2017)基于修正后的霍特林模型分析指出,新型农村金融机构扩张、人均地区生产总值、交通便利程度、城乡收入差距和农村保险发展水平等因素,均对普惠金融发展水平有显著正向影响，且这种影响存在区域异质性。

4. 普惠金融发展效应

普惠金融能扩大金融服务覆盖面，提升金融服务和产品的可获得性，具有促进社会收入分配公平度、推动落后地区经济发展和帮助中小企业缓解融资约束等作用。对此，国内外大量文献进行了深入研究和重点关注。

大量研究表明，普惠金融具有促进地区经济增长的效应。如Beck et al.（2009）认为发展普惠金融，扩展金融服务深度和广度，不仅能促进经济增长和收入公平，还能维护一国金融系统的稳定性。杜强、潘怡（2016）运用2006—2013年中国31个省市面板数据，实证分析指出普惠金融与地区经济发展之间关系呈倒U形，东部地区普惠金融抑制了经济发展，而中西部地区普惠金融对经济发展有明显的促进作用。周斌等（2017）研究了"互联网＋"、普惠金融和经济增长的关系，发现普惠金融对城镇化率和贸易开放度驱动的经济增长具有正向促进作用。杜莉、潘晓健（2017）研究普惠金融、金融服务均衡化与区域经济发展关系，发现普惠金融促进区域经济增长效应显著，但作用效果存在地区差异。刘萍萍（2017）则认为普惠金融通过惠及弱势地区与人群、助力中小企业发展、消除贫困和促进金融公平，而推动区域经济协调发展。

一些研究表明，普惠金融发展具有减贫效应，它是缓解贫困尤其是减缓农村贫困的重要因素。如Hannig & Jansen（2010）指出，普惠金融体系能提高金融包容性水平，能增强社会各阶层特别是低收入人群信贷等金融服务可获得性，从而有助于消除贫困和减小收入差距。马彧菲、杜朝运（2017）选用2005—2013年中国分省数据，实证分析后认为，普惠金融总体上有利于贫困减缓，普惠金融指数变化可解释贫困减缓变化的15%。韩晓宇、星焱（2017）采用PVAR等计量模型检验发现，发展普惠金融具有明显的减贫效应，且是贫富差距的单向格兰杰原因。李建伟（2017）构建空间计量模型，分析后指出，大部分省域普惠金融发展对缩小本省域城乡收入差距具有显著作用，且周边省域普惠金融发展对本省域城乡收入差距改善存在空间溢出效应。何学松、孔荣（2017）则认为，通过金融服务对象的拓展，普惠金融能缓解农村信贷约束、减少农民使用金融产品的成本,会增强农民使用金融产品意愿和能力,从而增加贫困农民收入。

此外,普惠金融发展对投资效率、商业银行盈利性和出口贸易也具有影响作用。师俊国等(2016)采用湖南省2008—2013年87个县(市)的面板数据,利用面板平滑转换模型的实证研究表明,普惠金融发展对投资效率具有显著的非线性效应,并存在明显的门限特征。欧理平(2016)研究普惠金融对商业银行盈利可持续性影响后发现,发展普惠金融可提高商业银行的盈利可持续性。范兆斌、张柳青(2017)在探讨中国普惠金融发展对贸易边际及结构的影响后指出,普惠金融的发展对于出口总体上具有促进作用,且影响效应存在显著的行业异质性。

5. 数字普惠金融

"数字普惠金融"概念由中国率先提出,并受到理论界和实务界的高度重视和关注。其中,学术上影响力较为广泛的是北京大学数字金融研究中心课题组于2015年对中国2011—2015年省级、城市和县域的数字普惠金融指数所做的测算研究工作。该课题组从数字普惠金融覆盖广度、使用深度、数字支持服务程度三个维度,采用基于层次分析的变异系数赋权法和指数合成法,测算发现中国各省数字普惠金融发展水平之间存在一定的差异,但差异随时间的推移而缩小。

风险是数字普惠金融发展的最大隐忧,很多文献对其国际监管、发展逻辑及存在的风险和监管问题做了研究。如王晓(2016)根据巴塞尔银行监管委员会(BCBS)、支付和市场基础设施委员会(CPMI)、金融行动特别工作组(FATF)和金融稳定理事会等国际金融组织制定的普惠金融监管标准,指出中国应该在提升数字普惠金融素养和意识、扩展数字金融服务基础设施系统、建立松紧适度的数字普惠金融监管体系及促进国际协调与合作这四方面,来加强对数字普惠金融的监管。尹应凯、侯蕤(2017)分析了数字普惠金融的发展逻辑、国际检验及中国贡献,提出数字普惠金融发展逻辑是"好金融"更好地服务"好社会",并在梳理数字普惠金融发展的国际经验基础上,指出数字普惠金融的"中国贡献"表现在"中国模式"与践行"好金融促进好社会""好金融促进好世界"两个方面。

中国数字普惠金融在发展态势迅猛、成效显著,对促进金融普惠具有积极作用,但也存在很多发展不足与发展困境,一些文献就此方面进行了研究。如姚金楼等(2016)提出,"数字普惠金融"可以补充传统金融体系的缺陷、补足农村金融的"短板",降低金融服务成本,更好地推动普惠金融落地。兰王盛、邓舒仁(2016)通过典型案例分析,认为应该将数字普惠金融主体纳入监管范畴,利用数字技术完善监测预警机制,建立健全事前协调处置机制,强化平台责任和加强行业自律。北京大学国家发展研究院副院长黄益平(2017)指出,数字普惠金融主要有网络支付、网络贷款、网络投资和数字保险四个发展方向,并面临整体不是很普惠、技术风险、监管空间大、隐私难保障及征信不足等问题。

(三)互联网技术、互联网金融与普惠金融关系

已有研究成果表明,互联网金融对银行普惠金融业务创新和普惠金融发展水平提升具有积极推动作用。Malone et al. (1987),Clemons & Row (1992),Radecki et al. (1997)等指出,互联网和移动通信技术可通过降低交易成本、增加中介与客户之间的交流与协同、将人力可变成本替换为机器设备的固定成本等方式,降低中介机构的成本支出。谢平、邹传伟(2012)认为,以互联网为代表的现代信息科技,特别是移动支付、社交网络、搜索引擎和云计算等,将对人类金融模式产生根本影响。Eduardo et al. (2012)指出,互联网金融的普及强化了金融服务消费者的参与深度,事实也证明互联网银行的应用已经促进诸多发展中国家的普惠金融发展。刘燕云(2015)指出,随着互联网金融的迅猛发展,愈来愈多的普通百姓都在不断接受互联网、积极参与互联网金融实践,因而互联网金融发展有利于推动普惠金融发展。徐光顺、蒋远胜(2017)研究了信息通信技术与普惠金融的交互作用,发现信息通信技术(ICT)在农村金融服务中的使用,提高了农民金融服务的可及性与可得性。卢一铭、张乐柱(2017)认为,互联网金融具有信息储量大、服务成本低的优势,可较为有效地解决商业银行普惠金融发展问题。宋晓玲、侯金辰(2017)选取

65个发达国家与发展中国家的面板数据,其所做的实证分析表明,互联网使用显著提升了这些国家的普惠金融指数。王博等(2017)采用"人人贷"微观借贷数据,进行实证检验后指出,网络借贷有望成为长尾群体实现普惠金融的一条有效路径。

还有研究发现,手机或网络支付是互联网技术运用于普惠金融服务的最早也是最重要的方式之一,而移动支付与手机银行则是普惠金融服务的重要拓展。如中国学者周虹(2009)指出,手机支付是中国支付领域金融科技发展的重要策略,手机用户比信用卡用户更具广泛性,因此,更便利、更安全、成本更低的手机支付是中国支付领域发展的首选。李京晓、逯家豪(2015)在对中国网络支付服务研究后认为,中国应形成各有特色、优势互补的互联网支付格局,并能实现激励相容和信息共享的互联网支付监管,同时需发挥支付清算协会等行业自律作用。王立平、申建文(2015)探讨了手机银行对农村普惠金融发展的影响作用,他们指出,手机银行有银行主导和非银行主导两种模式,中国要推出银行主导模式的顶层设计,并注重防范手机银行风险、丰富手机银行产品和降低手机银行服务价格。任碧云、张彤进(2015)通过总结肯尼亚M-PESA的成功经验,提出中国要推进农村普惠金融发展进程,需发展以电信运营商为主导的移动支付体系,并辅以中央政府积极的配合政策。

此外,作为互联网技术直接应用于金融领域的金融科技,是构成中国普惠金融发展的重要内容,如金融云服务等正广泛地被中国金融与非金融机构采用。对此,乔海曙、杨彦宁(2017)指出,金融科技正成为传统金融业智能化转型发展的重要驱动力,在金融智能化建设中,应贯彻以智能化为技术核心并注重渐进式创新发展。陈新民(2017)探讨了金融云服务在普惠金融领域的应用,提出金融云服务以安全、高效的在线金融服务,或将降低各行业"互联网+"的门槛,能解决长期以来线上金融专业化服务供给不足的问题。刘晓春(2017)则认为,金融科技不解决银行的转型问题,商业银行要遵循互联网、金融科技的逻辑,重造流程、提高效益,要多提供互联网金融式的有效金融产品和服务。

三、研究思路和方法

（一）研究思路

作者以互联网金融时代为背景，围绕中国普惠金融发展这一研究主题，对中国普惠金融发展的历史演进、运作模式、测度指标体系和测度方法选择，以及中国普惠金融发展的广度和深度水平、面临的风险等内容进行了深入研究，在此基础上，就加快中国普惠金融发展提出了有针对性的对策建议（见图0-1）。

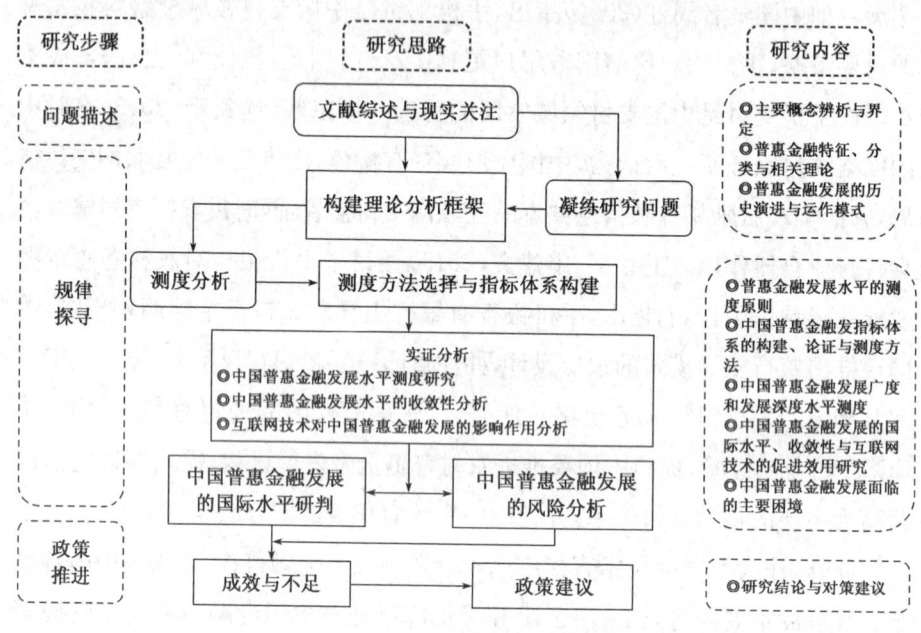

```
研究步骤          研究思路                        研究内容

问题描述    ┌──→ 文献综述与现实关注 ──┐    ● 主要概念辨析与界
            │                              │      定
            │                              │    ● 普惠金融特征、分
            │    构建理论分析框架 ←─ 凝练研究问题    类与相关理论
规律        │            │                      ● 普惠金融发展的历
探寻        │   测度分析 → 测度方法选择与指标体系构建   史演进与运作模式
            │                    │
            │            实证分析                  ● 普惠金融发展水平的测
            │    ● 中国普惠金融发展水平测度研究         度原则
            │    ● 中国普惠金融发展水平的收敛性分析    ● 中国普惠金融发指标体
            │    ● 互联网技术对中国普惠金融发展的影响作用分析   系的构建、论证与测度方法
            │                                      ● 中国普惠金融发展广度
            │    中国普惠金融发展        中国普惠金融发展   和发展深度水平测度
            │      的国际水平研判            的风险分析    ● 中国普惠金融发展的国
            │                                              际水平、收敛性与互联网
政策        │                                              技术的促进效用研究
推进        └──→ 成效与不足          政策建议          ● 中国普惠金融发展面临
                                                            的主要困境

                                                        ● 研究结论与对策建议
```

图 0-1　所做研究的技术路线

（二）研究方法

为提高所做研究的理论水平与应用价值，作者主要采用的研究方法是：

1. 抽象分析与规范分析相结合的定性分析法

作者从金融抑制论、金融排斥论、信息经济论、长尾理论和互联网金融论等理论出发，抽象分析研究互联网金融背景下中国普惠金融发展问题的理论渊源；从探讨互联网金融、普惠金融、数字普惠金融及中国普惠金融等概念，分析普惠金融特征和分类，以及研究中国普惠金融发展阶段和运作模式出发，规

| 导 论 |

范分析中国普惠金融发展现状和发展成就。

2. 数理分析与实证检验相结合的定量分析法

作者采用数理分析与实证检验相结合的研究方法,深入研究中国普惠金融发展广度和发展深度。采用数理分析方法构建两大测度指标体系,采用科学合理方法测度研究全国及分地区普惠金融发展广度和发展深度;在数理分析基础上,检验中国普惠金融发展的收敛性,同时运用时间序列或面板数据,实证分析互联网金融对中国普惠金融发展的影响。

3. 基于中国普惠金融实践的案例分析法

作者基于中国普惠金融发展的实际历程,通过分析中国普惠金融发展的成果案例,探讨中国普惠金融的发展阶段和中国普惠金融的运作模式;通过采集样本数据,分析中国普惠金融在各发展阶段内和各运作模式下所取得发展成就;作者还利用实际案例,分析中国普惠金融发展存在的风险。

4. 基于中国普惠金融发展水平测度结果的比较分析法

本书将探讨 2010—2019 年,中国普惠金融发展广度和发展深度水平,明晰互联网金融时代中国普惠金融发展成效和存有不足。作者就分地区普惠金融发展广度和发展深度水平测度结果,采用纵向和横向比较分析方法,探讨 2010—2019 年,中国分地区普惠金融发展问题,尤其是重点研究分地区普惠金融发展广度和发展深度存在的差异性问题。作者还将中国与美、德、法、英和日等世界金融发达国家进行比较,研判中国普惠金融发展的国际水平。

四、主要研究内容与创新

(一) 主要研究内容

除导论外,本书的主要内容是:

第一章,理论分析框架。作者首先对中国互联网金融时代、普惠金融、数字普惠金融、中国普惠金融、普惠金融发展广度和普惠金融发展深度等概念进行辨析与界定,并对普惠金融的特征与分类进行描述,然后论述了金融抑制论、金融排斥论、信息经济理论、长尾理论和互联网金融理论等,进而为所做研究提供理论分析框架。

第二章,中国普惠金融发展的历史演进与运作模式。作者从历史缘起角度对中国普惠金融发展历程做回顾,重点理清互联网金融时代中国普惠金融发展的基本状况。在此基础上,作者研究互联网金融时代中国普惠金融的运作模式,尤其是互联网金融在中国普惠金融服务中所发挥的重要作用。作者还结合中国实际,分析中国普惠金融发展的典型案例,总结中国普惠金融发展的成功经验。

第三章,中国普惠金融发展水平的测度方法。作者在探讨普惠金融测度原则的基础上,从广度和深度两个层面,构建符合中国普惠金融发展实践的测度指标体系。同时,作者比较分析常用的测度方法,以合理选择指标处理方法、指标权重确定方法和最终指数合成方法。

第四章,互联网金融时代中国普惠金融发展的广度。作者首先说明普惠金融发展广度测度数据的选择与来源,然后测度全国及分地区的"普惠金融发展广度指数",并分析普惠金融发展广度指数测算结果,最后对中国普惠金融的发展广度做出评价,以明晰所取得的成效及研究其存在的不足。

第五章,互联网金融时代中国普惠金融发展的深度。作者分别从金融业务使用深度和金融业务经济深度两方面,来测度全国及分地区普惠金融发展深度,并对测算结果进行分析。作者还说明了发展深度测度的数据选择与来源,并对全国及分地区的"普惠金融业务使用深度指数"和"普惠金融业务经济深度指数"做具体测度,进而对中国普惠金融发展深度、成效与不足做了评价。

第六章,互联网金融时代中国普惠金融发展的风险。作者首先探讨中国普惠金融发展风险的主要来源,然后识别和衡量互联网金融时代中国普惠金融发展所面临的风险,并利用评级结果确定中国普惠金融发展的最主要风险;最后通过对典型的互联网金融风险案例进行分析,指出互联网金融时代中国普惠金融监管的不足。

第七章,研究结论及对策建议。作者总结了所做研究的主要结论,指出互联网金融时代中国普惠金融发展的成效和不足,进而从加快全国普惠金融服务发展,推进分地区普惠金融均衡发展,以及保障中国普惠金融健康发展三个方面,提出有针对性的政策建议。

(二) 可能的创新

以互联网金融时代为背景,作者对中国普惠金融发展所做的研究具有鲜明的时代特征,其创新之处主要体现在以下几个方面。

一是重构了能较深刻反映中国普惠金融实际发展进程的测度指标体系。互联网金融正成为中国金融机构、类金融机构和非金融机构推动金融服务和金融产品供给的重要业务模式,尤其是2010年以来,中国互联网金融正加快推动着中国普惠金融的发展进程。为此,作者将能反映互联网金融发展广度和深度的指标纳入普惠金融指标体系之中,并通过将传统金融服务、互联网金融服务和互联网技术普及相融合,构建出能体现中国普惠金融运作模式特征的普惠金融指标体系,因而具有一定的理论与现实创新价值。

二是拓展了普惠金融发展水平的研究内容和测评视角。现有文献通常从可获得性、使用情况和服务质量等维度构建一个指标体系来研究普惠金融,而未能分别测度普惠金融发展的广度和普惠金融发展的深度。为此,作者将金融广度和金融深度理论引入普惠金融研究领域,分别构建相应的指标体系,从广度和深度两层面测度中国普惠金融发展水平,因而在开拓中国普惠金融发展问题研究新方向上,具有一定创新贡献。

三是尝试性地比较分析了中国普惠金融发展的国际水平。已有研究文献未能从发展广度和发展深度两个层面构建具有可比性的指标体系,并进而对中国普惠金融发展的国际水平做出研究,这为作者提供了进一步深入研究的空间。为此,作者将尝试性的对中国与世界主要金融发达国家做出比较,科学研判中国普惠金融发展的国际水平,找出中国与世界主要金融发达国家普惠金融发展的差距,力争为中国普惠金融加速发展探明新的路径,并具有一定的创新价值。

第一章 理论分析框架

发展普惠金融有着重要的理论渊源,尤其是中国全面进入互联网金融时代以来,在普惠金融发展领域诞生的一些新现象,为理论研究带来诸多新的课题和新的挑战。为此,本章将在界定与辨析互联网金融时代、普惠金融、数字普惠金融、中国普惠金融、普惠金融发展广度、普惠金融发展深度等概念的基础上,对普惠金融的基本特征和具体分类进行深入探讨,并就与研究主题相关的已有理论进行回溯,进而建立相应的理论分析框架。

第一节 主要概念的辨析与界定

一、互联网金融时代

互联网金融模式起源于20世纪90年代的美国,全面发展于中国大陆地区。互联网金融是中国普惠金融领域中最为活跃的创新因子,因此,探讨互联网金融发展历程、互联网金融模式,以及明晰互联网金融与金融科技的联系与区别,是理解互联网金融时代内涵释义的重要途径。

对于中国互联网金融的发展历程,中国学者姚文平在《互联网金融:即将到来的新金融时代》一书中做了较为宽泛的划分,他认为1990年代初期是孕育期,1990年代中期至2009年是探索期,2010年至今是加速发展期。中国学者郑联盛(2014)则将中国互联网金融发展阶段具体化,即:传统金融行业互联网化阶段(1990年代至2005年左右)、第三方支付蓬勃发展阶段(2005年至2011年前后)和互联网实质性金融业务发展阶段(2011年至今)。上述两位学者的观点一致表明,互联网金融不是简单的"互联网+金融",而是将互联网作为金融服务中的一个重要投入要素,以推动支付方式、信息处理和资源配置方式的革新,更好实现金融参与各方完成"点对点"或"面对面"的瞬时线上金融交易活动。

同时,运用(移动)互联网、大数据、金融云服务、人工智能,以及区块链等现代科技工具,具有成本低、效率高、覆盖广和可获得等金融普惠特征,构成当前普惠金融发展的重要组成部分,并且有利于互联网金融模式的多样性。实践层面,中国互联网金融萌芽于第三方支付,发展于余额宝、P2P网贷等互联网理财服务,它们不断颠覆着中国传统金融服务模式,带来中国普惠金融服务方式的深刻变革。政策层面,2010年中国人民银行发布的《非金融机构支付服务管理办法》首次给出非金融机构支付服务的官方定义,标志着以第三方支付为代表的普惠金融模式正式受到中国顶层设计认可,互联网金融也由市场自发行为上升成为国家发展战略的重心之一。

此外,理解互联网金融时代内涵,还应区分互联网金融与金融科技的联系与区别。对此,D. W. Arner(2015)和巴曙松(2017)较一致地认为,互联网金融仅是金融科技的一个发展阶段,且是金融科技全面发展过程中的一个中间过渡阶段。所以从内涵包容性角度看,金融科技概念要广于互联网金融概念,金融科技更侧重于现代科技在金融服务过程中的运用,而互联网金融则更侧重于技术运用的结果——即产生的互联网金融服务和互联网金融产品。

作者将互联网金融时代界定为:依托互联网、大数据、金融云服务、人工智能和区块链等科技推动金融服务进入互联网普惠式发展的新时代。

二、普惠金融

普惠金融(inclusive finance)一词由联合国较早提出并最先予以定义,但现有理论文献对其内涵释义并不一致,且还常与扶贫金融、小额信贷以及包容性金融等概念相混淆。为此,考虑到我国普惠金融发展遵循的"扶贫金融—小额信贷—包容性金融、普惠金融"这一实践进程,在此对普惠金融内涵展开辨析和界定。

首先,从时间上已无从考证国外扶贫金融模式何时得以产生,但中国最早的扶贫金融是1993年由中国社会科学院农村发展研究所在河北易县建立的扶贫经济合作社。该扶贫经济合作社的资金主要来源于捐助和软贷款,服务对象主要为贫困农户,提供金融服务目的仅为改善农村地区贫困状况,虽在政府财政支持下历经几十年发展,并取得不少成绩,但更多关注于"扶贫"而非"普惠",不具备"商业可持续性"特征,所以扶贫金融不能完全被看作普惠金融,它仅是普惠金融发展的雏形。

其次,小额信贷模式,1974年由尤努斯教授创立于孟加拉国,它比联合国普惠金融体系(Inclusive Finance System)概念要早提出30年。小额信贷模式遵循企业存在的前提要求——盈利性,它能较好地协调解决金融服务的风险、收益和流动性三大要素,为被正规金融机构忽视的客户提供金融服务,进而成为普惠金融服务的最早成功实践,并构成当前普惠金融服务的重要内容。所以小额信贷是普惠金融服务的重要组成部分,但其内涵却又要小于普惠金融。

再次,"包容性金融"一词由中国学术界所提出,是对"Inclusive Finance"一词的另一种翻译,时任中国人民银行行长周小川曾多次在公开场合发言中使用"包容性金融"一词。虽然中国理论界常将包容性金融与普惠金融同等看待,认为两者并无实质区别(周小川,2013;张彤进、任碧云,2017),但就词义而言,"包容"和"普惠"并非相同或相似的概念。依据中国《辞海》的释义,"包容"有包涵、包罗万象、无所不包的意思,故包容性金融是指包罗万象、无所不包的金融。同时,中国《辞海》释义,"普"是普遍、全面的意思,"惠"有恩、好处、恩惠、实惠的意思,所以普惠金融是普遍、全面、恩惠的金融意思。因此,将"Inclusive Finance"一词意译为"普惠金融"要更接近于联合国的本意(焦瑾璞,2006;郑中华、特日文,2014;星焱,2016)。

总之,扶贫金融不属于普惠金融的内涵范畴,小额信贷仅是普惠金融服务模式之一,而包容性金融虽与普惠金融意思相近,但普惠金融对"Inclusive Finance"一词的内涵释义要更准确,即"普惠金融"才是对联合国提出的

"Inclusive Finance"一词最准确的表述。为此,作者将普惠金融定义为:金融和非金融机构为满足长尾人群的金融服务需求而推出的可获得、高效率、可持续的金融服务。

三、数字普惠金融

近年来,得益于互联网金融的异军突起,数字技术开始服务于中国普惠金融发展,"数字普惠金融"概念也相应地由中国理论界率先提出。在2016年9月举行的G20杭州峰会期间,G20普惠金融全球合作伙伴组织(GPFI)提交了由中国依据数字普惠金融实践经验建议制定的《G20数字普惠金融高级原则》(以下简称《原则》),《原则》对数字普惠金融做了简洁定义,即数字普惠金融"泛指一切通过使用数字金融服务以促进普惠金融的行动"。依据此释义,数字普惠金融是运用数字技术(或更应称为金融科技)创新出的一种金融服务模式,并已发展成为中国乃至全球普惠金融服务的一种重要新业态。

目前,中国是世界上数字普惠金融发展最快的国家之一,金融科技是其中最重要的推动力量,但金融科技并不等于数字普惠金融,两者既有联系也有明显的区别。对此,可通过《原则》提出的8条意见共66个行动计划来做辨析。《原则》提出的8条意见分别为:倡导利用数字技术推动普惠金融发展,平衡好数字普惠金融中的创新与风险,构建恰当的数字普惠金融法律监管框架,扩展数字金融服务基础设施,采取尽责的数字金融措施保护消费者,重视消费者数字技术知识和金融知识的普及,促进数字金融服务的客户身份识别,监测数字普惠金融进展及时地报告。由这8条意见可看出,数字技术是推动普惠金融创新发展的重要工具,各类金融机构及非金融机构应利用数字技术来推动数字普惠金融实现可持续发展,所以,金融科技是数字普惠金融的重要发展模式之一,但两者并非是同一个概念,后者内涵要明显比前者更为宽泛。

因此,数字普惠金融应突出数字技术在金融服务领域内的研发与应用,注重数字化金融基础设施的建设,并主要包含数值化征信服务的推进、数字普惠金融的科技监管和消费者保护,以及数字技术知识和金融知识的教育等具体内容。故此,将数字普惠金融的内涵界定为:金融或非金融机构通过数字化工具与平台,向最广大客户群体所提供的更为高效、便捷、安全的普惠金融服务新模式。

四、中国普惠金融

与世界其他推进普惠金融服务的国家或地区相比,中国在普惠金融顶层设计、官方定义、供给主体、服务对象、发展广度与发展深度、数字化技术运用等方面均有所不同,这彰显了中国普惠金融发展的独特性。

具体而言,中国是当今世界同时具有普惠金融发展顶层设计和官方定义的国家之一。2015年底,中国国务院发布的《推进普惠金融发展规划(2016—2020年)》(以下简称《规划》)中,以五年为期限,形成中国普惠金融发展的最高级别谋划文件。《规划》指出,"普惠金融是指立足于机会平等要求和商业可持续原则,以可负担的成本为有金融服务需求的社会各阶层和群体提供适当、有效的金融服务"。这一较为中肯的中国官方定义,较明确地指出中国普惠金融服务供给应遵循"机会平等、商业可持续和可负担的成本"原则,中国普惠金融的服务对象为"社会各阶层和群体",并要做到"适当、有效"。所以,中国普惠金融有着明确的国家发展战略,其官方定义也更为贴近中国普惠金融发展的现实需要,尤其是十分注重解决"商业可持续性"问题,从而具有较为鲜明的"中国特色"。

同时,在实践上,中国普惠金融服务的主体力量是传统金融机构,大量存在的互联网金融机构则发挥着重要的补充作用。原因主要在于以下三个方面。其一,2013—2019年中国银行机构处理电子支付业务总金额为15 046.4万亿元,而非银行支付机构互联网支付总金额仅为783.9万亿元,后者占前者的比例仅为5.21%,网上支付业务服务主体无疑是银行机构[①]。同时,2013—

---

① 2013—2017年的中国银行机构处理电子支付业务和非银行支付机构互联网支付金额数据,来自中国人民银行发布的《中国支付体系发展报告》(2011—2018)。

2019年中国人民币各项贷款总余额763.7万亿元,而P2P网贷成交总规模为6.256万亿元,后者仅占前者的1.18%,所以信贷服务仍然以银行机构为主①。其二,几乎所有互联网金融业务顺利开展的前提仍是传统的商业银行、保险公司及证券机构所提供的常规金融服务。如,需要在传统金融机构开设账户,须持有银联标志的银行卡完成存、取款业务等。其三,中国传统金融机构正在加速金融科技布局,以数字技术推动普惠金融建设也成为中国传统金融机构创新发展新标向。

另外,中国金融服务对象一般又可分为三个群体,即:"优质客户群""次级客户群"和"贫困及特殊人群"。其中,"优质客户群"有金融服务需求和可抵押资产,具有最强的偿债能力,是金融服务的主要对象和"盈利点",他们享受充分的金融服务;"次级客户群"有较强的金融服务需求,但只有少量或无可抵押资产,具有较弱的偿债能力,是金融服务次要对象和"弱盈利点",他们享受不充分的金融服务;而"贫困及特殊人群"虽有强烈的金融服务需求欲望,但由于他们几乎无可抵押资产,偿债能力也最差,甚至常常无法按期还贷,是金融服务的"排斥对象"和"亏损点",他们往往难以获得正规的金融服务。为解决这一难题,中国国务院发布的《规划》指出,普惠金融重点服务于"小微企业、农民、城镇低收入人群、贫困人群和残疾人、老年人等特殊群体",也即,"次级客户群"和"贫困及特殊人群"是中国普惠金融服务的最主要对象。

所以,中国普惠金融的内涵释义应既包括普惠金融,也包括数字普惠金融,还要体现普惠金融服务供给主体和服务对象的独特性。因此,作者将中国普惠金融定义为:以"次级客户群""贫困及特殊人群"为主要服务对象,兼顾服务优质客户群,由传统金融机构为供给主体、其他金融服务参与机构为重要补充,而提供的易获得、可持续、覆盖广、渗透深的金融服务。

---

① 2010—2017年中国人民币各项贷款余额数据,来自《中国统计年鉴》(2011—2018);2010—2017年中国P2P网贷成交规模数据,则来源于网贷之家发布的《2018中国网络借贷行业年报》。

五、普惠金融发展广度与发展深度

在国内外相关研究文献中,普惠金融发展广度和普惠金融发展深度的概念常被提及,但理论界对其内涵并未给出统一且明确的定义。为此,需要对这两个概念进行辨析与界定。

普惠金融发展广度。金融广度有时也被部分学者称为金融宽度,它一般是指金融媒介能够将居民储蓄的资金投入国民经济各个方面的渠道宽度,通常由一国居民财产的结构指标来衡量(Brown,2005;Demirguc Kunt,2005)。而普惠金融发展广度是指人们在经济活动中能够使用更多更便捷的金融服务,即金融服务的可得性(李猛,2008)。所以,将金融广度概念引入普惠金融服务领域,考察的是社会大众获取普惠金融服务的难易程度,要解决的是个人、家庭及中小微企业金融服务可得性问题,尤其是要使金融服务能广覆盖到弱势群体,并最终让所有有金融服务需求的群体都能平等享受到比较充分的金融服务。这要求金融服务供给主体尽力扩大金融服务网点、增加金融服务人员和扩展金融服务覆盖面,特别是注重扩展在低收入人群和小微企业等弱势群体中的金融服务覆盖面。

普惠金融发展广度主要反映金融服务和金融产品的供给状况,是否打破金融资源主要集中于城市地区和经济发达地区的区域限制,是否摒弃金融服务的"二八定律"而充分满足弱势群体的金融诉求,是普惠金融发展广度水平高低的主要体现。所以,普惠金融发展广度是指:金融服务和金融产品的覆盖程度,尤其是正规金融服务在偏穷远地区和弱势群体中的供给状况,主要衡量金融服务和金融产品在地理上和成年人中的普及程度。

普惠金融发展深度。金融发展深度,理论界一般认为它是指金融资产的数量增加,是反映一个地区经济发展进程中金融化的不断加强和深化的过程,并通常用 M_2/GDP 来衡量(Mckinnon,1973;King & Levine,1993;李猛,2008)。所以,将金融深度概念引入普惠金融发展领域,考察的是社会大众所拥有的金融资产数量,并具体由社会大众对金融产品和服务的使用程度来反映。

普惠金融发展在深度层面，考察的是社会大众在金融服务上的使用程度和金融产品上的购买规模，尤其是反映长尾客户群的金融服务和金融产品需求的实际满足程度，它主要涉及社会大众（尤其长尾客户）使用金融服务和购买金融产品的真实状况。其中，金融服务的使用情况，可从成年人使用各项金融业务的程度方面来衡量，也即刻画成年人对金融业务的使用深度，实际反映金融业务在成年人中的渗透率；金融产品购买情况，则可通过计算各项金融业务发生规模在经济总量中的比值来探究，也即刻画金融业务的经济深度，实际反映金融业务在一国或一地区经济发展中的渗透情况[①]。所以，可将普惠金融发展深度定义为：一国或一地区的金融业务在成年人中的渗透度，以及一国或一地区的金融业务发生规模在其经济总量中的比重大小。

第二节 普惠金融的特征与分类

一、普惠金融特征

普惠金融不是传统金融的简单调整，而是与传统金融相比有着鲜明的特征。普惠金融倡导提供公平公正的金融服务，它突显金融服务"普惠大众"的价值宗旨，并能从经济和社会两个方面拓宽金融服务的功能，是一种新的金融服务理念和新的金融服务模式。

（一）体现金融伦理学精神

传统金融服务"嫌贫爱富"，还时常爆发金融丑闻与危机，使得国际金融组织和金融管理部门开始广泛关注金融市场的非正式约束方式，即金融伦理问题。普惠金融主张让全体社会成员平等获得全方位金融服务的机会，体现强烈的道德责任感和人文关怀（朱民武，等，2015），蕴含金融因何而生、金融为谁服务和金融如何服务等金融伦理学精神。

[①] 理论界在测算金融深度时，一般以 M2 与 GDP 的比率、私营部门的国内信贷与 GDP 比率以及金融相关率等来衡量，参考此测算方法，从经济发展角度衡量中国普惠金融发展深度，既符合传统金融深度理论观点，也遵循中国普惠金融发展的实际情况，同时还具有一定的理论创新价值。

"经济学之父"亚当·斯密(Adam Smith),就曾在《道德情操论》(1759)一书中论述过金融和资本的道德问题,博特赖特(John R. Boatright)更是出版《金融伦理学》(2002)一书来详细阐述金融伦理学思想,这些经典著作充分表明金融道德观、金融伦理精神对金融服务具有重要的意义。普惠金融理念正是秉承"深邃的哲学人文底蕴",恪守经济金融伦理(白钦先、张坤,2017)。

人和人类社会是货币、信用、金融产生的原动力和起点,离开人的经济行为、人类社会的延续和发展,金融也就无从产生更无从发展。普惠金融深谙"金融的哲学人文发展理念"(白钦先、张坤,2017),体现金融为促进人类经济与社会发展而生的本质属性。同时,所有社会大众均是普惠金融服务对象,普惠金融正是对金融长期以"优质客户群"为主要服务对象这一金融服务功能异化行为的回归,普惠金融服务体现金融服务惠及所有群体的伦理精神。另外,普惠金融凸显金融服务的公平性、包容性和效率性,体现金融服务要具备"人人平等"、无排他性和金融资源得到最有效率配置等金融伦理精神。

金融从来就是或应当是普惠的。在金融业发展的历史长河中,金融服务虽一度被异化而排斥长尾群体,但普惠金融服务的产生与发展正是对金融伦理精神的实践与弥补,它对形成公平公正的金融服务环境具有重要意义。

(二)彰显金融服务普惠性

金融服务天生应是普惠的,它能实现服务对象的包容性、服务产品的多样性、服务方式的便捷性和商业模式的可持续性,彰显金融服务"普惠性"的核心价值。

1. 服务对象的包容性

普惠金融以所有社会大众为服务对象,不歧视任何贫困人群、特殊人群及小微企业等客户群,能包容金融服务的供给方、需求方和服务模式。

长久以来,只有商业银行、证券公司和保险机构等金融机构可以提供金融服务,而电商公司、互联网企业、科技公司以及其他企业不具备供给金融服务的资质。但受普惠金融发展理念的积极影响和信息技术在金融服务中应用加速的推动,非金融类企业也开始能涉足金融服务领域。例如,亚马逊、淘宝、京东等电商企业、腾讯、百度等互联网巨头、蚂蚁金服、众安保险、奥斯卡（Oscar）和 Avant 等金融科技公司，它们能提供网上支付结算、网络投资理财、信用卡还款、生活缴费、保险、医疗信贷及网络借贷等"第三方"金融服务。一些线下实体企业设立金融部门，也能提供资金融通和消费信贷等金融服务。所以，普惠金融不仅容纳金融机构，而且还能接受非金融机构作为金融服务供给方。

普惠金融服务突破传统金融服务的局限，让那些长期被正规金融机构忽视的群体也能充分享受正规金融服务。在普惠金融模式下，更多的经济主体能够参与金融市场交易，分享经济发展带来的成果（朱民武，等，2015）。正如世界银行扶贫协商小组（CGAP）在其出版的《服务于所有人——建设普惠金融体系》（Access for All：Building Inclusive Financial Systems）一书中指出的那样：普惠金融是为所有需要金融服务的人，特别是贫困人口、妇女、小微企业等弱势群体提供金融服务。此外，依托金融科技，普惠金融服务也逐步由门店式服务、自助式服务向"线上"金融服务深刻转变。不断出现的金融服务新模式，在扩大金融服务覆盖面和提升金融服务可得性等方面，发挥着越来越重要的作用。

2. 服务产品的多样性

长尾人群长期被排斥在正规金融服务之外，主要是因为传统金融服务和产品市场门槛较高，长尾人群买不起这些金融产品，也享受不到相应的很多金融服务。普惠金融能有针对性地设计金融服务和金融产品，极大程度地提升着长尾人群对金融服务和金融产品的可获得性。

实践上，互联网金融诞生之前，商业银行、保险机构和证券公司等传统金融机构是中国金融服务的主要供给方，它们也能在一定程度上遵循普惠金融发展理念，所提供的开户、支付结算、小额贷款、投资理财和商业保险等金融服务和金融产品，也能发挥一定的金融普惠功能。同时，大量兴起的小贷公司、城市商业银行和农村金融机构等提供的小额信贷、小额理财服务和其他金融服务产品，正是为服务长尾人群而"量身定制"的，发挥着较强的金融普惠功能。互联网金融诞生之后，中国普惠金融服务和普惠金融产品创新层出不穷，不仅诞生了移动支付、网络借贷、网络众筹、手机理财、互联网证券、互联网保险、互联网银行、网络征信及生活缴费等互联网金融服务，而且商业银行等传统金融机构也纷纷利用科技手段布局普惠金融业务，它们推出的很多互联网金融服务和互联网金融产品，极大地丰富了中国金融服务和金融产品的种类和创新发展模式。

总之，普惠金融提供多样化的金融服务和产品，不仅扩大了传统金融机构金融服务的覆盖面，而且还促进了金融行业的革新与重塑，丰富和活跃了金融市场。

3. 服务方式的便捷性

与具有"排斥性"的传统金融服务方式相比，普惠金融服务更注重服务方式的便捷性，它能够将长尾人群纳入金融服务范围，让所有金融服务的需求者均能够便捷地获得金融服务和金融产品。

通常情况下，传统金融机构会借助计算机和互联网技术，通过简化其物理服务网点的金融服务流程，来提升柜台人工服务的效率。同时，它们还能够利用 ATM 机、POS 机和智能柜员机等设备设施，来降低金融服务过程中的"人工化"程度，突破门店式金融服务的时空局限，提供方便快捷的"全天候"金融服务。近些年来，大数据、云计算、物联网、（移动）互联网和区块链等信息科技的金融领域内的广泛运用，推动大量第三方金融服务机构和非金融机构能够直接或间接参与互联网金融服务供给过程，提供"Anytime，Anywhere，Anyhow"式，也即"不限时、不限地点和不限方式"的新金融服务。

在金融科技的颠覆影响下，当前传统金融机构、小贷公司、城市商业银行和农村金融机构等部门，正加速推进互联网金融基础设施建设工作，而通过数字化、信息化对传统金融服务和金融产品的改造升级，不仅使得这些金融机构的金融服务普惠程度得到大幅度提升，而且也正推动着中国普惠金融服务发生深刻的变革与长足的进步。

4. 商业模式的可持续性

难以负担供给成本的金融服务不属于普惠金融服务范畴，普惠金融要求金融供给方做到"成本可负担",即实现普惠金融服务商业模式的可持续性。

对此,联合国于2006年出版的《建设普惠金融体系》蓝皮书明确指出,"要建立一个持续的、可以为人们提供合适产品和服务的金融体系"。中国国务院发布的《推进普惠金融发展规划(2016—2020年)》中也明确提出,要以"可负担的成本"提供适当、有效的金融服务,进而实现普惠金融的商业可持续原则。所以,普惠金融有别于扶贫金融,它不能依靠财政支持、社会捐款或其他公益性资金来维持短暂运营,而是要遵循企业生存的"丛林法则",实现可持续发展,确保普惠金融能够得到长期有效的供给。

(三)拓展金融服务功能

金融体系有提供清算与支付、聚集和分配资源、便利资源转移、提供风险管理、提供信息、解决激励问题等功能(R. Merton, Z. Bodie, 1993)。在资本逐利性和人贪婪性的驱使下,金融功能曾一度脱离原有金融设计的价值导向和服务功能,出现金融异化的现象。普惠金融的提出恰逢其时,它能惠及弱势地区与弱势人群、助力中小企业发展、消除贫困和促进金融公平(刘萍萍,2017),这是对金融异化的回归(高霞,2016),并进而不断完善和拓展着金融服务功能。

1. 拓展金融服务的经济功能

普惠金融能加快商品与服务的交易频率,能提升金融市场的服务水平和金融服务经济发展的效率,在促进消费增长、助力中小微企业发展和增进经济增长质量等方面发挥重要作用。

首先,提供方便快捷的支付结算和消费信贷服务,如信用卡服务、POS机刷卡服务、网上银行服务、移动支付服务和网络消费信贷等,是普惠金融服务的重要构成内容。这些便捷易操作、突破时空限制的金融服务,让信用消费、无现金消费、网上消费乃至跨境消费愈发容易,进而提高商品和服务交易发生的频率,带来消费总规模的快速上升,起到促进经济发展的功能。

其次,普惠金融专注于为中小微企业提供适宜的信贷服务。中国积极引入"普惠金融"这一金融发展理念,大力推动发展小额信贷业务,正是缓解小微企业贷款约束难题的正途。通过发展普惠金融来为中小微企业提供所需的融资服务,能帮助中国中小微企业获取创业资金,提供维持正常运营所需的现金流,保障中国中小微企业经营效率的得以提升,从而发挥着重要的助力作用。

再次,普惠金融引导金融资源向中小微企业、普通个人和农村地区转移,为实体经济领域内的创新和创业提供金融支持,加快金融资源"脱虚向实"转变进程,进而更好发挥金融支持实体经济发展的作用。普惠金融能提升金融发展的规模,并带来数字普惠金融服务的发展,并最终在经济增长质量提高方面发挥重要作用(詹韵秋,2018)。

2. 拓宽金融服务的社会功能

普惠金融以"人人平等"为服务原则,发挥提升社会公平度、消除贫困、减小贫富差距和净化风气等社会功能。

金融公平是提升社会公平度的主要途径之一。普惠金融让所有人群均有享受金融服务的机会,让小微企业、贫困人群、低收入人群、学生群体、老年人及残疾人等能以合理的价格获得多样化金融服务,提升了金融公平程度,缩小了"次级客户群""贫困及特殊客户群"与"优质客户群"的金融资源获取差距,从而带来社会公平度的提升。实践上,普惠金融服务雏形——孟加拉国的小额信贷项目,其创立初衷就是减少孟加拉国农村地区妇女群体的贫困程度。理论上,国内外大量的经验研究也均证明普惠金融具有"减贫效应"。所以,普惠金融拓展了金融服务在"减贫"领域内的社会功能。

贫穷和社会贫富差距的扩大,是各种社会问题频发的重要原因。贫穷、贫富差距扩大是滋生蔓延社会不满情绪,造成社会不稳定的重要成因,它会诱发违法犯罪活动,从而危害人民生命财产安全,进而恶化社会治安形势,它还易导致社会结构失衡甚至畸形化发展,严重时会造成社会对立与冲突动荡,乃至危害国家安全和统一(胡联合、胡鞍钢,2007)。普惠金融能消除贫困、缩小贫富差距,起到减轻社会不满情绪、减少社会犯罪和增进社会安全稳定的效果。"仓廪实而知礼节,衣食足而知荣辱"①,普惠金融让贫困人口、低收入人群和

---

① 出自司马迁的《史记·管晏列传》。

特殊人群"仓廪实""衣食足",让所有社会大众均能"知礼节""知荣辱",起到净化社会风气的功能。

二、普惠金融服务分类

当前,互联网金融正引领中国普惠金融服务创新,带动传统金融机构开拓长尾市场,并助推小额信贷、消费信贷等专业化普惠金融服务发展,它们共同形成普惠金融服务的主要内容。对此,可从以下三个方面来分类中国普惠金融服务。

(一) 互联网金融服务

以互联网金融为标志的新金融,是近年来中国金融服务创新的亮点,是当前中国数字普惠金融服务的主要内容,是中国普惠金融服务未来发展的重点方向之一(见表1-1)。

表1-1 普惠金融的互联网金融服务分类

金融服务类别	金融服务主要内容	代表性金融服务机构
互联网支付与结算	网络支付、数字现金支付、智能卡支付、网银支付、电子支票网络支付、电子汇票系统支付,电子汇兑	商业银行、第三方支付机构、网上银联、互联网企业、电视服务商、结算公司等
网络借贷	P2P、P2C/P2B、P2N、P2G、P2F等业务模式	P2P网贷公司、商业银行、金融科技公司、互联网企业
众筹融资	股权、公益、产品及借贷众筹,综合型众筹	P2P网贷公司、金融科技公司、互联网企业、正规金融机构等
互联网理财/互联网证券	银行类理财产品、P2P理财产品、宝宝类理财产品和基金理财产品	传统金融机构、电商平台、第三方支付公司、独立代销机构和其他服务机构
互联网保险	保险信息咨询、保险计划书设计、投保、交费、核保、承保、保单信息查询、保全变更、续期交费、理赔和给付等	保险公司、新型第三方保险网

（续表）

金融服务类别	金融服务主要内容	代表性金融服务机构
互联网信托	担保服务、资金托管业务、信托处理业务	互联网信托平台、互联网金融平台、金融科技公司
互联网消费金融	受托支付、纯现金借贷	商业银行、消费金融公司
互联网生活缴费等	水费、电费、话费、宽带费、有线电视费、罚款代缴业务、油卡充值业务	第三方支付机构、商业银行、电商平台、互联网公司、金融科技公司

表1-1显示，互联网金融以其"覆盖广、易获得、低门槛、高效便捷及低成本"的"天然"普惠特性，形成当前中国普惠金融最重要的创新内容[①]。

互联网支付与结算、网络借贷和众筹融资是最早出现、发展最快的互联网金融模式。通过互联网和智能手机，用户可近乎免费且轻松地获得由商业银行、第三方支付机构、网上银联、互联网企业、电视服务商和结算公司等提供的互联网支付及结算服务。而这些由P2P网贷公司、商业银行、金融科技公司和互联网企业等机构，所提供的P2P（个人对个人）、P2C/P2B（个人对企业）、P2N（个人对多家贷款机构）、P2G（个人对政府）和P2F（个人对金融机构）等形式的网络借贷服务，具有无抵押、低门槛、易操作和高效率等优点，也曾推动中国借贷市场蓬勃发展[②]。

借助网络开展的股权众筹、债权众筹、慈善（公益）众筹和实物众筹等众筹融资项目，为众多小额众筹项目提供平台，让"次级客户群"和"贫困、特殊客户群"都能参与直接融资交易活动。互联网金融平台销售的银行类理财产品、P2P理财产品、宝宝类理财产品和基金理财产品，开拓了长尾人群参与投资理财交易活动的"蓝海"，打破了商业银行长期垄断，实现了"次级客

---

① 大部分学者认为，互联网金融是普惠金融的重要组成部分，它与普惠金融发展理念不谋而合，是世界各国和地区提升普惠金融服务水平的重要方式，所以，互联网金融具有一定的普惠性，是数字普惠金融的主要内容（周源，2014；林宏山，2014；丁杰，2015；朱民武，等，2015；林政、李高勇，2016）。

② 2013—2020年上半年是中国网络借贷发展的黄金时期，虽然到2020年11月，中国大部分的网贷平台已被关停，但网络借贷为中国普惠金融发展曾带来过的积极影响作用不应被否定和忽视。

户群""贫困、特殊客户群"金融收益的增加,发挥重要的金融普惠作用。此外,保险、信托、消费金融乃至生活缴费等业务的"线上化",也同样发挥着金融普惠的作用。

(二) 传统金融服务

长久以来,银行、证券和保险等金融机构一直以传统的方式向社会大众提供着适宜的金融服务,这些金融服务和金融产品在一定程度上也兼具普惠性,为此,将它们划分为六大类别(见表1-2)来进行深入探讨。

表1-2 普惠金融的传统金融服务分类

金融服务类别	金融服务主要内容	代表性金融服务机构
存贷业务	办理银行卡、银行开户、各种期限的存款和贷款业务	商业银行、(国际性)金融集团等
支付结算业务	票据、汇款、托收、信用证、信用卡、POS收单业务	商业银行、(国际性)金融集团等
取汇转业务	ATM机、外币兑换机、自助终端机等自助金融业务	商业银行、银联机构、(国际性)金融集团等
传统证券业务	柜台开户、股票、期权、期货、贵金属交易	证券公司、证券交易机构、(国际性)金融集团、证券代销机构等
商业保险业务	财产险、人寿保险和健康保险	保险公司、(国际性)金融集团、保险产品代销机构等
传统征信业务	信用记录、信用查询、信用评分和信用评级	征信管理部门、商业银行、(国际性)金融集团、证券公司、保险公司等

表1-2显示,存贷业务、支付结算业务、取汇转业务、传统证券业务、商业保险业务及传统征信业务等,共同构成传统普惠金融服务的主要内容。

其中,银行账户开设、银行卡业务受理和存贷款业务受理,票据、柜台汇款、托收、信用证、信用卡和POS机收单等支付结算业务,ATM机上的自助取款、汇款及转账等业务,以及自助终端机、外币兑换机等自助金融业务,长期不断扩大着传统银行业务的覆盖面,提高其可得性和渗透率,这些传统金融服务和传统金融产品的普惠程度一直在缓慢提升,形成普惠金融服务的重要内容之一。特别是传统的银行信贷业务,正成为当前中国商业银行业攻坚克难的重点领域之一,中国的商业银行正在积极寻求改变其获取门槛高和获取率偏低等约束的方法,进而实现金融服务普惠性的全面提升。

同时,证券公司、证券交易机构和证券代销机构,努力通过降低金融服务和金融产品的准入门槛,以不断提高金融服务的效率,吸引长尾人群更多地参与证券开户、证券业务交易和小额理财活动,一定程度上能满足"次级客户群"和"贫困及特殊人群"的资产保值升值需求,形成普惠金融服务的重要内容。而保险公司和保险产品代销机构等,通过加大涉农、贫困人口、小微企业等方面的保险业务供给力度,也能促进财产险、人寿保险和健康保险等保险业务覆盖更广人群,同样也是普惠金融服务的重要内容。

此外,征信管理部门联合商业银行、金融集团、证券公司和保险公司,不断拓展涉及个人、小微企业和农户等的传统征信业务,持续充实和完善"次级客户群"和"贫困及特殊人群"的信用库,这有助于长尾人群获得贷款和其他金融服务。

(三) 专业化普惠金融服务

传统金融服务并不能完美满足社会对普惠金融服务的需求,在此背景下,一些专业化地提供普惠金融服务的机构开始出现,它们提供包括小额信贷、农村普惠金融服务、消费信贷、社会保险和汽车金融等方面的金融服务和金融产品,能很好填补传统金融服务的市场空白,不断发展成为普惠金融服务的中坚力量之一(见表1-3)。

表1-3 普惠金融的专业化金融服务分类

金融服务类别	金融服务主要内容	代表性金融服务机构
小额信贷	可持续福利主义小贷、可持续公益性制度主义小贷、商业性小贷	小额贷款公司、信用社、城市商业银行、部分商业银行和一些信托投资公司
农村普惠金融服务	涉农贷款业务、农业保险业务、农户投资理财业务	银行类金融机构,保险、证券期货、小贷及典当行等

(续表)

金融服务类别	金融服务主要内容	代表性金融服务机构
消费信贷	个人旅游贷款、个人综合消费贷款、个人短期信用、助学贷款	商业银行、(消费)金融公司等
社会保险	养老保险、医疗保险、失业保险、工伤保险、生育保险	商业银行、社保服务中心
汽车金融	银行汽车贷款、汽车金融公司贷款、整车厂财务公司贷款、信用卡分期购车和汽车融资租赁	商业银行、汽车金融公司、财务公司、汽车融资租赁公司

表1-3显示，相较于传统金融服务，这些专业化金融服务的普惠精准度要更高，能较好填补传统金融机构留下的市场空白。

可持续福利性小贷、可持续公益性小贷和商业性小贷等，是专业化普惠金融服务的最初形式，它主要由小额贷款公司提供。信用社、城市商业银行、部分商业银行和一些信托投资公司也会提供此方面的贷款服务，很大程度上满足着"次级客户群"和"贫困、特殊客户群"的普惠信贷服务需求。而专门针对农户、农村和农业的农村普惠金融服务，涉及涉农信贷、农业保险和农户投资理财等方面的内容，它一般由商业银行、保险机构、证券期货公司、小贷公司及典当行等提供，极大活跃和丰富了农村金融市场，形成专业化程度较高的普惠金融服务模式。

消费信贷也是当前普惠金融服务的重要内容。其中，商业银行和消费金融公司等针对普通个人和学生群体，提供短期信用贷款、综合消费贷款、旅游信贷、国家助学贷款、汽车贷款乃至住房贷款等，能较好满足这些群体多样化的消费信贷需求，进而发挥一定的金融普惠作用；商业银行、保险公司和专业化社会保险服务机构等，它们所提供的养老保险、医疗保险、失业保险、工伤保险和生育保险等社会保险业务，与商业银行、汽车金融公司、财务公司和汽车融资租赁公司供给的汽车金融服务等,也一同起到普惠金融的效果和作用①。

总之,普惠金融服务模式多样,既有传统门店式、柜台式金融服务,也有电子化、数字化和互联网化的金融服务,传统金融机构是普惠金融供给的基础力量,针对特定群体的专业化金融服务是重要组成部分,而互联网金融平台提供的数字普惠金融服务则是当前世界各国普惠金融发展的重点内容和未来方向。

第三节 相关理论

发展普惠金融有着久远的理论渊源。伴随金融服务模式的不断创新和互联网金融的异军突起,系统梳理有关普惠金融发展的理论基础,具有重要的理论与现实意义。

一、金融抑制论

20世纪70年代初,美国人罗纳德·麦金农(Ronald. I. Mckinnon)和爱德华·肖(E. S. Show)在研究发展中国家金融政策和金融制度安排后发现,发展中国家普遍存在金融市场不完全、资本市场扭曲严重和政府过度干预金融等问题,他们将之称为金融抑制(Financial Repression)现象,金融抑制论由此诞生。

金融抑制理论认为,政府部门对金融活动和金融体系的过分干预会抑制一国金融体系的发展,进而降低一国经济增速,而经济发展落后又会制约金融体系发展,进而形成金融抑制和经济落后的恶性循环。罗纳德·麦金农和爱德华·肖认为,许多发展中国家对金融政策和金融制度的错误选择(如政府当

---

① 需说明的是,社会保险一般被认为是属于公益性金融范畴,但考虑到社会保险由企业和个人缴纳,并非政府财政支持或慈善机构捐助,所以,应属于普惠金融服务内容。同时,汽车金融让很多无法一次性付款的个人、家庭或企事业组织买到汽车,且这些汽车很可能大幅度改善他们的物质基础,带来生活条件的改善和收入的增加,所以,也是构成普惠金融服务的内容之一。

局对金融活动的强制干预、人为压低利率和汇率，以及金融体系脆弱）造成了金融抑制和经济落后。金融抑制主要表现为名义利率限制、高准备金要求、外源融资的政府限制和特别信贷机构的垄断。金融抑制会带来诸多消极影响，如资本市场效率低、经济增长乏力、银行体系发展滞后经济增长需要、经济分化加剧和融资渠道单一等。对此，罗纳德·麦金农和爱德华·肖建议广大的发展中国家应该以金融自由化的方式来实现金融深化，以便彻底消除金融抑制问题。

受金融抑制论思潮影响，一些发展中国家于20世纪70年代后期开始尝试金融自由化改革。但在对外开放国内金融市场之后，一些国家发生了严重的经济金融危机。如20世纪80年代的阿根廷、巴西、墨西哥和秘鲁等拉美国家因无法按期偿还大量借入的国际低利率资金爆发了主权债务危机，20世纪90年代初日本泡沫经济的破灭，致使日本经济陷入长达十年的萧条期等，都是盲目推行金融自由化引发的惨痛教训。当然，一些国家和地区遵循自身经济特点，有序、渐进式地开展金融市场改革，不仅未陷入经济金融危机，而且使其金融自由化水平得到迅速提升，其金融服务覆盖面、金融服务可得性和金融服务质量均得到有效改善。例如新加坡、中国大陆和中国台湾地区等，就是金融自由化改革成功的典范。可以认为，正确理解金融抑制论，并采取合理的金融改革方式，能提高一国的金融服务水平和服务效率。

金融抑制论与普惠金融论有着很强的联系。例如普惠金融发展理念要求政府减少对金融市场的干预，尤其是减轻政策性金融的不利影响，这正是要从根源上解决金融抑制问题。普惠金融要求赋予金融和非金融机构提供金融服务的权力，要求政府鼓励普惠金融服务主体创新金融服务方式，要求允许市场为金融服务和金融产品定价，这都是金融抑制问题的有效解决方法。普惠金融要求最大限度地拓展融资渠道和缓解融资约束，要求提高金融服务效率，也有利于根除金融抑制造成的不良后果。

二、金融排斥论

金融排斥(Financial Exclusion)最早在美国被观测,并在英国得到高度重视,Leyshon & Thrift(1993,1994,1995)是早期研究的代表性人物。金融排斥理论是指社会中的一些群体因无力进入金融体系,所以无法以恰当形式获得必要金融服务,进而被长期排除在金融服务之外的一种现象。

金融排斥表现在地理排斥、评估排斥、条件排斥、价格排斥、营销排斥和自我排斥六个维度(Kempson,Elaine,Claire Whyley,1999)。其中,部分人群因距离金融服务机构或金融服务设施位置较远,需依赖短途甚至长途交通工具才能享受金融服务和购买金融产品,其金融需求常无法得到满足而被排斥在金融体系之外。金融机构也常利用风险评估手段、金融供给附加条件、金融服务产品价格虚高以及仅将"利润最丰厚群体"作为营销对象等方式,把无资产抵押、难符合附加条件和难负担高昂价格的"次级客户群"及"贫困、特殊客户群"排除在金融服务之外。此外,还有部分群体因自身原因,不愿意或不能正常购买金融服务产品,形成金融服务"自我排除"现象。

金融排斥论,尤其是其六个维度的排斥现象概括,与普惠金融要解决的问题不谋而合。目前,一些权威的国际性组织,如世界银行(WB)、国际货币基金组织(IMF)、全球普惠金融合作伙伴组织(GPFI)、普惠金融联盟(AFI)及G20集团等,所提出的普惠金融发展建议,也均是立足于这六个维度的金融排斥现象,将提升金融服务可得性、改善金融服务使用状况及提高金融服务质量作为普惠金融的核心目标。普惠金融服务正是要突破金融供给的地理限制、完善金融征信系统、消除金融歧视,实现金融服务和产品定价市场化,以及扩大金融服务覆盖面和提高金融服务渗透率,从而彻底解决金融排斥问题。因此,普惠金融的实现过程,就是由金融排斥发展到金融包容、金融公平的过程。

三、信息经济理论

信息经济,又称资讯经济或IT经济。关于信息经济的研究,一般认为始于乔治·斯蒂格勒(G. J. Stigler,1961),发展于马克卢普(F. Mahchlup)、丹尼尔·贝尔(D. Bell)和马克·波拉特(M. V. Porat)①。信息经济论研究的内容主要包括：信息的经济作用、信息的成本和价值、信息的经济效果、信息产业结构，以及信息系统与信息技术等方面，并和普惠金融有着深刻的联系，因为，大量实践已经显著表明信息技术的发展与革新能够推动普惠金融发展。

　　信息化技术进步推动电子商务发展，互联网金融则内生于电子商务，是电子商务与金融自然融合的结晶。在电子商务活动中，买家担心产品质量和售后服务，卖家担心买家不付款，加之尚未建立完善的个人和企业信用体系，就会出现因信息不对称而产生的逆向选择与道德风险问题。而基于电子商务平台的互联网金融服务，能比较有效地避免因信息不对称产生的逆向选择和道德风险问题，实现电子商务平台、金融机构和买卖双方的"多方共赢"。同时，信息技术推动电子商务和金融服务的技术融合，不仅让电子商务平台扮演起信用中介的角色，成功为客户提供便捷的第三方支付结算服务，而且还"自然"延伸出消费信贷、网络理财和互联网保险等多样化金融服务，进而催生了数字普惠金融服务。

　　互联网、大数据、云计算、5G和物联网等信息技术，广泛运用于互联网金融领域，推动着金融信息化建设。金融机构，特别是商业银行正借鉴互联网金融的成功之道，努力将互联网思维和现代信息技术深度融合到自己的核心业务流程之中，互联网金融服务、在线网络银行服务和线上金融配套服务，为商业银行转型发展提供数字普惠金融服务开辟道路。以互联网为依托，信息技术进步正深刻改变着普惠金融的发展方式，它提升金融机构金融服务效率的同时，有效降低了金融服务成本，使金融服务走向千家万户，特别是走向低收入群体和相对贫困地区。

---

① 乔治·斯蒂格勒于1961年在《政治经济学杂志》上发表的《信息经济学》一文，创新性地将信息作为"一种主要的商品"纳入经济学研究范畴。其后，美国人马克卢普教授(1962)，在其经典论著《美国的知识生产与分配》中首提"知识产业"概念，并首次从教育、科学研究与开发、通信媒介、信息设施和信息活动等方面对信息经济进行了系统研究。哈佛大学社会学家丹尼尔·贝尔(1973)则在《后工业社会的来临》一书中对"信息经济"概念作了拓展，斯坦福大学博士马克·波拉特(1977)则在《信息经济：定义与测量》9卷巨著中对信息经济做了更深入研究。

四、长尾理论

《连线》杂志主编克里斯·安德森(Chris Anderson)于 2004 年 10 月发表的一篇文章首次探讨了"长尾"(The Long Tail)问题。"长尾理论"对亚马逊、Netflix 等网站的商业及经济模式描述后认为,网络时代是关注"长尾"、发挥"长尾"效益的时代。长尾理论打破了传统"二八定律"认同的应主要关注创造 80%利润的 20%客户群的服务理念,强调应关注如何更好地服务 80%的客户群。在克里斯·安德森看来,置身于网络经济时代,企业应重点开拓所谓的"长尾市场",并由此发现新市场和创造利润增长点。

依据长尾理论,互联网企业可利用成本优势打开大量利基(Niche)市场[1],其共同市场份额可能等于甚至超过主流产品的市场份额,这为某些传统经济学未能充分解释互联网金融现象提供有力的理论支撑(汪炜、郑扬扬,2015)。互联网在相关科技手段的支撑下,能超越传统的商业边界,创造足够大的"交易可能性集"(Xie & Zou, 2013),促使互联网金融企业能凭借其轻松收集海量数据和低成本处理数据的优势,为分散的"长尾市场"或"长尾客户群",提供人性化和个性化的金融服务和金融产品,并由此促进普惠金融服务的发展。

五、互联网金融理论

互联网金融起源于 20 世纪 90 年代的美国。1995 年 10 月美国亚特兰大安全第一网络银行(Security First Network Bank)正式开业,这一般被业界视为互联网金融的标志性开端事件。互联网金融模式虽在美国、欧盟及日本等发达资本主义国家首先兴起,但国外并无"互联网金融"这一概念,它是由中国学者谢平和邹传伟于 2012 年首次提出,并迅速得到中国社会各界的广泛接受,成为金融领域理论研究关注的新焦点课题。

---

[1] "利基"是英文单词"Niche"的音译,意为"拾遗补阙或见缝插针",营销大师菲利普·科特勒在《营销管理》一书中认为:利基是更窄地确定某些群体,这是一个小市场并且它的需要没有被服务好,或者说"有获取利益的基础"。

现有关于互联网金融的研究表明，它是金融机构与非金融机构利用互联网及信息通信技术创新出的有关资金融通、支付、投资和信息中介服务等方面的新金融业务模式。而关于互联网金融的发展历程，中国学者姚文平在其2014年出版的《互联网金融：即将到来的新金融时代》一书中，从最宽泛角度将其划分为孕育期（1990年代初期）、探索期（1990年代中期至2009年）和加速发展期（2010年至今）；中国学者郑联盛（2014）则进一步将中国互联网金融的发展三阶段具体化为：传统金融行业互联网化阶段（1990年代至2005年左右）、第三方支付蓬勃发展阶段（2005年至2011年前后）和互联网实质性金融业务发展阶段（2011年至今）。互联网金融论指出，互联网金融仅是金融科技的一个发展阶段，而且是金融科技全面发展过程中的一个中间过渡阶段（D. W. Arner，2015；巴曙松，2017）。所以，从互联网金融内涵和发展阶段角度看，研究互联网金融背景下中国普惠金融发展问题具有重要理论意义。

此外，互联网金融论还认为，支付方式、信息处理和资源配置是互联网金融模式的三大核心，由此创新出传统金融互联网化、第三方支付、网络借贷、众筹融资、互联网保险、互联网银行、互联网消费金融、互联网征信、数字货币、大数据金融、信息化金融机构和互联网金融门户等全新金融模式（谢平，等，2014；罗明雄，2014）。这些互联网金融模式，具有成本低、效率高、覆盖广和可获得等金融普惠特征，所以，互联网金融模式暗合普惠金融发展要求，构成中国当前普惠金融的重要组成内容。当然，中国互联网金融经历过"野蛮"的发展时期，在发展过程中出现目标偏移、金融排斥、成本高企等与普惠金融相悖的现象（丁杰，2015），这又制约着互联网金融的金融普惠性功能的发挥。所以，互联网金融虽具有普惠金融的属性特征，但需要进行科学合理的引导，以减少并最终杜绝与普惠金融相悖情况的出现，让互联网金融服务和互联网金融产品成为普惠金融服务的新生力量。

总之，世界各国和地区，尤其是广大发展中国家和地区，普遍存在的金融抑制和金融排斥现象，使得努力为弱势群体提供所需的金融服务成为共识，也正因金融抑制和金融排斥问题的严重性，才促使尤努斯教授于1974年在孟加拉国首创小额贷款模式。当然,传统门店式小额信贷服务受地理区位、服务时限和信贷资源获取困难等因素影响,很难在一国或一地区范围内全面展开,中国传统普惠信贷服务的缓慢发展是最好佐证。而以互联网尤其是移动互联网技术为重要标志的信息技术,正成为解决小额信贷发展不利,以及其余各项金融服务难以触及弱势群体问题的可行手段。因此,关注普惠金融发展,尤其是研究互联网金融时代中国普惠金融发展问题,具有深厚的理论渊源和理论基础。

第二章 中国普惠金融发展的历史演进与运作模式

萌芽于20世纪90年代的中国普惠金融,历经20余年的探索与发展,到今天取得了卓越的阶段性成果[①]。这其中,互联网金融发展及中国政府部门充分重视带来的积极而深刻的影响功不可没。一方面,互联网金融及金融科技的大发展,推动中国普惠金融运作模式不断创新,促使传统和新型金融机构一同活跃于中国普惠金融服务市场;另一方面,中国顶层设计开始聚焦谋划普惠金融发展蓝图,如制定普惠金融发展战略来从国家层面培育普惠金融市场,积极鼓励金融机构加强普惠金融支持经济社会发展力度,政府部门高度认同和着力支持发展数字普惠金融等。为此,本章将在回顾中国普惠金融发展的历史演进基础上,探讨互联网金融时代中国普惠金融的运作模式,全面总结和分析中国普惠金融发展的概况。

第一节 中国普惠金融发展的历史演进

焦瑾璞等(2015)将中国普惠金融发展历程划分为四个阶段,即公益性小额信贷、发展性微型金融、综合性普惠金融和创新性互联网金融,这一划分方法是以普惠金融服务在不同时期的表现为主要依据,虽具有一定的合理性,但未能从产业发展的生命周期视角刻画出中国普惠金融的历史演进特征。为

---

① 详见中国学者焦瑾璞和王爱俭,于2015年12月出版的《普惠金融:基本原理与中国实践》一书。同时,考虑到中国台湾、中国香港和中国澳门这三个地区,通常单列在中国各项统计数据之外,因而,若无特殊说明,所涉及的数据均特指中国大陆地区。

此,从产业生命周期理论出发①,在借鉴焦瑾璞等(2015)划分方法的基础上,将中国普惠金融发展进程分为三大阶段,即萌芽阶段、成长阶段和规范发展阶段。

一、萌芽阶段(1993—2004年)

(一)公益性与扶贫性小额贷款的出现

公益性与扶贫性小额贷款是中国普惠金融发展的雏形,它们的出现标志着中国普惠金融进入萌芽阶段。理论界一般认为,该阶段的开端事件是1993年10月河北省易县扶贫经济合作社的成立。

受孟加拉乡村银行金融服务模式的启发,中国在1990年代探索开展公益形式的小额信贷扶贫试验项目,易县扶贫经济合作社是其中实践最为成功的项目之一。易县位于河北省保定市西北部,先后于1986年和1994年两次被列为河北省重点贫困县和国际实施"八七扶贫攻坚计划"中的重点扶贫县。为探索金融扶贫易县之路,1993年10月,经国务院办公厅、人民银行和国务院扶贫办批准,中国社会科学院农村发展研究所、美国福特基金会、孟加拉乡村银行及易县人民政府共同资助和支持的易县扶贫经济合作社(以下简称扶贫社)组建成立,并于1994年4月正式开始运营(陈金香、康绍大,2014)。扶贫社由中国社会科学院负责管理,成立之初挂靠易县民政局,人员设置为内设主任一名、会计一名和信贷员两名,采用自主经营、自负盈亏的方式运营。中国社会科学院农村发展研究所为扶贫社联系到首批资金,包括孟加拉乡村银行提供的5万美元低息贷款、加拿大驻中国使馆捐赠的5万元人民币和福特基金会捐赠的3万美元等,合计约人民币110万元。随后通过争取低息贷款、接受社科院拨款及个人和机构捐赠等方式筹集资金,截至2009年初,扶贫社已经拥有的资金超过800万人民币(王子柱、张玉梅,2009)。

---

① 产业生命周期一般将产业发展分为初创阶段、成长阶段、成熟阶段和衰退阶段四个阶段,依据这一理论,中国普惠金融已历经初创阶段、成长阶段和成熟阶段。

1995年2月，易县扶贫经济合作社脱离民政局，成为独立的民间组织，并实行由理事会、扶贫社总部、县扶贫社和扶贫社分社共同负责的四级管理体制。它的最高权力机构是由7~9名理事成员组成的理事会，主要负责制定小额信贷项目的发展战略和方针政策，以及决定重大事宜。而位于北京的扶贫社总部，主要负责开展日常工作和管理小额信贷的日常业务。县扶贫社作为总部派出机构，重点负责小额信贷工作中的资金管理及贷款的审核、发放、收回与监督等工作。扶贫社分社一般拥有约200万资金和2 000名左右客户，仅能经营规定的小贷项目。与孟加拉国格莱珉银行一样，扶贫社仅以成年健康的女性为服务对象，贷款申请人需满足家庭净资产在20 000元以下、年人均纯收入低于2 000元、具备生产经营能力，以及已有合适的经营项目。扶贫社提供贷款类别包括：农村农户自愿风险联贷小组贷款、农村农户自愿联贷风险互助小组贷款、按农民项目周期发展的"1+1"短期诚信担保贷款、小城镇个人经济风险"1+1"担保贷款、周期一对一信誉贷款，并采用整贷零还的原则发放与回收贷款（王子柱、张玉梅，2009）。

据公开资料显示，1994年到2014年底，扶贫社已累计投放小额信贷资金3.49亿元，累计涉及借贷农户共281 104户，取得了一定的扶贫成效。但2012年以后，扶贫社的经营安全性、财务可持续性和内部运营效率均出现下滑，导致其未来发展能力渐弱，可持续发展受到较大阻碍。所以，以易县扶贫经济合作社为代表的农村扶贫小额贷款服务，虽较成功地实践了政策性及公益性金融服务，为农村金融扶贫项目有效开展提供了宝贵经验，但同时也因资金紧张而很难实现商业可持续性。

当然，这期间还发生了一些金融扶贫实践较为成功的典型案例，其中不乏较好解决了商业可持续性难题的实践项目。如中国扶贫基金会在1996年组建小额信贷项目部，为农村中低收入群体提供公益性小额信贷资金，取得了较好的扶贫效果。2008年该项目部更名为"中和农信"并转制成公司化运作后，开始提供商业性小额信贷业务。因"中和农信"始终坚守扶贫的使命与宗旨，并立足中国农村贫困地区，通过无抵押无担保的小额信贷模式，助力贫困农户发展生产,成为中国政策性扶贫金融向商业性可持续小贷成功转变的范例之一。中国农业银行也是中国农村扶贫金融服务顺利开展的重要力量。1999年,中国农业银行开始向贫困农户提供无须抵押的小额有偿扶贫资金,截至2017年3月末[①],农业银行农户贷款余额高达10 215亿元。中国农业银行遵循商业化运作规律,所提供的农户贷款利率上浮一般不超过基准利率的30%~70%,该业务在保障商业可持续的前提下,在广大农村地区发挥着重要的金融普惠作用。

(二)微型金融活动的兴起

2000年后,中国政府开始在政策上引导和推广微型金融活动。农村信用社(以下简称农信社)是响应这一号召的中坚力量,它于2000年推出的农户小额信用贷款业务,标志着中国普惠金融进入发展起步期。

农信社是经由中国人民银行批准设立,由社员入股组成,实行民主管理,主要为社员提供金融服务的农村合作金融机构。农信社属于银行类金融机构,在成立不久就成为中国农村地区金融服务的重要提供力量。1999年7月21日,中国人民银行印发《农村信用社农户小额信用贷款管理暂行办法》的通知,为农信社开展农户小额信用贷款业务做了政策性规划。2000年,农信社的农户小额信用贷款项目全面试点,并经由中国人民银行大力推动,到2002年该项目已经发挥出明显的普惠成效。据中国人民银行统计[②],到2002年底,中国有30 710个农信社开办农户小额信用贷款项目,占农信社总数的92.6%,46 885个行政村被评定为信用村,1 736个乡镇受评为信用乡镇。2002年全年,共发放农户小额信用贷款967亿元,年底余额达754.7亿元;共发放农户联保贷款475.1亿元,12月末余额为253.3亿元。农信社的农户小额信用贷款,一跃成为当时影响力最大的中国小额信贷项目。

依据《农村信用社农户小额信用贷款管理暂行办法》规定,农户小额信用

---

① 数据来源于中国人民银行网站的统计数据。网址为 http://www.pbc.gov.cn/diaochatongjisi/116219/index.html。

② 数据来源同上。

贷款主要用于种植业、养殖业等农业生产性费用。通过成立农户资信评定小组的方式，它将农户资信评定为优秀、较好、一般等信用等级，人民银行各中心支行和信用社县（市）联社据此商定农户小额信用贷款额度，并为农业生产服务的个体私营经济、购买农机具和小型农田水利基本建设等提供贷款服务（周科，2011）。农信社的贷款额度，2002年前一般在1 000～50 000元，2002年至2007年则调整为5 000～200 000元，2007年之后又进一步放宽到100 000～300 000元。农户小额信用贷款采取"一次核定、随用随贷、余额控制、周转使用"的管理办法（杨春华，2000），贷款时需使用农户贷款证，贷款期限通常在一年之内，贷款的资金则主要来自社内存款和央行的支农再贷款，贷款利率按人民银行公布的贷款基准利率和浮动幅度适当优惠，贷款一般实行整贷整还制。贷款人只需要是社区内的农户或个体经营户，具有完全民事行为能力，信用观念强、资信状况良好，从事土地耕作或其他符合国家产业政策的生产经营活动，有可靠收入，家庭成员中必须有具有劳动生产或经营管理能力的劳动力等条件，就可申请小额信用贷款。

农户小额信用贷款项目的成功，为中国以农信社为依托深入开展微型金融服务增添了信心。2003年，中国国务院印发《深化农村信用社改革试点方案》，其中明确指出"各省（自治区、直辖市）的县（县级市、市辖区）农村信用社联社符合组建农村商业银行、农村合作银行条件的，经银监局同意后即可着手筹建前的各项准备工作"，中国农信社也由此开始向银行模式转变，并继而一跃成为中国农村小额信贷的主导力量之一。

总之，1990年至2004年底，是中国普惠金融发展的萌芽阶段，扶贫经济合作社、中国农业银行和农村信用合作社等机构开展的针对"农户、农村和农业"的公益性与扶贫性小额贷款起到一定的普惠作用，对提升中国农村地区金融服务的公平度和增进中国金融服务的普惠意识具有积极意义。

二、成长阶段（2005—2012年）

（一）综合性普惠金融服务的发展

2005年,商业性小额信贷组织的准入和中国第一家小额信贷网络组织的成立[①]以及第三方支付业务的出现与发展,拉开了中国综合性普惠金融服务的序幕。

2004年12月31日,《中共中央国务院关于进一步加强农村工作提高农业综合生产能力若干政策的意见》出台。在该份政府文件中,中国中央政府明确提出要"推进农村金融改革和创新",除要"继续深化农村信用社改革""农业银行要继续发挥支持农业、服务农村的作用"之外,还要积极鼓励有条件的地方"探索建立更加贴近农民和农村需要、由自然人或企业发起的小额信贷组织"和"鼓励商业性保险机构开展农业保险业务",这无疑为中国商业性小额信贷及商业性小额保险等业务的开展指明了方向。

2005年11月,在北京召开的中国小额信贷发展促进网络研讨会上,受花旗基金会的资金支持,由中国社会科学院农村发展研究所、商务部中国国际经济技术交流中心和全国妇联妇女发展部联合发起成立中国小额信贷发展促进网络[②],与会的120余家中国小额信贷机构成为其最早会员。研讨会发布了《中国小额信贷发展促进网络倡议书》(以下简称《倡议书》),明确倡议小额信贷"为贫困和低收入人口提供金融服务""小额信贷应该坚持扶贫的宗旨"和"走可持续发展的道路",要"让小额信贷为更多的贫困和低收入人口提供发展的机会",要不断壮大中国小额信贷事业,让其"纳入整个金融体系",并"成为普惠金融体系的有机组成部分"。《倡议书》同时还倡议,"希望有更多的机构从事小额信贷事业",要"包括银行机构、商业性小额信贷机构和公益性小额信

[①] 中国成立小额信贷行业协会(或网络)的建议,最早见于2000年中国一些小额信贷研讨会上,到2003年9月,在北京召开的小额信贷国际研讨会上,这一呼声更高,并得到中国有关部门和一些国际机构的重视。

[②] 2010年9月17日,经全体会员代表大会通过,"中国小额信贷发展促进网络"正式更名为"中国小额信贷联盟"。

贷机构"。由此,商业性小贷公司与公益性小额信贷机构、农信社以及农业银行等一同发展成为农村地区小额信贷的供给主体,中国普惠金融服务开始步入全面发展的成长阶段。

其后,中国一些大型商业银行开始通过发起成立村镇银行、贷款公司,以及协助农户成立农村资金互助社等途径,不断拓展农村小额信贷业务。2006年12月20日,中国银监会出台《关于调整放宽农村地区银行业金融机构准入政策,更好支持社会主义新农村建设的若干意见》,建议将湖北、四川、吉林等6个省(区)的农村地区作为村镇银行试点区域。2007年10月,中国银监会宣布试点从6个省(区)扩大到31个地区。中国大型商业银行开始逐步改变主要对城市中小企业进行贷款,而较少发放农村小额贷款的金融服务局面。

据原银监会数据显示,到2008年10月,中国共开设村镇银行达到20多家;2011年5月,中国共组建村镇银行536家;而截至2012年9月末,中国村镇银行已经增长为799家。就业务范围而言,村镇银行可吸收公众存款,可发放各种期限的贷款,可办理国内结算、票据承兑与贴现业务,能从事同业拆借及银行卡业务,能代理发行、兑付和承销政府债券,能代理收付款项及保险业务,以及开展经中国银监会批准的其他业务(潘稹、崔冉,2011)。同时,村镇银行还可代理政策性银行、商业银行和保险公司、证券公司等金融机构的业务。2007年3月20日,中国邮政储蓄银行(简称PSBC,邮储银行)成立,因其在中国广大农村地区开设有大量营业网点,并积极开展"三农"小额信用贷款和小微企业贷款,与村镇银行一起成为推动中国普惠金融持续成长的重要力量。

(二)第三方支付服务的诞生与成长

第三方支付形成中国数字普惠金融服务的重要内容,也是中国普惠金融开始探索信息化、数字化和科技化的重要创新模式。那么,何谓第三方支付?一般来说,直接使用现金(货币)进行支付被称为第一方支付,依托于银行的银行汇票、银行卡支付等方式的支付称为第二方支付,而借助第三方支付平台完成的互联网及移动支付则是第三方支付。创办于 1998 年的美国 PayPal（贝宝），通常被认为是世界上最早的第三方支付企业之一，它所提供的多种网上支付功能，开创性地创立了第三方支付模式。

中国最早的第三方支付机构是成立于 1999 年的首信易支付。由于其功能仅仅停留在把用户的支付需求告知银行，并由用户自己在银行的网上支付页面上完成支付，加之其业务主要集中在北京地区，导致实际用户较少，而且没有得到普及和快速发展。2003 年 10 月 18 日，淘宝网首次推出支付宝服务，它实质上是充当信用中介功能的虚拟账户，能有效降低顾客的交易风险，因此被电商平台用户广泛接受。2004 年 12 月 8 日，支付宝从淘宝网分拆独立后成立浙江支付宝网络科技有限公司，并开始向所有合作方提供支付服务。2005 年 2 月 2 日，支付宝推出"全额赔付"支付，它提出"你敢用，我敢赔"承诺，彻底解决了使用者对网络支付风险的担忧。同年 5 月，全球支付霸主 PayPal 高调入华；9 月，腾讯旗下第三方支付平台财付通成立，此外，还有另外 50 家第三方支付公司也在 2005 年宣告成立，中国第三方支付创新热潮由此兴起。

从 2006 年开始，中国第三方支付不断更新迭代，不仅继续更好地扮演着信用中介角色，而且开发出支付清算与融资等功能。据艾瑞咨询发布的第三方支付报告显示①，2009 年中国第三方支付市场规模已达 5 766 亿元，与支付有关的企业在 300 家以上，第三方支付开始发展成中国普惠金融服务的重要构成部分。但由于没有相应的政策管控，直到 2010 年 8 月底，中国第三方支付市场仍处于野蛮生长状态，丛生的乱象让网络支付和移动支付的安全性遭受挑战。2010 年 6 月，中国人民银行正式发布《非金融机构支付服务管理办法》，出台了第三方支付相关的配套管理办法和细则，并正式生效于 2010 年 9

---

① 艾瑞咨询网址为 https://www.iresearch.com.cn/.

月1日①。《非金融机构支付服务管理办法》规定"未经中国人民银行批准,任何非金融机构和个人不得从事或变相从事支付业务","非金融机构提供支付服务,应当依据本办法规定取得《支付业务许可证》成为支付机构",从此,非金融机构从事网络支付、预付卡发行与受理、银行卡收单和中国人民银行确定的其他支付服务,被纳入中国金融监管系统。

(三) 中国普惠金融发展成效初显

综合性普惠金融服务的发展和第三方支付的迅速普及,使中国普惠金融服务广度和服务深度在2010年底已经呈现出喜人的发展成效。

据相关数据显示②,截至2010年底,中国涉农贷款高达11.76万亿元,其中农户贷款余额为26 043亿元,分别占当年人民币各项贷款余额的24.55%和5.43%;小微企业贷款余额达8.59万亿元,占当年人民币各项贷款余额的17.9%;国家助学贷款余额也达到377.43亿元。这表明,中国普惠信贷服务水平明显增强。

同时,银行卡发行总量达到24.15亿张,其中,信用卡发放数量达2.29亿张,占银行卡总发行量的9.5%;个人银行账户开户数高达33.51亿户,联网ATM机和POS机数量分别为27.1万台和333.4万台;沪深两市A股个人有效账户数高达13 096.98万户,股票投资总人数达到6 909.98万人,开放式基金个人有效账户数达7 491.45万户,保险公司保费收入高达14 528亿元,这则意味着,在银行卡业务、支付与结算业务、转汇款业务、证券业务和保险业务等方面的金融普惠成效显著。

到2010年底,中国征信服务取得长足进步,在11.18亿15岁以上的成年人中有近70%,即7.77亿自然人的信息被收录;1.34亿农户和215万家小微

---

① 中国人民银行公布的资料显示,从2011年央行正式发放第一批27张支付牌照开始,到2015年底,中国已获得支付牌照的公司达267家。其后因部分第三方支付企业不合规经营,到2017年底共有24张第三方支付牌照被中国人民银行注销,所以《非金融机构支付服务管理办法》起到很好的政策性监管效果。

② 数据来源于《中国统计年鉴》《区域金融运行报告》《中国支付体系发展报告》和网贷之家网站。

企业也都建立了信用档案。第三方支付业务进一步成长,网络借贷服务开始起步。2010年底,第三方网上支付交易规模达到10 105亿元,同比增长100.1%;P2P网贷平台有15家,全年成交规模达到13.7亿元;互联网理财、互联网保险、网络众筹等互联网金融服务也开始成长起来了。

到2012年6月初,虽然中国普惠金融体系构架愈发清晰,普惠金融发展水平逐步升高,但有关普惠金融的顶层设计还没有形成,中国政府甚至还未曾在公开场合正式提及"普惠金融"一词。直到2012年6月19日,时任中华人民共和国主席胡锦涛①在墨西哥举办的二十国集团峰会上,第一次在公开场合正式提及普惠金融,并对普惠金融的本质做了阐述,这标志着中国普惠金融即将迎来规范发展的新阶段。

总之,2005年上半年至2012年年底是中国普惠金融发展的成长与成熟阶段。在此阶段,不仅"三农"信贷、小微企业信贷、个人消费信贷乃至助学贷款等"弱势群体"的信贷业务得以广泛开展,而且支付与结算、转账、汇款、保险、投资理财等多样化金融服务可得性也大幅度提升,同时,互联网金融服务开始崭露头角,中国普惠金融的发展广度和发展深度提高明显。

三、规范发展阶段（2013年至今）

从2013年开始,中国政府密集出台了一系列与普惠金融发展有关的政策性文件,包括将金融普惠思想写入金融改革指导文件,正式从国家层面提出"发展普惠金融"战略,编写普惠金融发展的国家规划,以及发布其他促普惠金融发展的文件,这些政府层面的谋划文件,一同推动中国普惠金融进入规范发展阶段。

(一) 金融改革指导文件蕴含金融普惠思想

2013年7月1日,中国国务院颁布实施《国务院办公厅关于金融支持经

---

① 原中国国家主席胡锦涛同志指出:"普惠金融问题本质上是发展问题",要"共同建立一个惠及所有国家和民众的金融体系",以"确保各国特别是发展中国家民众享有现代、安全、便捷的金融服务。"

济结构调整和转型升级的指导意见》，该文件从小微企业信贷服务、农村金融服务、消费金融服务、保险服务和金融机构组织改革等方面，指明了中国金融机构普惠金融服务改革创新的总领方向。

该文件指出，要提高"小微企业的信贷可获得性"，要"向小微企业提供融资、结算、理财、咨询等综合性金融服务"，要"加大对'三农'领域的信贷支持力度"，拓展"'三农'专项金融债"，开展农村抵押贷款试点工作和"创新农村金融产品和服务"，要"加快完善银行卡消费服务功能，扩大城乡居民用卡范围"及"加强个人信用管理"，要"扩大农业保险覆盖范围"，并"试点推广小额信贷保证保险"；同时，将放宽民资准入，鼓励民间资本"入股金融机构和参与金融机构重组改造"和"发起设立自担风险的民营银行、金融租赁公司和消费金融公司等金融机构"。这些有关中国金融改革的政策性要求，彰显普惠金融发展在金融改革中的重视度很高，表明中国政府促进普惠金融发展的坚定决心。

（二）制定普惠金融发展的顶层设计

2013年下半年至2014年上半年，相继发布两个重要的政策性文件，第一次将"普惠金融"明确为中国金融发展规划的目标内容。2013年11月12日，中国共产党第十八届中央委员会第三次全体会议通过《中共中央关于全面深化改革若干重大问题的决定》，正式提出"发展普惠金融，鼓励金融创新，丰富金融市场层次和产品"，"普惠金融"也首次正式被列为中国的国家发展战略。2014年4月20日，中国国务院发布《国务院办公厅关于金融服务"三农"发展的若干意见》，要求从"优化县域金融机构网点布局""推动农村基础金融服务全覆盖"和"加大金融扶贫力度"这三方面，来"大力发展农村普惠金融"，首次为中国农村普惠金融发展奠定了基调。

2015年中国迎来有关普惠金融发展的顶层设计。2015年，中国银监会、中国人民银行牵头财政部、证监会、保监会等部委，联合制定了《推进普惠金融发展规划（2016—2020年）》（以下简称《规划》），经中共中央全面深化改革领导小组第十八次会议审议通过，于2015年12月31日正式发布。

该《规划》是"十三五"期间中国普惠金融发展的纲领性文件,它从服务对象、总体发展思路、发展原则、服务要求、信息化建设和服务水平提升等方面,为中国深入推动普惠金融发展指明方向。其中,在服务对象方面,《规划》指出"小微企业、农民、城镇低收入人群、贫困人群和残疾人、老年人等特殊群体"是当前中国普惠金融重点服务对象。在总体发展思路方面,要"提高金融服务的覆盖率、可得性和满意度","使最广大人民群众公平分享金融改革发展的成果"。在发展原则上,要遵循"持续发展""机会平等、惠及民生""市场主导、政府引导"和"防范风险、推进创新"等内容。在服务价格与发展水平方面,要能提供"价格合理、便捷安全的金融服务",到 2020 年使中国"普惠金融发展水平居于国际中上游水平",要健全包括各类银行金融机构、各类新型机构和保险公司在内的、"多元化广覆盖"的普惠金融服务机构体系。在信息化与金融基础设施建设方面,要"积极引导各类普惠金融服务主体借助互联网等现代信息技术手段,降低金融交易成本,延伸服务半径,拓展普惠金融服务的广度和深度";要"加快推进金融基础设施建设""完善普惠金融法律法规体系"和"加强普惠金融教育与金融消费者权益保护"。

为推动《规划》得以顺利实施,自《规划》发布以来,中国银监会和中国财政部等政府部门又陆续出台了一系列配套性文件,如 2016 年发布的《中国银监会办公厅关于 2016 年推进普惠金融发展工作的指导意见》和《普惠金融发展专项资金管理办法》等文件,它们均对《规划》的顺利实施发挥了重要的保障作用。

(三)中国普惠金融发展成效显著

在中国国家政策的积极推动影响下,中国普惠金融在互联网金融业务、信贷业务、传统支付结算业务、证券及保险业务、征信服务等多个方面,取得规范发展的显著成效。为此,以 2013 年至 2019 年的 7 年[①]为时段,通过表 2-1 来做简要的发展回顾与实践成效分析。

---

① 考虑到数据的可获得性问题,在此选择 2013—2019 年这一时间段来做具体考察。

第二章 中国普惠金融发展的历史演进与运作模式

表 2-1　2013—2019 年中国普惠金融发展成效①

普惠金融服务名称		取得发展成效			
		2019 年	比 2013 年初增加②	年均增长额	年均增长率
互联网金融业务	非现金支付规模与支付笔数	3 779.49 万亿元	2 493.17 万亿元	356.17 万亿元	27.69%
		3 310.19 亿笔	2 898.78 亿笔	414.11 亿笔	100.66%
	网上银行支付规模与支付笔数	2 134.84 万亿元	—	—	—
		781.85 亿笔	—	—	—
	非银行机构网上支付规模和支付笔数	249.88 万亿元	—	—	—
		7 199.98 亿笔	—	—	—
	网络借贷累计规模与正常运营平台数量	0.96 万亿元	0.94 万亿元	0.134 万亿元	588.71%
		343 家	211 家	30.14 家	22.84%
小微信贷业务	涉农贷款	35.19 万亿元	17.57 万亿元	2.51 万亿元	14.24%
	农户贷款	10.34 万亿元	6.72 万亿元	0.96 万亿元	26.53%
	小微企业贷款	36.9 万亿元	25.32 万亿元	3.62 万亿元	31.24%
	国家助学贷款余额	1 179 亿元	681.77 亿元	97.40 亿元	19.59%
传统支付结算业务	银行卡发行总量	84.19 亿张	48.85 亿张	6.98 亿张	19.75%
	信用卡发行总量	7.46 亿张	4.15 亿张	0.59 亿张	17.89%
	个人银行结算账户数	112.84 亿户	64.06 亿户	9.15 亿户	18.76%
	联网 ATM 机数量	109.77 万台	68.21 万台	9.74 万台	23.45%
	联网 POS 机数量	3 089.28 万台	2 377.50 万台	339.64 万台	47.72%
	小额批量支付系统支付规模和支付笔数	60.58 万亿元	42.03 万亿元	6.00 万亿元	32.37%
		26.27 亿笔	18.72 亿笔	2.67 亿笔	35.42%

① 2013 年的数据来源于《中国统计年鉴》《区域金融运行报告》《中国支付体系发展报告》和网贷之家网站。2019 年数据来源于《中国普惠金融指标分析报告(2019 年)》《2019 年支付体系运行总体情况》《2019 年中国银行业服务报告》《2019 年金融机构贷款投向报告》《中华人民共和国 2019 年国民经济和社会发展统计公报》，以及投保基金公司发布的《2019 年度全国股票市场投资者状况调查报告》和网贷之家网站发布的《2019 年中国网络借贷行业年报》。

② 这里要分析的是 2013—2019 年的中国普惠金融发展概况，应比较的是 2019 年底和 2013 年初的相关数据，考虑到时间的承接性，所以在此使用的是 2012 年底的统计数据。

(续表)

普惠金融服务名称		取得发展成效			
		2019 年	比 2013 年初增加①	年均增长额	年均增长率
证券、保险业务	股票投资者人数	1.6 亿人	0.88 亿人	0.13 亿人	17.33%
	养老保险总人数	9.67 亿人	1.79 亿人	0.26 亿人	3.25%
	失业保险总人数	2.05 亿人	0.53 亿人	0.08 亿人	4.95%
	基本医疗总人数	15.54 亿人	10.18 亿人	1.45 亿人	27.10%
	工伤保险总人数	2.55 亿人	0.65 亿人	0.09 亿人	4.88%
	保险公司保费收入	4.26 万亿元	2.71 万亿元	0.39 万亿元	25.01%
	保险公司保费支出	1.29 万亿元	0.82 万亿元	0.12 万亿元	24.79%
征信服务	农户信用建档数	1.86 亿户	0.38 亿户	0.05 亿户	3.67%
	小微企业信用建档数	1 571.3 万户	1 336.00 万户	190.86 万户	81.11%
	个人信用建档数	10.2 亿人	1.97 亿人	0.28 亿人	3.42%

注：数据由笔者依据公开统计资料整理所得；—代表数据缺失。

表 2-1 显示，到 2019 年，中国普惠金融规范发展取得卓越成效。其中，互联网金融业务方面，2013 年到 2019 年的 7 年间，非现金支付规模与支付笔数分别年均增加了 356.17 万亿元与 414.11 亿笔，年均增长率分别高达 27.69% 与 100.66%。到 2019 年底，中国网上银行支付规模与支付笔数达 2 134.84 万亿元和 781.85 亿笔，笔均支付 2.73 万元，较好地满足了小微企业、个体户等弱势群体的支付结算服务需求；非银行类机构网上支付规模与支付笔数为 249.88 万亿元和 7 199.98 亿笔，笔均支付 347.1 元，较好地满足了个人的支付与结算需求。在此期间内，中国网络借贷业务也得到了较好发展，即便到了网贷行业集中大整顿的 2019 年，网贷平台规模与平台数相较于 2013 年年初，依然年均增加了 0.134 万亿元与 30.14 家，年均增速更达到

---

① 这里要分析的是 2013—2019 年的中国普惠金融发展概况，应比较的是 2019 年底和 2013 年初的相关数据，考虑到时间的承接性，所以在此使用的是 2012 年底的统计数据。

588.71%与22.84%。2019年网贷平台集中持续"暴雷",极大地加深了中国信贷市场的风险,促使中国中央政府再次加大对网贷行业的整顿力度,到2020年中国P2P网贷平台几乎尽数被"清退"出市场,P2P网贷这一普惠金融服务创新模式就此画上了重要又显不完美的句号。

小微信贷业务方面,到2019年底,与2013年初相比,中国小微信贷业务中的涉农贷款、农户贷款、小微企业贷款和国家助学贷款业务均得到长足发展,四项业务年均增长额分别高达2.51万亿元、0.96万亿元、3.62万亿元和97.40亿元,年均增长率则均超过了14%,分别为14.24%、26.53%、31.24%和19.59%。这表明,中国普惠金融进入规范发展的新阶段以来,涉及农村、农户、小微企业和在校学生等弱势的小微信贷业务的规模得到大幅度提高,越来越多的贫穷农民、低收入者、小微企业主和贫困学生获得了宝贵的信贷资金,分享到了中国普惠金融规范发展的益处。

传统支付结算业务方面,到2019年底,银行卡发行总量、信用卡发行总量和个人银行结算账户数的年均增长额分别高达6.98亿张、0.59亿张和9.15亿户,它们的年均增长率均超过17%,呈现出快速深化发展之势;联网ATM机和联网POS机数量均增加一倍以上,年均增加9.74万台和339.64万台,年均增长率高达23.45%和47.72%,呈现出高速广化发展之势;小额批量支付系统处理的支付规模和支付笔数均相应增加,年均增长额和增长率分别达6.00万亿元、2.67亿笔和32.37%、35.42%,平均每笔小额支付的支付金额也由2013年初的2.45万元减少至2019年年底的2.31万元①。这表明,2013—2019年的7年间,中国传统支付结算业务可获得性和使用情况均得到较好改善,存取款业务也因联网ATM机数量的增加变得更为方便,支付结算交易也由联网POS机投放量的迅速增加而能更便捷地完成。同时,平均每笔小额支付金额的下降,以及小额支付的笔数和规模的上升,则表明支付结算业务能更好普惠"小客户"、小微企业、贫困人群和特殊人群,推动这些弱势群体

---

① 小额支付每笔金额,根据《中国支付体系发展报告》提供的数据,经计算后获得。

得以更加充分地享受便捷正规的金融服务。

证券与保险业务方面,到2019年底,沪深两市A股市场的参与度提升明显,与2013年相比,2019年沪深两市股民总人数增加近0.88亿人,股民年均增加0.13亿人,股民年均增长率达17.33%。在此期间,中国保险市场普惠发展之势较好,不仅养老、失业、基本医疗和工伤保险等社会保险业务均实现了不同幅度的发展提升,而且保险公司保费收入和保费支出的年均增长额和年均增长率分别高达0.39万亿元、0.12万亿元和25.01%、24.79%。这表明,在2013—2019年的7年时间里,中国证券公司和保险机构均拓展了普惠业务范围,若不考虑股民亏损约束条件,在此期间内,中国传统证券服务可得性和使用情况都得到了明显改善,中国社会保险的普惠性作用也愈发重要和显著,中国传统保险服务已得以更好地造福普通民众。

征信服务方面,中国有关农户、小微企业和个人征信规模,均呈现出小幅度提升之势,到2019年底,1.86亿农户建立信用档案,1571.3万户小微企业纳入信用数据库,有占成年人总数87.1%的10.2亿人实现信用建档。在此时段内,中国这三项征信业务分别年均增加0.05亿户、190.86万户和0.28亿人,其中小微企业信用建档数高达81.11%。这表明,2013—2019年的7年时间里,中国征信服务的覆盖面和发展质量得到较好提高,尤其是在小微企业征信服务上取得了十分喜人的广化成效。

总之,2013年至今是中国普惠金融规范发展阶段,此阶段得益于普惠金融顶层设计和互联网金融高效监管,传统金融服务和金融产品的覆盖面和渗透率不断提升,中国互联网金融服务也得以更健康稳步地发展,开创了以传统金融服务为基础、互联网金融服务为重要创新的中国普惠金融发展新局面。

第二节　中国普惠金融的运作模式

目前国际上主要盛行三种普惠金融运作模式，即社区金融模式、小额贷款模式和代理机构模式①。相比较而言，中国普惠金融运作模式则更显多样化。如中国不仅小额贷款公司和第三方金融服务代理机构发展良好，社区金融服务也开始进入起步阶段，而且出现了大量的互联网金融机构，传统金融机构也开始积极寻求金融服务模式上的改革，共同形成以"银行业金融机构、证券业金融机构、保险业金融机构、交易及结算类金融机构、金融控股公司和互联网金融平台"②为主体的中国普惠金融供给新体系。因此，基于前文有关普惠金融服务的分类，可将中国普惠金融运作模式划分为：互联网金融平台模式、传统金融机构模式和小额贷款公司模式三大类。

一、互联网金融平台模式

中国互联网金融平台不仅在政策容许范围内直接提供金融服务，而且还与传统金融机构合作拓展业务，不断推进中国数字普惠金融服务的创新发展。据 H2 Ventures（金融科技投资公司）与毕马威（会计与咨询机构）发布的"2017 Fintech 100"数据显示③，2017 年共有 9 家中国金融科技企业杀入全球 100 强，其中蚂蚁金服、众安保险和趣店三家中国公司包揽榜单前三名，陆金所和京东金融则分列第六和第九位。同时，据国际著名信息研究机构 IDC Financial Insights 发布的 2020 年"FinTech Fast 101"榜单显示④，亚太地区

---

① 社区金融模式是指在社区旁布局金融服务网点，服务社区内的小微企业和社会大众，它盛行于美国、欧洲、澳大利亚等发达经济体。小额贷款模式以小额贷款机构为主导，主要为中低收入群体、小微企业等提供贷款服务，常见于经济欠发达国家和地区。而代理机构模式则是金融机构采取与当地第三方机构合作的方式提供普惠金融服务，主要现于经济及金融系统特别落后的国家和地区。
② 具体种类详见中国人民银行于 2010 年发布的《金融机构编码规范》。
③ 网址：https://home.kpmg/cn/en/home/insights/2016/10/ventures-kpmg-fintech-fs.html。
④ 网址：https://www.idc.com/getdoc.jsp?containerId=TEA002936。

(不包括日本)的101家快速发展的金融科技企业中,中国有包括蚂蚁金服、京东金融、度小满金融、建信金融科技、同盾科技、依图科技等41家企业上榜。这些金融科技企业既提供大数据收集、大数据分析、大数据征信及区块链技术等基础技术服务,也提供智能投研、智能投顾、精准营销、风险定价和风险监控等智能金融服务,在建立以第三方支付①、网络借贷、网络众筹②和其他互联网金融服务等为主要内容的数字普惠金融体系过程中发挥了重要作用。

(一)第三方支付

目前,中国市场上第三方支付方式主要有第三方互联网支付和第三方移动支付两种③。艾瑞咨询发布的《2017年中国第三方支付市场监测报告》《2017年中国第三方支付年度数据发布研究报告》《2020年中国第三方支付行业研究报告》,以及该网站其他有关的公开数据资料显示④,2011—2019年中国第三方支付规模增长迅猛,尤其是第三方移动支付更是呈现出全面超越第三方互联网支付的加速发展之势(见图2-1)。

图2-1显示,2011年中国第三方支付总规模仅为2.3万亿,到2019年则增至251.1万亿元,增长近66倍。其中,2011—2014年,中国第三方互联网支付规模要大于第三方移动支付规模,但从2015年开始,后者超过前者,到2019年,第三方移动支付规模高达226.1万亿元,远超第三方互联网支付的25.0万亿元规模。从占比来看,2015年第三方移动支付开始占领中国第三方支付的半壁江山,2019年其占比更升至90%,第三方移动支付已成为中国最

---

① 第三方支付,属于电子支付,依照2005中国人民银行公布的《电子支付指引(第一号)》文件规定,电子支付可"分为网上支付、电话支付、移动支付、销售点终端交易、自动柜员机交易和其他电子支付",在此主要是探讨网上支付和移动支付为主的第三方支付模式。
② 2020年之前,中国的网络借贷和网络众筹曾得到较好的发展,起到了一定的互联网金融普惠的效果,虽然到2020年底中国网络借贷平台已尽被清退出市场,中国网络众筹平台也繁荣不再,但它们曾经发挥过的积极作用不容否定,为此,依然有必要对中国网络借贷和网络众筹行业进行批判性的分析探讨。
③ 用户通过桌式电脑、便携式电脑等设备,依托互联网发起支付指令,实现货币资金转移的行为,是第三方互联网支付;用户通过移动终端上非银行系产品,实现的非语音方式的货币资金的转移及支付行为,则是第三方移动支付。
④ 网址为:http://report.iresearch.cn/report/201708/3035.shtml。

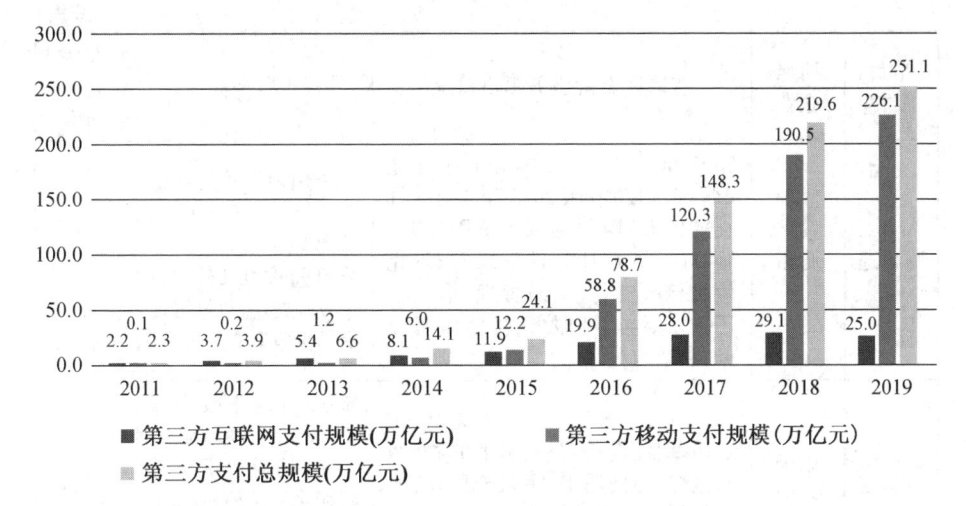

第二章 中国普惠金融发展的历史演进与运作模式

图 2-1 2011—2019 年中国第三方支付规模

资料来源:数据均来源于艾瑞咨询网站,https://www.iresearch.com.cn

为主要的第三方支付方式。

艾瑞咨询发布的《2020年中国第三方支付行业研究报告》还指出,2019年中国市场上最具影响力的第三方支付平台,主要有支付宝、财付通、壹钱包、京东支付、联动优势、快钱、易宝支付、银联商务和苏宁易付宝等几家,具体概况见表2-2内容所示。

表 2-2 中国主要的第三方移动支付平台

平台名称	所属企业	互联网金融服务提供概况	提现收费标准	2019年占移动支付市场份额
支付宝	阿里巴巴	钱包、还款、转账、缴费、充值、付款、代付、海淘、红包、留学交费、医疗服务、理财、保险和服务窗等;快捷支付、手机支付和二维码支付等;与国内外180多家银行合作,39个国家和地区在使用。	2016年10月12日起,对个人用户超出免费额度的提现收取0.1%的服务费,个人用户每人累计享有2万元基础免费提现额度。	54.4%

（续表）

平台名称	所属企业	互联网金融服务提供概况	提现收费标准	2019年占移动支付市场份额
财付通	腾讯	2005年9月正式推出，财付通 iPhone_V1.0.0版2011年4月2日正式发布，财付通 androidV1.2.0版2011年5月5日正式发布；充值、提现、支付、交易管理、信用卡还款、"财付券"服务、生活缴费业务、彩票购买。	每个用户终身只能享受总计1 000元的免费提现额度，超出部分目前按0.1%的费率收取费用，每笔提现交易少收取0.1元。	39.4%
壹钱包	中国平安	货币基金、定期理财、电商购物、缴水电煤、还信用卡、手机充值、转账等板块。	转账、提现不收手续费；支持2种转账方式，一是通过手机号转账至对方壹钱包账户，二是转账到自己或他人的银行卡。	1.5%
京东支付	京东金融	于2014年7月推出的新一代第三方支付产品，主要提供快捷支付、码支付、网关支付、代付款、代扣款和跨境支付等支付服务。	可通过钱包App端、金融App端和M端提现，不收取费用。	0.8%
联动优势	中国移动	2003年8月成立；与140多家金融机构和3 300多家大型企业合作；提供综合支付、金融信息、商业营销、大数据风控和跨境支付等金融科技服务；联动支付业务包括互联网支付、移动支付、智能收银、聚合支付、资金管理、支付管家和话付宝。	收取1%的提现手续费	0.7%
快钱	快钱、万达	2005年成立，产品服务包括含移动类、收款类、付款类、账户类、生活服务类五大类。	快钱钱包个人用户按3元/笔的固定金额收费，每笔最多能提取5万元。	0.6%
易宝支付	易宝	于2003年8月成立，2011年5月，易宝获首批中国人民银行颁发的支付牌照，2013年10月，获国家外汇管理局批准的跨境支付业务许可证，开展网上在线支付、信用卡无卡支付、POS支付、一键支付等业务。	费率按1%算，少于1元的按1元收，每天最多可提现3次，限额200元/月。	0.5%

(续表)

平台名称	所属企业	互联网金融服务提供概况	提现收费标准	2019年占移动支付市场份额
银联商务	中国银联	于2002年12月成立,2011年5月26日,银联商务首批获得中国人民银行颁发的《支付业务许可证》,涵盖银行卡收单、互联网支付、预付卡受理等支付业务。	需向银联商务支付交易手续费(含税)。	0.4%
苏宁易付宝	苏宁云商	成立于2011年,2012年6月取得中国人民银行颁发的第三方支付业务许可证;信用卡还款、转账汇款、话费充值、水电煤缴费、保险理财和固话宽带等。	转账,提现,还款秒到,而且免费。	0.2%
其他	—			1.5%

资料来源:艾瑞咨询发布的《2020年中国第三方支付行业研究报告》。

表2-2显示,中国第三方移动支付服务领域广泛,既涉及转账汇款、个人理财、网络保险、代付代扣、红包收发和跨境支付等金融交易服务,也囊括网络购物、商场购物、跨境购物等电商金融服务,还包括各种生活缴费服务、公共交通充值服务和医疗缴费服务等。就支付市场所占份额而言,支付宝和财付通实力最强,2019年这两家移动支付商占领约93.8%的移动支付业务量,而其余包括壹钱包、京东支付、联动优势等在内所有其他移动支付商,仅能分享剩余不到7%的市场容量。这说明,支付宝和财付通在中国第三方移动支付市场中处于绝对的领导地位,它们两家是中国普惠金融消费者使用最为频繁的第三方支付平台。

表2-2还显示,中国第三方移动支付的转账及支付服务一般不收费,其额度通常由中国人民银行规定。而从支付平台提现到银行卡,一般会收取少量费用或不收费用,如阿里巴巴的支付宝和腾讯的财付通都有一定的免提额度,超过该额度才收取少量手续费。同时,据中国人民银行发布的《2019年支付体系运行总体情况》数据显示,2019年中国非银行支付机构处理的网络支付总额达249.88万亿元,支付总发生7 199.98亿笔,笔均发生额为347.06元;而

同期中国银行业处理的电子支付业务规模虽高达2 607.04万亿元,但总发生笔数不及非银行支付机构,仅为2 233.88亿笔,笔均发生额则高达11 670.46元,是非银行支付机构笔均发生额的33.6倍。所以,较之银行业电子支付业务,第三方支付平台支付结算业务更能满足小额支付需求,其市场渗透率更高,金融服务的普惠效果也更强。

总之,与传统支付相比,第三方支付采用先进的信息技术来实现信息传输和款项汇兑,能在开放的网络平台上进行,交易常能瞬时完成且费用更低,能更好地满足普通大众日常支付交易需求。

(二) 网络借贷

2013—2019年期间,网络借贷模式在中国风靡一时,并主要可分个体网络借贷(P2P)和网络小额借贷两种,前者通过个体网络借贷平台完成,后者则由网络小额贷款公司来实现。其中,个体网络借贷平台主要提供信息撮合、信用审核等中介服务,盈利则主要依靠收取一定的服务费和管理费等来实现;而网络小额贷款公司是"信用机构",可直接提供放贷服务,盈利主要依靠息差收入。两者简易贷款流程可用下图来描绘(见图2-2)。

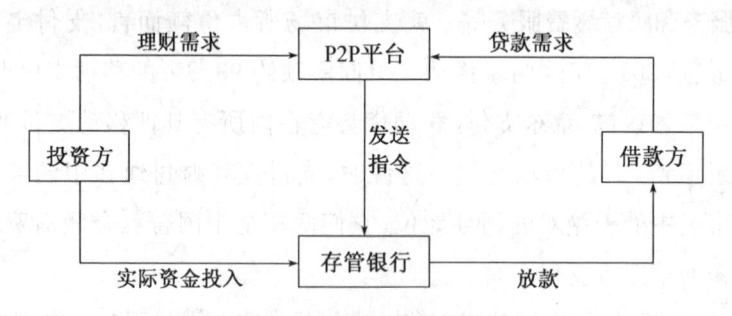

图2-2 个体网络借贷贷款模式

图2-2表明,P2P网贷平台协调投资方的理财需求与借款方的贷款需求,投借双方直接在平台上接触并一次性投标达成借贷协议,或通过第三方个人先行放款后再将债权转让给投资者而完成借贷交易,交易双方借贷协议一旦达成,P2P网贷平台就会向存管银行发送指令,存管银行则将投资方事先存

放的资金放给借款方,借贷活动就此完成。由于交易全程均在网上操作,又有银行存管资金保障资金安全性,任何个人均可放心参与其中,从而曾经极好发挥了金融普惠作用。

据网贷之家发布的《中国网络借贷行业研究报告》(2014—2017)数据显示[①],2010 年中国正常运营的 P2P 网贷平台数量仅有 10 家,总成交规模仅为 13.7 亿元,而到 2016 年底,正常运营的平台数增至 2 448 家,总成交规模猛涨至 14 955.1 亿元,P2P 投资用户规模高达 1 271.0 万人,借款用户规模为 876.0 万人,人均借款金额 15 万元,人均投资金额 5.1 万元。由于易租宝、中宝投资、网赢天下、速可贷和钱宝网等负面事件的影响,从 2016 年开始,中国加速了 P2P 网贷平台行业合规监管的步伐。据中国互联网金融协会信批平台数据显示[②],截至 2018 年 10 月底,已有 119 家网贷平台成功接入信息披露系统,接受中国互联网金融协会的行业内部监管,这对稳定中国 P2P 网贷行业的健康稳定发展起到积极推动作用。但 2019 年之后,即便是口碑良好的中国网贷平台也开始暴雷,为防范和化解 P2P 网贷风险,中国金融监管当局于 2020 年加强了对网贷行业的整顿,到 2020 年底,曾经一度高达 6 000 多家的中国网贷平台几乎尽数"清退"出网贷市场,中国 P2P 网贷行业也由此画上了不完美的句号。

与一般的网贷平台不同,依托电子商务网站发展起来的网络小贷公司,依然在中国信贷市场展现着蓬勃的发展态势,其贷款模式可用图 2-3 来做简单描绘。

```
网络小贷公司  ⇌ 申请贷款/放贷 ⇌  借款者
```

图 2-3　网络小额贷款公司贷款模式

图 2-3 显示,借款者直接向网络小额贷款公司提交贷款申请,网络小贷公司审核后,可对符合贷款条件的申请人发放贷款。以阿里巴巴旗下的小额

[①] 网贷之家为中国第三方网贷资讯平台,它于 2011 年 10 月上线,网址为:https://www.wdzj.com/。

[②] 中国互联网金融协会,构建了中国互联网金融协会信批平台,适时披露进入平台的运营信息,很好地发挥了行业内部监管的作用。其网址则为:https://dp.nifa.org.cn/HomePage。

贷款公司为例,其主要服务对象为淘宝及天猫的卖家、阿里巴巴平台商家、口碑服务的线下商户与龙头农业企业合作的农业生产经营者,贷款人无须提供抵押品或第三方担保,仅凭自己的信誉就能获取贷款。截至 2014 年上半年,阿里小贷累计发放贷款超过 2 000 亿元,服务小微企业达 80 万家,其自身资金融资成本为 8% 左右,对外贷款利息为 12%～18%,阿里小贷贷款人平均占款周期为 123 天,可随借随还,经测算后的贷款年化利率为 6%～7%。2015 年蚂蚁金服发起成立浙江网商银行,其贷款依然沿用阿里小贷模式,到 2016 年底,网商银行累计发放贷款超过 8 000 亿元,为超过 500 万家小微企业提供了小额贷款服务,成为中国普惠金融服务的成功典范。据浙江网商银行发布的《2019 年度报告》数据显示[1],截至 2019 年末,网商银行历史累计服务小微企业和小微经营者客户 2 087 万户,户均余额为 3.1 万元,从而较好地践行了"普惠金融、服务小微、服务三农"这一服务宗旨。

(三)网络众筹

网络众筹也称互联网众筹,是指筹资人通过互联网金融平台发布项目创意,并用实物、服务或股权等回报投资人,以达到募集资金目标的一种互联网金融模式[2]。筹资人、平台运营方和投资人是网络众筹的主要参与方。在众筹平台上筹资的项目发起人,需要介绍自己的产品、创意或需求,设定筹资期限、筹资模式、筹资金额和预期回报率,来创建筹资项目;众筹网站充当平台运营方,发挥审核和展示筹资人创建项目的中介作用,为筹资人和投资人提供技术服务支持;投资人浏览平台上的众筹项目,依个人需求选择适合的项目进行投资,以待未来获取经济或其他收益。

中国网络众筹按项目回报方式,一般可分为奖励众筹、股权众筹、公益众

---

[1] 来源网址 https://gw.alipayobjects.com/os/bmw-prod/358bf8bc-7644-4674-be1a-0402797d1ac7.pdf。

[2] 网贷之家联合盈灿咨询发布的《2015 年中国众筹行业半年报》,对网络众筹概念、主要参与人和回报方式做了详细论述。网址为:https://www.wdzj.com/news/baogao/21251-all.html。

筹和混合众筹等四种①。其中,奖励众筹是指项目发起人在筹集款项时,投资人以获得商品或服务等非金融性奖励作为回报的筹资方式;股权众筹是指公司出让一定比例的股份,普通投资者购买股份以获取未来收益的筹资方式;公益众筹是非盈利性众筹,它一般以助学、助老、助残、关爱留守儿童等为目的而发起众筹项目;而混合众筹是指包含上述两种及以上类型众筹项目的筹资方式。中国网络众筹行业虽兴起于2013年,但涌现出不少优秀的网络众筹平台,如京东众筹、淘宝众筹、苏宁众筹、小米众筹、人人投、云筹、众筹天地和聚募等,整个行业在平台正常运营数量和成功筹资等方面均取得显著成效。

2015—2017年是中国网络众筹发展的黄金时期。据盈灿咨询发布的《全国众筹行业年报》(2015—2017)数据显示②,2013年中国正常运营的平台数和成功筹资额仅分别为29家和3.35亿元,但2016年也分别增至427家和224.78亿元,同时,2017年正常运营的众筹平台数虽减为209家,但成功筹资220.25亿元而基本持平于2016年。2016年中国网络众筹行业仍处于"野蛮生长"状态,进入2017年,金融监管趋严,一些非良性发展的众筹平台开始退出市场,中国网络众筹行业由此步入规范发展时期。中国网络众筹具有广参与、多项目和小筹资等普惠特点,为此,运用盈灿咨询发布的《全国众筹行业年报》(2015—2017)数据,对这期间的中国网络众筹做进一步研究(见表2-3)。

表2-3 2015—2017年中国网络众筹发展概况

	年份	2015	2016	2017	年均值
新增众筹项目数（个）	总数	49 242	73 380	54 487	59 036.33
	奖励众筹	33 932	54 695	36 641	41 756.00
	非公开股权众筹	7 532	4 087	472	4 030.33
	公益众筹	7 778	14 598	17 374	13 250.00

---

① 需说明的是,P2P网络借贷也被称为债权众筹,一般以"网络借贷"概念来作研究。此外,若按项目种类分,则主要有综合类、影视音类、房地产类、汽车类、农业类、酒类和艺术品类等七种。

② 相关报告在盈灿咨询网站下载,网址为:https://www.jrzj.com/204709.html。

（续表）

年份		2015	2016	2017	年均值
众筹参与人次（万人次）	总数	7 231.49	10 954.67	4 473.32	7 553.16
	奖励众筹	3 264.06	5 470.09	2 629.29	3 787.81
	非公开股权众筹	10.21	5.76	3.94	6.64
	公益众筹	3 957.22	5 478.82	1 840.09	3 758.71
成功众筹资金额（亿元）	总数	114.24	224.78	220.25	186.42
	奖励众筹	56.03	167.27	195.30	139.53
	非公开股权众筹	51.90	52.98	21.44	42.11
	公益众筹	6.31	4.53	3.50	4.78
项均筹资额（万元）	总体	23.20	30.63	40.42	31.42
	奖励众筹	16.51	30.58	53.30	33.47
	非公开股权众筹	68.91	129.63	454.24	217.59
	公益众筹	8.11	3.10	2.01	4.41
每人次筹资额（元）	总体	157.98	205.19	492.36	285.18
	奖励众筹	171.66	305.79	742.79	406.74
	非公开股权众筹	50 832.52	91 979.17	54 416.24	65 742.64
	公益众筹	15.95	8.27	19.02	14.41

资料来源：根据有关数据和资料的计算和整理。

表2-3显示，中国网络众筹在新增众筹项目数、众筹参与人次和成功筹资额方面均在2016年达到高峰。其中，2016年全年新增项目超七万个，全年众筹参与达一亿人次，全年筹资额达224.78亿元，表明中国网络众筹业具有广泛的群众参与基础，且筹资项目依然较少，存有进一步发展与提升的空间。

2015—2017年，众筹项目平均筹资额和每人次筹资额均呈现上升趋势，年均成功筹资分别为31.42万元和285.18元，表明中国网络众筹在单项和人均筹资金额上均具有小额化特点，这符合小微企业和农业生产的小额资金需求特征，较好地发挥了金融普惠作用。在新增众筹项目数和众筹参与人次方面,奖励众筹表现最强、公益众筹其次而非公开股权众筹最弱,这表明奖励类和公益类众筹参与度最高,而非公开股权类众筹参与度最低。在成功筹资额方面,奖励众筹表现最强,非公开股权众筹紧随其后,而公益众筹最弱,这表明奖励众筹运作最好,其次是非公开股权众筹和公益众筹。在众筹项目平均筹资额和每人次筹资额方面,非公开股权众筹则表现最好,其次是奖励众筹和公益众筹,这表明非公开股权众筹项目大众参与门槛较高,而奖励众筹和公益众筹则更有利于实现人人参与的金融普惠效果。

此外,《2017年全国众筹行业年报》显示,截至2017年12月底,中国众筹平台分布在18个省市,且多位于经济较为发达地区。其中,北京、广东、上海、浙江、山东和江苏这六地区的发展态势最好,六地区运营平台数占全国总数的83.25%。在成功筹资额上,北京、浙江、上海、山东、广东和江苏六地区,分别达54.84亿元、50.65亿元、31.25亿元、30.63亿元、25.51亿元和20.07亿元,六个省市成功筹资金额占全国总筹资金额的96.69%。这表明,经济发达地区网络众筹平台发展更好,中国网络众筹行业存在较强的地区异质性。

但令业界惋惜的是,自2018年以后,中国网络众筹行业并未能延续良好的发展势头,无论是正常运营的众筹平台数量,还是众筹项目数和众筹资金规模,都开始不断下滑,整个行业进入萧条期。据众筹家发布的中国众筹行业月报数据显示[①],截至2019年12月底,中国处于运营状态的众筹平台已经减少为67家,其中,股权型平台有23家,权益型平台有25家,物权型平台有8家,综合型平台有7家,公益型平台有4家,这些平台的实际众筹金额和投资人数也均出现大幅度下滑。2013年至今,中国网络众筹行业历经兴旺盛衰,在为中国丰富普惠金融服务模式提供宝贵经验和深刻教训之时,也为如何促进中国数字普惠金融更为稳健地创新发展提出了新挑战。

---

① 来源网址 http://www.zhongchoujia.com/data/32391.html。

(四) 其他互联网金融服务

除第三方支付、网络借贷和网络众筹之外，中国互联网消费金融、互联网保险、在线理财、大数据金融和互联网金融门户网站等互联网金融服务，也是中国普惠金融的重要运作模式。

1. 互联网消费金融

以消费为目的，信贷期限在 1 至 12 个月，金额一般在 20 万以下，通常专指日常消费（如日耗品、衣服、房租、电子产品等）小额信贷，称为消费金融。而当申请、审核、放款及还款全流程的消费金融业务都借助互联网在线上进行时，就产生了互联网消费金融服务。目前，中国互联网消费金融的业务类型主要有两种，一是依托场景将放贷资金直接划入消费场景的消费贷，二是没有场景依托而直接将贷款资金划入申请借款用户账号的现金贷。互联网消费金融的资金主要来自银行、小贷公司、P2P 和 ABS 等，贷款参与方则主要包括电商、银行、P2P 平台、持牌消费金融机构、消费分期平台和其他消费金融平台。

以蚂蚁金服旗下的花呗为例，可简要了解互联网消费金融服务流程。花呗的获客渠道主要是支付宝和淘宝。花呗的征信和风控主要采用芝麻信用，即从用户信用历史、行为偏好、履约能力、身份特质、人脉关系五个维度，通过收集用户来自政府和金融系统的数据，以及分析用户在淘宝、支付宝等平台的行为记录，来确定个人的信用评级，并据此来授予用户蚂蚁花呗信用额度。花呗放贷模式有账单分期和交易分期两种，用户通过支付宝链接电商购物、线下支付、娱乐和团购外卖等消费信贷场景，在消费时可预支蚂蚁花呗额度，也即完成消费信贷。花呗一般在确认收货的下个月 1~10 号进行还款，最长可在 41 天内享受免息，当然用户也可选择"3、6、9、12"个月不等的分期还款，分期的利息分别按总额的"2.5%、4.5%、6.5%和8.8%"执行，而分期利率则按每日万分之五收取，半年以上的分期利率略显偏高，但仍在可接受的范围之内。

艾瑞咨询发布的《2017年中国互联网消费金融行业报告》①数据显示，2012—2017年中国互联网消费金融放贷规模也由18.6亿元增至43 847.3亿元；在2017年各市场参与方放贷规模占比中，电商放贷规模最高，占总放贷规模的35%，它们在获客能力、客户体验、风控能力和资金成本控制等方面具有明显的优势。所以，中国互联网消费金融的发展态势良好，其发展前景十分广阔，电商系互联网消费金融平台则是中国互联网消费金融的重要组成部分。

总之，中国互联网消费金融平台，坚持以小额消费信贷为主，采用线上全流程模式，能以较低利息满足普通大众的消费信贷需求，从而较好地发挥着金融普惠效果。

2. 互联网保险

保险信息咨询、保险签约、理赔和给付等保险全过程的网络化，称为互联网保险。它以（移动）互联网为媒介来实现保险产品和保险服务的买卖交易，具备保费透明、保障权益清晰、服务方式便捷和理赔轻松等优势，在各类保险业务中被广泛应用。

目前来看，中国互联网保险业务供给主体主要有传统保险公司和互联网金融平台，而其运作模式则有传统保险公司、保险电商平台、搭售和互联网创业公司等几种，中国互联网金融平台主要参与后三种模式。中国保险行业协会发布的《2017年中国互联网保险研究报告》数据显示②，2016年中国有117家主体机构参与了互联网保险服务，保费收入达2 347亿元，较2012年的110.7亿元增长了2 236.3亿元，且仍有继续增长之势。另据中国保险行业协会发布的《2020年互联网人身保险市场运行情况分析报告》数据显示③，2020年共有61家人身险公司在中国开展了互联网保险业务，其中中资公司为40家，外资公司为21家，2020年累计实现规模保费2 110.8亿元，较2019年增

---

① 网址为：http://report.iresearch.cn/report/201801/3128.shtml。鉴于2018年以来艾瑞咨询没有再更新此报告，所以在此仅能分析到2017年的中国互联网消费金融发展规模。
② 中国保险行业协会网址为：http://www.iachina.cn/。
③ 中国保险行业协会网址为：http://www.iachina.cn/。

长 13.9%，整体呈现较为快速的增长态势。

以慧择网为例，可对中国互联网保险第三方平台业务模式来做简要探讨。慧择网成立于 2006 年，为用户提供从售前咨询、售中投保、售后保全到理赔的一站式互联网保险服务。其旗下拥有慧择网、聚米网、CPS/API 开放平台和保运通四大业务平台，以 2C、2B、2A、2F 四种模式开展互联保险业务，客户可以直接在网站上挑选 80 多家保险公司的 1 000 多款保险产品，能满足货运险、团意险、财产险、责任险和船舶险等多种保险业务需求。截至 2018 年 3 月[①]，慧择网已为 50 万家庭提供了保险服务，完成 100 余万份的保单方案定制，累计发放 4 500 余万份保单，协助 4.6 万人次完成超过 1.52 亿元的理赔金额，受到 90 余万用户的一致好评。

故以慧择网为代表的互联网保险平台，正成为传统保险公司的重要补充，它与中国传统保险行业一起推动着中国普惠保险服务水平不断提升。

3. 在线理财

利用 PC 端或手机端在网上进行各类理财产品的购买和管理，已经成为中国普通大众参与投资理财活动的新方式。宽泛意义上，在线理财既包括 P2P 网贷、余额宝等宝宝类理财产品，也包括银行、保险、基金、信托、证券等正规金融机构在线上提供的理财产品和理财服务。但考虑到互联网金融平台的属性，故在此专门特指宝宝类货币基金理财服务。

目前，中国市场上共有余额宝、零钱宝、汇添富现金、微信理财通和南方现金宝等 74 支宝宝类理财产品，它们的投资门槛最低为 0.01 元，最高也仅 100 元，而取现限额最高为汇添富现金的 500 万，最低为余额宝的 5 万元，年化利率则均在 3% 左右浮动。以蚂蚁金服旗下的余额宝为例，它是中国最早出现的宝宝类理财产品，是中国销售最好的货币基金，同时也是全球规模最大的互联网理财产品。余额宝于 2013 年 6 月上线，天弘基金是其基金管理人。据天

---

① 数据资料来源于慧择网，网址为：https://www.huize.com/about/about-about.html。

弘余额宝货币市场基金发布的2015—2018年年度报告显示①,2013—2016年,余额宝呈稳步增长之势,其规模分别达到1 853亿元、5 789亿元、6 207亿元和0.8万亿元,而到2017年底余额宝规模更超过了1.5万亿元,用户数量则突破3亿人。不断扩展的市场规模,甚至给天弘基金造成巨大的市场压力,2017年余额宝申购额进行了多次调低,从100万到25万再到10万。2017年12月8日,天弘基金再次对余额宝做了限购,即当日申购额度最高为2万元,余额宝的火爆程度可见一斑。但2017年之后,余额宝规模和净收益率均出现明显下滑。《天弘余额宝货币市场基金2019年年度报告》显示②,到2019年年末,余额宝规模和净收益率也分别由2017年的15 798.32亿元和3.918 5%,下滑至10 935.99亿元和2.355 8%,且这一下滑趋势仍在持续,这表明金融消费者购买余额宝的行为在不断回归理性,宝宝类理财产品的发展态势也愈加平稳。

总之,以宝宝类货币基金为代表的中国在线理财产品,因其申购门槛低、申购方式简便、可随时提现、年化利率较银行活期及短期存款利率更高等特点,被普通大众广泛接受,且随着中国普惠金融市场的发展成熟,宝宝类货币基金发展愈加理性,它们所发挥的金融普惠作用也愈发稳定。

4. 金融大数据服务

金融大数据是指人类从事金融活动所产生的海量结构性与非结构性的多样化数据集合(保建云,2016)。而通过互联网、云计算等信息化处理技术手段,对(移动)互联网用户产生的各种信息数据,进行收集、整理和加工分析得出有价值的商业信息,并将之提供给金融或非金融企业,帮助它们即时掌握客户消费习惯和精准预测客户消费需求,来提高金融服务效率、降低信贷风险,让金融服务更显广泛、深入和普惠的新型金融服务模式,即为金融大数据服务。

与大数据金融不同,金融大数据服务一般仅提供有价值的金融服务信息,

---

① 资料来源于天弘基金管理公司网站,网址为:http://www.thfund.com.cn/。
② 资料来源网址为:http://pdf.dfcfw.com/pdf/H2_AN202004241378540578_1.pdf。

而非利用大数据来开展针对个体单位的实质性金融服务。目前,中国金融大数据服务主要在大数据风控、大数据征信和大数据营销三方面得到广泛应用。互联网金融平台基于互联网大数据,通过挖掘客户社交网络信息、客户行为信息和发掘客户信息间的关联性,采用大数据建模方法,使贷前信用评审和反欺诈等风控管理环节,实现规模化、网络化和程序化的过程,即为大数据风控。大数据风控能帮助企业用户多方位掌握客户信息、降低风控成本和提升风险管理效率,有助于平台企业及时发现金融欺诈行为,为普惠金融发展营造良好的条件。大数据征信能让相关企业通过互联网金融平台来依法完成对自然人、法人及其他组织信用信息的收集、整理、保存和加工,进而掌握更多的已有或潜在客户的信用信息,为信贷业务的顺利、广泛和深入开展提供重要支撑。大数据营销则得益于大数据技术,能够精准开发金融产品和金融服务,准确定位金融服务市场,让金融供给尽可能满足金融需求,进而提高普惠金融服务的覆盖面和渗透力。

中国金融大数据服务公司众多,据爱分析公司于 2017 年发布的《爱分析中国大数据企业估值榜》(第二版)[①]资料,在估值排名前 72 位的中国大数据企业中,有 21 家主营金融大数据服务,其中排名靠前的有同盾科技、集奥集合、百融金服、万丈金数、鹏远征信、邦盛金融、前海征信和金电联行等几家公司。以同盾科技有限公司为例,它成立于 2013 年,总部位于浙江杭州,是中国国内专业的第三方智能风险管理服务提供商,主要为非银行信贷、银行、保险、基金理财、三方支付、航旅、电商、O2O、游戏、社交平台等行业客户提供高效智能的风险管理解决方案。同盾科技服务提供反欺诈、信贷风控和核心风控工具三大类共 20 余种金融大数据服务,是中国互联网金融领域内最具创新力的企业之一。

5. 互联网金融门户

中国互联网金融门户网站,主要开展金融财经资讯、行业动向名家观察、

---

① 资料来源于爱分析公司网站,网址为:https://www.ifenxi.com/。

金融知识的普及、金融信息或理财产品检索等"快餐式"金融信息服务。

目前，中国互联网金融门户主要有六大类，即：P2P网贷类门户，如网贷之家和网贷天眼；信贷类门户，如信贷门户网等；保险类门户，如中国保险网等；理财类门户，如和讯理财等；综合类门户，如金融之家和金融界等；综合类新闻门户网下的金融财经类门户，如腾讯财经、新浪财经、搜狐财经和网易财经等。中国互联网金融门户具有信息量大，能及时为投资人或借款人提供最新的行业动态，网站访问量高和金融信息服务专业化等优点，能够在帮助金融服务需求方及时了解金融信息、理性购买金融产品和服务等方面发挥促进作用。

二、传统金融机构模式

当前，中国金融消费者获取金融服务的主要渠道依然是商业银行、证券机构和保险公司等传统金融机构，即便是在互联网金融大发展的时代背景下，金融消费者通过网络来完成各种金融交易活动也依然需要这些传统金融机构的参与。因此，传统金融机构是中国普惠金融服务的中坚力量，它们提供的传统金融服务构成中国普惠金融最重要的组成部分。

（一）银行业运作模式

中国银行业一直致力于拓展金融服务的覆盖面和可得性，特别是2010年互联网金融发展以来，银行业更加注重顺应市场需求变化，积极通过加速金融基础设施建设、加大小额信贷力度、扩大社区金融服务规模、打造银行系互联网金融服务平台和设立"普惠金融事业部"等方式，来努力提高其金融服务和金融产品的普惠性。

1. 金融基础设施建设

为扩大市场和提高竞争力，大多数商业银行会主动增加服务网点和下沉服务领域，以提高银行业基础设施建设水平，提升金融服务的可得性和覆盖率，提高金融"普惠"能力。利用表2-4和表2-5内容，可做具体分析。

表 2-4 2010—2019 年中国银行业基础设施建设

年份	银行服务网点数（万家）	银行业从业人数（万人）	联网 ATM 机数量（万台）	联网 POS 机数量（万台）
2010	19.50	308.00	27.10	333.40
2011	20.00	319.10	33.38	482.65
2012	20.20	337.80	41.56	711.78
2013	20.90	356.70	52.00	1 063.20
2014	21.80	372.20	61.49	1 593.50
2015	22.09	379.04	86.67	2 280.10
2016	22.28	379.60	92.42	2 453.50
2017	22.65	394.70	96.06	3 118.80
2018	22.64	393.29	111.08	3 414.82
2019	22.64	396.62	109.77	3 089.28
2010—2019 年净增	3.14	88.62	82.67	2 755.88

资料来源：2010—2019 年银行服务网点数和银行业从业人数，由笔者依据中国人民银行发布的《区域金融运行报告》（2011—2020）计算获得；2010—2019 年联网 ATM 机数量和联网 POS 机数量的数据，来自中国人民银行发布的《支付体系运行总体情况》（2010—2019 年）。

表 2-4 显示，2010—2019 年的十年间，银行服务网点数和银行业从业人员数均稳步增长，这表明银行业务覆盖面在逐年扩大，银行服务和产品的可得性在逐年不断提升。联网 ATM 机和联网 POS 机数量也得到迅猛增长，其中联网 ATM 机投放量净增加 82.67 万台，年均增长率高达 33.9%，表明银行业为中国居民提供便捷存取汇款等金融服务的能力提升明显；联网 POS 机数量则净增加 2 755.88 万台，年均增长率高达 91.8%，表明有更多的中国消费者和商户能快捷地完成基于银行卡服务的消费金融活动。

第二章　中国普惠金融发展的历史演进与运作模式

表2-5　2010—2019年中国银行业传统金融服务概况

年份	个人银行结算账户数（亿户）	借记卡发行量（亿张）	信用卡发行量（亿张）	人民币各项存款余额（万亿元）	人民币各项贷款余额（万亿元）	银行卡跨行支付笔数（亿笔）	银行卡跨行支付金额（万亿元）
2010	33.51	21.85	2.30	71.82	47.92	55.77	11.07
2011	40.82	26.64	2.86	80.94	54.79	68.78	15.01
2012	48.78	32.03	3.31	91.76	62.99	82.73	19.74
2013	56.07	38.23	3.91	104.38	71.90	99.14	27.81
2014	64.73	44.81	4.55	113.86	81.68	118.09	33.61
2015	73.25	50.10	4.32	135.70	93.95	206.68	49.28
2016	83.03	56.60	4.65	150.59	106.60	237.62	67.07
2017	91.69	61.05	5.88	164.10	120.13	293.48	93.85
2018	100.68	69.11	6.86	177.52	136.30	263.25	119.07
2019	112.81	76.73	7.46	192.88	153.11	1 351.75	173.60
2010—2019年净增	79.30	54.88	5.16	121.06	105.19	—	162.53

资料来源：2010—2019年人民币各项存量余额和人民币各项贷款余额数据，均来自《中国统计年鉴》（2011—2020）；其余六项的2010—2016年数据均来自《中国支付体系发展报告》，2017—2019年数据均来自中国人民银行发布的《支付体系运行总体情况》[1]。

表2-5显示，2010—2019年，中国银行服务使用规模增长迅猛，其中，到2019年末，中国个人银行结算账户数净增79.3亿户，借记（储蓄）卡和信用卡发行量分别净增54.88亿张和5.16亿张，这表明在这十年间中国银行账户开户率在逐年提高，商业银行业务的覆盖面扩大明显。与此同时，2010—2019年，人民币各项存、贷款余额均出现大幅度增长，银行卡跨行支付笔数和支付

---

[1] 在此需说明的是，自2018年第二季度起，银行卡跨行支付系统业务笔数仅包含资金清算的交易，不含查询、账户验证等，同时，自2019年第一季度起，银行卡跨行支付系统业务量包括支付机构发起的通过银行卡跨行支付系统处理的涉及银行账户的网络支付业务量。

金额也均实现快速扩展,这又说明中国银行金融服务的使用程度在逐渐提高,中国普惠金融深化发展也取得一定成效。

2. 小额贷款服务

中国商业银行还涉足针对贫困人群、低收入人群和小微企业等在内的小额信贷金融服务。一般认为,中国商业银行介入小额信贷的运作模式主要分为直接和间接两种。其中,直接参方式包括成立内部单元、成立专门金融机构或非金融机构等做法;间接参与方式则有小额信贷业务外包、向小额信贷机构提供基础设施和服务、向小额信贷机构提供贷款等措施(周孟亮、李明贤,2011)。

早在1996年,中国农业银行就开始开展扶贫贴息小额贷款业务。但由于贷款跟踪成本过高、贷款回收率偏低和扶贫资金常难到贫困户手里等原因,该业务并未得以充分发展。2005年银监会开始引导银行业金融机构开展小企业金融服务,2006年底银监会又逐步放宽农村地区金融机构准入门槛,一些大型商业银行通过发起成立村镇银行、贷款公司或协助成立农村资金互助社等方式,开始参与农村小额信贷业务。为进一步规范引导小贷业务,2008年银监会发布《关于小额贷款公司试点的指导意见》,规定"小额贷款公司从银行业金融机构获得融入资金的余额,不得超过资本净额的50%",至此,商业银行资金开始流入小额贷款公司,中国商业银行也能更多涉足小额信贷、微型金融业务和"三农"金融服务等领域。商业银行采用的"商业银行+小额信贷机构+农户"的三位一体运作模式,成为中国大中型商业银行参与小额信贷的一种有效模式(周孟亮、李明贤,2011)。

中国人民银行发布的《中国金融稳定报告》(2011)内容显示[①],到2010年末,共有109家商业银行成立了小企业金融服务专营机构,小微企业评级及定价制度不断优化,部分银行开发了联保贷、租权贷、应急贷、订单贷、专利权质

---

① 资料来源自中国人民银行,网址为:http://www.gov.cn/gzdt/2011-06/16/content_1885369.htm。

押贷款和中小企业集合票据等一系列创新产品。此外,在政策引导下,中国金融市场于1999年开始在北京、上海、天津、重庆、武汉、沈阳、西安、南京等8个城市,对国家助学贷款业务进行试点工作,并得到较好发展效果(见表2-6)。

表2-6 2010—2019年中国"三农"、小微企业及国家助学贷款概况

年份	涉农贷款余额(万亿元)	农户贷款余额(万亿元)	县及县以下本外币农村贷款余额(万亿元)	小微企业贷款余额(万亿元)	国家助学贷款余额(亿元)	普惠小微贷款余额(万亿元)
2010	11.77	2.60	9.80	8.59	377.40	—
2011	14.60	3.10	12.15	10.80	441.20	—
2012	17.62	3.62	14.54	11.58	497.20	—
2013	20.88	4.50	17.29	13.21	553.20	—
2014	23.60	5.36	19.44	15.26	613.00	—
2015	26.40	6.15	21.61	17.40	697.30	—
2016	28.20	7.08	23.00	20.80	845.70	—
2017	30.95	8.10	25.10	24.30	929	6.77
2018	32.68	9.23	26.64	33.49	1 051.27	8.00
2019	35.19	10.34	28.84	36.90	1 179	11.59
2010—2019年净增	23.42	7.74	19.04	28.31	801.60	—
年均增长率	22.11%	33.08%	21.59%	36.62%	23.60%	

注:"—"表示数据缺失。

资料来源:2010—2017年的各项数据来自《中国人民银行年报》和《中国农村金融服务报告》;2018—2019年的涉农贷款余额、小微企业贷款余额数据来自2019年中国银行业服务报告;2018—2019年的农户贷款余额、县及县以下本外币农村贷款余额数据来自《2019年金融机构贷款投向报告》,2018—2019年的普惠小微贷款余额、国家助学贷款余额数据来自《中国普惠金融指标分析报告(2019)》。

表 2-6 显示,2010 年至 2019 年的十年间,中国在"三农"、小微企业及助学贷款等方面深化发展成效显著。其中,"三农"贷款余额方面的数据资料表明,到 2019 年年末,涉农贷款余额增长 23.42 万亿元,年均增长率达 22.11%;农户贷款余额增长 7.74 万亿元,年均增长率达 33.08%;县及县以下本外币农村贷款余额则增加 19.04 万亿元,年均增长率达 21.59%。这说明,受中国国有、民营及村镇等商业银行直接或间接参与小贷项目的积极影响,自 2010 年以来中国"三农"普惠金融服务迅速发展。小微企业贷款和国家助学贷款方面,到 2019 年年末,小微企业贷款余额增长 28.31 万亿元,年均增长率达 36.62%;国家助学贷款余额增长 801.6 亿元,年均增长率为 23.60%,这说明中国商业银行在服务小微企业和助学信贷上同样发挥着愈发重要的积极影响作用。此外,中国人民银行金融消费权益保护局于 2018 年开始发布的《中国普惠金融指标分析报告》数据表明,按普惠口径统计的小微贷款余额也在不断增长,也由 2017 年的 6.77 万亿元增至 2019 年的 11.59 万亿元,这说明中国顶层设计已开始高度重视小微企业普惠贷款发展问题,进而推动中国普惠小微贷款服务得以稳步成长。

3. 社区金融服务

近年来中国社区金融也有所发展,若就中国社区金融服务主体而言,则既包括大中型商业银行组建的社区银行,也包括农村信用社、农村商业银行、农村合作银行和村镇银行等农村金融机构,还包括诸多的城市商业银行等金融机构,它们共同推动中国社区金融服务不断成长壮大。

一般认为,中国第一家社区银行为龙江银行"小龙人"社区银行,它于 2009 年 12 月 25 日正式挂牌成立。从 2010 年开始,中国一些商业银行开始涉足社区金融服务,如 2010 年 4 月,宁波银行启动社区银行战略;同年 5 月,上海农商银行首家金融便利店在徐汇区天平街道开业。到 2013 年,兴业、民生等商业银行也开始重点关注社区银行建设,中信、平安、光大、浦发、华夏等股份制银行也积极布局社区银行业务,北京农商行、南京银行和长沙银行等地方银行也纷纷开设社区银行网点。但从 2015 年开始,中国社区银行发展开始减速,不仅新增网点增速减缓,而且很多社区银行门庭冷落,甚至一些地区出现了社区银行关闭潮现象。虽然中国社区银行发展势头在下滑,但农村金融机构和城市商业银行等从事社区金融服务的金融机构得到了较好的发展。借助表2-7给出的2010—2019年中国农村金融机构和城市商业银行发展概况,来做具体探讨。

表2-7 2010—2019年中国农村金融机构和城市商业银行发展概况

年份	农村金融机构总数(家)	农村信用社(家)	农村商业银行(家)	农村合作银行(家)	村镇银行(家)	城市商业银行(家)
2010	2 785	1 976	84	216	509	—
2011	3 302	2 265	212	190	635	—
2012	3 287	1 927	337	147	876	144
2013	3 380	1 803	468	122	987	145
2014	3 503	1 596	665	89	1 153	133
2015	3 614	1 373	859	71	1 311	133
2016	3 722	1 125	1 114	40	1 443	134
2019	—	687	1 468	28	1 630	134

注:"—"为数据缺失。
资料来源:表2-7中2010—2016年数据均来自《中国金融稳定报告》(2011—2017),2019年为央行评级参评机构数据,2017年和2018年数据在《中国金融稳定报告》(2018—2019)未做统计。

表2-7显示,2010年中国农村金融机构总数为2 785家,到2016年增加近1 000家,年均增加150余家,呈现良好的发展态势。其中,农村信用社因2011年开始加速改制,其机构数量呈逐年下滑之势,到2019年底仅存在687家,十年间净减少1 280多家;农村商业银行和村镇银行均呈现增长之势,到2019年年末这两类金融机构的数量均突破1 460家,分别达到1 468家和1 630家;农村合作银行则因不断加速改制为农村商业银行而呈逐年减少态势,到2019年年末仅剩28家仍在正常运营。由于这些农村金融机构主要为

当地的农民和小微企业提供金融服务,所以它们能够较好地扩大普惠金融服务的广度。

还需进一步说明的是,中国城市商业银行的前身为城市信用合作社,其创立宗旨是通过信贷活动为城市集体企业、个体工商业户以及城市居民提供资金服务。中国第一个城市信用社于1979年在河南驻马店成立,到1993年底,城市信用社数量近4 800家,总资产为1 878亿元,职工12.3万人,但在经营过程中问题频发,处于无序状态。自1995年起,在政策引导下,部分地级城市的城市信用社开始改制为城市商业银行,到2012年3月,随着全国最后一家城市信用社宁波象山县绿叶城市信用社改制为城市商业银行,城市信用社正式退出中国金融业舞台。2012年以来,中国城市商业银行发展较为平稳,到2019年的七年间常年保持不少于130余家的正常运营规模,至今已成为服务地方、服务中小企业和服务市民的重要地方性银行,在一定程度上丰富了城市社区金融服务内容。

4. 银行互联网金融服务

互联网金融对中国传统银行业冲击明显,为扭转这一局面,中国商业银行开始通过自主研发、与互联网巨头企业联姻和自建金融科技子公司等方式,进军互联网金融服务领域。这一方面能推进中国商业银行服务触及更多人群,获取更多的客户信用信息,并推动降低获客成本;另一方面还有助于中国商业银行提前预测和引导客户需求,更好地迎合客户个性化金融服务需求,带来中国商业银行普惠金融服务的新变革和新发展。

目前,中国银行业已基本建成由电话银行、网上银行、手机银行、微信银行、电子商务平台、电视银行、电子化服务等构成的全方位电子银行服务体系(牛锡明,2016),正不断延伸着银行业金融服务深度和拓宽着银行业金融服务广度,推动中国银行服务向信息化、数字化、智能化和场景化转型。通过表2-8内容,来对中国银行互联网金融服务展开深入研究。

表 2-8 中国银行业互联网金融服务创新概况

创新方向	代表性事件	创新的金融服务内容
物理网点智能化	2013年,在招商银行北京分行营业部、金融街中心支行和小关支行,推出"可视"服务——可视柜台。	手写电子签名液晶屏、VTM(可视柜台)、手机网点预约等;转账汇款、结/售汇、定活期互转、专业版关联、协议维护、资料维护、风险评估、到期换卡、一卡通激活、彩票销售等80%的柜面非现金业务。
	2014年,中国银行天津市分行智能银行创立;2015年,中国银行上海首家智能银行旗舰店开业。	客户只需刷身份证,即可借助自助填单机完成银行常用12种表格自助填写;除大额取现和外币存取等少数现金类业务,大部分业务均可通过智能设备自助完成。
	中国工商银行力推"人智+机智"的智能服务模式,截至2017年1月,其智能服务网点已达1万家,网点柜面九成以上、超过200项个人常用金融服务都可通过智能服务渠道办理。	网点智能化设备可提供的金融业务种类分为:转账、缴费、个人开户、个人保险、个人理财及其他业务等六大类;可以受理包括办理银行卡、注册电子银行等90%以上的柜面非现金业务。
线上金融服务智慧化	民生银行2012年推出个人版手机银行;2014年,民生银行在国内首家推出直销银行;2018年2月与华为技术有限公司在北京签署战略合作协议,构建"科技+金融"的数字化智能银行。	提供投资理财、转账汇款、资金归集、移动支付等金融服务,水、电、燃气、话费缴费,火车票、飞机票预定购买,医院挂号、签证办理、网上购物等生活服务;如意宝、定活宝、基金通、银行理财、民生金、好房贷、随心存、利多多、轻松汇等。
	2013年,工商银行启动了信息化银行建设;2017年8月,工商银行发起组建网络金融部。	开放式网络银行平台融e行、电商平台融e购、信息服务平台融e联,工银e支付、通用缴费平台、逸贷工银e生活等互联网金融产品。
	2014年9月22日,广发银行与百度正式签订战略合作协议,并发布两款自营自建的互联网创新产品。	广发银行借助百度大数据分析技术,为其提供网点、小企业中心、ATM等选址和布局建议,及网点周围客流分析等服务[1];2014年底推出的国内首个可受理所有个人客户信贷申请的互联网贷款产品——"E秒贷"。

---

[1] 刘玉芳.A银行互联网金融业务问题研究[D].2015.

(续表)

创新方向	代表性事件	创新的金融服务内容
	2016年8月，平安银行发布其口袋银行升级版4.0。	信用卡、理财投资、支付等服务整合到一个手机银行，提供人工智能、模式识别等服务。
	2016年12月，招商银行首推智能投顾服务——摩羯智投。	运用大数据提升风险甄别、监测、核算和定价能力，帮助客户进行理财。
	农村金融机构、城市商业银行等小型银行。	2013年以来，也纷纷以多种渠道开展手机银行、网上银行等线上金融服务。
互联网银行服务	2014年12月，腾讯公司、百业源、立业集团等知名民营企业发起设立的微众银行，经监管机构批准开业，是国内首家互联网银行。	"微粒贷"、微众银行App、"微动力"开放平台等产品；中小银行用户能够在其银行App上体验微众银行金融产品及服务；支持金融平台项目的风险评估和上线。
	2015年5月27日，依据银监会发布的公告，浙江网商银行股份有限公司批准开业。	以互联网为平台面向小微企业和网络消费者开展金融服务；采取"小存小贷"的业务模式，客户群体为电商上的小微企业和个人消费者。
	2016年12月由新希望集团、小米、红旗连锁等入股的四川新网银行成立，成为中国第三家、中西部首家互联网银行。	运用新的互联网技术，着力在服务模式、客户群体、风控制度等领域进行创新，为传统金融"二八定律"中那80%没有享受到完善金融服务的消费者和小微企业。

资料来源：由笔者根据互联网公开资料整理获得。

表2-8显示，从2013年起，中国五大国有银行，招商、民生、广发和平安等股份制商业银行，以及北京银行等城商行，陆续开始对物理网点进行智能化改造。完成智能化升级的银行金融服务物理网点，提供包括手写电子签名液晶屏、VTM（可视柜台）、自助填单机等智能化设备，不仅提升了银行服务的自主化水平，极大地节省了客户的时间和成本，而且也让银行物理网点能服务更多客户，乃至能提供24小时的全天式服务，进而明显提升了中国商业银行网点的服务普惠性。

表 2-8 还显示，继 2009 年建设银行首度携手阿里推广"网络银行"以来，中国银行与腾讯、工商银行与京东、农业银行与百度、交通银行与苏宁及苏宁金融先后完成合作签约，拉开了中国银行业全面进军智慧化线上金融服务大幕。中国银行业通过自主开发、与互联网巨头联姻的方式，不断创新"互联网＋金融"服务模式，中国五大国有银行，民生、广发、平安和招商等股份制银行，以及一些农村金融机构、城市商业银行等小型银行，通过提供线上金融服务，不仅使传统金融业务互联网化，还开发出了很多互联网金融产品，极好地满足了客户的金融需求，起到很好的普惠作用。

此外，从 2014 年 12 月开始，中国陆续诞生了微众银行、浙江网商银行和四川新网银行等互联网银行，这些银行不仅能提供全体系的传统银行服务，更为重要的是他们服务对象倾向于长尾客户群，较传统银行业的"互联网＋金融"服务模式更为先进。概言之，以互联网技术为依托，以金融智能化设备为抓手，中国银行业的普惠金融服务正大步迈进数字化时代。

5. 普惠金融事业部

2017 年开始，中国商业银行业步入普惠金融服务发展的新阶段。2017 年 5 月 3 日，国务院总理李克强在主持召开的国务院常务会议上明确指出，"大型商业银行一定要树立正确的理念，成为普惠金融的骨干力量"，他明确要求大型商业银行在 2017 年内要完成普惠金融事业部设立工作。

2017 年 5 月 23 日，中国银监会联合其他 10 个政府部门发布《大中型商业银行设立普惠金融事业部实施方案》，提出"大中型商业银行建立适应普惠金融服务需要的事业部管理体制"，以"缓解小微企业、'三农'、创业创新、脱贫攻坚等领域的融资难、融资贵问题"，更好地"体现普惠金融服务的普及性、便利性和优惠性"和"提高金融服务覆盖率、可得性和满意度"。到 2017 年 6 月末，工、农、中、建、交五大国有商业银行，均出台了设立普惠金融事业部的具体方案，各自总行的普惠金融事业部也都正式挂牌。随后兴业银行、中国光大银行和浙商银行等股份制银行，也均先后成立了普惠金融事业部。虽然中国商业银行普惠金融事业部模式出现较晚，但在商业银行良好的金融基础设施支持下,正不断成长为中国普惠金融最重要的运作模式之一。

(二)保险业运作模式

经过多年的发展进取,中国保险业的基础设施建设稳步推进,保险公司保费收入和支出逐年上升,而且针对"三农"、贫困人口、小微企业等提供的普惠保险服务水平也得到较好提升,中国普惠保险发展格局基本成型。表2-9给出了2010—2019年中国保险业发展的基本概况。表2-9显示,2010年至2019年的十年间,中国保险公司分支机构数及从业人员数均呈较稳步的上升趋势,到2019年年末这两者分别净增长1.57万家和54.73万人,表明中国保险服务的覆盖面和可得性在不断提升;同时,保险公司保费收入和保费支出的总体规模均得到较大程度提高,到2019年年末这两者分别净增长2.81万亿元和0.97万亿元。

表2-9 2010—2019年中国保险业发展概况

年份	保险公司分支机构数(万家)	保险业从业人员数(万人)	保险公司保费收入(万亿)	保险公司保费支付(万亿)
2010	6.85	68.59	1.45	0.32
2011	6.98	77.63	1.43	0.39
2012	7.31	84.65	1.55	0.47
2013	7.45	83.13	1.72	0.62
2014	7.55	90.43	2.02	0.72
2015	7.78	102.40	2.43	0.87
2016	7.99	112.30	3.09	1.05
2017	8.16	118.20	3.66	1.11
2018	8.59	123.78	3.80	1.23
2019	8.42	123.32	4.26	1.29
2010—2019年净增	1.57	54.73	2.81	0.97

资料来源:《中国统计年鉴》(2011—2020);其中保险公司分支机构数由中资保险公司总公司与其下属各类分公司,以及外资公司的总公司与省级分公司,共8种类别公司的数量加总所得。

基于此并结合中国保险服务实践内容分析发现,中国保险业主要存在保险网点下沉、小额保险、农业保险、大病保险、"互联网+保险"等运作模式,为此,做具体分析如下。

1. 保险网点下沉

将保险网点铺陈到县乡镇地区,让保险业务能够下沉到乡镇市场,是中国普惠保险的重要做法之一。

平安人寿是采用此种做法较成功的典范。早在2007年,平安人寿就启动县、乡镇市场网点铺设项目,而得益于县乡镇市场服务网点建设,平安人寿也成功实现运用线下门店为县乡居民提供柜面服务的目的。公开资料显示[①],截至2016年11月末,平安人寿在县域、乡镇地区已开设网点1 854个,范围覆盖31个省、直辖市和自治区,网点保险代理人数量则发展至31.6万人,其在县域、乡镇地区所开设的网点已占全国所有营业网点的半数以上,成为县及县以下地区普惠保险服务的主力军。在产品供给方面,平安人寿主要有三种策略[②],即,一是开发设计低、中、高档不同的保险产品,使农村客户能依据各自的经济条件选择合适的产品和服务;二是为具有不同偏好的农村居民,有针对地提供涉及意外、医疗、重疾、教育、养老等方面的多样化保险产品;三是依据县乡镇居民的生活消费特点,开发出差异化的保险产品和保险服务,"私人订制"式满足特定人群的保险业务需求。

总之,已有实践表明,将保险业务网点和服务不断下沉到县域及县域以下地区,正成为中国保险业普惠水平提升的重要原因之一。

2. 小额保险

小额保险是指为农村和城市低收入人群提供保险服务和产品,具有保险金额较少、保费较低和保险期限较短等特征的一种商业保险模式。小额保险因其产品形态一般是风险保障型,投保和理赔手段比较简便,是一种能为低收

---

① 资料来源于微口网,网址为:http://www.vccoo.com/v/3mnb41.
② 资料来源于搜狐资讯,网址为:http://roll.sohu.com/20160401/n443130643.shtml.

入人群提供保障的保险机制,并已经在中国得到较好发展。

中国商业性小额保险业务,涉及农业和财产、寿险、意外保险、健康保险和信贷保险等方面。其中,小额农业和财产保险,能为农民提供农业生产安全保障,在种植及养殖业、农房、农民家庭财产、农机等多个领域,已有此类保险产品种类160余个;小额寿险,则专为农民开发且只在县域地区销售,具有缴费起点低、投保手续简便、保障相对较高等优点;小额意外和小额健康保险,设计目的是为因病或生育造成经济损失的农民提供保障,有承办新型农村合作医疗保险、外出务工农民小额保险和农村计划生育保险三种形式;而小额信贷保险,其保险标的主要为农村信用社等农村金融机构发放的小额贷款,可有效分担农民因疾病、残疾或意外死亡而产生无法如期还贷的风险(王文帅、毛晓梅,2008)。

3. 农业保险

农业保险是专门为农业生产者在从事农业生产过程中,对遭受的经济损失提供保障的一种保险。中国农业保险业务得到中国财政支持,首批10亿元专项补贴资金于2007年由中国财政部拨付,用于补贴六省区五大类粮食作物保险业务,2007年年底即实现保费收入51.8亿,是中国解决"三农"保险问题的重要方式。

目前,中国农业保险按农业种类可分为种植业保险和养殖业保险;按危险性质可分为自然灾害损失保险、病虫害损失保险、疾病死亡保险和意外事故损失保险;按保险责任范围可分为基本责任险、综合责任险和一切险;而按赔付办法又可分为种植业损失险和收获险。其保险标的一般包括农作物栽培(农业)、营造森林(林业)、畜禽饲养(畜牧业)、水产养殖、捕捞(渔业),以及农村中附属于农业生产活动的副业等。中国开办的农业保险险种,包括农产品保险、生猪保险、水稻保险、油菜保险和蔬菜保险等数十种,几乎涵盖了所有的农产品,能较为有效地保障中国农民的农业生产收益,起到良好的保险普惠农业的作用。

4. 大病保险

"因病致贫、因病返贫"的现象在中国时有发生,为使绝大部分患病家庭不再因疾病而陷入贫困境地,城乡居民大病承保保险业务应运而生,充分体现保险的普惠性。

2012年8月24日,中国国家发改委、财政部、人社部、民政部、原卫生部、原保监会等六部委,联合发布的《关于开展城乡居民大病保险工作的指导意见》,明确要求引入市场机制,建立大病保险制度以减轻城乡居民的大病负担,确保大病医保报销比例不低于50%。原保监会2016年10月底公布大病保险数据显示,已有16家中国保险公司在31个省市(自治区)承办城乡居民大病保险业务。如平安人寿2015年首推"重疾先赔、特案预赔"服务,仅2016年1至11月,该寿险公司就向超过1 470位客户提供了先赔、预赔服务,先赔、预赔金额超过1亿元[1]。目前,大病保险已覆盖10.5亿城乡居民,基本实现应保尽保(范玉改、张福康,2018)。

总之,通过政府招标选定承办大病保险的商业保险机构这一方式,遵循"收支平衡、保本微利"的经营原则,中国商业保险机构正发展成为城乡居民大病保险业务全面深入推广的中坚力量。

5. "互联网+保险"

"互联网+保险"是中国传统保险公司供给保险服务和保险产品的重要方式。早在2000年,中国保险类金融机构就开始利用互联网开展保险业务。如2000年8月,太平洋保险公司和平安保险公司几乎同时开通全国性网站;同年9月,泰康人寿的保单设计、投保、核保、交费到后续服务全过程,均实现网络化。但此时的"互联网+保险"业务模式,基本都在PC端开展,其影响力有限,保险普惠性特征也不够鲜明。

从2012年开始,中国"互联网保险"应时而生,传统的保险公司通过自建网站或与第三方平台合作等方式,纷纷开展互联网保险业务,到目前为止中国保险公司基本已全部触网。据希财网[2]发布的《2017年上半年互联网保险市场分析报告》显示,从2012年到2016年,中国开展互联网保险业务的保险公

---

[1] 资料来源于微口网,"普惠金融再下一城,保险破题农村发展瓶颈",网址为:http://www.vccoo.com/v/3mnb41。

[2] 希财网是一家互联网金融产品门户网站,网址为:https://www.csai.cn/。

司从39家增至117家,互联网保险业务的年保费收入由106亿元增至2 347亿元,互联网保险保费在总保费中所占的比重则从不到3%增至9.2%。总之,传统保险机构开展的"互联网保险"业务已成为中国保险业务新的增长点,是中国保险行业开展普惠保险服务的重要创新模式。

(三) 证券业运作模式

近年来,伴随证券公司物理网点和从业人数的增加、证券产品代销渠道的拓宽,以及互联网技术在证券领域的深度运用,中国证券服务的普惠程度提高明显,进一步扭转了低端客户和小客户常被排斥在证券服务之外的不良局面。表2-10回顾了2010—2019年中国证券业发展的基本概况。

表2-10 2010—2017年中国证券业发展

年份	证券营业部家数(千家)	证券业从业人员数(万人)
2010	5.03	93.49
2011	5.54	108.59
2012	5.81	105.32
2013	6.35	98.11
2014	7.20	103.67
2015	8.38	125.39
2016	9.81	173.27
2017	10.61	175.91
2018	—	182.23
2019	—	306.12
2010—2019年净增		212.63

资料来源:2010—2017年证券营业部家数,根据中国31省市地区《区域金融运行报告》(2011—2018)数据加总获得;2010—2019年证券业从业人员数,由《中国统计年鉴》(2020)中的金融业从业人员数减去表2-4中的银行业从业人员数及表2-9中的保险业从业人员数获得。

表 2-10 显示，2010—2017 年，中国证券业的营业部家数在逐年增加，从 2010 年的 5.03 千家，到 2013 年的 6.35 千家，再到 2017 年的 10.61 千家，中国证券服务的覆盖面提高显著。同时，2010—2019 年，证券业从业人数呈阶段性增长趋势，从 2010 年的 93.49 万人，小幅增长至 2013 年的 98.11 万人，再猛增至 2019 年的 306.12 万人，十年间净增长了 212.63 万人。以上数据表明中国证券服务水平和普惠能力总体上实现了较大幅度的提升。

2010 年后，中国证券行业还积极推动发展"互联网证券"业务，发展最为突出的市场效应就是加速服务客户群体的普惠性（朱有为、邓讳安、宋艳锴，2015），而且利用互联网开展证券业务也已成为中国普惠证券的重要经营模式。中国证券机构主要采用与网络平台合作，自建综合网络金融商城，自主开发移动金融服务 App，以及联合互联网金融公司开发业务等方法来发展互联网证券业务。目前，中国互联网证券已基本形成以手机证券、网上交易金融终端、官网页面交易终端、官方微信、网上商城和多元化互联网展业终端为主要方式的发展格局（朱有为、邓讳安、宋艳锴，2015）。

据中国证券行业协会"关于互联网证券业务试点证券公司名单的公告"显示[1]，2014 年 9 月 19 日，国泰君安等 6 家券商及广发证券等 8 家券商分两批次获互联网证券业务试点资格，成为最早开展该业务的证券公司。到 2016 年年初，中国证券行业协会陆续公布的结果显示[2]，中国 120 余家券商中共有 55 家券商获得互联网证券试点资格，传统券商开展互联网证券业务也成为中国普惠证券服务发展的新亮点。据易观千帆 2016 年年底发布的《中国互联网证券专题分析 2016》报告数据显示[3]，截至 2016 年 9 月，移动端证券应用服务月活跃用户量约为 1.3 亿，约占 2016 年中国 9.4 亿智能手机用户的 13.8%，说明中国移动券商业务发展态势良好、前景广阔。从 2019 年开始，中国国内券

---

[1] 资料来源于中国证券业协会网站，网址：http://www.sac.net.cn/tzgg/201409/t20140919_104937.html。
[2] 资料来源于中国证券业协会网站，网址：https://www.sac.net.cn/。
[3] 资料来源于易观千帆网站，网址：https://qianfan.analysys.cn/。

商为应对愈发激烈的市场竞争，包括中原证券、中金公司、东方证券、中信证券、兴业证券、天风证券、中国银河证券和华泰证券等在内的多家券商，相继依托金融科技、平台建设等手段，实现从传统通道服务向全面智能财富管理服务转型，并已取得不错效果。

依据移动大数据服务平台 TalkingData 发布的《2016 年传统券商移动证券应用研究报告》[1]，可对 2016 年 8 月之前传统券商移动证券用户覆盖率排名 TOP 10 的中国券商来做简要分析（见表 2-11）。

表 2-11　中国传统券商移动证券业务排名 TOP 10

券商名称	推出的交易类应用	业绩概况[2]	
		券商用户覆盖率	券商用户活跃率
华泰证券（1）	涨乐财付通；涨乐交易	0.5266%	0.1691%
广发证券（2）	广发证券易淘金；广发手机证券；广发金管家智慧版	0.3898%	0.0998%
海通证券（3）	海通 e 海通财；海通证券手机证券；海通 e 海通财智慧版	0.2649%	0.0932%
国泰君安证券（4）	易阳指	0.26425%	0.1030%
国信证券（5）	金太阳；金太阳 HD；金太阳香港	0.2558%	0.0783%
平安证券（6）	平安证券；平 e 理财；平 e 理财高端版	0.2437%	0.0515%
招商证券（7）	智远一户通；招商智远理财；招商智远 Pad	0.2393%	0.0497%
银河证券（8）	银河玖乐；玖乐 2.0	0.2301%	0.0643%
中信证券（9）	中信证券；信 E 投	0.2115%	0.0494%
申万宏源证券（10）	赢家理财；宏源天游；申银万国经典版	0.2032%	0.05195%

资料来源：表 2-11 中排名的统计时间是 2016 年 6 月。

---

[1] 资料来源于公开网络，网址：http://mi.talkingdata.com/report-detail.html?id=405。
[2] 券商用户覆盖率＝当月安装有某个券商应用的证券应用的设备数量占当月监测移动设备总量的比例；券商用户活跃率＝当月使用过某个券商应用的证券应用的设备数量占当月监测移动设备总量的比例。

表 2-11 显示，传统券商移动证券用户覆盖率排 TOP 10 的中国券商，共推出了 25 款交易类应用软件，平均数达到每家 2.5 款，其中除国泰君安证券仅推出 1 款外，其余传统券商均推出了 2 或 3 款 App 应用软件，这表明传统券商十分热衷于开拓互联网证券业务，证券交易类 App 成为传统券商提升证券交易服务覆盖面和可得性的重要工具。同时，这 10 家传统券商的移动证券用户覆盖率和活跃率均低于 1%，这表明传统券商的互联网证券业务有较大提升空间。其中，传统券商移动证券用户覆盖率和活跃率最高的都是华泰证券，分别达到 0.526 6% 和 0.169 1%，用户覆盖率最低的是申万宏源证券的 0.203 2%，用户活跃率最低的是中信证券的 0.049 4%，前者分别是后者的 2.59 倍和 3.42 倍，这则表明传统券商的互联网证券业务水平差距较大，中国互联网证券行业整体发展不平衡。

互联网证券不仅是用户开户及炒股的平台，它还集资讯、行情、开户交易、转账和财富管理等功能于一体，能全方位满足用户的证券交易需求。以华泰证券的涨乐财付通为例，它是为广大投资者量身定制的新一代移动理财服务终端，投资者在一个软件中可快速完成行情浏览、资讯阅读、股票买卖等操作。它能免除炒股时多个软件切换的烦恼，而且没有广告和"黑嘴""黑庄"的干扰。它还运用大量的数据分析技术，挖掘投资者的潜在理财需求，并通过动态跟踪投资者的投资行为，在最适合的时点将投资者最为关注的重大信息、相关公告、交易提示、新产品推荐等服务内容传递给投资者，能为客户提供精确的客户诊断和投资建议。相比传统柜台式服务，华泰证券涨乐财付通 App 实现了真正的一站式服务，它提供包括网上开户、行情查看、股票交易、产品购买、理财资讯、互动咨询、融资融券等全方位的证券投资服务，使用该款 App，任何证券交易操作只有三步，3 分钟就可以提交并完成开户申请，它还实现了手机、电脑和自选股一键云同步，极大地方便了多工具操作，真正方便了客户的证券投资与交易活动。

三、小额贷款公司模式

小额贷款公司是由自然人、企业法人与其他社会组织投资设立，不吸收公众存款,经营小额贷款业务的有限责任公司或股份有限公司。[①] 小贷公司较之商业银行在信贷流程上更为方便和简洁,比民间借贷也更加规范、贷款利息还可协商,因而能较好解决中小微企业和个体工商户的资金需求难题,是中国普惠金融服务小微企业、农村地区和工薪阶层的中坚力量之一。

(一) 小额贷款公司发展

小额贷款公司发放贷款坚持"小额、分散"的原则,秉持"自主经营,自负盈亏,自我约束,自担风险"的可持续发展理念,能较好填补大中型商业银行难以触及的长尾市场空白。依据中国人民银行网站发布的数据,可对2010—2019年中国小额贷款公司的发展概况做简要回顾(见表2-12)。

表2-12 2010—2019年中国小额贷款公司发展概况

年份	机构网点		从业人员		贷款余额	
	机构数量(家)	占同年银行业网点比例(%)	从业人员数(人)	占同年银行业从业人员比例(%)	贷款余额(亿元)	占同年人民币各项贷款余额比例(%)
2010	2 614	1.34	27 884	0.91	1 975.05	0.41
2011	4 282	2.14	47 088	1.48	3 914.74	0.71
2012	6 080	3.01	70 343	2.08	5 921.38	0.94
2013	7 839	3.75	95 136	2.67	8 191.27	1.14
2014	8 791	4.03	109 948	2.95	9 420.38	1.15
2015	8 910	4.03	117 344	3.10	9 411.51	1.00
2016	8 673	3.89	108 881	2.87	9 272.8	0.87
2017	8 551	3.75	103 988	2.63	9 799.49	0.82
2018	8 133	3.59	90 839	2.31	9 550.44	0.70
2019	7 551	3.34	80 846	2.04	9 108.78	0.59

资料来源:中国小额贷款公司的3项数据来自中国人民银行发布的《小额贷款公司统计数据报告》(2010—2019),人民币各项贷款余额数据来自《中国统计年鉴》(2011—2020),中国银行业的2项数据来自《中国区域金融运行报告》(2011—2020)。

[①] 中国银监会和中国人民银行于2008年发布的《关于小额贷款公司试点的指导意见》,对中国小额贷款公司做的性质界定性定义。

表2-12显示,小额贷款公司在2010年已初具规模,机构数量、从业人员数分别达到2 614家和27 884人。尤其到2015年,小额贷款公司的机构数和从业人员数分别达峰值8 910家和117 344人,而到2019年年末,这两者又下滑至7 551家和80 846万人。2010年,中国小额贷款公司的贷款余额为1 975.05亿元,到2014年已较为平稳地增至9 420.38亿元,此后出现了一定程度的波动,但到2019年年底中国小额贷款公司的贷款余额仍有9 108.78亿元。这表明2010—2019年的十年间,从发展规模角度看,中国小额贷款公司整体发展成效显著,发挥了很好的金融普惠效果。

表2-12还显示,在2010—2019年的十年间,中国小额贷款公司的机构数量与同年银行业网点之比为1.34%~4.03%,中国小额贷款公司的从业人员数与同年银行业从业人员数之比为0.91%~3.10%,中国小额贷款公司的贷款余额与同年人民币各项贷款余额之比为0.41%~1.15%,这表明中国小额贷款公司与商业银行相比还存在巨大的发展差距。近年来,受经济下行压力增大、市场竞争加剧、坏账攀升、优质客户难寻、融资艰难等一系列问题的影响,特别是受到网络小贷公司的挤压,传统小贷公司的市场空间不断被压缩,小贷行业正形成传统小贷公司与网络小贷公司相互竞争、共同发展的局面。

(二)小额贷款公司设立要求与信贷原则

依据《关于小额贷款公司试点的指导意见》中规定,小额贷款公司的设立需考虑公司组织形式、发起人要求、注册资本要求和资金来源等内容。

当前,中国小贷公司主要分为有限责任公司和股份有限公司两种组织形式。据《关于小额贷款公司试点的指导意见》规定,"有限责任公司应由50个以下股东出资设立""股份有限公司应有2~200名发起人,其中须有半数以上的发起人在中国境内有住所",发起人可为自然人、企业法人和其他社会组织。所以从性质上看,中国小贷公司仅为商业性企业,并非属于银行类金融机构。《关于小额贷款公司试点的指导意见》还规定,"小额贷款公司的注册资本来源应真实合法,全部为实收货币资本,由出资人或发起人一次足额缴纳",其中"有限责任公司的注册资本不得低于500万元""股份有限公司的注册资本不得低于1 000万元"。所以,采用有限责任公司组织形式的小额贷款公司,其注册资本要求相对较为宽松,发起成立也较为容易。但由于这两种组织形式的中国小额贷款公司,均不能吸收存款,它们的资金来源仅为"股东缴纳的资本金、捐赠资金,以及来自不超过两个银行业金融机构的融入资金",这也导致中国小额贷款公司生存与发展的空间较小,保持可持续发展的难度很大。

此外,小额贷款公司在信贷服务对象和贷款利率规定两方面有严格的规定。就信贷服务对象而言,个人和小企业是小额贷款公司的主要客户。其中,针对工薪阶层提供的个人贷款服务,贷款金额或能高达人民币15万元,贷款期限为12个月或18个月,申请当天通常就能放款;针对小企业主提供的免抵押、免担保贷款服务,一般需经营时间超6个月,最高可申请30万元人民币的贷款,放款则可在2~3天内完成。就贷款利率规定而言,根据中国人民银行的相关规定,小贷公司的自营贷款利率和接受的委托贷款利率,下限为人民银行公布的贷款基准利率的0.9倍,上限必须控制在央行公布的同期同档次贷款基准利率4倍以内。但从实际操作情况看,预收利息、手续费、管理费、咨询费以及始终以最高额本金收取利息等做法,常使得小贷公司放贷利息突破4倍利率规定,让客户承担过高的小贷成本,削弱了其普惠作用。

第三章　中国普惠金融发展水平的测度方法

一国或一地区普惠金融发展水平高低,通常可由普惠金融指数大小来反映。就中国而言,大量研究文献对普惠金融指数作了测算,但在测算指标、测算方法和测算时段等方面均存在较大分歧,迄今也没有形成一致性的测算结果。为此,本章从探讨中国普惠金融发展水平测度原则出发,优选中国普惠金融发展水平测度指标的维度,然后从广度和深度两个层面构建中国普惠金融发展水平测算指标体系,最后在比较分析的基础上选择合理的测算方法。

第一节　普惠金融发展水平测度的原则

普惠金融发展水平的测度,理论界一般以国际性组织给出的测算指标为参照,并遵循充分刻画普惠金融发展进程,以及充分考虑测度数据可获性等原则。就中国普惠金融发展水平测度而言,既要秉承国际性组织提出的普惠金融指标体系,也要能够反映普惠金融发展的广度和深度,还要兼顾数据的可获得性和测算方法的科学性,特别是体现中国普惠金融服务的本土化特色和互联网金融发展的积极作用。

一、借鉴已有的研究成果

测算普惠金融发展水平,关键在于建立科学合理的指标体系。已有研究成果表明,普惠金融指标体系可分为国际性组织构建的和国内外学者构建的两大类。目前,至少有五个国际性组织构建了普惠金融指标体系(见表3-1),对规范各国或地区普惠金融发展方向和引导学术研究发挥了积极作用。国内外学者构建的普惠金融指标体系虽比较繁杂，但也可分为多国或地区普惠金融指标体系和中国普惠金融指标体系两大类（见表3-2和表3-3），来做具体分析。

表3-1 国际性组织构建的普惠金融指标体系

体系名称	维度	具体指标
世界银行指标体系	银行账户使用情况	拥有账户的成年人比例，借记卡拥有及使用情况，信用卡拥有及使用情况，移动账户拥有及使用情况
	储蓄、借款、支付	近一年有存款的成年人比，存款机构及目的；近一年有借款的成年人比，借款机构及目的；支付的目的和方式，收款的目的和方式，使用互联网支付或购物
	应急基金	能否获得应急资金，主要应急资金来源
国际货币基金组织指标体系	可得性	金融机构/网点数量，ATM数量
	使用程度	存款人/存款账户数量/存款额，贷款人/贷款账户数量/贷款额，参保人数
	综合信息	人口、GDP和国土面积等
普惠金融联盟普惠金融核心指标	可获得性	人均银行网点数量，存在银行网点的行政区划比例，存在银行网点的行政区划的人口比例
	使用程度	拥有存款/贷款户的成年人比例
全球普惠金融合作伙伴组织指标体系	使用情况	人均账户数，人均贷款笔数，人均非现金交易，手机支付的成年人比例，互联网支付的成年人比例；拥有账户的中小企业比例，中小企业存款账户数，有贷款余额或授信额度的中小企业比例，支付的中小企业比例
	可得性	人均银行网点/ATM/POS终端数量，ATM机具/POS终端互通性
	服务质量	金融知识，金融行为；信息披露要求，纠纷解决机制；信贷障碍
G20普惠金融指标体系（2016年，36个指标）	金融服务使用情况	拥有账户的成年人比例、每千成年人拥有的存款账户数、每千成年人拥有的电子货币账户数、每十万成年人移动支付交易笔数，正规金融机构至少一次未偿贷款的成年人比例，每千成年人未偿贷款笔数，每千成年人中保单持有人数，每千成年人非现金零售交易笔数、使用数字支付交易账户的成年人比例、使用移动电话支付的成年人比例、使用互联网

(续表)

体系名称	维度	具体指标
		支付的成年人比例、使用银行卡支付的成年人比例、使用账户支付的成年人比例,高频率使用账户的成年人比例、在正规金融机构储蓄的成年人比例;在正规金融机构拥有账户的中小企业比例、中小企业存款账户数、在正规金融机构有未偿贷款或授信额度的中小企业比例、中小企业贷款账户数、使用数字支付的中小企业比例
	金融服务可获得性	每十万成年人拥有的商业银行分支机构数、ATM数、支付服务代理商数、移动代理网点数、POS终端数和拥有移动电话、设备或家庭网络连接的成年人比例;每千成年人借记卡持有情况,拥有POS终端的中小企业比例以及ATM、POS等服务网点互通情况
	金融服务和产品质量	金融知识普及、将存款作为应急基金的成年人比例;信息披露要求、纠纷解决机制;中小企业信贷抵押、信贷可得性

资料来源:作者根据公开资料整理。

表3-1显示,世界银行(World Bank)、国际货币基金组织(IMF)、全球普惠金融合作伙伴组织(GPFI)和普惠金融联盟(AFI)等全球性组织,以及二十国集团(G20)等区域性组织,主要从金融服务使用情况、金融服务可得性和金融服务质量等维度,构建了较为简洁的普惠金融指标体系,这些指标体系之间既有相同之处也有一些差异,相对而言G20给出的指标体系较为全面和完善。例如,2016版《G20普惠金融指标体系》[①]同时将传统金融服务和互联网金融服务纳入普惠金融指标体系,囊括多达36项具体指标,对中国普惠金融发展水平测度研究最具参考价值。

[①] 《G20普惠金融指标体系》,最早由GPFI起草并在2012年的洛斯卡沃斯G20峰会上获通过,其后,在2013年俄罗斯圣彼得堡峰会上,GPFI对之进行了扩展和完善。2016年7月,在中国成都召开的G20财长和央行行长会议上,11个数字普惠金融服务衡量指标被GPFI将纳入普惠金融框架,《G20普惠金融指标体系》再次升级。随后的9月,在中国杭州召开的G20峰会期间,中国以主席国身份提出制定《G20数字普惠金融高级原则》,GPFI则负责完成该项工作。

表 3-2 国内外学者构建的多国或地区普惠金融指标体系

学者	研究对象	具体指标
霍诺汉 (Honohan, 2008)	160 余国或地区	微型金融账户和银行账户与人口的比例,基于调查的家庭使用金融服务情况,平均存款规模,国内生产总值与资本的比例(5 项)
萨尔马 (Sarma, 2010)	45 国或地区	每千人拥有的银行账户数量,银行分支机构和自动取款机的数量,用户的使用范围和频率(5 项)
阿罗拉 (Arora, 2010)	98 国或地区	地理上和人口上的分支机构和自动取款机数量,开户以及提交贷款申请的机构,开设储蓄账户和支票账户所需的最低金额和文件数量,维持储蓄账户和支票账户所需的最低金额,消费贷款和抵押贷款的最低金额及申请审批时长,消费贷款和抵押贷款的费用,存款账户和支票账户的年费,使用自动取款机卡的费用(20 项)
伍旭川、肖翔 (2014)	133 国或地区	每十万人拥有的商业银行分支机构数,每十万人拥有的 ATM 机数,每千平方公里的 ATM 机数,每千平方公里的 ATM 机数;拥有正规金融机构账户的成年人比,在金融机构贷过款的成年人比例,拥有信用卡的成年人比例,使用过网上支付功能的成年人比例;法律权益保护指数,信用信息深度指数,征信服务覆盖程度(11 项)
李涛、徐翔和孙硕 (2016)	100 余国或地区	成年人开设个人账户或联名账户或拥有一张储蓄卡的比例,过去一年成年人向金融机构借过钱的比例,成年人曾用人工或自动电子支付比例,成年人拥有借记卡比例,没有支票或储蓄账户的企业比率,从金融机构获得贷款的企业比率,投资资金来自银行的企业比率,流动资金来自银行的企业比率;每 10 万成年人拥有银行分支机构数(9 项)

资料来源:作者根据相关文献整理。

表 3-2 显示,国内外学者以多个国家或地区为研究对象,其所选择的观测维度和所提出的具体指标与国际性组织的有明显差异。其中,三名外国学者构建指标体系的时间较早,且在具体指标内容和指标数量方面存在较大差异;几位中国学者构建的两个指标体系比较接近 GPFI 和 G20 构建的指标体系,具体指标数量分别为 11 项和 9 项。

表3-3 国内学者构建的中国普惠金融指标体系

学者	研究对象	测算维度	具体指标	测算时段
王婧、胡国晖（2013）	中国大陆	金融服务范围、金融服务使用	每万平方公里的银行业金融机构数和从业人员数,每万人拥有的银行业金融机构数和从业人员数;金融机构人均各项存款及各项贷款占人均GDP的比重(6项)	2002—2011年
焦瑾璞（2014）	31省市	金融服务可得性、使用情况、服务质量	银行网点乡镇覆盖率,助农取款服务点覆盖率,银行网点密度,ATM密度,POS密度,银行卡联网率,金融从业人员密度;银行个人结算账户人均开户,银行卡人均持卡量,银行卡渗透率,农户贷款获得率,小微企业贷款获得率,农户贷款户均贷款额,小微企业贷款户均贷款额,农业保险普及率;商业保险普及率,个人信用档案建档率,企业行用档案建档率,金融服务投诉率(19项)	2013年
杜强、潘怡（2016）	31省市	金融服务可得性、使用情况	每十万人享有的金融机构网点个数,每万人享有的金融从业人员数;存款服务使用情况,贷款服务使用情况,股票、债券等融资方式使用情况,居民参与股票市场投资情况,保险深度,保险密度(9项)	2006—2013年
高霞（2016）	31省市	金融服务可得性、使用情况、服务质量	每十万人拥有的银行业金融机构网点个数,每十万人拥有的证券营业部家数,每十万人拥有的保险公司分支机构家数,每万平方千米的ATM数量,每万平方千米的POS机数量,每十万人拥有的银行业金融机构从业人员人数,每十万人拥有的证券从业人员人数,每十万人拥有的保险从业人员人数;人均拥有个人账户数量,人均拥有基本存款账户数量,人均拥有沪市账户数量,人均拥有深市账户数量,每十万人金融机构本外币各项存款余额,每十万人金融机构本外币各项贷款余额,人均银行卡数量,人均信用卡数量,人均汇兑业务笔数,每十万人社会融资规模,每十万人国内股票筹资,每十万人国内债券筹资,保险密度,保险深度;金融消费投诉比例,开立基	2014年

(续表)

学者	研究对象	测算维度	具体指标	测算时段
			本活期账户的平均成本,持有基本银行活期账户的平均成本(年费),汇款转账的平均成本,个人信用培案建档率,企业信用培案建档率(29项)	
北京大学数字金融研究中心①(2016)	31省市、200多地市	覆盖广度、使用深度、数字支持服务程度	账户覆盖率;支付业务,信贷业务,保险业务,投资业务,征信业务;便利性,金融服务成本等(共24项具体指标)	2011—2015年
马彧菲和杜朝运(2017)	31省市	宏观、银行、保险	金融机构存款余额/GDP,金融机构贷款余额/GDP,金融业增加值/万人。银行业机构个数/万人,银行业从业人员/万人,银行业机构个数/万平方公里,银行业从业人员/万平方公里,保险深度,保险密度,城镇参加养老保险人数/万人,城镇基本医疗保险参保人数/万人(11项)	2005—2013年
陆凤芝、黄永兴、徐鹏(2017)	30省市	金融服务的渗透性、使用性、效用性、承受性	每万人拥有的金融机构数与金融从业人员数以及每万平方公里拥有的金融机构数与金融从业人员数;人均存贷款余额与人均城乡居民储蓄;存贷款余额占GDP比重,城乡居民储蓄占GDP的比重及银行承兑汇票余额占GDP的比重;非金融机构融资占GDP的比重(10项)	2005—2014年

资料来源:作者根据相关文献整理。

表3-3显示,在所列出的七个指标体系中,有六个指标体系测度的对象是传统普惠金融服务,仅北京大学数字金融研究中心提出的指标体系是用于测度数字普惠金融服务的。传统普惠金融服务指标体系主要涉及银行、证券和保险等传统金融机构的物理网点和金融产品使用情况,小微企业和"三农"金融服务可获得性,以及征信、金融服务投诉等方面内容;而数字普惠金融服

---

① 北京大学数字金融研究中心构建的是"中国数字普惠金融指数",因其主要研究的是互联网金融服务,所以,也具有较强的参考价值。

务指标体系则主要涉及金融服务可得性、覆盖率、使用情况、服务成本、服务质量,以及互联网金融服务模式等。

在数据和具体指标选用上,这七个指标体系也不尽相同。具体来看,王婧和胡国晖(2013)采用时间序列数据,具体指标为 6 项;焦瑾璞(2014)和高霞(2016)采用中国分地区截面数据,具体指标为 19 项和 29 项;杜强和潘怡(2016)、马彧菲和杜朝运(2017),以及陆凤芝、黄永兴和徐鹏(2017)均采用中国分地区面板数据,具体指标在 6 到 11 项之间;而北京大学数字金融研究中心采用的是中国分地区和分地级市的面板数据,数据来源则限于支付宝,具体指标为 24 项。

二、兼顾普惠金融服务的广度和深度

金融发展有广度和深度之分,普惠金融服务亦是如此。1973 年,McKinnon 在研究金融发展问题时,首提衡量一国金融深化的数量指标,即金融深度概念。对于金融广度,目前理论界尚无明确一致的定义。有中国学者认为,金融广度是指金融市场中参与者的数量、类型及其复杂程度等(安强身,等,2014)。因而,在理论层面,将金融发展广度和发展深度理念引入普惠金融发展水平测度之中具有可行性。

中国普惠金融服务领域宽泛、涉及人群众多、市场触及较深,要全面、准确地刻画这些基本特征,就必须从整体的角度出发,力求细化每一个测度维度和测度指标。同时,中国政府的顶层设计对普惠金融服务的广度和深度给予了高度重视。《推进普惠金融发展规划(2016—2020 年)》明确指出要"延伸服务半径,拓展普惠金融服务的广度和深度"。因此,在测度中国普惠金融发展水平时,兼顾普惠金融发展广度和发展深度,不仅具有重要的理论意义,而且具有重要的现实意义。

在构建中国普惠金融指标体系时,应从普惠金融发展广度和普惠金融发展深度两层面来进行。其中,在广度层面,应着重考察金融服务和金融产品的市场覆盖面,尤其是弱势群体金融服务覆盖率等问题,选用的具体指标应注重刻画金融机构物理网点、金融从业人员和金融产品覆盖广度,以及弱势群体金融服务获取度和金融服务质量等内容;在深度层面,则须重点探讨个人、家庭及企事业单位使用金融业务的情况,选用的具体指标应能刻画成年人享受存贷及融资业务、证券业务、保险业务、支付业务和银行卡业务等的真实情况。

三、体现互联网金融的重要作用

互联网金融是推动中国普惠金融发展的重要动力。尤其是自2010年以来,伴随个人电脑和智能手机的普及,大量互联网金融平台、金融科技企业和传统金融机构,纷纷通过(移动)互联网开展金融服务和销售金融产品,极大地促进着金融服务覆盖面、可得性和服务质量的提升,助推着中国普惠金融取得长足进步。

对此,不仅中国政府给予了高度重视,如在《推进普惠金融发展规划(2016—2020年)》文件中要求"积极引导各类普惠金融服务主体借助互联网等现代信息技术手段,降低金融交易成本",这意味着中国政府明确将发展互联网金融以推动普惠金融建设写入国家发展战略。而且,在杭州举行的G20峰会这样高级别国际性会议上,与会的G20成员领导人、8个嘉宾国领导人和7个重要的国际组织负责人[①],也一致赞同中国提出的将数字普惠金融服务纳入普惠金融指标体系中的做法,并联合制定和发布了《G20数字普惠金融高级原则》,在全球范围内推进发展数字普惠金融服务的思潮。所以,在测度中国普惠金融发展水平时,要尽力体现互联网金融所发挥的积极作用。

虽然已有文献较少将互联网技术支持纳入普惠金融指标体系,但互联网金融平台所采用的电子身份识别、人工智能服务、金融云计算、大数据风控和区块链等科技,要依赖于互联网络的普及情况,理论上被(移动)互联网覆盖的人群均能接触互联网金融服务和互联网金融产品,所以,在构建中国普惠

---

① 具体见人民网"2016年二十国集团杭州峰会",网址为:http://world.people.com.cn/GB/8212/191816/402465/。

金融指标体系时，一方面应选用相应指标来直接刻画互联网金融业务，另一方面应选择指标来反映互联网技术对普惠金融发展的支持作用。因而，可将第三方支付（尤其是移动支付）等互联网金融服务指标纳入普惠金融指标体系之中，同时用互联网普及度指标来反映信息科技对中国普惠金融发展的支持作用。

四、展现普惠金融服务的多元性和本土化

中国普惠金融服务种类繁多，既有存贷、支付结算、取汇转、传统证券、商业保险及传统征信等传统金融业务，又有小额信贷、农村普惠金融服务和消费信贷等特殊金融服务，还有以互联网支付与结算为代表的互联网金融服务等。因此，在测度中国普惠金融发展水平时，要能反映普惠金融服务的多元性和本土化特征。

在构建指标体系时，可从两方面来展现中国普惠金融服务的多元性和本土化。其一，选择的指标要体现中国普惠金融服务的供给主体，这些供给主体包括银行业、证券业和保险业等正规金融机构，也包括小额贷款公司和农村新型金融机构等非传统金融机构，还要包括提供信息化服务等的非金融机构。其二，要选用较全面的指标，即要合理划分指标的维度和区分指标的类别，尽可能准确地刻画中国普惠金融的本土化特色，突出中国普惠金融服务的互联网金融服务、传统金融服务和专业化金融服务。

五、确保数据高质量和测度方法科学性

高质量的数据和科学的测度方法是准确测度中国普惠金融发展水平的重要保障。

首先，要以中国国家统计局、中国人民银行、全国性金融行业协会、各地方政府统计局，以及影响力大的互联网金融咨询网站等较权威部门发布的统计年鉴、统计表、金融行业报告、各省市国民经济和社会发展统计公报和互联网行业发展报告等可靠性强的资料为数据来源，确保采用的是高质量的数据。

其次,在测度中国普惠金融发展指数时,采用的测算方法应符合数学、统计学和经济学等学科的基本原理,以提高最终测算结果的合理性。为此,要求采用科学的测算方法,即要在充分借鉴已有测算方法的基础上,通过比较各种测算方法的优缺点,最终选出比较科学的测度方法。

最后,同一时间不同区域间、不同时间同一区域的普惠金融发展程度也均有差异,这要求测算的中国普惠金融指数应能同时进行横向(跨地区)比较和纵向(跨时间)比较。中国大陆地区的31个省市(自治区)在金融资源禀赋、经济发展水平与结构、普惠金融发展政策和制度安排等方面均存在差异,而且各地区的普惠金融实践也不尽相同,这就有必要对普惠金融发展做横向(跨地区)比较。同时,作为一个动态过程,中国普惠金融随时间变迁而不断发展,同一区域的普惠金融发展因时间推移而不同,这也有必要对普惠金融发展做纵向(跨时间)比较。

第二节 中国普惠金融发展指标体系的构建

以已有的普惠金融指标体系为基础,注重反映互联网金融的积极作用和普惠金融的多元性、本土化特色,提高测度数据的质量和测度方法的科学性,并实现普惠金融发展指数的横向(跨地区)和纵向(跨时间)可比性,这是构建中国普惠金融指标体系的重要方法。同时,由于普惠金融发展广度和发展深度是中国普惠金融发展的两个重要方向,因此,作者从广度和深度两方面构建中国普惠金融指标体系[①]。

[①] 需说明的是,本节构建的指标体系是从理论角度所做的探讨,故在后文具体测算过程中,要以本节构建的指标体系为基础来收集和整理数据,所以难免会遇到指标数据无法获取的情况,尤其是分地区相应数据可能缺失严重,为此,后文将在本节构建的指标体系基础上,结合数据可获得性问题,对指标体系做适当调整,以确保研究的合理性和科学性。

一、普惠金融发展广度指标体系

普惠金融发展的广度,主要取决于金融服务供给方,并由金融服务的可得性、使用情况和服务质量等方面来表征。同时,互联网和智能手机的普及使互联网金融供给能更广泛地覆盖到金融需求方。因此,选择网点覆盖广度、从业人员覆盖广度、金融产品覆盖广度、弱势群体金融服务获取度、互联网技术普及度、征信广度和纠纷解决度六个维度,构建互联网金融时代中国普惠金融发展广度指标体系。

具体来看,金融服务网点覆盖广度,主要考察银行业、保险业、证券业、ATM机和POS机等服务网点的覆盖程度;金融服务人员覆盖广度,主要考察银行业、保险业和证券业从业人员的覆盖程度;金融产品覆盖广度,主要考察银行、证券、保险产品的覆盖情况;弱势群体金融服务获取度,主要考察"三农"和小微企业信贷服务可获取情况;互联网技术普及度,主要考察互联网和智能手机的普及程度;征信广度和纠纷解决度,主要考察征信和金融纠纷解决的情况。

依据上述六个维度构建的中国普惠金融发展广度指标体系如表3-4所示。

表3-4 中国普惠金融发展广度指标体系①

维度	类别	指标(28项)
网点覆盖广度	金融机构物理网点	每万成年人拥有的银行业金融机构网点数
		每万成年人拥有的保险公司分支机构数
		每万成年人拥有的证券营业部家数
	ATM机和POS机	每万平方公里的ATM机数量
		每万平方公里的POS机数量

---

① 此处成年人指年龄在15周岁及15周岁以上的人,而不包括0~14周岁的未成年人。下同。

(续表)

维度	类别	指标(28项)
从业人员覆盖广度	金融机构从业人员	银行业从业人员数/万成年人
		证券业从业人员数/万成年人
		保险业从业人员数/万成年人
金融产品覆盖广度	银行业金融产品	每万成年人拥有的银行卡张数
		每万成年人拥有的个人银行结算账户数
	保险业金融产品	基本养老保险参保人数/万成年人
		基本医疗保险参保人数/万成年人
		失业保险人数/万就业人员
	证券业金融产品	每万成年人拥有的股票投资者人数
弱势群体金融服务获取度	小额贷款公司	小额贷款公司数/万成年人
		小额贷款公司从业人员数/万成年人
	农村金融机构网点	农村金融合作机构数/万农村人口
		农村新型金融机构数/万农村人口
	农村金融机构从业人员	农村金融合作机构从业人员数/万农村人口
		农村新型金融机构从业人员数/万农村人口
互联网技术普及度	互联网普及度	互联网上网人数/万成年人
		互联网宽带接入用户/万总户数
		互联网宽带接入端口数/万成年人
	智能手机普及度	3G、4G移动电话手机用户/万成年人
征信广度和纠纷解决度	个人信用档案建档率	自然人信息收录数/万成年人
	小微企业信用档案建档率	小微企业信用收录数/万法人企业单位总数
	农户信用档案建档率	农户信用收录数/万农村人口
	金融纠纷解决度	信用投诉及信用纠纷处理率

表3-4从维度、类别和指标三方面,给出中国普惠金融发展广度指标体系。在服务网点覆盖广度维度,选用每万成年人拥有的银行、保险及证券机构物理网点数刻画金融机构物理网点的覆盖程度;选用每万平方公里的ATM

机和 POS 机的数量刻画便捷式金融服务网点的覆盖程度。

在从业人员覆盖广度维度,选用每万成年人拥有的银行、保险及证券业从业人员的数量刻画金融从业人员的覆盖程度。

在金融产品覆盖广度维度,选用每万成年人拥有的银行卡和个人银行结算账户数刻画银行金融产品的覆盖程度;选用每万成年人中参与养老和失业保险以及每万名就业者中参保失业保险的人数刻画保险产品的覆盖程度;选用每万成年人拥有的股票投资者人数刻画证券业金融产品的覆盖程度。

在弱势群体金融服务获取度维度,选用每万成年人拥有的小额贷款公司数和小额贷款机构从业人员数刻画小微企业信贷服务的获取情况;选用每万农村人口拥有的农村金融合作机构数和农村新型金融机构数、农村金融合作机构从业人员数和农村新型金融机构从业人员数刻画"三农"信贷服务的覆盖程度。

在互联网技术普及度维度①,选用每万成年人中的互联网上网人数、移动电话手机用户数、每万成年人拥有的互联网宽带接入端口数以及每万户中接入互联网宽带的户数,来间接刻画互联网金融可能的最大覆盖程度。

在征信广度和纠纷解决度维度,选用个人信用档案建档率、小微企业信用档案建档率、农户信用档案建档率和信用投诉及信用纠纷处理率刻画。

总之,在普惠金融发展广度指标体系层面,将从六大维度,分十五个类别共选用 28 项指标刻画中国普惠金融的覆盖程度,以提高测度的合理性。

---

① 在此需说明的是,直接寻求将互联网金融从业人员或机构网点等内容,纳入中国普惠金融发展广度指标体系中并不可行,原因在于:互联网金融机构以(移动)互联网为依托,并没有实体的物理网点,因而不好直接从网点和从业人员角度刻画它们的覆盖情况;同时,中国从事互联网金融服务的非金融类企业,它们开发的各类互联网金融平台整体发展状况并不稳定,以平台数量和从业人员梳理来衡量其覆盖情况,缺乏稳健性且不一定科学。所以,考虑到中国互联网金融业务要以(移动)互联网络为渠道,十分依赖 PC 端互联网和智能手机的使用情况,为此,采用互联网与智能手机普及度方面的指标,来间接刻画互联网金融发展广度具有可行性和合理性。

二、普惠金融发展深度指标体系

中国普惠金融发展深度可主要反映在两个方面：一是成年人对金融业务的使用程度，由普惠金融业务使用深度指标来刻画；二是金融业务发生规模在经济总量中的占比，用普惠金融业务经济深度指标来刻画。基于此，从中国普惠金融业务使用深度指标体系和中国普惠金融业务经济深度指标体系两个方面，并主要分存贷业务、证券业务、保险业务、支付业务、其他业务，以及弱势群体业务等几大类，选择具体的测算指标来进行构建。

中国普惠金融业务使用深度指标体系，可选用存贷业务、证券业务、保险业务、支付业务、弱势群体业务和其他业务的使用深度这六个维度来刻画。在存贷业务使用深度维度，主要考察成年人使用个人存款业务和人民币存贷款业务的情况；在证券业务使用深度维度，主要考察成年人对股票和基金业务的使用程度；在保险业务使用深度维度，主要考察成年人对保险业务的使用程度；在支付业务使用深度维度，主要考察成年人对银行卡业务、电子支付业务和第三方支付业务的使用情况；在弱势群体业务使用深度维度，主要考察小微企业信贷业务、农户信贷业务和国家助学贷款业务的使用情况；在汇兑、委托收款等其他业务维度，主要考察成年人使用汇兑、委托收款等业务的情况。

中国普惠金融业务经济深度指标体系，可从存贷业务、证券业务、保险业务、支付业务、弱势群体业务和其他业务经济深度这六个维度来刻画。在存贷业务经济深度维度，主要考察人民币存款余额和人民币贷款余额的经济占比情况；在证券业务经济深度维度，主要考察A股成交金额和证券投资基金成交金额的经济占比情况；在保险业务经济深度维度，主要考察保险公司保费收入和保险公司保费支出的经济占比情况；在弱势群体业务经济深度维度，主要考察农村金融机构总资产、小额贷款公司贷款余额、涉农贷款余额和国家助学贷款余额的经济占比情况；在支付业务经济深度维度，主要考察银行卡业务、电子支付业务及第三方支付业务等发生总金额的经济占比情况；在其他业务经济深度维度，主要考察汇兑、委托收款等的经济占比情况。

最终构建的互联网金融时代"中国普惠金融业务使用深度指标体系"和

"中国普惠金融业务经济深度指标体系",见表3-5和表3-6。

表3-5 中国普惠金融业务使用深度指标体系

维度	类别	指标(14项)
存贷业务使用深度	人民币存款业务	人民币各项存款余额/万成年人
	人民币贷款业务	人民币各项贷款余额/万成年人
证券业务使用深度	股票业务	A股成交股数/万成年人
	证券业务	证券投资基金规模/万成年人
保险业务使用深度	保险业务	保险公司保费收入/万成年人
		保险公司保费支付/万成年人
支付业务使用深度	银行卡业务	银行卡发生的业务笔数/万成年人
	移动支付业务	银行处理移动支付笔数/万成年人
	网上银行支付业务	网上银行支付笔数/万成年人
	支付机构网络支付业务	非银行支付机构网络支付笔数/万成年人
弱势群体业务使用深度	小微企业信贷业务	小微企业贷款余额/企业及其他组织信息收录数
	农户信贷业务	农户贷款余额/万乡村人口数
	国家助学贷款业务	国家助学贷款余额/万在校大学生人数
其他业务使用深度	贷记转账等业务	每万成年人贷记转账等业务笔数

表3-5中的"中国普惠金融业务使用深度指标体系",可用于刻画互联网金融时代中国普惠金融业务的使用状况。

其中,选用每万名成年人拥有的人民币各项存款余额和每万名成年人拥有的人民币各项贷款余额,刻画中国成年人有关存贷业务的使用深度;选用每万名成年人拥有的A股成交股数和每万名成年人拥有的证券投资基金份数,刻画中国证券业务的使用深度;选用每万名成年人分摊的保费收入和保费支出,刻画中国保险业务的使用深度;选用每万名成年人使用银行卡交易的业务笔数,刻画银行卡支付业务使用程度;选用每万名成年人使用移动支付、网上银行支付和支付机构网络支付的业务笔数,刻画商业银行及非银行支付机构非现金支付业务的使用深度;选用每万个信用建档企业及其他组织拥有的小微企业贷款余额,来刻画小微企业信贷业务深度;选用每万名乡村人口拥有的农户贷款余额,来刻画农户信贷业务使用深度;选用每万名在校大学生拥有的国家助学贷款余额,来刻画国家助学贷款业务使用深度。此外,还选用每万名成年人分摊的贷记转账等业务笔数刻画其他金融业务使用深度。

表3-6 中国普惠金融业务经济深度指标体系

维度	类别	指标(15项)
存贷业务经济深度	人民币各项存款	人民币各项存款余额/万元GDP
	人民币各项贷款	人民币各项贷款余额/万元GDP
证券业务经济深度	股票业务	A股成交金额/万元GDP
	基金业务	证券投资基金成交金额/万元GDP
保险业务经济深度	保险业务	保险公司保费收入/万元GDP
		保险公司保费支出/万元GDP
支付业务经济深度	银行卡业务	银行卡业务金额/万元GDP
	移动支付业务	银行处理移动支付金额/万元GDP
	网上银行支付业务	网上银行支付金额/万元GDP
	支付机构网络支付业务	非银行支付机构网络支付金额/万元GDP
弱势群体业务经济深度	农村金融机构业务	农村金融机构总资产/万元GDP
	小额贷款公司业务	小额贷款公司贷款余额/万元GDP
	涉农贷款业务	涉农贷款余额/万元GDP
	国家助学贷款业务	国家助学贷款余额/万元GDP
其他业务经济深度	贷记转账等业务	每万成年人贷记转账等业务金额/万元GDP

表3-6给出的是"中国普惠金融业务经济深度指标体系",用以刻画中国互联网金融时代金融业务的经济深度状况。

其中,选用人民币各项存款余额、人民币各项贷款余额、A股成交金额、证券投资基金成交金额、保险公司保费收入和保费支出的万元GDP占比,分别刻画存贷、证券和保险等传统金融业务的经济深度;选用每张银行卡发生业务金额的万元GDP占比,刻画银行卡业务的经济深度;选用万元GDP的移动支付金额、网上银行金额和非银行支付机构网络支付金额,分别刻画移动支付、网上银行支付和支付机构网络支付业务的经济深度;选用农村金融机构总资产、小额贷款公司贷款余额、涉农贷款余额和国家助学贷款余额的万元GDP占比,刻画农村信贷、小额贷款和助学贷款等信贷业务的经济深度。此外,还选用每万成年人贷记转账等业务金额的万元GDP占比刻画其他金融业务的经济深度。

总之,从金融业务的使用深度和经济深度两方面,共选用29项具体指标来刻画中国普惠金融发展深度,这不仅反映了中国普惠金融发展的实践及其特征,符合"金融深化"理论和"金融深度指数"测算的基本原则,而且还是对现有中国普惠金融研究理论的重要补充,为探究中国普惠金融发展提供有益的借鉴与参考。

三、中国普惠金融发展指标体系构建的合理性论证

从广度和深度两层面构建中国普惠金融指标体系,与一些国际组织及国内外学者构建的指标体系相比,具有一定差异性,并至少在以下三个方面较以往测度研究更显合理。

第一,区分普惠金融发展广度和普惠金融发展深度,并引入互联网金融及其技术支持等指标,使指标体系更符合互联网金融时代中国普惠金融发展特征。

目前,中国在普惠金融发展广度方面促进措施较多,政府、金融监管部门及理论界对此方面的关注和研究也更为重视,而在普惠金融发展深度上,虽也采取了一定的推进措施,但思想认识上是明显不足的,理论研究也较为滞后。区分广度和深度,尤其是将普惠金融发展深度提升到与普惠金融发展广度同等重要的地位,这不仅与《推进普惠金融发展规划(2016—2020年)》中提出的"拓展普惠金融服务的广度和深度"指导思想吻合,而且也能更好地反映当前

中国普惠金融发展的方向性和现实需求。因此，从这两方面构建中国普惠金融指标体系是合理的。

互联网金融服务和互联网金融产品，已经成为当前中国普惠金融服务的重要内容，这离不开基础设施的信息化建设（即互联网技术）的支持，因为互联网金融产生前提是互联网技术的广泛运用。理论上，只要是互联网能触及的人群，互联网金融就能覆盖，故与分析纷繁的互联网金融服务及产品的覆盖度相比，选用互联网普及度和智能手机普及度刻画互联网覆盖广度，则更具可行性。

依托PC端或移动端的互联网支付是中国居民日常消费支付的主要方式之一，而且互联网信贷、互联网众筹、互联网保险和互联网生活缴费等互联网金融模式也很难离开互联网支付而存在，甚至一些互联网业务模式（如余额宝等）就是基于互联网支付才得以发展起来。因此，在表3-5"中国普惠金融业务使用深度指标体系"和表3-6"中国普惠金融业务经济深度指标体系"中，将"移动支付业务""网上银行支付业务"和"非银行机构网上支付业务"作为衡量中国互联网金融业务发展深度水平的重要指标。

第二，体现中国普惠金融的本土化特色，充分反映中国普惠金融的发展进程。

普惠金融是要重点解决弱势群体金融服务可得性、使用情况和服务质量等问题，因此构建的指标体系应着重考察小微企业、年龄差异、性别差异乃至民族差异等因素。但考虑到中国普惠金融的本土化特征，以及指标数据的可获得性等，在构建指标体系的实际操作中难度较大，甚至是不可行的。

与绝大部分发达国家相比，中国金融体系具有鲜明的本土化特点，即商业银行、保险机构和证券公司等传统金融机构是中国金融服务和金融产品供给的主体，它们资金雄厚、网点众多、声誉卓著、发展实力强劲，而农村金融机构、小额信贷公司和互联网金融机构等通常仅充当重要补充的角色，发挥着拓展金融服务市场深度的作用。中国传统金融机构是金融服务和金融产品供给的基础性力量，表3-4从"网点覆盖广度""人员覆盖广度"和"金融产品覆盖广度"等三个维度,选用14项指标衡量中国传统金融机构供给的金融服务和金融产品的普惠程度;同时表3-5和表3-6,选用"存贷业务""证券业务""保险业务""支付业务"和"其他业务"等指标,衡量传统金融业务在中国普惠金融服务中起到的基础性作用。

测度中国普惠金融发展水平是作者所做研究的重要内容之一,而最终完成测度工作的重要保障是数据的可获得性。获取高质量的数据,才能保障指数测算结果的准确性。鉴于在数据收集过程中发现,并无全国或分省的权威统计资料对小微企业信贷业务做多年的数据统计,也无相应资料从年龄、性别乃至民族差异角度统计金融服务数据,因而构建的指标体系并未考虑这些因素。

所以,构建的指标体系中,采用"小额贷款公司数/万成年人""小额贷款公司从业人员数/万成年人""农村金融合作机构数/万农村人口""农村新型金融机构数/万农村人口""农村金融合作机构从业人员数/万农村人口"和"农村新型金融机构从业人员数/万农村人口"等指标(见表3-4),来衡量弱势群体普惠金融覆盖广度;采用"小微企业贷款余额/万信用档案建档小微企业数""农户贷款余额/万乡村人口数"和"国家助学贷款余额/万在校大学生人数"等指标(见表3-5),来衡量弱势群体普惠金融业务的使用深度;采用"农村金融合作机构总资产/万元GDP""农村新型金融机构总资产/万元GDP"和"小额贷款公司贷款余额/万元GDP"等指标(见表3-6),来衡量弱势群体普惠金融业务的经济深度。

同时,已有的统计年鉴并未及时将2010年以来的互联网金融数据完全纳入其中,中国人民银行发布的一些权威性报告,也仅将互联网支付作为主要统计分析指标,而互联网借贷、互联网众筹以及互联网保险等统计数据,虽常见于一些互联网金融门户网站的统计报告,但统计数据的口径并不统一,也不能保证统计年份的连续性。将这些统计指标纳入所构建的指标体系,可能会导致测度结果的可信度不足。出于此考虑,本章将重点使用互联网支付方面的指标来直接衡量中国互联网金融发展水平。

第三，借鉴已有研究成果，但又较以往研究在测算指标选择上更精确。

当前普惠金融发展指标体系可分两大类。一是国际性组织制定的指标体系，并以G20峰会提出的包含36项指标的《G20普惠金融指标体系》(2016)最具代表性。该指标体系是中国政府衡量普惠金融发展水平的最重要依据，如2016年中国人民银行参照该指标体系，制定了《中国普惠金融指标体系》[①]。中国人民银行金融消费权益保护局于2018年8月发布《2017年中国普惠金融指标分析报告》(以下简称《分析报告》)首次从顶层设计层面对中国普惠金融发展状况进行了分析。但无论是《G20普惠金融指标体系》，还是《中国普惠金融指标体系》，其中的一些指标并无公开数据支撑，一些指标区分过细，一些指标衡量的是扶贫金融[②]，所以，综合多方面考虑，作者所构建的中国普惠金融指标体系更适宜用于测度研究。二是国内外学者构建专门用于测度研究的指标体系。考察2016年《G20普惠金融指标体系》发布以来的测度研究发现，在指标涵盖内容、基础指标数量和研究时段等方面，已有相关测度研究存在明显不足，相对而言，作者所构建的互联网金融时代中国普惠金融指标体系更为合理，如表3-7所示。

表3-7 作者所构建指标体系与国内外学者构建指标体系的比较

	指标涵盖内容	基础指标数量	研究时段
作者所构建的指标体系	传统普惠金融服务、专业化普惠金融服务、互联网金融服务	57项(28项广度指标，29项深度指标)	2010—2019年
杜强和潘怡(2016)	传统普惠金融服务	9项	2006—2013年
高霞(2016)	传统普惠金融服务	29项	2014年

[①] 中国人民银行制定的《中国普惠金融指标体系》(2016)，包含使用情况、可得性、质量3个维度共21类51项指标，其中8个指标需通过问卷调查来采集。

[②] 如《分析报告》中，使用了由政策支持开展的"民生信贷"和"建档立卡贫困人口信贷"等金融扶贫指标，"金融知识和金融行为"等调查指标，这些指标虽能反映中国的金融普惠情况，但要么与普惠金融开展的"以可负担成本"原则有背，要么难以获取连续性数据，导致这些指标不宜被用于测度研究。

(续表)

	指标涵盖内容	基础指标数量	研究时段
北京大学数字金融研究中心（2016）	互联网金融服务	24项	2011—2015年
马彧菲和杜朝运（2017）	传统普惠金融服务	11项	2005—2013年
陆凤芝、黄永兴、徐鹏（2017）	传统普惠金融服务	10项	2005—2014年
孙英杰、林春（2018）	传统普惠金融服务	8项	2005—2016年
郑秀峰、朱一鸣（2019）	传统普惠金融服务、互联网金融服务	13项	2014年

资料来源：根据已有研究文献整理，且仅列举以中国为对象的代表性研究成果。

表3-7显示，已有测度中国普惠金融指数的一些指标体系，在涵盖内容方面很少将互联网金融平台模式、传统金融机构模式和小额贷款公司模式全部囊括，在测算指标数量方面也均少于作者所选取的测算指标，在研究时段方面也没有以中国互联网金融时代为主，部分学者甚至采用了2014年的截面数据。因此，作者所构建的指标体系更为合理，对中国普惠金融发展水平的测度也会更加精确。

第三节　中国普惠金融发展水平测度方法的选择

一般来说，测算普惠金融指数，需先对指标进行无量纲化处理，然后选用合理的方法测算各指标的权重，最后通过指数合成方法算出综合指数。作者对已有的主要测算普惠金融指数方法比较分析，并从中选出最合理的测度方法。

一、指标无量纲化处理方法

普惠金融指标体系中的各项具体指标往往代表不同的经济含义,而且存在量纲上的差异。因此,测算普惠金融指数,就需对指标实际数值做标准化、规范化的数学变换,以消除原始变量的量纲影响,即需要做无量纲化处理。无量纲化方法主要有直线型无量纲化方法、折线形无量纲化方法和曲线型无量纲化方法等、理论上,三者均可用于处理普惠金融指标的量纲问题。

(一) 直线型无量纲化方法

直线型无量纲化方法是在将指标实际值转化为不受量纲影响的指标评价值时,假定指标实际值与指标评价值之间呈线性关系,且指标数实际值变化引起指标评价值相应比例的变化。常用的直线型无量纲化方法主要有标准化法、均值化法、阈值法和比重法四种,它们也是常用于处理普惠金融指标量纲问题的方法。

1. 标准化法

对多组不同量纲的指标数据,分别进行标准化处理,使它们均转化成无量纲的标准化数据,即为标准化法。标准化法通常有一般标准化法和极差标准化法。一般标准化法不区分指标的作用方向,极差标准化法会先区分指标是正向还是负向,然后再做标准化处理。

使用标准化方法时,一般先假设有 n 个地区或 n 个年份,每个地区或各年份有 m 个指标,且令 x_{ji} 为第 j 个地区或第 j 年份的第 i 个指标值,然后采用相应公式进行标准化处理。

(1) 一般标准化(Z-score)方法其常用公式是:

$$y_i = \frac{x_i - \overline{x}}{x} \qquad (3-1)$$

其中, $\overline{x} = \frac{1}{n}\sum_{i=1}^{n}x_i ; s = \sqrt{\frac{1}{n-1}\sum_{i=1}^{n}(x_i - \overline{x})^2}$

(2) 如果是数值越大越好的正向指标时,极差标准化法的常用公式是:

$$y_{ji}=\frac{x_{ji}-\min(x_{ji})}{\max(x_{ji})-\min(x_{ji})}(j=1,2,\cdots,n;i=1,2,\cdots,m) \quad (3-2)$$

如果是数值越小越好的负向指标时,极差标准化法的常用公式则为:

$$y_{ji}=\frac{\max(x_{ji})-x_{ji}}{\max(x_{ji})-\min(x_{ji})}(j=1,2,\cdots,n;i=1,2,\cdots,m) \quad (3-3)$$

其中, x_{ji} 是原始变量数据, $\max(x_{ji})$ 和 $\min(x_{ji})$ 分别表示原始变量的最大值和最小值, y_{ji} 为标准化处理后的结果。

对于标准化法,无论指标实际值如何,指标的评价值总是分布在零值的两侧。当指标实际值大于平均值时,其评价值为正;反之,评价值则为负。且当实际值远离平均值时,其评价值距离零值也越远。

2. 均值化法

均值化法是消除指标量纲的常用方法之一,而且也是进行无量纲化处理的较好方法(叶宗裕,2003)。假设有 n 个地区或 n 个年份,每个地区或各年份有 m 个衡量指标,则 x_{ji} 为第 j 个地区或第 j 年份的第 i 个指标值,指标无量纲化处理值 y_{ji} 的计算可采用的公式为:

$$y_{ji}=\frac{x_{ji}}{\bar{x}_j}(j=1,2,\cdots,n;i=1,2,\cdots,m) \quad (3-4)$$

均值化处理后的各指标均值均为1,而各指标的方差则为:

$$\text{var}(y_i)=E[(y_i-1)^2]=\frac{E(x_i-\bar{x}_i)^2}{\bar{x}_i^2}=\frac{\text{var}(x_i)}{\bar{x}_i^2}=\left(\frac{\sigma_i}{\bar{x}_i}\right)^2 \quad (3-5)$$

均值化后各指标的方差是各指标变异系数 $\bar{x}_i$ 的平方,它保留了各指标变异程度的信息(叶宗裕,2003),因而常被学术界选用来做指标无量纲化处理。

3. 阈值法

阈值也称临界值,是衡量事物发展变化的一些特殊指标值。阈值法是用指标实际值与阈值相比,以得到指标评价值的无量纲化。阈值法常用的算法公式有五个,而运用阈值法做无量纲化处理时,阈值参数的确定对综合评价结果有较大影响。阈值差定得太大,评价值对指标变化的反映就不灵敏,评价结果的区分效度就会下降；阈值差定得过小，又难以保障评价值的正常分布，并可能因超出常规范围而又不符合实际。因此，阈值参数需要预设、调整和逐步优化，直至比较符合实际为止。

4. 比重法

将指标实际值转化为它在指标值总和中所占的比重，则为比重法。

包括比重法在内的四种直线型无量纲化方法，具有简单直观且易于计算和比较等优点，是最常用的一种指标数据无量纲化的处理方法。但直线型无量纲化方法假定指标评价值与实际值呈线性关系，这与实际情况不完全相符，因而又存在一定缺陷。

(二) 折线形无量纲化方法

折线型无量纲化方法是指采用折线型方程式，构造计算指标数据无量纲化值的一种处理方法。它适合于对发展呈阶段性变化的事物进行评价，能刻画出指标值在不同阶段变化对事物总体水平所产生的不同影响，也是较常用的指标无量纲化处理方法。凸折线型无量纲化、凹折线型无量纲化和三折线型无量纲化是折线型无量纲化方法的常见类型。

凸折线型无量纲方法一般将指标值在前期的变化赋予较多的评价值增加量，并可用阈值法来构造其计算公式。

凹折线型无量纲化一般对指标后期变化赋予较多评价值增加量，以突显指标后期变化对事物发展总体水平影响较大。

三折线型无量纲化，则适合于某些事物要求指标值在某区间内变化时的情况。这种方法计算公式与凸折线型无量纲方法相似，仅在转折点指标值的选择上，略有不同而已。

与直线型无量纲化方法相比，折线型无量纲化方法更符合事物发展的实际规律，但应用前提十分苛刻，其要求评价者对被评价事物有较为深刻的理解和认识，并能合理确定出指标值的转折点及其评价值，在实际操时难度较大。

（三）曲线型无量纲化方法

曲线型无量纲化方法适用于事物发展阶段性分界点不明显，尤其是前、中、后各期发展情况截然不同的情况。当指标值变化对事物总体水平的影响为逐渐变化，而不是突变之时，人们通常采用曲线形无量纲化处理方法。曲线型无量纲化方法的计算公式可分升半 Γ 型、升半正态型、升半柯西型、升半凹凸型和升半岭型五种类别。

升半 Γ 型适用于指标值在后期变化对事物发展总体水平影响较小的情况，升半正态型和升半柯西型适用于指标中期值对事物发展总体水平影响较大的情况，升半凹凸型适用于指标实际值的变化逐步加快或减慢的情况，而升半岭型则适用于指标评价值随指标实际值中期变化较快、前后期较慢且对称的情形。

二、指标权重处理与指数合成方法

各考察指标内容在普惠金融发展指标体系中的相对重要性不尽相同，需要对它们在指标体系中所占的权重大小进行量化处理，即将普惠金融发展指标体系所含的各指标权重之和视为1，然后对各具体指标赋予"权重系数值"。根据指标权重，采用合理的指数合成方法，就可测算出最终的普惠金融发展指数值。

（一）指标权重处理方法

确定各指标权重的方法有很多种，概括起来可以分为三大类，即客观赋权评价法、主观赋权评价法和组合集成赋权法。

1. 客观赋权评价法

基于评价指标值的客观数据而确定各指标权重的方法，称为客观赋权评价法。常见的客观赋权评价法，有主成分分析法、变异系数法和熵值法等。

（1）主成分分析法

主成分分析（Principal Components Analysis，PCA），是将原先具有相关关系的多个指标简化为少数几个新的综合指标的多元统计方法，它最早由霍特林(Hotelling)于 1933 年提出。该方法利用降维的思想,在损失较少数据信息基础上,能把多项指标转化为几项代表性综合指标,在测算指标综合得分时被广泛采用。

若假定有 n 个地理样本,每个样本共有 p 个变量描述,这样就形成一个 $n \times p$ 阶的地理数据矩阵:

$$X = \begin{cases} x_{11} & x_{12} & \cdots & x_{1p} \\ x_{21} & x_{22} & \cdots & x_{2p} \\ \cdots & \cdots & \cdots & \cdots \\ x_{n1} & x_{n2} & \cdots & x_{np} \end{cases} \quad (3-6)$$

要在 p 维空间中,针对如此多变量的数据来抓取地理事物内在规律性,显然是十分困难的。通过降维处理来克服这一困难,实现仅需少量几个综合指标即可代替原来较多变量指标,这些少量综合指标不仅能尽可能地反映原来较多指标所反映的信息,而且这些少量综合指标间又彼此相互独立,即为主成分分析。

如果记原来的变量指标为 $X_1, X_2, \cdots, X_p$,它们的综合指标——新变量指标为 $Y_1, Y_2, \cdots, Y_p$,则有:

$$\begin{cases} Y_1 = l_{11} X_1 + l_{12} X_2 + \cdots + l_{1p} X_p \\ Y_2 = l_{21} X_1 + l_{22} X_2 + \cdots + l_{2p} X_p \\ \cdots \cdots \\ Y_p = l_{p1} X_1 + l_{p2} X_2 + \cdots + l_{pp} X_p \end{cases} \quad (3-7)$$

上式中的系数 l_{ij},满足下列约束条件:

一是主成分之间相互独立,无重叠信息,即 Y_i 与 $Y_j (i \neq j; i, j = 1, 2, \cdots, m)$ 相互独立,$\text{cov}(Y_i, Y_j) = 0, i \neq j, i, j = 1, 2, \cdots, p$。

二是每个主成分的系数平方和为 1,即,$l_{i1}^2 + l_{i2}^2 + \cdots + l_{ip}^2 = 1, i = 1, 2, \cdots, p$。

三是 Y_1 为 $X_1, X_2, \cdots, X_p$ 的一切线性组合中方差最大者;Y_2 是与 Y_1 不

相关的 $X_1, X_2, \cdots, X_p$ 的所有线性组合中方差最大者;……;Y_m 是与 Y_1,Y_2,……Y_{m-1} 都不相关的 $X_1, X_2, \cdots, X_p$ 的所有线性组合中方差最大者。主成分的方差依次递减,且满足 $\mathrm{var}(Y_1) \geqslant \mathrm{var}(Y_2) \geqslant \cdots \geqslant \mathrm{var}(Y_p)$ 关系。

这样,这些新的变量指标 $Y_1, Y_2, \cdots, Y_p$ 分别称为原变量指标 $X_1, X, \cdots, X_p$ 的第一、第二、…、第 p 主成分。其中,Y_1 在总方差中占的比例最大,Y_2,$Y_3, \cdots, Y_p$ 的方差依次递减。在分析实际问题时,常采用 KMO 值检验法来挑选前几个方差占比最大的主成分[①],这样在减少变量数目的同时,又抓住了主要信息,进而简化了变量之间的关系。

主成分的求解,即主成分分析的计算步骤一般分为两种思路。一是对原始变量做标准化处理,利用标准化后的数据输入,通过计算变量间的相关系数矩阵来求解;二是对原始变量做均值化处理,利用均值化后的数据输入,经过计算其协方差矩阵来求解。

① 对于第一条思路,若假定有 n 个地理样本,每个样本共有 p 个变量描述,可运用主成分分析构造以下 p 个主成分关于原变量线性组合模型:

$$\begin{cases} F_1 = l_{11}Z_1 + l_{12}Z_2 + \cdots + l_{1p}Z_p \\ F_2 = l_{21}Z_1 + l_{22}Z_2 + \cdots + l_{2p}Z_p \\ \cdots\cdots \\ F_P = l_{p1}Z_1 + l_{p2}Z_2 + \cdots + l_{pp}Z_p \end{cases} \quad (3-8)$$

其中,F_1、$F_2 \cdots F_p$ 为第一、第二、…第 p 个主成分;Z_1、$Z_2 \cdots Z_p$ 为各指标原始变量的标准化处理值;l_{11}、$l_{12} \cdots l_{1p}$,l_{21}、$l_{22} \cdots l_{2p}$,…,l_{p1}、$l_{p2} \cdots l_{pp}$ 等为需要测算的系数值。

从相关矩阵求解时,需先计算原始变量的相关系数矩阵。假设 p 个变量的相关系数矩阵为:

---

① KMO 值检验是否适合做主成分分析的标准为:KMO 值大于 0.9 为非常适合;KMO 值为 0.8~0.9 适合;KMO 值为 0.7~0.8 一般适合。

$$R = \begin{cases} r_{11} & r_{12} & \cdots & r_{1p} \\ r_{21} & r_{22} & \cdots & r_{2p} \\ \cdots & \cdots & \cdots & \cdots \\ r_{p1} & r_{p2} & \cdots & r_{pp} \end{cases} \quad (3-9)$$

其中，$r_{ij}(i,j=1,2,\cdots,p)$ 为原始变量 x_i 与 x_j 的相关系数，其计算公式为：

$$r_{ij} = \frac{\text{cov}(x_i, x_j)}{\sqrt{D(x_i)}\sqrt{D(x_j)}} \quad (3-10)$$

式(3-10)分子部分为原始变量 x_i 与 x_j 的协方差，分母部分为原始变量 x_i 与 x_j 的方差乘积。

通过解特征方程 $|\lambda I - R| = 0$ 求出特征值 $\lambda_i(i=1,2,\cdots,p)$，并使其按大小顺序排列，即 $\lambda_1 \geqslant \lambda_2 \geqslant \cdots \geqslant \lambda_p \geqslant 0$；然后分别求出对应于特征值 λ_i 的特征向量 $e_i(i=1,2,\cdots,p)$。

再计算主成分贡献率和累计贡献率，主成分 z_i 贡献率为 $r_i \Big/ \sum_{k=1}^{p} \gamma_k (i=1, 2,\cdots,p)$，累计贡献率为 $\sum_{k=1}^{m} \gamma_k \Big/ \sum_{k=1}^{p} \gamma_k$。运用公式 $p(z_k, x_i) = \sqrt{\gamma_k} e_{ki}(i,k=1, 2,\cdots,p)$ 计算出主成分载荷。同理，可计算出主成分系数 B_{ji} 和综合得分模型中的系数 C_i，进一步对系数做归一化处理，可得到各指标的权重值。

② 对于第二条思路，若假定有 n 个地理样本，每个样本共有 p 个变量描述。运用主成分分析构造以下 p 个主成分关于原始变量线性组合模型：

$$\begin{cases} F'_1 = l'_{11} Z'_1 + l'_{12} Z'_2 + \cdots + l'_{1p} X'_p \\ F'_2 = l'_{21} Z'_1 + l'_{22} Z'_2 + \cdots + l'_{2p} Z'_p \\ \cdots \cdots \\ F'_p = l'_{p1} Z'_1 + l'_{p2} Z'_2 + \cdots + l'_{pp} Z'_p \end{cases} \quad (3-11)$$

其中，F'_1、$F'_2 \cdots F'_p$ 为第一、第二、…第 p 个主成分；Z'_1、$Z'_2 \cdots Z'_p$ 为各指标原始变量的均值化处理值；l'_{11}、$l'_{12} \cdots l'_{1p}$、l'_{21}、$l'_{22} \cdots l'_{2p}$、…、l'_{p1}、$l'_{p2} \cdots l'_{pp}$ 为需要测算

的系数值。

求解主成分时,先对式(3-11)做变换如下:

$$F' = \begin{bmatrix} l'_{11} & l'_{12} & \cdots & l'_{1p} \\ l'_{21} & l'_{22} & \cdots & l'_{2p} \\ \cdots & \cdots & \cdots & \cdots \\ l'_{p2} & l'_{p2} & \cdots & l'_{pp} \end{bmatrix} \begin{bmatrix} Z'_1 \\ Z'_2 \\ \cdots \\ Z'_P \end{bmatrix} = AZ' \quad (3-12)$$

假设这 p 个原始变量的协方差方阵为:

$$\sum\nolimits_{z'} = \begin{bmatrix} \partial_{11} & \partial_{12} & \cdots & \partial_{1p} \\ \partial_{21} & \partial_{22} & \cdots & \partial_{2p} \\ \cdots & \cdots & \cdots & \cdots \\ \partial_{p2} & \partial_{p2} & \cdots & \partial_{pp} \end{bmatrix} \quad (3-13)$$

其中,对角线上的元素 ∂_{11}、$\partial_{22}\cdots\partial_{pp}$ 分别代表 Z'_1、$Z'_2\cdots Z'_p$ 的方差;对角线以外的元素 $\partial_{12}=\partial_{21}$、$\partial_{13}=\partial_{31}\cdots\partial_{2p}=\partial_{p2}\cdots$,且全都不为 0。

这意味着其协方差矩阵为对角阵,式(3-13)可以变换为:

$$\lambda' = \begin{bmatrix} \lambda'_1 & \cdots & 0 \\ \vdots & \vdots & \vdots \\ 0 & \cdots & \lambda'_p \end{bmatrix} \quad (3-14)$$

因 $\sum\nolimits_{z'}$ 为正定矩阵,所以根据线性代数知识,肯定存在正交矩阵 **A**,可将 $\sum\nolimits_{z'}$ 旋转变换为:

$$A'\sum\nolimits_{z'}A = \begin{bmatrix} \lambda'_1 & \cdots & 0 \\ \vdots & \vdots & \vdots \\ 0 & \cdots & \lambda'_p \end{bmatrix} = \lambda' \quad (3-15)$$

其中,$\sum\nolimits_{z'}$ 的特征根 λ'_1、λ'_2、$\cdots$、λ'_p 分别为主成分 $F_1, F_2\cdots F_p$ 的方差,且满足 $\lambda'_1 \geqslant \lambda'_2 \geqslant \cdots \geqslant \lambda'_p$,正交变换矩阵 **A** 是原始变量协方差矩阵 $\sum\nolimits_{z'}$ 的特征根 λ'

的特征向量,且满足 $A'A=1$。

利用公式 $|\sum - \lambda'I| = 0$ 和 $\sum l'_i = \lambda'_i l'_i$,分别计算协方差矩阵的特征根 λ'_i 和特征根对应的特征向量 l'_i。λ'_i 对应的单位特征向量 l'_i 就是主成分 F'_i 的关于原变量的系数,原变量的第 i 个主成分 F'_i 的计算公式为 $F'_i = l'_i Z'$,第 i 个主成分的贡献度则可由式(3-16)计算得出:

$$\alpha_i = \frac{\lambda'_i}{\sum_{i=1}^{p} \lambda'_i} \tag{3-16}$$

因为,主成分分析法的目的是实现对原始数据的降维,所以选择的主成分个数应该少于 p 个,可以假设为 m 个,且 $m \leqslant p$,通常选择的 m 值使这 m 个主成分的累计贡献度大于 85% 即可,而前 m 个主成分的累计贡献度 $G(m)$ 可由式(3-17)求出:

$$G(m) = \frac{\sum_{j=1}^{m} \lambda'_j}{\sum_{i=1}^{p} \lambda'_i} \tag{3-17}$$

进一步计算出各主成分的载荷,即反映出主成分 F'_i 与变量 Z'_i 之间的相互关联程度。假设 $Z'_i(i=1,2,\cdots,p)$ 在所选用的主成分 $F'_j(j=1,2,\cdots,m)$ 上的载荷为 ρ_{ji},则载荷 ρ_{ji} 可由式(3-18)计算出:

$$\rho_{ji}(x_i, F'_j) = \frac{l'_{ij} \lambda'_j}{\sqrt{\sigma_{ii}} \sqrt{\lambda'_j}} = \frac{l'_{ij} \sqrt{\lambda'_j}}{\sqrt{\sigma_{ii}}} (j=1,2,\cdots,m; i=1,2,\cdots,p) \tag{3-18}$$

主成分系数 B_{ji} 则可由载荷数 ρ_{ji} 和 $\sum_{z'}$ 的特征根 λ'_j 或主成分 F'_j 的方差计算得出:

$$B_{ji} = \frac{\rho_{ji}}{\sqrt{\lambda'_j}} \tag{3-19}$$

其中,B_{ji} 表示第 j 个主成分中第 i 个原始变量的系数,载荷 ρ_{ji} 表示第 j 个主成分在第 i 个原始变量上的载荷数,λ'_i 则表示第 j 个主成分的特征根或方差。

进一步,利用主成分系数 B_{ji} 和主成分的贡献度 α_j,可计算出 p 个变量在综合得分模型中的系数 C_i,即:

$$C_i = \frac{\sum_{j=1}^{m} B_{ji} \times \alpha_j}{\sum_{j=1}^{m} \alpha_j} \qquad (3-20)$$

最后,对综合得分模型中的系数 C_i 做归一化处理,可得出各指标权重 W_i:

$$W_i = \frac{C_i}{\sum_{i=1}^{p} C_i} \qquad (3-21)$$

此外,还需说明的是,虽然无论采用哪种思路来做主成分分析,均需要对指标的原始数据做无量纲化处理,以消除指标量纲不同而造成的影响,这会在一定程度上抹杀不同指标间的量级差异对各指标权重值的影响,进而可能对不同指标在所研究的经济现象中的重要程度差异性造成影响,但相较于其他计算指标权重的方法,主成分分析法能相对更好保留指标数据的原始信息特征,因而是被采用最为广泛的一种方法。

(2) 变异系数法

变异系数(Coefficient of Variation)又称"标准差率",是衡量指标体系中各观测值变异程度的一个统计量。变异系数法是直接运用各项指标所包含的信息,通过计算获得指标权重的一种方法。

各指标的变异系数计算公式如下:

$$V_i = \frac{\sigma_i}{\bar{x}_i} (i=1,2,\cdots,n) \qquad (3-22)$$

上式中,V_i 是第 i 项指标的变异系数(也称标准差系数),σ_i 是第 i 项指标的标准差,$\bar{x}_i$ 是第 i 项指标的平均数。

各项指标的权重可通过如下公式算出:

$$W_i = \frac{V_i}{\sum_{i=1}^{n} V_i} (i = 1, 2, \cdots, n) \qquad (3-23)$$

变异系数法能反映指标取值的差异程度,因指标取值差异越大越能反映被评价单位差距,所以指标的代表性意义也更好。

(3) 熵值法

熵值法(Entropy Method)是通过判断分项指标的离散程度,进而计算得出指标权重的一种方法。在信息论中,熵是对不确定性的一种度量,当信息量越大时,不确定性就越小,熵也就越小;而当信息量越小时,不确定性越大,熵也相应越大。

2. 主观赋权评价法

主观赋权评价法是基于决策者的知识、经验或偏好,通过按重要性程度对各指标进行比较、赋值和计算得出其权重的方法。最常见的主权赋值法主要有专家调查法(Delphi Method)和层次分析法两种。

专家调查法也称德尔菲法,它是利用专家的知识、经验或偏好,对各指标的权重进行打分,经过两到三轮专家的打分,最终得出"带有信任度"的指标权重值。该方法依赖于专家打分的准确性,具有较强的主观性,因此有较大的局限性。

层次分析法(Analytic Hierarchy Process,AHP),是美国运筹学家萨蒂(T. L. Saaty)20 世纪 70 年代初提出的一种层次权重决策分析方法。该方法要求决策者先对各指标之间进行两两对比之后,按 9 分位比率排定各评价指标的相对顺序,构造出评价指标的判断矩阵 **A**。

$$A = \begin{bmatrix} 1 & a_{12} & \cdots & a_{1n} \\ a_{21} & 1 & \cdots & a_{2n} \\ \cdots & \cdots & 1 & \cdots \\ a_{n1} & a_{n2} & \cdots & a_{m} \end{bmatrix} \qquad (3-24)$$

式(3-24)中,**A** 为判断矩阵,a_{ij} 是要素 i 与要素 j 重要性比较结果,它通常有17种取值,分别为1/9、1/8、1/7、1/6、1/5、1/4、1/3、1/2、1/1、2/1、3/1、4/1、5/1、6/1、7/1、8/1和9/1,分别表示 i 要素对于 j 要素的重要程度由低到高,并满足如下关系:

$$a_{ij}=\frac{1}{a_{ji}} \quad (3-25)$$

式(3-25)中 a_{ij} 的赋值大小,可由因素 i 相对于因素 j 的重要程度来衡量,而重要程度的1~9标度则依据表3-8来确定。

表3-8 层次分析法标度

标度 B_{ij}	含义	标度 B_{ij}	含义
1	i,j 两元素同等重要	3	i 元素比 j 元素稍重要
5	i 元素比 j 元素较强重要	7	i 元素比 j 元素强烈重要
9	i 元素比 j 元素极端重要	2、4、6、8	i 元素比 j 元素重要程度,位于上述相邻两基数之间
1	j,i 元素同等重要	1/3	j 元素比 i 元素稍重要
1/5	j 元素比 i 元素较强重要	1/7	j 元素比 i 元素强烈重要
1/9	j 元素比 i 元素极端重要	1/2、1/4、1/6、1/8	比较 j 元素比 i 元素重要程度时

资料来源:作者根据公开资料整理。

采用几何平均法(根法)和规范列平均法(和法),计算判别矩阵 **A** 的权重向量,即完成指标权重值的计算。该方法具有粗略和主观等局限性,不适用于精度较高的测算,而且人为主观因素对权重值会产生较大偏误影响。

3. 组合集成赋权法

不少专家学者将主观和客观赋权评价法综合使用,即将主、客观赋权法所得的各评价指标权重通过集成方法来形成最终评价指标权重,使之既能客观反映各指标的重要程度,又能反映决策者的主观愿望。

若已获得主观权重向量为 W_{1i},且 $W_{1i}=(w_{11},w_{12},\cdots\cdots,w_{1n})^T$,而已获得客观权重向量为 W_{2i},$W_{1i}=(w_{21},w_{22},\cdots\cdots,w_{2n})^T$。其中,$w_{1i}$ 和 w_{2i} 均是0和

1 之间的小数,且 w_{1i} 和 w_{2i} 的和均为 1。

令 $w_i = \alpha w_{1i} + \beta w_{2i}$,或 $w_i = w_{1i}w_{2i} \Big/ \sum_{i=1}^{n} w_{1i}w_{2i}$,即可得出组合集成权重向量 $W_i = (w_1, w_2, \cdots\cdots, w_n)^T$。其中,待定系数 α 和 β 分别为主观权重和客观权重的重要程度。通过构建多目标规划模型和利用线性规划等方法,可以计算出 α 和 β 的值,进而完成最终权重值的确定。该方法计算量较大,实际操作难,因而应用起来较为困难。

(二) 指数合成方法

指数合成方法主要有线性加权求和法、几何加权求和法、欧式距离法和反欧式距离法。主成分分析法和熵值法计算指标权重,通常是采用线性加权求和法。

若假设 d_i 为第 i 个指标的无量纲化处理值,w_i 为第 i 个指标的指标权重值,D 为综合得分值,则线性加权求和法计算公式为:

$$D = \sum_{i=1}^{n} w_i d_i (i = 1, 2, \cdots, n) \qquad (3-26)$$

此外,还可以将欧式距离法和反欧式距离法一同考察,取两者的均值来合成最终指数。

三、普惠金融发展水平测度方法的比较与选择

原始数据的无量纲化处理、指标权重的计算和最终的指数合成,均有多种不同的方法,而且各种方法又均具有一定的优点和存在一定的不足。

需在比较分析基础上,选用合理方法来测度中国普惠金融发展广度指数、中国普惠金融业务使用深度及经济深度指数。为此,从无量纲化处理、权重计算和指数合成三个方面,对这些不同测度方法的优缺点进行比较(表3-9)。

表3-9 普惠金融测度方法的优缺点比较

普惠金融测度方法			主要优点	主要缺点
无量纲化处理	直线型无量纲化方法	标准化法 一般标准化法	计算简单	线性化假设前提
		标准化法 极差标准化法	计算简单、区分明晰细致	线性化假设前提
		均值化法	保留指标变异程度信息	线性化假设前提
		阈值法	计算简单、操作灵活多样	阈值参数确定难
		比重法	计算简单	线性化假设前提
	曲线型无量纲化方法		能衡量事物的渐变性	计算过于复杂
	折线形无量纲化方法		能衡量事物的渐变性	参数确定困难
权重计算	客观赋权评价法	主成分分析法	信息保存较好	计算较复杂
		变异系数法	能衡量变量变异度	信息损失严重
		熵值法	保持数据的连续性	权重可能失真
	主观赋权评价法	专家调查法	操作简单	专家主观意识偏差
		层次分析法	简洁系统	指标过多时难适用
	组合集成赋权法		综合主客观因素	实际操作较为复杂
指数合成	线性加权求和法		简单易操作	系统性不足
	几何加权求和法		简单易操作	系统性不足
	欧式或反欧式距离法		操作较简单	将指标间差别同等看待

资料来源：根据公开资料整理。

表3-9显示，在指标无量纲化处理方面，五种直线型无量纲化方法均具有计算方便、易于操作等优点。其中，极差标准化法、均值化法和阈值法还分别具有区分指标的正负方向、保留指标变异程度信息和操作灵活多样的优点；标准化法、均值化法和阈值法假定指标评价值与实际值呈线性关系，这可能与事实情况不相符，且阈值法还会因阈值参数确定难等问题而有一定缺陷。曲线型无量纲化方法和折线形无量纲化方法，虽均具有考虑事物渐进性的特点，且较直线型无量纲化方法更符合实际情况，但这两种方法的计算过于复杂且

参数确定困难。

无论选择何种方法对指标做无量纲化处理均有利弊。考虑到前文所构建的中国普惠金融指标体系较为复杂，曲线型无量纲化方法和折线形无量纲化方法难以操作，因此简单和易于操作的直线型无量纲化处理方法更为适用。

在指标权重确定方面，表3-9显示客观赋权法以变量数据为依据，其中主成分分析法能较好保留指标信息，变异系数法能对变量的变异程度作出衡量，熵值法能保持数据的连续性，它们具有各自的优点。客观赋权法也有一定的缺陷，如主成分分析法计算较为复杂，变异系数法会导致信息损失严重，熵值法计算的权重更可能严重失真。在指标权重确定方面，主观赋权评价法中的专家调查法和层次分析法虽然操作简单，但前者受专家主观意识影响较大，可能产生明显偏差；后者则难以对过多指标进行测算，存在较大缺陷。此外，组合集成赋权法虽将主观和客观因素综合考察，既立足于数据又征求专家意见，但其计算难度较大。

比较发现，客观赋权法中的主成分分析法，因以指标数据为基础，能考虑到数据之间的相互联系性，且能够保留变量信息，比客观赋值法中的变异系数法和熵值法在确定指标权重时更具有合理性和可行性；主观赋值法中的层次分析法，以专家学者们的主观分析为依据，能刻画出数据之间的重要程度差异，有助于区分不同变量对整体评价结果的贡献度高低，而较简单的专家调查法更为科学。同时，主成分分析法和层次分析的缺陷也不容忽视，如前者会忽视数据之间的相互联系，后者则计算难度较大等。所以，无论是采用主成分分析法还是选择层次分析法，均具有一定的缺陷性。故而，综合主成分分析法和层次分析法的优点，以最大程度减低两者缺点所造成的不良影响，应选用组合集成赋权法，即综合利用主成分分析法和层次分析法，来测算中国普惠金融发展指标的权重值。

此外，在指数合成方面，表3-9显示线性加权求和法、几何加权求和法及欧式或反欧式距离法均具有计算简便的优点，但线性加权求和法和几何加权求又均存在系统性不足的问题,而欧式或反欧式距离法又存在将不同指标间的差别同等看待的缺陷。综合考虑这几种指数合成方法的优缺点,并注意到线性加权求和法合成指数要更为方便和常见,所以应选用线性加权求和法测算中国普惠金融发展广度指数、中国普惠金融业务使用深度指数和中国普惠金融业务经济深度指数。

第四章 互联网金融时代中国普惠金融发展的广度

中国金融服务覆盖面直接影响居民获取金融服务的难易程度,进而左右中国普惠金融的发展水平,虽然近些年来中国金融和非金融机构提供越来越多的金融服务和金融产品,但其普惠金融覆盖面是否广泛,还需要进行测算和分析。为此,本章采用中国大陆地区和中国大陆 31 个省市(自治区)的数据,分别测算全国和分地区的普惠金融发展广度指数,并在对测算结果做比较分析的基础上,客观评价中国普惠金融发展广度水平。

第一节 全国普惠金融发展的广度

一、全国普惠金融发展广度指标体系

样本数据的可获得性是进行测算的基础。因此,考虑到"信用投诉及信用纠纷处理率"数据缺失,且该项指标与"征信广度"维度指标均可反映普惠金融服务质量,同时"征信广度"维度指标也能较好地刻画普惠金融服务质量高低,故在实际测算"全国普惠金融发展广度指数"时,作者参考已有研究文献的做法,将"金融纠纷解决度"这一基础指标剔除[①]。以表 3-4 为基础,构建"全国

---

① 如高霞在其博士论文《当代普惠金融理论及中国相关对策研究》中,就因数据不可获得问题剔除了"金融服务投诉率"指标,而仅使用"个人信用档案建档率"和"企业信用档案建档率"两项基础指标刻画"金融服务质量";而王婧和胡国晖在《中国普惠金融的发展评价及影响因素分析》一文,以及马彧菲、杜朝运在《普惠金融指数测算及减贫效应研究》一文中,就未纳入"金融服务质量"维度指标。当然,还有很多文献采用和上述学者相似的处理方法,考虑到篇幅问题,在此不再一一赘述。

普惠金融发展广度指标体系",具体见表4-1。

表4-1 全国普惠金融发展广度指标体系

维度	类别	基础指标(27项)	单位
网点和人员覆盖广度	金融机构物理网点	每万成年人拥有的银行业金融机构网点数	家/万成年人
		每万成年人拥有的保险公司分支机构数	家/万成年人
		每万成年人拥有的证券营业部家数	家/万成年人
	ATM机和POS机	每万平方公里的ATM机数量	台/万平方公里
		每万平方公里的POS机数量	台/万平方公里
	金融机构从业人员	银行业从业人员数/万成年人	人/万成年人
		证券业从业人员数/万成年人	人/万成年人
		保险业从业人员数/万成年人	人/万成年人
金融产品覆盖广度	银行业金融产品	每万成年人拥有银行卡张数	张/万成年人
		每万成年人拥有的个人银行结算账户数	户/万成年人
	保险业金融产品	基本养老保险参保人数/万成年人	人/万成年人
		基本医疗保险参保人数/万成年人	人/万成年人
		失业保险人数/万就业人员	人/万成年人
	证券业金融产品	股票投资者人数/万成年人	人/万成年人
弱势群体金融服务广度	小额贷款公司	小额贷款公司数/万成年人	家/万成年人
		小额贷款公司从业人员数/万成年人	人/万成年人
	农村金融机构网点	小型农村金融机构数/万农村人口	家/万农村人口
		农村新型金融机构数/万农村人口	家/万农村人口
	农村金融机构从业人员	小型农村金融机构从业人员数/万农村人口	人/万农村人口
		农村新型金融机构从业人员数/万农村人口	人/万农村人口
互联网技术普及度	互联网覆盖度	互联网上网人数/万成年人	人/万成年人
		互联网宽带接入用户/万总户数	户/万总户数
		互联网宽带接入端口数/万成年人	个/万成年人
	智能手机普及度	3G、4G移动电话手机用户/万成年人	户/万成年人

(续表)

维度	类别	基础指标(27项)	单位
征信广度	个人信用档案建档率	自然人信息收录数/万成年人	人/万成年人
	小微企业信用档案建档率	小微企业信用收录数/万企业法人单位	家/万法人单位
	农户信用档案建档率	农户信用收录数/万农村人口	户/万农村人口

表4-1与表3-4相比,并无实质性变化,仅将基础指标缩减1项变为27项,并将维度合并为5个,在整体上不会对全国普惠金融发展广度指数测算结果的准确性造成影响。另外,为便于理解这27项基础指标,表4-1内容还给出了各基础指标的计量单位。

二、样本数据的来源及描述性统计[①]

(一) 全国普惠金融发展广度样本数据的选择与来源

因为中国非金融机构第三方支付服务规范发展于2010年,并且2019年后数据缺失较为严重,所以作者选择2010—2019年这一时段来测算全国普惠金融发展广度的基础指标值。测算所需原始数据,绝大部分来源于中国人民银行发布的各类金融统计报告和《中国统计年鉴》,少部分来源于《中国金融年鉴》和《中国证券期货统计年鉴》。

其中,"银行业金融机构网点""银行业从业人员"和"金融业从业人员数"数据,来源于中国人民银行发布的《中国区域金融运行报告》(2011—2020);"小型农村金融机构数""农村新型金融机构数""小型农村金融机构从业人员"

---

① 需说明的是,考虑到中国台湾、中国香港和中国澳门三个地区,采用的"一国两制"制度使它们的经济体制与中国大陆地区不同,为此,测算全国普惠金融发展指数时仅采用中国大陆地区数据,而不包括中国台湾、中国香港和中国澳门三个地区的数据。下同。

和"农村新型金融机构从业人员数"等数据①，由中国人民银行发布的中国各省市地区金融运行报告(2011—2020年)数据加总所得；"ATM机数量""POS机数量""银行卡张数"和"个人银行结算账户数"等数据，来源于中国人民银行支付结算司编制的《(2010—2019年)支付体系运行总体情况》；"小额贷款公司数"和"小额贷款公司从业人员数"数据，来源于中国人民银行于2010—2019年发布的《小额贷款公司分地区情况统计表》，该表统计的是每年12月31日的数据；2010—2016年和2017—2019年的"自然人信息收录数""小微企业信用收录数"和"农户信用收录数"等数据，则分别来源于中国人民银行发布的《中国金融稳定报告》(2011—2017)和《中国普惠金融指标分析报告》(2017—2019)。

"15岁以上成年人数""农村人口数""保险机构网点数""保险业从业人员数""基本养老保险参保人数""基本医疗保险参保人数"和"失业保险人数"，以及"互联网宽带接入端口数""全国总户数""互联网上网人数""互联网宽带接入用户""企业法人单位总数"和"3G、4G移动电话手机用户数"等数据，均来源于《中国统计年鉴》(2011—2020)。而2010—2017年和2018—2019年的"股票投资者人数"数据，分别来源于《中国证券期货统计年鉴》(2011—2018)和东方财富网②；"证券营业部家数"数据来源于上海证券交易所会员统计数据③，"证券业从业人员数"数据则由"金融业从业人员数"减去"银行业从业人员数"和"保险业从业人员数"后算得。

(二) 全国普惠金融发展广度样本数据的描述性统计

计算得出表4-1中基础指标的具体数据后，运用stata15.0软件对基础指标变量做描述性统计，结果如表4-2所示。

---

① 2012年以来，中国各省市地区金融运行报告中统计的是"小型农村金融机构"相关数据，而之前年份统计的是"农村合作机构"相关数据，但报告中的这两种金融机构均是由农村商业银行、农村合作银行和农村信用社所组成，所以，这两种金融机构只是提法上的不同，而为保持时效性，在此采用前一种提法。

② 东方财富网的网址为：http://data.eastmoney.com/cjsj/gpkhsj.html。

③ 上海证券交易所的网址为：http://www.sse.com.cn/。

表 4-2 全国普惠金融发展广度样本数据的描述性统计

维度	基础指标(27项)	均值	标准差	最小值	最大值
网点和人员覆盖广度	每万成年人拥有的银行业金融机构网点数	1.88	0.08	1.74	1.96
	每万成年人拥有的保险公司分支机构数	0.67	0.04	0.61	0.74
	每万成年人拥有的证券营业部家数	0.07	0.02	0.04	0.10
	每万平方公里的ATM机数量	741.18	331.27	282.29	1 157.08
	每万平方公里的POS机数量	19 313.65	12 174.39	3 472.92	35 571.04
	银行业从业人员数/万成年人	31.77	2.41	27.54	34.13
	证券业从业人员数/万成年人	12.82	5.55	8.36	26.27
	保险业从业人员数/万成年人	8.59	1.65	6.13	10.67
金融产品覆盖广度	每万成年人拥有银行卡张数	45 546.97	16 846.82	21 594.9	72 258.03
	每万成年人拥有的个人银行结算账户数	61 406.48	22 262.52	29 964.6	96 821.81
	股票投资者人数/万成年人	880	300.24	592.48	1 371.11
	基本养老保险参保人数/万成年人	6 975.84	1 540.12	3 217.69	8 303.62
	基本医疗保险参保人数/万成年人	6 870.93	3 052.51	3 868.57	11 624.11
	失业保险人数/万就业人员	2 212.55	285.28	1 757.52	2 651.70
弱势群体金融服务广度	小额贷款公司数/万成年人	0.06	0.02	0.02	0.08
	小额贷款公司从业人员数/万成年人	0.74	0.25	0.25	1.02
	小型农村金融机构数/万农村人口	1.27	0.09	1.13	1.38
	农村新型金融机构数/万农村人口	0.06	0.04	0.01	0.13
	小型农村金融机构从业人员数/万农村人口	14.51	1.63	11.88	16.43
	农村新型金融机构从业人员数/万农村人口	1.31	0.93	0.14	2.73
互联网技术普及度	互联网上网人数/万成年人	6 606.42	2 521.74	4 089.17	11 316.56
	互联网宽带接入用户/万总户数	5 836.52	2 279.02	3 003.54	9 438.32
	互联网宽带接入端口数/万成年人	4 655.22	2 291.46	1 679.40	7 859.89
	3G、4G移动电话手机用户/万成年人	5 911.04	4 137.24	420.73	11 507.19
征信广度	自然人信息收录数/万成年人	7 717.76	583.62	6 947.92	8 754.39
	小微企业信用收录数/万企业法人单位	1 633.65	1 377.46	1 010.53	5 544.27
	农户信用收录数/万农村人口	2 669.37	484.38	1 996.63	3 371.89

表4-2显示,2010—2019年的十年间,从五个维度衡量的中国普惠金融发展广度取得一定成效。

在金融网点覆盖广度方面,2010—2019年,每万名成年人拥有的银行、保险及证券机构网点数,年均达1.88家、0.67家和0.07家,呈银行机构网点数最多、保险机构次之、证券机构网点数再次之的格局;每万平方公里拥有的ATM机和POS机数,年均分别达741.18台和19 313.65台。在金融从业人员覆盖广度方面,每万名成年人拥有的银行业从业人员数最多,其次为证券业和保险业,它们的年均值分别为31.77人、12.82人和8.59人。这说明,银行业是推动中国普惠金融服务广覆盖的中坚力量,保险业和证券业的覆盖广度仍有较大提升空间;同时,以ATM机和POS机为主的便捷式金融服务网点已充分发展,有效提高了普惠金融服务的可得性。

在金融产品覆盖广度方面,2010—2019年,银行卡业务、个人银行结算业务和沪深两市A股个人开户业务均得到较快发展,每万名成年人年均拥有的银行卡数、个人银行结算账户数别达45 546.97张、61 406.48个,每万名成年人中年均有880人参与了股票投资;基本养老保险、基本医疗保险和失业保险也均有不俗表现,每万名成年人的年均参保率分别达69.76%、68.71%和22.13%,其中到2019年,每万名成年人基本医疗参保率超过了100%,原因可能在于每名成年人参与了不止一项医疗保险和大量未成年人参与了基本医疗保险。这说明中国银行业金融产品已基本实现广覆盖,证券业金融产品覆盖广度则仍需提升,保险业金融产品覆盖度仍有较大提升空间。

在弱势群体金融服务方面,小额贷款公司和农村金融机构金融服务覆盖面明显,但与银行业相比仍存有不小差距。2010—2019年,每万名成年人年均拥有的小额贷款公司数和小额贷款公司从业人员数仅分别为0.06家和0.74人;每万名农村人口年均拥有的小型农村金融机构数和小型农村金融机构数从业人员数分别为1.27家和14.51,每万名农村人口年均拥有的农村新型金融机构数和农村新型金融机构从业人员数分别为0.06家和1.31人。所以,小额贷款公司和农村金融机构无论是在物理网点,还是从业人员方面的覆盖水平上,均远低于同时期中国商业银行业,呈现出相对偏弱的发展态势。

在互联网技术普及度方面,每万名成年人中的上网人数、互联网宽带接入用户数和拥有的互联网宽带接入端口数,最高占比分别达113.16％、94.38％和78.60％,每万名成年人中使用智能手机用户的占比最高则达115.07％,这说明中国的互联网金融覆盖广度有较好表现,而且成年人中的上网人数和智能手机用户数占比均超过100％,则意味着中国15周岁以下未成年人也有一部分是上网人群和智能手机用户。所以,中国这些海量的PC端和移动端的互联网用户,构成中国广阔的互联网金融业务潜在需求,形成中国互联网金融发展的坚实基础。

在征信服务方面,2010—2019年,成年人的年均征信率达77.18％,但农户的年均征信率仅为26.69％,说明自然人征信覆盖度较广,农户征信率却明显偏低。同时,到2019年年底,享受到征信服务的小微企业[①]占所有建档企业的比例超过了55.4％,小微企业征信率偏低问题得到一定程度的缓解,但若考虑到中国90％以上的企业为小微企业[②],那么中国小微企业的征信率仍需进一步提升。

三、全国普惠金融发展广度指数的测算

(一) 指标无量纲化处理

测算普惠金融发展指数有两条思路:一是标准化原始变量数据,通过相关系数矩阵来求解权重,进而采用线性加权求和法求得;二是均值化原始变量数据,利用协方差矩阵来求解权重,采用线性加权求和法求得。

采用协方差矩阵法求解主成分,所输入的数据要满足正定矩阵要求,但本

---

① 2019年"小微企业信用收录数"较以往年份实现质的飞跃,金融信用信息基础数据库收录的小微企业法人数,也由2018年的约261万户,增至2019年的1571万户,绝对数增长了6倍多。

② 根据《中华人民共和国中小企业促进法》和《国务院关于进一步促进中小企业发展的若干意见》(国发〔2009〕36号),小微企业是小型、微型、家庭作坊式企业以及个体工商户的统称。而据中国国家工商总局发布的数据显示,2013年和2014年中国的小微企业(包括小型微型企业和个体工商户)数量分别达到5606万户和6530万户,小微企业占企业总数的比例超过90％。

章测算的时段仅为10年,基础指标总数却达27项,不满足正定矩阵前提,所以,在此采用第一种思路。使用SPSS22.0软件,采用标准化方法对表4-2中的27个基础指标做无量纲化处理,考虑篇幅问题,标准化处理结果在此则不予给出。

(二) 指标权重的确定

组合集成赋权法能综合客观和主观赋值法的优点,在很大程度上可克服单独采用客观或主观赋值法的缺陷。因此,作者综合使用主成分分析和层次分析法,来测算全国普惠金融发展广度基础指标的权重。

具体操作方法为:先将评价指标由内到外划分为三个层次,即,评价指标层(基础指标层)、准则层(维度层)和目标层(全国普惠金融发展广度指标体系);然后采用主成分分析法计算评价指标层(基础指标)的权重,以及采用层次分析法计算准则层的权重大小;最后,求出各基础指标对总目标的组合权重。

1. 评价指标层指标权重

采用SPSS22.0软件,对基础指标数据做相关性分析[①]。结果发现,27个变量测算的351个相关系数的绝对值,有8个值介于0.1至0.3之间而表现出弱相关性,有20个值介于0.3至0.5之间而表现出中度相关性,其余323个值则均位于0.5至1之间而呈强相关关系,所有变量相关系数的绝对值均值更高达0.84,从而整体上表现出强相关性,因此,可以做基于相关系数矩阵的主成分分析。表4-3给出了对这些变量做主成分分析后的主成分特征值与方差贡献率。

---

① 通常情况下,做主成分分析时,需先对基础指标标准化后的数据做KMO和Bartlett检验,并依据取样足够度的Kaiser-Meyer-Olkin度量值和Bartlett的球形度检验的P值,来判定主成分分析的适用性情况。但全国普惠金融发展广度体系的基础指标数要远大于测算的年份数,所以,SPSS22.0软件无法分析得出Kaiser-Meyer-Olkin度量值和Bartlett的球形度检验的P值。同时,考虑到主成分分析的目的是降维,而降维的前提是每个维度内部变量间高度相关,并一般要求相关系数绝对值高达0.8,即可做主成分分析。为此,采用分析变量相关系数值的方法来替代KMO和Bartlett检验。

表 4-3　全国普惠金融发展广度指标的主成分特征值与方差贡献率

主成分	初始特征值	方差贡献率(%)	累积方差(%)
F_1	23.27	86.19	86.19
F_2	2.42	8.96	95.14
⋮	⋮	⋮	⋮

注：其余初始特征值小于1的主成分省略

表4-3显示，前两个主成分 F_1 和 F_2 的初始特征值均大于1，满足主成分提取的初始特征值大小要求，同时前两个主成分的累积方差为95.14%，能很好反映基础数据的绝大部分信息，并满足累积方差大于85%的主成分提取标准。因此，可采用前两个主成分来确定基础指标的权重值。

利用成分矩阵和前两个主成分的特征值，算出各主成分的系数值后，即可进一步算出各基础指标的权重值。假设 F_i 为第 i 个主成分，则可采用式（4-1）来计算：

$$F_i = m_{i1}z_1 + m_{i2}z_2 + \cdots + m_{ij}z_j \quad (j=1、2、\cdots、27; i=1、2) \quad (4-1)$$

式（4-1）中，$z_1 \cdots z_j$ 为基础指标数据的标准化值，$m_{i1}、\cdots、m_{ij}$ 为要计算的主成分系数值。主成分系数值 m_{ij} 的计算方法为：

$$m_{ij} = \frac{\text{成分矩阵中第 } i \text{ 个成分的第 } j \text{ 个值序列}}{\sqrt{\text{第 } i \text{ 个主成分的初始特征值}}} (j=1、2、\cdots、27; i=1、2)$$

$$(4-2)$$

将不同主成分加总，计算主成分总得分 F，其计算公式为：

$$F = e_1 F_1 + \cdots + e_i F_i (i=1、2) \quad (4-3)$$

式（4-3）中，$e_1、e_i$ 为前两个主成分的权重，计算方法为：

$$e_i = \frac{\text{第 } i \text{ 个主成分方差}}{\text{前 } i \text{ 个主成分累积方差}} (i=1、2) \quad (4-5)$$

此时，再令 $F = e_1 F_1 + \cdots + e_i F_i = \lambda_1 z_1 + \cdots + \lambda_j z_j$，并采用式（4-6）计算各标准化后指标的权重值 w_j：

$$w_j = \frac{\lambda_j}{\sum_{j=1}^{27}\lambda_j} \quad (4-6)$$

式(4-6)中，$\lambda_j = e_1 m_{1j} + \cdots + e_i m_{ij}$，$i=1,2$，$j=1,2,\cdots,27$。

经计算得出的各基础指标的主成分系数和权重值如表4-4所示。

表4-4 全国普惠金融发展广度基础指标的主成分系数及权重

基础指标（27项）	主成分系数			权重
	F_1	F_2	F	
每万成年人拥有的银行业金融机构网点数(g1)	0.1940	0.1942	0.1940	0.0416
每万成年人拥有的保险公司分支机构数(g2)	0.2038	0.0180	0.1863	0.0399
每万成年人拥有的证券营业部家数(g3)	0.2046	−0.0367	0.1819	0.0390
每万平方公里的ATM机数量(g4)	0.2048	0.0347	0.1888	0.0405
每万平方公里的POS机数量(g5)	0.2036	0.0418	0.1883	0.0404
银行业从业人员数/万成年人(g6)	0.1955	0.1968	0.1956	0.0419
证券业从业人员数/万成年人(g7)	0.1725	−0.3177	0.1263	0.0271
保险业从业人员数/万成年人(g8)	0.2046	0.0071	0.1860	0.0399
每万成年人拥有银行卡张数(g9)	0.2065	−0.0322	0.1840	0.0395
每万成年人拥有的个人银行结算账户数(g10)	0.2067	−0.0386	0.1836	0.0394
股票投资者人数/万成年人(g11)	0.1940	−0.1910	0.1578	0.0338
基本养老保险参保人数/万成年人(g12)	0.1741	0.2373	0.1801	0.0386
基本医疗保险参保人数/万成年人(g13)	0.1917	−0.1730	0.1574	0.0337
失业保险人数/万就业人员(g14)	0.2054	0.0103	0.1871	0.0401
小额贷款公司数/万成年人(g15)	0.1482	0.4264	0.1744	0.0374
小额贷款公司从业人员数/万成年人(g16)	0.1260	0.4900	0.1603	0.0344
小型农村金融机构数/万农村人口(g17)	0.2056	0.0579	0.1917	0.0411
农村新型金融机构数/万农村人口(g18)	0.2038	−0.0785	0.1772	0.0380
小型农村金融机构从业人员数/万农村人口(g19)	0.2040	0.1055	0.1947	0.0417

(续表)

基础指标(27项)	主成分系数			权重
	F_1	F_2	F	
农村新型金融机构从业人员数/万农村人口(g20)	0.195 9	0.042 4	0.181 4	0.038 9
互联网上网人数/万成年人(g21)	0.182 2	−0.220 6	0.144 3	0.030 9
互联网宽带接入用户/万总户数(g22)	0.203 8	−0.094 5	0.175 7	0.037 7
互联网宽带接入端口数/万成年人(g23)	0.205 6	−0.037 3	0.182 8	0.039 2
3G、4G移动电话手机用户/万成年人(g24)	0.206 7	−0.013 5	0.185 8	0.039 8
自然人信息收录数/万成年人(g25)	0.203 4	−0.116 4	0.173 3	0.037 1
小微企业信用收录数/万法人企业单位数(g26)	0.093 1	−0.415 4	0.045 2	0.009 7
农户信用收录数/万农村人口(g27)	0.205 0	−0.059 2	0.180 1	0.038 6

资料来源：表4-4中的内容由笔者测算所得，g1~g27为相应基础指标代码。

表4-4显示，有19项基础指标在第一主成分上的系数绝对值要更大[1]，说明大部分基础指标的信息主要由第一主成分来反映，小部分基础指标的信息主要由第二主成分来反映。总主成分系数方面，在所有基础指标上均为正值，且各项基础指标的总主成分系数均不相同，同时，在"小微企业信用收录数/万法人企业单位数(g26)"指标上的值明显小于0.05，这说明各项基础指标对中国普惠金融广度的提升作用大小均不相同，且小微企业征信发挥的作用较其余指标要明显偏弱。此外，"证券业从业人员数/万成年人(g7)"和"互联网上网人数/万成年人(g21)"的总主成分系数也偏小，总系数值分别为0.126 3和0.144 3，而其余24项基础指标的总主成分系数均在0.15~0.20，说明有24项基础指标对主成分得分的贡献较大，有4项基础指标对主成分得分的贡献较弱。

表4-4还显示，"小微企业信用收录数/万法人企业单位数(g26)"指标权重仅为0.009 7，而其余26项基础指标权重的绝对值均介于0.025至0.045

---

[1] 这19项基础指标分别为g2~g5、g8~g11、g13~14、g17~g20、g22~g25和g27。

之间,且无两个值是完全相等的,表明各基础指标对中国普惠金融发展广度均有一定贡献,且不同基础指标的贡献度不尽相同,存在一定的差异性。

2. 准则层指标权重

利用 AHP 层次分析法确定准则层(维度指标)的权重,需要通过调查判断形成判断矩阵,并对判断矩阵做一致性检验。当判断矩阵通过一致性检验时,则为可接受,并能直接得出各指标的权重值;若一致性检验未通过,则意味着判断矩阵的元素值需要调整,直至通过一致性检验为止。

AHP 层次分析法通常分为五步,即建立层次结构模型、构建判断矩阵、计算判断矩阵的最大特征值和特征向量、一致性检验、计算权重向量。建立层次结构模型,就是按照从属关系,将表 4-1 中的全国普惠金融指标体系分解成若干层次,最上层定义为目标层,最下层定义为评价指标层,中间层则定义为准则层。具体分层结果不再赘述。

根据表 4-3,这里仅需构建一个判断矩阵,即"全国普惠金融发展广度指标体系"判断矩阵。若用字母 A 表示目标层,字母 B_{ij} 表示准则层各项指标对目标层的重要程度得分,则可构建如表 4-5 所示的判断矩阵。

表 4-5 判断矩阵

A	B_1	$\cdots$	B_j	$\cdots$	B_n
B_1	B_{11}	$\cdots$	B_{1j}	$\cdots$	B_{1n}
$\vdots$	$\vdots$	$\vdots$	$\vdots$	$\vdots$	$\vdots$
B_i	B_{i1}	$\cdots$	B_{ij}	$\cdots$	B_{in}
$\vdots$	$\vdots$	$\vdots$	$\vdots$	$\vdots$	$\vdots$
B_m	B_{n1}	$\cdots$	B_{n2}	$\cdots$	B_{nm}

注:表 4-5 中的 B_n/B_m 或 B_m,均可用来代表判断矩阵的赋值大小。

表 4-5 中,B_{ij} 赋值大小由因素 i 相对于因素 j 的重要程度来衡量,重要程度的 1~9 标度依据表 3-7 内容来确定。层次分析法一般需由专家打分,而专家的主观偏差很容易造成权重的失真。为保障层次分析的合理性,作者采用专家咨询法与文献资料分析法相结合的方式,确定准则层指标的重要

程度。

通过咨询金融研究领域和金融行业的 10 名专家[①],并参考"北京大学数字金融研究中心课题组"编制数字普惠金融指数时的做法[②],我们将"网点和人员覆盖广度""弱势群体金融服务广度""征信广度""金融产品覆盖广度"和"互联网技术普及度"五个维度,依据各维度实现的难易程度来做两两相互比较后,建立的判断矩阵如表 4-6 所示。

表 4-6 "全国普惠金融发展广度指标体系"判断矩阵

准则层	网点和人员覆盖广度	弱势群体金融服务广度	征信广度	金融产品覆盖广度	互联网技术普及度
网点和人员覆盖广度	1	2	3	5	7
弱势群体金融服务广度	1/2	1	2	4	6
征信广度	1/3	1/2	1	2	3
金融产品覆盖广度	1/5	1/4	1/2	1	2
互联网技术普及度	1/7	1/6	1/3	1/2	1

注:为更清晰看出各维度之间的重要程度区别,对准则层做了相应的顺序调整。

用判断矩阵确定各指标权重,实际上是构造判断矩阵的特征向量[③],即通过求解判断矩阵最大特征值及其对应的特征向量,再经归一化处理后得出权重值。

可采用方根法求解判定矩阵的最大特征值。首先将判断矩阵的每一行元素相乘,即 $M_i = \prod_{i=1}^{n} b_{ij}$;然后,计算 M_i 的 n 次方根,即 $W_i = \sqrt[1/m]{M_i}$;接着将求出的向量 $W = (W_1 + \cdots + W_n)^T$ 做归一化处理,即 $\underline{W_i} = W_i / \sum_{i=1}^{n} W_i$;最后计算最大特征值,即 $\lambda_{\max} = \sum_{i=1}^{n} \frac{(BW)_i}{nW_i}$,其中,$n=1、2、\cdots、5$,$B_i$ 为判断矩阵中第 i 行的列数值。

---

① 咨询过程主要采用电话和邮件的方式进行,限于篇幅,具体操作过程不再赘述,下同。
② 详见北京大学数字金融研究中心课题组,《北京大学数字普惠金融指数(2011—2015)》,2016年7月。
③ 同上。

利用 EXCEL 软件,对表4-6中的判断矩阵求解最大特征值,得出准则层(五个维度)权重向量为[0.4360,0.2826,0.1497,0.0822,0.0495],最大特征值 λ_{max} 为5.0395。进一步,按照公式 $CI=(\lambda_{max}-n)/(n-1)$,计算出一致性指标 CI 值为0.0099,再由公式 $CR=CI/RI$[①],计算出一致性比例值 CR 为0.0088。最后,根据判定标准[②],$CR=0.0088<0.1$,可以认为判断矩阵具有很好的一致性,判断合理。故而,准则层(五个维度)指标"网点和人员覆盖广度""弱势群体金融服务广度""征信广度""金融产品覆盖广度"和"互联网技术普及度"的权重分别为0.4360、0.2826、0.1497、0.0822和0.0495。

准则层(五个维度)指标的权重值依次减小,说明它们对"全国普惠金融发展广度"的贡献度相应减弱。原因可能在于,金融机构网点及人员建设是中国普惠金融发展的基石,因需投入大量资源而最难以实现,所以"网点和人员覆盖广度"维度指标被赋予最大权重;专门针对弱势群体开展商业小贷服务的小贷机构和农村金融机构,是在传统金融机构基础上发展起来的,传统金融机构常常是它们的发起成立方或者融资来源方,而且为弱势群体提供有效金融服务[③]也是当前中国普惠金融的建设难点,所以"弱势群体金融服务广度"的权重排名第二;征信是信贷等金融业务顺利开展的前提保障,中国人民银行的征信数据一般也是由传统金融机构采集和完善,采集方式一般以被动为主,故而存在一定难度,所以"征信广度"的权重排名第三;金融产品覆盖面的扩大,通常依赖于金融机构网点与人员建设,所以"金融产品覆盖广度"的权重排名第四;PC 端和移动端互联网普及度外生于金融系统,金融业(移动)依托互联网才

---

① 平均随机一致性指标 RI,一般由多次(500次以上)从1~9及其倒数中随机抽取数字构造 n 阶正互反矩阵,求出判定矩阵最大特征值之后,取其算术平均数得到的。经测算后,RI 的值若按照1到9的阶数,一般分为9种,分别为0.00、0.00、0.58、0.90、1.12、1.24、1.32、1.41 和 1.45。

② $CR<0.1$ 时,判断矩阵具有很好的一致性,判断合理;$CR=0.1$ 时,判断矩阵具有较好的一致性,判断较为合理;$CR>0.1$ 时,判断矩阵不符合一致性原则,需要重新调整。

③ 鉴于主要衡量的是小额信贷及农村金融机构的网点数和从业人员数,与金融机构网点和人员覆盖广度维度衡量内容的性质一致,所以排名第二位是合理且科学的,而并不是人为夸大了弱势群体金融服务覆盖广度的效果。

能发挥出支持普惠金融发展的作用,所有"互联网技术普及度"排名在最末位。

(三) 全国普惠金融发展广度指数

采用线性加权求和法可测算出全国普惠金融发展广度指数。具体做法为:先利用基础指标的标准化值及其权重测算出准则层各维度指标的得分;然后利用准则层维度指标得分及权重,采用线性加权求和法计算总得分,即测算出全国普惠金融发展广度指数。

1. 维度指标得分

将主成分分析得出的基础指标权重与基础指标的标准化值相乘,再将同一维度的乘积加总求和,即可得到基于主成分分析的准则层维度指标得分值,其结果如表4-7所示[①]。

表4-7 基于主成分分析的维度指标得分

维度 年份	网点和人员 覆盖广度得分	金融产品 覆盖广度得分	弱势群体金融 服务广度得分	互联网技术 普及度得分	征信广度 得分
2010	−0.435 3	−0.332 6	−0.372 6	−0.181 4	−0.105 2
2011	−0.353 6	−0.231 6	−0.280 5	−0.153 4	−0.077 9
2012	−0.263 1	−0.148 8	−0.175 9	−0.117 1	−0.059 8
2013	−0.177 4	−0.099 7	−0.054 6	−0.088 5	−0.045 4
2014	−0.047 3	−0.050 4	0.025 2	−0.060 0	−0.030 6
2015	0.087 8	0.010 8	0.099 0	0.009 4	−0.006 7
2016	0.160 5	0.090 3	0.129 6	0.070 3	0.012 5
2017	0.280 3	0.180 9	0.213 4	0.103 3	0.050 5
2018	0.356 6	0.260 5	0.190 1	0.202 8	0.097 8
2019	0.377 2	0.328 0	0.196 5	0.226 0	0.149 5
年均增值	0.090 3	0.073 4	0.063 2	0.045 3	0.028 3

---

① 需做说明的是,因采用标准化方法处理数据,会导致测算出的指数值有负值出现,而若将这些指数值均做正向化处理,又势必会造成对衡量指标变动特征刻画的削弱,为此,我们直接采用测算值做分析。

表4-7显示①，在2010—2019年的十年间，金融机构网点和人员覆盖广度、金融产品覆盖广度、弱势群体金融服务广度、互联网技术普及度和征信广度这五个维度指标得分均整体呈现上升之势，说明随着时间推移，中国普惠金融服务发展的覆盖面一直在持续扩大。

表4-7还显示，到2019年年底，金融机构网点和人员覆盖广度、金融产品覆盖广度、互联网技术普及度、弱势群体金融服务广度和征信广度的得分，依次呈减小趋势，且最大得分值约为最小得分值的2.52倍，由此说明，中国在金融机构网点、人员和金融产品覆盖方面发展成效较好，但征信覆盖面仍需进一步扩大。同时，从各指标得分的年均增值来看，有四个维度均大于0.045，有一个维度小于0.030，其中，网点和人员覆盖广度得分的年均增值最大，为0.090 3；金融产品覆盖广度得分和弱势群体金融服务广度得分的年均增值紧随其后，分别为0.073 4和0.063 2；互联网技术普及度得分和征信广度得分的年均增值较小，分别为0.045 3和0.028 3，由此说明，中国"金融机构网点和从业人员"覆盖面最广且扩大速度最快，"弱势群体金融服务"和"征信服务"的覆盖面扩大速度渐慢，而"金融产品"和"互联网金融"的覆盖面最窄且扩大速度也最慢。

2. 全国普惠金融发展广度指数合成

运用层次分析法算出准则层维度指标权重，对五个维度指标得分做调整，将调整后的维度指标指数再逐年加总求和，可测算出"全国普惠金融发展广度指数"（见表4-8）。

---

① 基于主成分分析法算出的得分实际也是称为指数值，但考虑到我们采用的是主成分分析和层次分析相结合的方法来指数值，所以主成分分析算出的维度指标指数值并非要测算的最终指数，为此将表4-7内容称为"基于主成分分析法的维度指标得分"，以同表4-8测算结果做出区别。

表 4-8 调整后的维度指标指数和全国普惠金融发展广度指数

维度\年份	调整后的维度指标指数					全国普惠金融发展广度指数
	网点和人员覆盖广度得分	金融产品覆盖广度	弱势群体金融服务广度	互联网技术普及度	征信广度	
2010	−0.189 8	−0.027 3	−0.105 3	−0.009 0	−0.015 7	−0.241 9
2011	−0.154 2	−0.019 0	−0.079 2	−0.007 6	−0.011 7	−0.192 5
2012	−0.114 7	−0.012 2	−0.049 7	−0.005 8	−0.009 0	−0.141 7
2013	−0.077 4	−0.008 2	−0.015 4	−0.004 4	−0.006 8	−0.096 7
2014	−0.020 6	−0.004 1	0.007 1	−0.003 0	−0.004 6	−0.032 3
2015	0.038 3	0.000 9	0.028 0	0.000 5	−0.001 0	0.038 6
2016	0.070 0	0.007 4	0.036 6	0.003 5	0.001 9	0.082 7
2017	0.122 2	0.014 9	0.060 3	0.005 1	0.007 6	0.149 8
2018	0.155 5	0.021 4	0.053 7	0.010 0	0.014 6	0.201 6
2019	0.164 5	0.027 0	0.055 5	0.011 2	0.022 4	0.225 0
年均增值	0.039 4	0.006 0	0.017 9	0.002 2	0.004 2	0.051 9

表 4-8 显示，调整后准则层维度指标得分与表 4-7 内容相比存有一定差异，主要表现为同年份的各维度指标的指数值变得更小，且各维度指标得分的年均增值也发生较大程度的变化。

分析发现，调整后各维度指标指数年均增值均小于 0.04，其中，金融机构网点和人员覆盖广度指数的年均增值减为 0.039 4，排在第一位；弱势群体金融服务广度指数的年均增值排名升至第二位，为 0.017 9；金融产品覆盖广度指数的年均增值降至第三位，为 0.006 0；征信广度指数和互联网金融覆盖广度指数的年均增值依然较低，分别为 0.004 2 和 0.002 2。这说明调整后的各维度指标指数能合理反映不同维度指标对中国普惠金融发展广度贡献的差异性，因而也能更为准确地刻画出中国普惠金融发展广度的真实情况。

表 4-8 还显示，全国普惠金融发展广度指数呈逐年上升态势，且年均增值达 0.051 7，这表明 2010—2019 年，中国普惠金融发展广度总体向好，能逐

第四章　互联网金融时代中国普惠金融发展的广度

年保持较快的扩大趋势,特别是在金融机构服务网点、金融从业人员、金融产品、征信和互联网普及等维度上,中国普惠金融发展的覆盖面都得以持续扩大。

四、全国普惠金融发展广度水平分析

到 2010 年年底,中国综合性普惠金融服务已基本成型,而从 2013 年开始,互联网金融服务又推动了中国数字普惠金融服务的发展。因此,有必要利用调整后的维度指标指数和最终总得分,也即表 4-8 中的维度指标指数和全国普惠金融发展广度指数,在结合中国普惠金融实际发展进程基础上,对中国普惠金融发展广度和测算结果的合理性做进一步分析。

(一) 基于准则层指标指数的分析

通过分析准则层五个维度的指标指数变动趋势,先对中国普惠金融覆盖广度的具体构成做深入分析(见图 4-1 至图 4-5)。

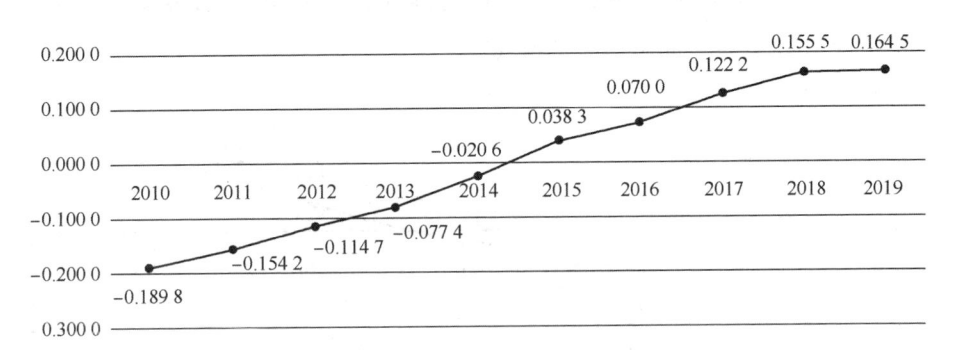

图 4-1　网点和人员覆盖广度指数

图 4-1 显示,网点和人员覆盖广度指数值,呈明显的阶段性上升之势[①]。

---

① 对基础指标数据做无量纲化处理得出的标准化数据一般以负数起始,所以计算的各项指标指数值均从负数开始。下同。

分析发现①,2010—2013 年,金融网点和人员覆盖广度指数呈平稳变动趋势,指数值年均增长 0.037 5,说明此阶段中国金融基础设施建设进展处于较平缓的上升时期。2014—2017 年,金融网点和人员覆盖广度指数呈快速增长之势,指数值年均增长达 0.049 9,说明从 2014 年开始,中国金融基础设施建设步伐明显加快,建设成效也更为显著。之所以如此,主要是因为:2013 年 11 月 12 日中国共产党第十八届中央委员会第三次全体会议通过《中共中央关于全面深化改革若干重大问题的决定》提出要"发展普惠金融",中国各大金融机构也由此开始加快布局和大力发展普惠金融业务。2015 年上半年,李克强同志多次提到"普惠金融",并要求中国大中型金融机构积极布局普惠金融业务,促使金融网点和从业人员方面的金融基础设施建设加速。2018—2019 年,金融网点和人员覆盖广度指数增长速度出现下滑之势,指数值年均增长仅为 0.021 1,可能的原因是受经济发展指导思想转变的影响,中国经济去杠杆化取得一定成效,导致中国金融业扩展速度变缓,进而推动中国普惠金融发展从重视"量"的时代迈入重视"质"的时代②。

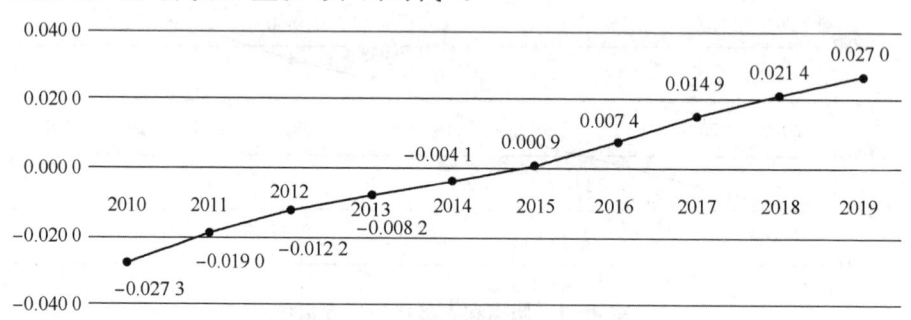

图 4-2　金融产品覆盖广度指数

---

① 结合中国经济金融发展的实际情况,本文将分三个阶段来探讨各维度指标指数,即分 2010—2013 年、2014—2017 年和 2018—2019 年这三个阶段,各阶段的指数年均增值计算方法分别为:(2013 年指数值—2010 年指数值)/3,(2017 年指数值—2013 年指数值)/4,(2019 年指数值—2017 年指数值)/2。

② 2017 年中国共产党第十九次全国代表大会首次提出"高质量发展"这一新表述,表明中国经济由高速增长阶段转向高质量发展阶段,中国普惠金融已相应朝"高质量发展"方向转变。

图 4-2 显示,2010—2019 年金融产品覆盖广度指数由 -0.027 3 增至 0.027 0,这期间指数逐年增长值介于 0.004 至 0.009 之间,整体表现出较为稳定的增长趋势。

分阶段看,在 2010—2013 年期间,金融产品覆盖广度指数的年均增值为 0.006 5;在 2014—2017 年期间,金融产品覆盖广度指数的年均增值为 0.005 8;而在 2018—2019 年期间,金融产品覆盖广度指数的年均增值为 0.006 0,所以这三个时间段的年均增速差异较小,说明中国金融机构在扩大金融产品覆盖范围方面的步伐一直较为谨慎和稳健。

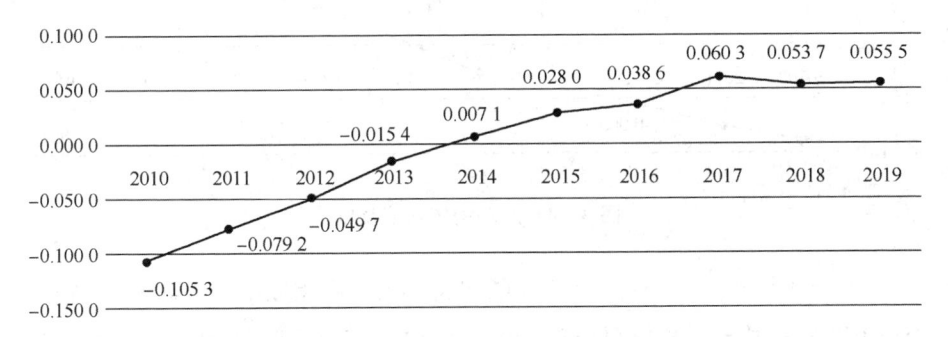

图 4-3 弱势群体金融服务广度指数

图 4-3 显示,2010—2017 年弱势群体金融服务广度指数也呈上升之势,2018 年该项指数出现小幅下滑,2019 年该项指数又有一定程度的增长,变动趋势表现出较为明显的阶段性特征。

分阶段看,在 2010—2013 年期间,弱势群体金融服务广度指数的年均增值为 0.030 0,表现出较为快速的扩展态势;在 2014—2017 年期间,弱势群体金融服务广度指数的年均增值为 0.018 9,说明服务弱势群体的小贷公司和农村金融机构等发展速度开始放缓,原因可能是:首先,2013 年年底开始,中国政府开始关注弱势群体金融服务可得性问题,促使商业性小贷业务更为规范,小型和微型金融机构也因之加速洗牌,普惠信贷质量受到更多重视;其次,2014 年年初开始,中国一些大中型金融机构开始布局普惠金融业务,这在一定程度上挤占了小型和微型金融机构的市场空间;最后,互联网信贷不断抢占小型和微型金融机构服务市场，一些传统的商业性小贷开始进行互联网化转型，这些因素均延缓了小贷公司和农村金融机构的扩展速度；而在 2018—2019 年期间，弱势群体金融服务广度指数的年均增值为 -0.0024，表现出了逆扩展现象，原因可能是，中国经济增速的放缓，对小贷服务需求产生了较大冲击，致使小贷公司和农村金融机构扩展愈发艰难。

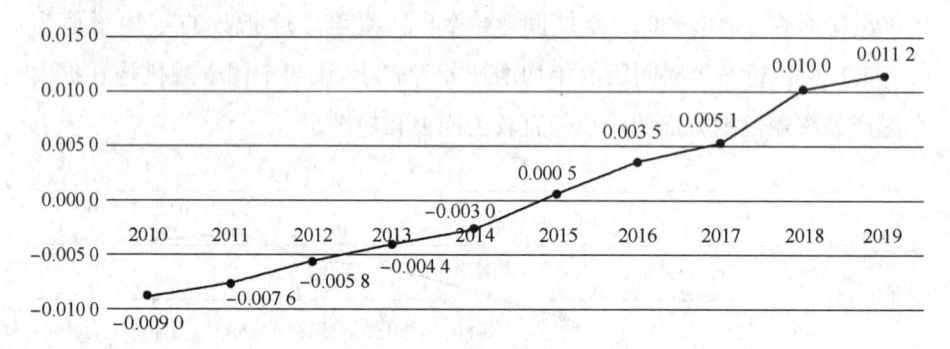

图 4-4　互联网技术普及度

图 4-4 显示，2010—2019 年互联网技术普及度指数由 -0.0090 一路增至 0.011 2，指数年增长值则介于 0.001 0 至 0.005 0 之间，总体上呈较为平缓的上升态势。其中，2010—2013 年该项指数增长趋势最为平缓，2014—2017 年该项指数上升趋势有所加快，2018—2019 年该项指数增速变得更快，这说明从 2010 年开始，中国基于 PC 端和移动端的互联网普及度推进状态良好，中国互联网金融和中国数字普惠金融发展的信息技术基础在不断夯实。

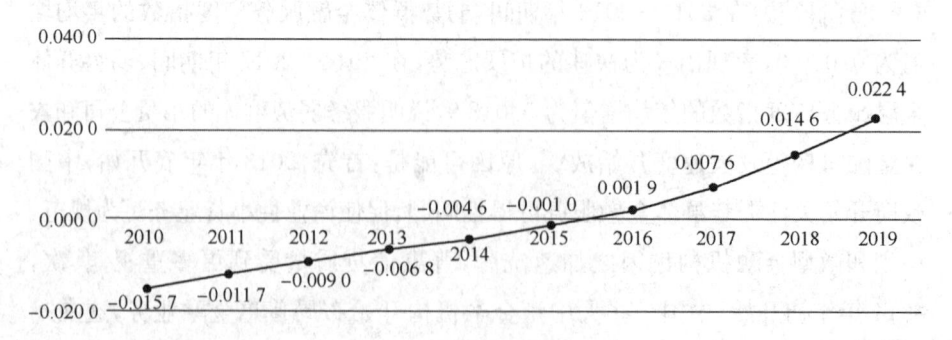

图 4-5　征信广度指数

图 4-5 显示，2010—2019 年，征信广度指数呈现出先慢后快的增长趋势，具体可分为两个阶段：2010—2015 年的征信广度指数年均增长值为 0.002 9，呈现出较为平缓的增长态势；2016—2019 年的征信广度指数年均增长值增加至 0.005 8，呈现出较快的增长态势，征信正成为中国普惠金融服务稳步推进的重要保障。

（二）基于总得分的分析

将表 4-8 中的全国普惠金融发展广度指数用折线图表示（见图 4-6），可对全国普惠金融发展广度指数做进一步探讨。

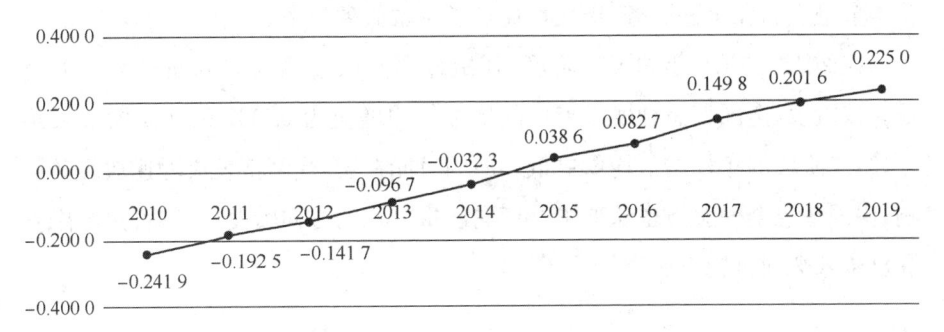

图 4-6　全国普惠金融发展广度指数

图 4-6 显示，2010—2019 年全国普惠金融发展广度指数呈平稳上升态势，该指数值 2010 年为 -0.241 9，到 2019 年上升至 0.225 0，这期间指数值增加了 0.466 9，说明十年中，中国金融服务覆盖面一直在稳步提升，尤其是到 2019 年，中国金融服务覆盖广度更达到新高度，中国普惠金融发展广度取得显著成果。

立足中国国情，分三阶段做进一步探讨发现[①]：在 2010—2013 年的第一阶段，以市场自发提供普惠金融服务为主要特征。在该阶段，全国普惠金融发

---

① 依据前文对中国普惠金融发展进程阶段的分析，中国普惠金融的规范与深化发展阶段开始于 2013 年，在此似乎也应该将 2013 年划入第二阶段，但注意到中国有关普惠金融发展的顶层设计最早见于《中共中央关于全面深化改革若干重大问题的决定》，该文件于 2013 年 11 月 12 日才通过探讨，所以，将 2014 年作为第二阶段的起始年份才更符合中国普惠金融发展的实际进程。

展广度指数年均增值为 0.048 4，比全阶段年均增值 0.051 9 要低，这意味着缺乏顶层设计上的政策引导，中国普惠金融发展广度也能自发实现一定幅度的提升。

在 2014—2017 年的第二阶段，以国家战略引导普惠金融发展为主要特征。该阶段，全国普惠金融发展广度指数年均增值为 0.061 6，比第一阶段要快。原因可能在于，国家政策的积极引导及互联网金融的蓬勃发展，为中国金融和非金融机构提供普惠金融服务增强了信心并节约了成本，进而丰富了普惠金融市场和增进了普惠金融创新活力，并让所有群体能以较低成本更便捷获得金融产品和金融服务，极大地促进了金融服务效率。

在 2018—2019 年的第三阶段，开始重视普惠金融发展的质量为主要特征。该阶段，全国普惠金融发展广度指数年均增值为 0.037 6，比全阶段及第一、第二阶段的年均增值均要更低。原因可能在于，受经济发展增速放缓的影响，中国普惠金融服务也从追求"量"向注重"质"的方向转变，中国普惠金融发展已步入全面重视发展质量的新阶段。

第二节 分地区普惠金融发展的广度

中国幅员辽阔，各地区之间的差异较大，地理区位会一定程度上影响地区普惠金融发展。同时，各省市地区经济发展水平参差不齐也会影响金融业发展水平，造成分地区普惠金融发展广度的异质性。因此，有必要测算分地区普惠金融发展广度指数，并且对分地区普惠金融发展广度做进一步的研究。

一、分地区普惠金融发展广度指标体系

考虑到分地区普惠金融发展广度指标数据的可获得性，在此以表 3-4 构建的普惠金融发展广度指标体系为基础，构建"分地区普惠金融发展广度指标体系"，结果如表 4-9 所示。

表4-9 分地区普惠金融发展广度指标体系①

维度	类别	基础指标（17项）	单位
网点和人员覆盖广度	金融机构物理网点	每万成年人拥有的银行业金融机构网点数	家
		每万成年人拥有证券营业部家数	家
		每万成年人拥有的省级保险公司分支机构数	家
	金融机构从业人员	银行业金融机构从业人员数/万成年人	人
		证券及保险业从业人员数/万成年人	人
社会保险覆盖广度	保险产品	基本养老保险参保人数/万成年人	人
		基本医疗保险参保人数/万成年人	人
		失业保险参保人数/万成年人	人
弱势群体金融服务广度	小额贷款公司	小额贷款公司数/万成年人	家
		小额贷款公司从业人员数/万成年人	人
	农村金融机构网点	小型农村金融机构数/万乡村常住人口	家
		新型农村金融机构数/万乡村常住人口	家
	农村金融机构从业人员	小型农村金融机构从业人员数/万乡村常住人口	人
		新型农村金融机构从业人员数/万乡村常住人口	人
互联网技术普及度	互联网普及度	互联网宽带接入用户/万总户数	户
		互联网宽带接入端口数/万成年人	个
	智能手机普及度	智能手机用户数/万成年人	户

表4-9给出的是分地区普惠金融发展广度指标体系。鉴于数据的可获性问题，该指标体系与表3-4相比，征信广度维度的所有基础指标和其他维度的部分基础指标被剔除，测算维度相应减至四维，基础指标数减少为17项，部分基础指标还做了替换调整。基础指标调整情况为：将"保险业物理网点覆

---

① 因分地区银行业营业网点和银行业从业人员数据中，包含有农村金融机构网点和农村金融机构从业人员数据，为避免重复计算而影响测算结果的准确性，所以在数据测算时，银行业营业网点数中减去农村小型金融机构和农村信息金融机构的网点数，银行业从业人员数据中则减去农村小型金融机构和农村信息金融机构的从业人员数。

盖广度"指标调整为"每万成年人拥有的省级保险公司分支机构数",将"保险业人员覆盖广度"及"证券业从业人员覆盖广度"两项指标合并为"证券及保险业从业人员数/万成年人"。

当然,基础指标数的减少,会对中国分地区普惠金融发展广度水平的测算精确性产生一定程度上的不利影响,主要体现为,使"网点和人员覆盖广度"和"金融产品覆盖广度"两维度指数测算结果偏小,最终会导致"分地区普惠金融发展广度指数"测算值也偏小,从而可能会整体低估中国分地区普惠金融发展广度水平。借鉴已有相关文献[①],作者选用 2010—2019 年的分 31 个省市(自治区)面板数据,其测度年份更长、时段也更新。同时,作者采用 17 项基础指标,明显多于当前绝大部分相关研究所采用的指标数。因此,作者在此构建的分地区普惠金融发展广度指标体系具有创新性和合理性。

二、样本数据的来源及描述性统计

(一)分地区普惠金融发展广度样本数据的选择与来源

为保持与全国普惠金融发展广度指数测算的一致性,在此选用数据仍以中国人民银行发布的《区域金融运行报告》和《小额贷款公司分地区情况统计表》,以及《中国统计年鉴》等为主要来源,并以 31 个省市(自治区)发布的国民经济和社会发展统计公报和《中国证券登记结算统计年鉴》(2010—2019)为重要补充来源。数据选用时段为 2010—2019 年。

数据具体来源为:"15 岁以上成年人数""总户数""互联网宽带接入用户""互联网宽带接入端口数""智能手机用户数""基本养老保险参保人数""基本医疗保险参保人数"和"失业保险参保人数"等数据,来源于《中国统计年鉴》(2011—2020)。"银行业金融机构网点数""银行业从业人员数""金融业从业

---

① 见前文表 3-3 内容所示,如焦瑾璞(2014)和高霞(2016)等分别选用了 19 项和 29 项基础指标,但测算的截面数据;杜强和潘怡(2016)、马彧菲和朝朝运(2017)、陆凤芝、黄永兴、徐鹏(2017)等,虽采用的是分省市面板数据,但所选用的基础指标仅分别为 9、11 和 10 项。

人员总数""省级保险公司分支机构数""小型农村金融机构网点数"①"新型农村金融机构网点数""小型农村金融机构从业人员数"②和"新型农村金融机构从业人员数"等数据,来源于中国人民银行发布的《区域金融运行报告》(2011—2020)③。

"证券业营业部家数"数据,来源于《中国证券登记结算统计年鉴》(2010—2019);"乡村常住人口数"数据,来源于各省市(自治区)《国民经济和社会发展统计公报》(2010—2019);"小额贷款公司数"和"小额贷款公司从业人员数"数据,来自中国人民银行发布的《小额贷款公司分地区情况统计表》(2010—2019)④。此外,"证券及保险业从业人员数"数据,则用"金融从业人员总数"和"银行业从业人员数"数值相减后获得。

(二) 分地区普惠金融发展广度样本数据的描述性统计

运用stata15.0软件对基础指标变量做描述性统计,结果如表4-10所示。

表4-10 分地区普惠金融发展广度指标样本数据的描述性统计

维度	基础指标(17项)	均值	标准差	最小值	最大值
网点和人员覆盖广度	每万成年人拥有的银行业金融机构网点数	1.281 8	0.386 2	0.716 2	2.776 9
	每万成年人拥有证券营业部家数	0.072 1	0.061 0	0.000 0	0.387 2
	每万成年人拥有的省级保险公司分支机构数	0.002 2	0.006 2	0.000 0	0.035 3
	银行业金融机构从业人员数/万成年人	25.532 6	10.061 6	9.599 4	64.301 1
	证券及保险业从业人员数/万成年人	25.092 4	34.767 3	0.887 7	272.75

---

① 小型农村金融机构也称农村合作机构,主要包括农村信用社、农村合作银行及农村商业银行等。
② 新型农村金融机构主要有村镇银行、贷款公司和农村资金互助社三类机构。
③ 分地区《区域金融运行报告》统计的是银行类金融机构数据,其中的银行业营业网点和银行业从业人员数据中包含有农村金融机构网点和农村金融机构从业人员数据,所以,为避免重复计算而影响测算结果的准确性,在数据测算时,银行业营业网点数是剔除农村小型金融机构网点数和农村新型金融机构网点数的数据,银行业从业人员数据则是剔除农村小型金融机构从业人员数和农村信息金融机构从业人员数的数据。
④ 中国人民银行发布的2010—2019年《小额贷款公司分地区情况统计表》,统计截止日期均为每年的12月31日。网址为:http://www.pbc.gov.cn/diaochatongjisi/116219/index.html。

(续表)

维度	基础指标(17项)	均值	标准差	最小值	最大值
社会保险覆盖广度	基本养老保险参保人数/万成年人	6 736.60	1 645.268	1 732.7	10 203.8
	基本医疗保险参保人数/万成年人	6 856.862	3 669.253	1 645.84	15 140.4
	失业保险参保人数/万成年人	439.21	6 764.84	1 486.73	1 033.90
弱势群体金融服务广度	小额贷款公司数/万成年人	0.073 9	0.051 4	0.001 5	0.298 9
	小额贷款公司从业人员数/万成年人	0.850 3	0.594 7	0.015 3	3.925 5
	小型农村金融机构数/万乡村常住人口	1.344 4	0.501 0	0.000 0	2.572 6
	新型农村金融机构数/万乡村常住人口	0.072 2	0.093 3	0.000 0	0.573 8
	小型农村金融机构从业人员数/万乡村常住人口	15.852 6	7.102 6	0.000 0	37.708 8
	新型农村金融机构从业人员数/万乡村常住人口	1.493 3	1.751 3	0.000 0	12.198 5
互联网技术普及度	互联网宽带接入用户/万总户数	5 553.433	2 540.821	1 700.25	13 293.1
	互联网宽带接入端口数/万成年人	4 576.9	2 560.27	758.3	12 412.9
	智能手机用户数/万成年人	6 017.26	4 286.86	202.73	18 457.5

表4-10显示,2010—2019年,中国分地区普惠金融发展广度成效初显,但不同基础指标反映出的普惠金融发展水平也存在明显差异。

其中,金融网点覆盖广度方面,每万名成年人拥有的银行网点数最高,年均值达1.281 8家;其次为每万成年人拥有证券营业部数和每万成年人拥有的省级保险公司分支机构数,它们的年均值分别为0.072 1家和0.002 2家。同时,金融从业人员覆盖广度方面,每万名成年人拥有的银行业与证券及保险业从业人员数十分接近,两者的年均值分别为25.53人和25.09人。这说明,中国31个省市(自治区)的银行、证券及保险业的覆盖广度均得到一定程度的发展,且银行业覆盖度最广,其次是证券业和保险业。

社会保险覆盖广度方面,在2010—2019年的十年间,基本养老保险、基本医疗保险和失业保险的年均参保率分别约为67.36%、68.59%和14.87%,这表明中国31个省市(自治区)的基本养老、基本医疗和失业保险均取得一定进展。同时,这三项指标的最大值分别为 10 203.82、15 140.45 和 6 764.84,表明中国 31 个省市(自治区)基本养老、基本医疗和失业保险的最高参保率分别达到 102.04%、151.40% 和 67.65%。此外,这三项指标的最大值分别约为最小值的 5.89 倍、9.20 倍和 7.07 倍,这又意味着中国 31 个省市(自治区)社会保险业存在较严重的非均衡发展问题。

弱势群体金融服务方面,小额贷款公司和农村金融机构均有一定发展,但与银行业相比仍有不小的差距。其中,每万名成年人拥有的小额贷款公司数及小额贷款公司从业人员数的地区年均值分别为 0.073 9 家和 0.850 3 人,要远小于每万名成年人拥有的银行网点数和银行业从业人员数;每万名乡村人口拥有的小型农村金融机构数及其从业人员数的地区年均值分别为 1.344 4 家和 15.853 6 人,每万名乡村人口拥有的新型农村金融机构数及其从业人员数的地区年均值分别为 0.072 2 家 1.493 3 人,整体上同样要远弱于中国银行业。所以,与传统商业银行相比,中国农村金融机构覆盖广度仍是偏低的。

互联网技术普及度方面,2010—2019 年的十年间,年均每万户接入互联网宽带的户数比例为 55.53%,年均每万名成年人拥有的互联网宽带接入端口数和智能机用户数占比分别约为 45.77% 和 60.17%,表明中国分地区基于 PC 端和移动端的互联网技术普及度得到较好发展。同时,这三项指标的最大值均突破了 1 万,意味着中国部分省市地区的互联网宽带接入用户数、成年人拥有互联网宽带接入端口及智能手机的比例均超过了 100%。所以,中国 31 个省市(自治区)拥有数字普惠金融发展的良好基础和广阔前景。

三、分地区普惠金融发展广度指数的测算

考虑到测算的一致性,对中国分地区普惠金融发展广度指标,作者采用标准化方式来做无量纲化处理。故此,运用 SPSS22.0 软件,先对中国分地区普惠金融发展广度基础指标做标准化处理,进而计算出指标权重值,最后得出中国分地区普惠金融发展广度指数。

(一) 指标权重

综合使用主成分分析法和层次分析法,来计算全国分地区普惠金融发展广度指标的权重,其具体步骤见前文。

1. 基础指标权重

利用 SPSS22.0 软件,并采用全局主成分分析方法,先对基础指标标准化后的数据做 KMO 和 Bartlett 检验。结果表明,取样足够度的 Kaiser-Meyer-Olkin 度量值为 0.805,大于 0.8[①],而 Bartlett 的球形度检验的 P 值为 0.0000,小于 0.05,说明可以做基于相关系数矩阵的全局主成分分析。全局主成分分析后的主成分特征值与方差贡献率,见表 4-11 内容所示。

表 4-11 分地区普惠金融发展广度指标的主成分特征值与方差贡献率

主成分	初始特征值	方差贡献率(%)	累积方差(%)
F_1	7.304	42.965	42.965
F_2	2.953	17.369	60.334
F_3	1.980	11.644	71.978
F_4	1.209	7.113	79.091
⋮	⋮	⋮	⋮

注:其余初始特征值小于 1 的主成分省略

表 4-11 显示,前四个主成分的初始特征值均大于 1,满足主成分提取的初始特征值要求,且它们的累积方差为 79.091%(>70%)[②],能较好反映基础数据的绝大部分信息。因此,可采用前四个主成分来确定基础指标权重值。

同样,假设 F_i 为第 i 个主成分,那么可采用式(4-7)计算 F_i 值,即:

$$F_i = m_{i1}z_1 + m_{i2}z_2 + \cdots + m_{ij}z_j \quad (j=1、2\cdots\cdots、17; i=1、2、3、4) \quad (4-7)$$

[①] KMO 值检验是否适合做主成分分析的通常标准为:KMO 值大于 0.9 非常适用,KMO 值介于 0.8~0.9 适用,KMO 值介于 0.7~0.8 一般适用。同时,也有大量的学者认为,KMO 值只要大于 0.5 就可以做主成分分析。

[②] 主成分方差累积贡献率要达到多少为宜,目前理论界一般认为累积方差≥85%最为适宜,但也有学者认为(Hair et al., 1998)在社会科学中累积方差≥60%为宜,所以,累积方差≥70%是可取的。

其中，z_1、…、z_j 为基础指标变量的标准化值，m_{i1}、…、m_{ij} 为要计算的主成分系数值。而主成分系数 m_{ij} 的计算公式为：

$$m_{ij} = \frac{M}{\sqrt{N}} (j=1、2\cdots\cdots、17; i=1、2、3、4) \qquad (4-8)$$

式(4-8)中，M 为成分矩阵中第 i 个成分的第 j 个值序列，N 为第 i 个成分的初始特征值。再通过线性加权法计算主成分总得分 F，即：

$$F = e_1 F_1 + \cdots + e_i F_i (i=1、2、3、4) \qquad (4-9)$$

其中，e_1、e_2、e_3、e_4 为前四个主成分的权重。

然后，令 $F = e_1 F_1 + \cdots + e_i F_i = \lambda_1 z_1 + \cdots + \lambda_j z_j$，利用式(4-10)可进一步算出各基础指标权重值 w_j，即：

$$w_j = \frac{\lambda_j}{\sum\limits_{j=1}^{17} \lambda_j} \qquad (4-10)$$

其中，$\lambda_j = e_1 m_{1j} + \cdots + e_i m_{ij}$，$i=1、2、3、4$，$j=1、2\cdots、17$。

经测算，得出各基础指标主成分系数和权重值如表 4-12 所示。

表 4-12 分地区普惠金融发展广度基础指标的主成分系数及权重

基础指标	主成分系数					权重
	F_1	F_2	F_3	F_4	F	
每万成年人拥有的银行业金融机构网点数	0.167 2	-0.135 0	0.083 1	0.633 9	0.130 5	0.054 2
每万成年人拥有证券营业部家数	0.310 8	-0.199 0	-0.093 8	0.071 8	0.117 8	0.049 0
每万成年人拥有的省级保险公司分支机构数	0.240 5	-0.350 3	-0.002 8	0.112 8	0.063 4	0.026 4
银行业金融机构从业人员数/万成年人	0.285 3	-0.240 3	0.187 6	0.247 4	0.152 1	0.063 2
证券及保险业从业人员数/万成年人	0.275 3	-0.295 6	-0.022 7	0.011 8	0.082 3	0.034 2

(续表)

基础指标	主成分系数					权重
	F_1	F_2	F_3	F_4	F	
基本养老保险参保人数/万成年人	0.1961	0.2043	−0.3312	0.0027	0.1029	0.0428
基本医疗保险参保人数/万成年人	0.2261	0.2252	−0.1834	−0.0855	0.1376	0.0572
失业保险参保人数/万成年人	0.2919	−0.2799	0.0050	−0.1046	0.0884	0.0368
小额贷款公司数/万成年人	0.0792	0.3736	0.4200	0.2283	0.2074	0.0862
小额贷款公司从业人员数/万成年人	0.0962	0.3817	0.3745	0.1737	0.2069	0.0860
小型农村金融机构数/万乡村常住人口	0.2157	−0.0576	0.3241	−0.5184	0.1059	0.0439
新型农村金融机构数/万乡村常住人口	0.2357	0.1717	0.1165	0.0300	0.1856	0.0771
小型农村金融机构从业人员数/万乡村常住人口	0.2598	−0.0605	0.3568	−0.3583	0.1481	0.0616
新型农村金融机构从业人员数/万乡村常住人口	0.2346	0.2072	0.1578	−0.0155	0.1948	0.0809
互联网宽带接入用户/万总户数	0.2512	0.2287	−0.3383	−0.1219	0.1259	0.0523
互联网宽带接入端口数/万成年人	0.3071	0.1885	−0.2295	−0.0091	0.1736	0.0722
智能手机用户数/万成年人	0.2964	0.2252	−0.2267	0.0691	0.1833	0.0762

表4-12显示,17项基础指标在第一主成分上的系数值均为正,同时,这17项基础指标第一主成分的特征值和方差贡献率均高于其余三个主成分,所以基础指标的大部分信息主要由第一主成分来反映,而其余三个主成分则依次反映较少的基础指标信息。

进一步分析发现,17项基础指标的总主成分系数均为正值,说明所有基础指标均对中国分地区普惠金融发展广度的提升有正面影响作用。其中,"每万成年人拥有的省级保险公司分支机构数""证券及保险业从业人员数/万成年人"和"失业保险参保人数/万成年人"这3项基础指标的总得分系数均小于0.1,其余14项基础指标的总得分系数均大于0.1,而且,"每万成年人拥有的省级保险公司分支机构数"指标的总得分系数最小,仅为0.063 4,"小额贷款公司从业人员数/万成年人"指标的总得分系数最大,高达0.207 4,表明"每万成年人拥有的省级保险公司分支机构数""证券及保险业从业人员数/万成年人"和"失业保险参保人数/万成年人"这3项基础指标对主成分得分的贡献,要小于其余14项基础指标,并且"每万成年人拥有的省级保险公司分支机构数"和"小额贷款公司从业人员数/万成年人"2项基础指标对主成分得分的贡献,前者最小后者最大。

此外,17项基础指标的权重值均为正值,其中,"小额贷款公司数/万成年人""小额贷款公司从业人员数/万成年人"和"新型农村金融机构从业人员数/万乡村常住人口"的权重值均超过0.08,"新型农村金融机构数/万乡村常住人口""互联网宽带接入端口数/万成年人"和"智能手机用户数/万成年人"的权重值均超过0.07,说明这6项基础指标对中国分地区普惠金融发展广度贡献大[①];"银行业金融机构从业人员数/万成年人"和"小型农村金融机构从业人员数/万乡村常住人口"的权重值均超过0.06,"每万成年人拥有的银行业金融机构网点数""基本医疗保险参保人数/万成年人"和"互联网宽带接入用户"的权重值均超过0.05,说明这5项基础指标对中国分地区普惠金融发展广度贡献较大;"每万成年人拥有证券营业部家数""证券及保险业从业人员数/万成年人""基本养老保险参保人数/万成年人""失业保险参保人数/万就业人员"和"小型农村金融机构数/万乡村常住人口"的权重值均介于0.03至0.05之间,说明它们对中国分地区普惠金融发展广度贡献明显偏小;而"每万成年人拥有的省级保险公司分支机构数"的权重值小于0.03,说明该

---

① 综合考虑17项基础指标权重值的大小差异及权重值均值约为0.06这两个因素,在此以0.02为一个区间跨度,将17项基础指标的贡献程度划分为"0.07~0.09、0.05~0.07、0.03~0.05、0.01~0.03"四个区间,分别对应贡献度"大、较大、偏小、较小"四种情形。

项指标对中国分地区普惠金融发展广度有较小程度的贡献。

2. 准则层指标权重

为保障测算结果合理,同样采用层次分析法来计算准则层指标权重,以综合使用主成分分析法和层次分析法。根据表4-9,需构建"分地区普惠金融发展广度指标体系"这一个判断矩阵。继续运用前文方法来确定准则层指标的重要程度,进而构建出相应判断矩阵,结果见表4-13。

表4-13 "分地区普惠金融发展广度指标体系"判断矩阵

准则层	网点和人员覆盖广度	弱势群体金融服务广度	金融产品覆盖广度	互联网技术普及度
网点和人员覆盖广度	1	2	5	7
弱势群体金融服务广度	1/2	1	4	6
社会保险覆盖广度	1/5	1/4	1	2
互联网技术普及度	1/7	1/6	1/2	1

注:为更清晰看出各维度之间重要程度的区别,对准则层做了相应的顺序调整。

采用方根法求解判断矩阵最大特征值及其对应的特征向量,操作步骤及其结果为:先利用EXCEL软件,对表4-13中的判断矩阵求解最大特征值,得出准则层(四个维度)的权重向量分别为$(0.5123, 0.3296, 0.0996, 0.0585)^T$,最大特征值$\lambda_{max}$为4.0453;再由公式$CI=(\lambda_{max}-n)/(n-1)$,计算出一致性指标$CI$的值为0.0151,进而算出一致性比例值$CR$为0.0168;最后,依照判定标准$CR=0.0168<0.1$,可以认为判断矩阵具有很好的一致性,而且四维度准则层指标的权重也是合理的。

(二)分地区普惠金融发展广度指数

先采用基础指标的标准化值及其权重算出准则层各维度指标的得分,然后再将维度指标得分与层次分析的各自权重相乘,得出维度指标指数,最后将维度指标指数加总算出最终总得分。

1. 维度指标指数合成

将基础指标标准化值与主成分分析得出的权重值相乘之积,以各维度所包括的基础指标变量相加总,算出基于主成分分析的维度指标得分,再将维度指标得分与层次分析得出的权重相乘,即可得出维度指标指数合成结果。2010年和2019年分地区普惠金融发展广度的维度指标指数具体测算结果见表4-14和表4-15①。

表4-14 2010年分地区普惠金融发展广度的维度指标指数

分地区名称	网点和人员覆盖广度	社会保险覆盖广度	弱势群体金融服务广度	互联网技术普及度
北京	0.1676	0.0102	−0.0277	−0.0064
天津	0.0735	−0.0012	−0.0363	−0.0115
河北	−0.0878	−0.0186	−0.1080	−0.0130
山西	−0.0757	−0.0175	−0.0791	−0.0126
内蒙古	−0.0488	−0.0158	0.0847	−0.0145
辽宁	0.0161	−0.0087	−0.0451	−0.0116
吉林	−0.0318	−0.0140	−0.0608	−0.0136
黑龙江	−0.0397	−0.0131	−0.1031	−0.0144
上海	0.2227	0.0039	−0.0759	−0.0057
江苏	−0.0414	−0.0110	−0.1128	−0.0102
浙江	0.0273	−0.0091	−0.0498	−0.0089
安徽	−0.0974	−0.0206	−0.1197	−0.0157
福建	−0.0701	−0.0195	−0.1395	−0.0113
江西	−0.0827	−0.0184	−0.1396	−0.0156
山东	−0.0769	−0.0154	−0.1380	−0.0129
河南	−0.1073	−0.0182	−0.0785	−0.0149
湖北	−0.0848	−0.0168	−0.1467	−0.0145

---

① 限于篇幅,在此仅给出2010年和2019年的分地区普惠金融发展广度维度指标得分,更深入和详细的测算结果见后文内容。

(续表)

分地区名称	网点和人员覆盖广度	社会保险覆盖广度	弱势群体金融服务广度	互联网技术普及度
湖南	－0.0967	－0.0180	－0.1453	－0.0159
广东	－0.0159	－0.0067	－0.0602	－0.0088
广西	－0.1028	－0.0226	－0.1465	－0.0145
海南	－0.0433	－0.0115	－0.1547	－0.0133
重庆	－0.0670	－0.0096	－0.0963	－0.0137
四川	－0.0743	－0.0187	－0.1273	－0.0154
贵州	－0.1267	－0.0235	－0.1263	－0.0166
云南	－0.1192	－0.0225	－0.1299	－0.0161
西藏	0.0599	－0.0193	－0.2037	－0.0166
陕西	－0.0627	－0.0171	－0.1181	－0.0139
甘肃	－0.0790	－0.0213	－0.1109	－0.0168
青海	－0.0290	－0.0060	－0.1405	－0.0151
宁夏	－0.0163	－0.0173	0.0080	－0.0150
新疆	－0.0378	－0.0117	－0.1428	－0.0140

表4-14给出的是2010年分地区准则层各维度指标指数。其中,金融网点和人员覆盖广度指数方面,上海、北京、天津、西藏、浙江、辽宁、广东、宁夏、青海和吉林等地区排名前10,且排名前6的地区指数值均为正,而其余25个地区的指数值均为负;上海市的该项指数值最大,为0.2227,贵州省该项指数值最小,仅为－0.1267,两者的差值达0.3494。这说明上海等10个地区的金融网点和人员覆盖广度较其余21个地区要高,且中国分地区在此维度覆盖广度上存在较明显的地区异质性。

社会保险覆盖广度指数方面,北京、上海、天津、青海、广东、辽宁、浙江、重庆、江苏和海南等10个地区排名前10,且排名前2的地区指数值为正;该项指数最大值和最小值分别为0.0102和－0.0235,对应地区分别是北京市和贵州省,两者之差为0.0337,远小于金融网点和人员覆盖广度指数的极值之差。这说明北京等 10 个地区社会保险覆盖广度水平要更高,且相较于金融网点和人员覆盖广度维度,中国分地区在社会保险覆盖广度上的地区异质性程度要更弱。

弱势群体金融服务广度指数方面,内蒙古、宁夏、北京、天津、辽宁、浙江、广东、吉林、上海和河南等地区排名前 10,排名前 2 的地区指数值为正,其余 29 个地区的指数值均为负;该维度指数上,内蒙古的指数值最大为 0.084 7,西藏自治区的指数值最小为 -0.203 7,两者差值为 0.288 4。这说明内蒙古自治区等 10 个地区的弱势群体金融服务水平较高,且中国分地区在弱势群体金融服务广度维度上的地区异质性也较强。

互联网技术普及度指数方面,上海、北京、广东、浙江、江苏、福建、天津、辽宁、山西和山东等地区排名前 10,且 31 个地区的指数值均为负,指数值整体表现要明显弱于其余三个维度;该维度指标指数的最大值和最小值分别为上海市的 -0.005 7 和江西省的 -0.016 8,两者差值为 0.011 1。这说明上海等 10 个地区的互联网技术普及度水平要相对更高,且相较于社会保险覆盖广度维度,中国分地区在互联网技术普及度维度上的地区异质性程度要更强。

表 4-15 2019 年分地区普惠金融发展广度的维度指标指数

分地区名称	网点和人员覆盖广度		社会保险覆盖广度		弱势群体金融服务广度		互联网技术普及度	
	指数值	年均增长值	指数值	年均增长值	指数值	年均增长值	指数值	年均增长值
北京	0.427 2	0.028 8	0.033 9	0.002 6	0.089 0	0.013 0	0.026 5	0.003 7
天津	0.201 3	0.014 2	0.003 9	0.000 6	0.256 1	0.032 5	0.014 7	0.002 9
河北	-0.036 0	0.005 8	0.009 2	0.003 1	-0.002 4	0.011 7	0.014 8	0.003 1
山西	0.010 5	0.009 6	0.008 3	0.002 9	0.080 8	0.017 3	0.012 4	0.002 8
内蒙古	0.029 1	0.008 7	0.004 3	0.002 2	0.238 9	0.017 1	0.009 9	0.002 7
辽宁	0.095 4	0.008 8	0.008 8	0.001 9	0.205 1	0.027 8	0.012 9	0.002 7
吉林	0.010 4	0.004 7	0.004 8	0.002 1	0.188 8	0.027 7	0.008 5	0.002 5

(续表)

分地区名称	网点和人员覆盖广度		社会保险覆盖广度		弱势群体金融服务广度		互联网技术普及度	
	指数值	年均增长值	指数值	年均增长值	指数值	年均增长值	指数值	年均增长值
黑龙江	−0.003 9	0.004 0	0.000 7	0.001 5	−0.022 4	0.009 0	0.006 4	0.002 3
上海	0.349 3	0.014 1	0.016 2	0.001 4	0.226 8	0.033 6	0.023 6	0.003 2
江苏	0.047 8	0.009 9	0.014 9	0.002 9	0.036 4	0.016 6	0.025 6	0.004 0
浙江	0.137 8	0.012 3	0.016 0	0.002 8	0.108 2	0.017 6	0.029 2	0.004 2
安徽	−0.058 2	0.004 4	0.014 0	0.003 8	−0.004 5	0.012 8	0.010 3	0.002 9
福建	0.065 6	0.015 1	0.012 3	0.003 5	−0.042 2	0.010 8	0.024 2	0.003 9
江西	−0.018 6	0.007 1	0.010 2	0.003 2	−0.020 9	0.013 2	0.011 8	0.003 0
山东	−0.017 2	0.006 6	0.013 7	0.003 2	0.002 2	0.015 6	0.014 3	0.003 0
河南	−0.065 8	0.004 6	0.016 5	0.003 9	−0.042 5	0.004 0	0.013 3	0.003 1
湖北	−0.036 0	0.005 4	0.009 3	0.002 2	−0.046 0	0.011 2	0.010 1	0.002 7
湖南	−0.042 1	0.006 1	0.012 7	0.003 4	−0.080 5	0.007 2	0.009 3	0.002 8
广东	0.055 2	0.007 9	0.016 4	0.002 6	0.013 8	0.008 2	0.021 8	0.003 4
广西	−0.064 5	0.004 3	0.009 9	0.003 6	0.057 7	0.022 7	0.015 8	0.003 4
海南	0.020 7	0.007 1	0.013 8	0.002 8	0.013 7	0.018 7	0.024 8	0.004 2
重庆	−0.026 9	0.004 5	0.016 2	0.002 9	0.097 0	0.021 5	0.019 6	0.003 7
四川	−0.028 9	0.005 0	0.013 1	0.003 5	−0.027 1	0.011 1	0.015 7	0.003 5
贵州	−0.069 2	0.006 4	0.016 5	0.004 4	0.018 1	0.016 0	0.012 1	0.003 2
云南	−0.097 6	0.002 4	0.006 8	0.003 3	−0.065 0	0.007 2	0.007 5	0.002 6
西藏	0.158 2	0.010 9	0.012 1	0.003 5	−0.134 2	0.007 7	0.017 2	0.003 8
陕西	0.007 6	0.007 8	0.012 1	0.003 2	0.001 6	0.013 3	0.014 5	0.003 2
甘肃	−0.044 2	0.003 9	0.009 4	0.003 4	0.041 9	0.017 0	0.014 8	0.003 5
青海	0.017 0	0.005 1	0.009 5	0.001 7	0.068 4	0.023 2	0.015 4	0.003 4
宁夏	0.010 4	0.003 0	0.010 7	0.003 1	0.373 6	0.040 6	0.022 2	0.004 1
新疆	−0.016 6	0.002 4	0.011 8	0.002 6	0.041 5	0.020 5	0.019 6	0.003 7
维度指标指数的分地区平均增长值		0.007 8		0.002 9		0.017 0		0.003 3

第四章 互联网金融时代中国普惠金融发展的广度

表4-15给出的是2019年分地区准则层各维度指标指数。分析发现,与2010年相比,2019年的分地区准则层各维度指标得分均有不同程度的上升,且弱势群体金融服务广度指数的分地区平均增长值最大,为0.017 0,网点和人员覆盖广度、互联网技术普及度和社会保险覆盖广度指数的分地区平均增长值分别为0.007 8、0.003 3、0.002 9,依次逐渐缩小。因此,2010—2019年的十年间,在网点和人员覆盖广度、社会保险覆盖广度、弱势群体金融服务广度和互联网技术普及度这四个维度上,中国分地区普惠金融发展广度均得到较大程度的提升,且不同维度的广化程度增长水平存在异质性。

其中,金融网点和人员覆盖广度指数方面,2019年排名前10的地区分别为北京、上海、天津、西藏、浙江、辽宁、福建、广东、江苏和内蒙古,该项指数最大和最小值仍是北京市和云南省,分别为0.427 2和－0.097 6,两者之差与2010年相比增至0.524 8。与2010年相比,除宁夏、青海省和吉林省跌出前10,以及福建省、江苏省和内蒙古新晋入前10之外,北京、上海、天津、西藏、浙江、辽宁和广东7个地区依然位居前10。这说明,2010—2019年的十年间,北京等7个地区的金融网点和人员覆盖程度一直保持较高水平,且福建省、江苏省和内蒙古自治区3个地区呈后来居上之势,但该项指数在中国分地区之间的地区差异性却呈进一步扩大态势。

社会保险覆盖广度指数方面,2019年排名前10的地区则变为北京、河南、贵州、广东、重庆、上海、浙江、江苏、安徽和海南,该项指数值最大为0.033 9、最小为0.000 3,分别对应北京市和黑龙江省,两者差值为0.033 6,与2010年几乎持平。到2019年,除天津市、青海省和辽宁省跌出前10,以及河南省、贵州省和安徽省新晋入前十之外,北京、上海、广东、浙江、重庆、江苏和海南7个地区依然位居前10。这说明,2010—2019年的十年间,北京等7个地区的社会保险覆盖广度一直保持较高水平,且河南省、贵州省和安徽省3个地区提升发展最为迅猛,该项指数在中国分地区之间的地区差异性稍有减弱。

弱势群体金融服务广度指数方面,2019年排名前10的地区则变为宁夏、天津、内蒙古、上海、辽宁、吉林、浙江、重庆、北京和山西,该项指数值最大为

0.373 6,最小为-0.134 2,分别对应宁夏回族自治区和西藏自治区,与 2010 年相比,两者差值增至 0.507 8。到 2019 年,除广东省和海南省跌出前 10,以及重庆市和山西省新晋入前 10 之外,内蒙古、宁夏、北京、天津、辽宁、浙江、吉林和上海 8 个地区依然位居前 10。这说明,2010—2019 年的十年间,内蒙古等 8 个地区的弱势群体金融服务广度一直保持较高水平,且重庆市和山西省 2 个地区广化发展态势最为迅猛,但该项指数在中国分地区之间的地区差异性明显更强。

互联网技术普及度指数方面,2019 年排名前 10 的地区则变为浙江、北京、江苏、海南、福建、上海、宁夏、广东、新疆和重庆,该项指数值最大为 0.029 2、最小为 0.006 4,分别对应浙江省和黑龙江省,两者差值为 0.022 8,与 2010 年相比扩大了一倍有余。到 2019 年,有天津市、辽宁省、山西省和山东省跌出前 10,以及海南省、宁夏回族自治区、新疆维吾尔自治区和重庆市新晋入前 10,而浙江等 6 个地区依然位居前 10。这说明,2010—2019 年的十年间,浙江等 6 个地区的互联网技术普及度一直保持较高水平,且海南省、宁夏回族自治区、新疆维吾尔自治区和重庆市 4 个地区发展迅猛,该项指数值在中国分地区之间的地区差异性进一步增强。

此外,表 4-15 给出的 2010—2019 年各维度指标指数的年均增长值表明,中国分地区在"网点和人员覆盖广度""金融产品覆盖广度""弱势群体金融服务广度"和"互联网技术普及度"方面,表现出不同的广化发展速度,其中,这四项维度指标指数年均增速最快的地区分别为北京市、贵州省、宁夏回族自治区和海南省,而最慢的地区则分别为新疆维吾尔自治区、天津市、河南省和黑龙江省。由此可判断,中国分地区普惠金融广化发展速度呈较明显的地区非平衡性。

2. 分地区普惠金融发展广度指数

将维度指标指数值加总,可得分地区普惠金融发展广度指数,结果见表 4-16 所示。

表 4-16　2010—2019 年分地区普惠金融发展广度指数

年份地区	2010	2011	2012	2013	2014	2015	2016	2017	2018	2019	年均增长值
北京	0.143 7	0.208 6	0.243 5	0.307 9	0.365 0	0.438 9	0.416 4	0.546 8	0.530 8	0.576 6	0.048 1
天津	0.024 4	0.044 9	0.098 0	0.156 2	0.218 1	0.291 5	0.348 9	0.370 3	0.374 2	0.476 0	0.050 2
河北	-0.227 4	-0.209 0	-0.184 7	-0.155 9	-0.119 5	-0.083 5	-0.048 7	-0.030 4	-0.020 4	-0.014 3	0.023 7
山西	-0.184 9	-0.146 4	-0.146 0	-0.089 9	-0.020 5	0.035 7	0.067 3	0.092 3	0.085 3	0.111 9	0.033 0
内蒙古	0.005 6	0.074 0	0.168 2	0.162 8	0.183 6	0.185 2	0.245 9	0.255 7	0.237 9	0.282 2	0.030 7
辽宁	-0.049 3	-0.000 8	0.029 0	0.105 7	0.170 7	0.211 4	0.185 5	0.228 7	0.220 4	0.322 1	0.041 3
吉林	-0.120 2	-0.088 7	-0.034 9	-0.014 3	0.081 6	0.121 8	0.250 8	0.317 2	0.198 2	0.212 4	0.037 0
黑龙江	-0.170 3	-0.133 3	-0.089 5	-0.073 1	-0.059 6	-0.042 7	-0.027 0	-0.019 8	-0.019 2	-0.019 3	0.016 8
上海	0.145 1	0.135 2	0.181 1	0.250 8	0.322 6	0.308 5	0.336 1	0.560 9	0.575 5	0.615 9	0.052 3
江苏	-0.175 5	-0.132 8	-0.080 2	-0.042 8	0.009 0	0.044 9	0.068 2	0.109 3	0.076 6	0.124 8	0.033 4
浙江	-0.040 5	-0.009 4	0.049 3	0.109 2	0.187 0	0.209 7	0.242 6	0.259 6	0.298 1	0.291 2	0.036 9
安徽	-0.253 3	-0.199 8	-0.155 8	-0.124 0	-0.116 2	-0.118 7	-0.075 1	-0.058 2	-0.039 4	-0.038 4	0.023 9
福建	-0.240 3	-0.161 9	-0.123 3	-0.087 6	-0.043 7	-0.009 0	0.055 4	0.040 6	0.045 8	0.059 9	0.033 4
江西	-0.256 3	-0.206 5	-0.171 1	-0.149 0	-0.105 3	-0.081 7	-0.051 5	-0.031 5	-0.023 7	-0.017 5	0.026 5
山东	-0.243 1	-0.210 2	-0.184 2	-0.162 1	-0.133 9	-0.109 7	-0.080 1	-0.037 5	-0.019 3	0.013 1	0.028 5
河南	-0.218 9	-0.240 5	-0.209 9	-0.180 4	-0.164 0	-0.141 0	-0.043 5	0.069 2	-0.002 1	-0.078 4	0.015 6

(续表)

年份 地区	2010	2011	2012	2013	2014	2015	2016	2017	2018	2019	年均增长值
湖北	-0.2627	-0.2291	-0.2003	-0.1685	-0.1314	-0.0999	-0.0905	-0.0657	-0.0743	-0.0626	0.0222
湖南	-0.2760	-0.2457	-0.2257	-0.2104	-0.1934	-0.1722	-0.1559	-0.1253	-0.1152	-0.1006	0.0195
广东	-0.0915	-0.0689	-0.0175	-0.0008	0.0558	0.0864	0.1118	0.0965	0.1045	0.1072	0.0221
广西	-0.2864	-0.2453	-0.1997	-0.1619	-0.1184	-0.0915	-0.0211	-0.0655	-0.0590	0.0189	0.0339
海南	-0.2228	-0.1962	-0.1517	-0.1324	-0.0826	-0.0237	0.0003	0.0478	0.0694	0.0730	0.0329
重庆	-0.1866	-0.1074	-0.0377	0.0011	0.0630	0.0608	0.0712	0.1008	0.2545	0.1059	0.0325
四川	-0.2358	-0.2069	-0.1657	-0.1242	-0.0780	-0.0705	-0.0479	-0.0371	-0.0146	-0.0272	0.0232
贵州	-0.2931	-0.2490	-0.2086	-0.1644	-0.1198	-0.0924	-0.0682	-0.0563	-0.0573	-0.0226	0.0301
云南	-0.2876	-0.2546	-0.2196	-0.1904	-0.1606	-0.1410	-0.1398	-0.1405	-0.1467	-0.1483	0.0155
西藏	-0.1796	-0.1599	-0.1629	-0.1152	-0.0579	-0.0698	-0.0323	0.0035	0.0262	0.0533	0.0259
陕西	-0.2117	-0.1613	-0.1341	-0.1179	-0.0739	-0.0431	-0.0204	0.0057	0.0254	0.0359	0.0275
甘肃	-0.2280	-0.1920	-0.1470	-0.0909	-0.0315	0.0012	0.0901	0.1387	0.0310	0.0219	0.0278
青海	-0.1906	-0.1320	-0.1070	-0.0539	0.0359	0.0676	0.1076	0.1111	0.1022	0.1102	0.0334
宁夏	-0.0406	0.0204	0.1001	0.1900	0.2111	0.3898	0.3729	0.3450	0.3448	0.4168	0.0508
新疆	-0.2063	-0.1745	-0.1410	-0.0942	-0.0220	0.0117	0.0333	0.0793	0.0646	0.0563	0.0292

注:表 4-16 仅给出 2010—2019 年的指数年均增值。

第四章 互联网金融时代中国普惠金融发展的广度

表 4-16 显示，2010—2019 年，中国分地区普惠金融发展广度指数总体呈上升之势，不同地区的指数年均增长值也不相同，说明中国分地区普惠金融覆盖水平一直处于稳步提升状态，且不同地区普惠金融广化发展速度存在异质性。

在 2010—2019 年期间，普惠金融发展广度指数值最大的地区，除 2010 年、2017—2019 年均为上海市之外，2011—2016 年则均为北京市，各年份的最大指数值分别为 0.145 1、0.208 6、0.243 5、0.307 9、0.365 0、0.438 9、0.416 4、0.560 9、0.575 5 和 0.615 9。各年份普惠金融发展广度指数值最小的地区，2010 年为贵州省，2011 年、2017—2019 年均为云南省，2012—2016 年则均为湖南省，各年份的最小指数值分别是 −0.293 1、−0.254 6、−0.225 7、−0.210 4、−0.193 4、−0.172 2、−0.155 9、−0.140 5、−0.146 7 和 −0.148 3，极值之差分别为 0.438 2、0.463 2、0.469 1、0.518 4、0.558 4、0.611 1、0.572 2、0.701 4、0.722 2 和 0.764 2，总体呈上升趋势。这说明十年间，上海和北京是中国普惠金融发展广度水平最高的两个地区，而贵州、云南和湖南是中国普惠金融发展广度水平最低的几个地区，且极值之差的不断扩大，意味着中国分地区普惠金融发展广度水平非均衡问题在不断加重。

此外，分三阶段来看，2010—2013 年，中国 31 个省市（自治区）的普惠金融发展广度指数的年均增长值均值为 0.039 1；2014—2017 年，这一均值微降至 0.036 5；2018—2019 年，这一均值又猛降至 0.007 2。这表明，中国分地区普惠金融广化发展速度具有阶段性减慢的特征，且 2017 年以后的减慢态势更为明显。可能的原因是，2010—2017 年期间，中国分地区普惠金融发展广度水平还比较低，具有很强的增进空间，所以表现出更快的广化发展速度。但是 2017 年之后的年份里，中国分地区普惠金融发展广度已经达到较高水平，广化发展速度因而变得缓慢。

四、分地区普惠金融发展广度指数的比较分析

中国分地区普惠金融发展广度具有较强的区域异质性,不仅同一地区不同年份的发展水平不相同,而且不同地区同一年份的发展水平也有别。为此,依据表 4-16 内容,并综合考虑纵向(不同地区)和横向(不同年份)的可比性,需要从普惠金融发展广度增速和普惠金融发展广度水平两方面,进一步对分地区普惠金融发展广度的区域异质性进行深入探讨。

(一) 分地区普惠金融发展广度的增速

1. 基于年均增长值等级划分的比较分析

依据表 4-16,分地区普惠金融发展广度指数年均增长值具有区间可划分性。借鉴"北京大学数字金融研究中心课题组"运用的基准值法[①],即,在划分普惠金融指数梯队区时不仅要逻辑合理,而且还要易于操作和理解,具有可行性,因此,我们提出分地区普惠金融发展广度增速的划分标准:即以分地区普惠金融发展广度指数年均最大增值为基准值(0.052 3),将排序在基准值70%范围之内的省市列为高速增长地区,将排序在基准值 50%~70%范围内的省市列为中速增长地区;将基准值在 50%以下的省市列为低速增长地区。

依据划分标准和表 4-16 内容,可将 2010—2019 年分地区年均增长值划分为三个增长等级区[②]:即普惠金融发展广度指数年均增长值大于 0.036 6 的高速增长区、普惠金融发展广度指数年均增长值介于 0.026 2 至 0.036 6 的中速增长区,以及普惠金融发展广度指数年均增长值小于 0.026 2 的低速增长区(见图 4-7、图 4-8 和图 4-9)。

---

① 详见北京大学数字金融研究中心课题组发布的《北京大学数字普惠金融指数(2011—2015)》,2016 年 7 月。

② 2010—2019 年期间,上海市的普惠金融发展广度指数年均增长值最大,约为 0.052 3,所以基准值设定为 0.052 3,该数值的 70%约为 0.036 6,50%约为 0.026 2,故此将这两个数字设定为阶段划分临界值。

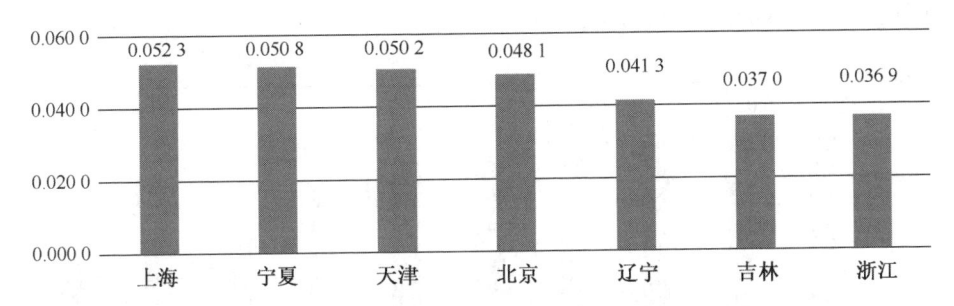

第四章　互联网金融时代中国普惠金融发展的广度 183

图中数据：上海 0.0523，宁夏 0.0508，天津 0.0502，北京 0.0481，辽宁 0.0413，吉林 0.0370，浙江 0.0369。

图 4-7　普惠金融发展广度指数高速增长地区

图 4-7 显示，上海市、宁夏回族自治区、天津市、北京市、辽宁省、吉林省、和浙江省的普惠金融发展广度指数年均增长值均大于 0.036 7，可划入高速增长区。同时，这 7 个地区的区域年均增值约为 0.045 2，高于全地区年均增长值 0.030 9，说明这几个地区普惠金融广化发展速度最快，广化发展等级也最高。

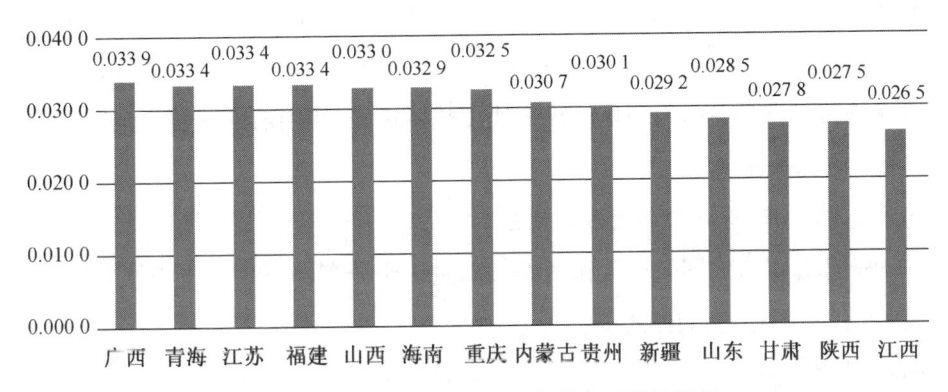

图中数据：广西 0.0339，青海 0.0334，江苏 0.0334，福建 0.0330，山西 0.0329，海南 0.0325，重庆 0.0307，内蒙古 0.0301，贵州 0.0292，新疆 0.0285，山东 0.0278，甘肃 0.0275，陕西 0.0265。

图 4-8　普惠金融发展广度指数中速增长地区

图 4-8 显示，广西壮族自治区、青海省、江苏省、福建省、山西省、海南省、重庆市、内蒙古自治区、贵州省、新疆维吾尔自治区、山东省、甘肃省、陕西省和江西省这 14 个地区形成中速增长区，它们的普惠金融发展广度指数年均增长值均介于 0.026 2 至 0.036 7 之间。这 14 个地区的区域年均增长值约为 0.030 9，与全地区年均增长值持平，说明这 14 个地区的普惠金融广化发展速

度较快,广化发展等级则居中。

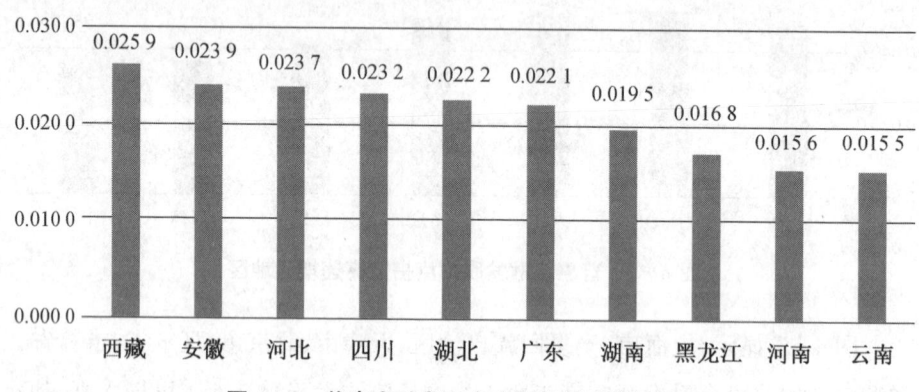

图 4-9 普惠金融发展广度指数低速增长地区

数据（从左至右）：西藏 0.025 9、安徽 0.023 9、河北 0.023 7、四川 0.023 2、湖北 0.022 2、广东 0.022 1、湖南 0.019 5、黑龙江 0.016 8、河南 0.015 6、云南 0.015 5

图 4-9 显示,西藏自治区、安徽省、河北省、四川省、湖北省、广东省、湖南省、黑龙江省、河南省和云南省这 10 个地区的普惠金融发展广度指数年均增长值均小于 0.026 2,形成低速增长区。这 10 个地区的区域年均增值均值为 0.020 8,仅分别为高速及中速增长区区域均值的 46.07% 和 67.39%,说明这 10 个地区的普惠金融发展广度推进速度整体较慢,是当前中国普惠金融广化发展的重点关注区域。

2. 基于东、中和西部地区的划分

根据图 4-10、图 4-11 和图 4-12,进一步分东、中和西部地区对普惠金融发展广度增速进行比较。

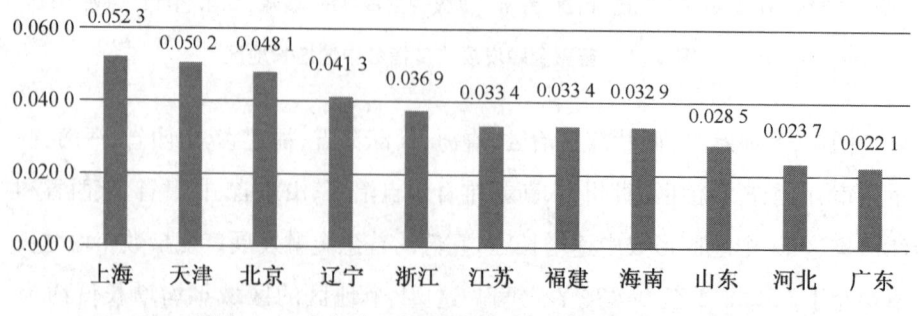

数据（从左至右）：上海 0.052 3、天津 0.050 2、北京 0.048 1、辽宁 0.041 3、浙江 0.036 9、江苏 0.033 4、福建 0.033 4、海南 0.032 9、山东 0.028 5、河北 0.023 7、广东 0.022 1

图 4-10 东部地区普惠金融发展广度指数年均增值

图 4-10 显示，东部 11 省市的普惠金融发展广度指数年均增长值存在差异。其中，上海市、天津市、北京市、辽宁省和浙江省处于高速增长区，江苏省、福建省、海南省和山东省处于中速增长区，而河北省和广东省处于低速增长区，其年均增长值区域均值约为 0.036 6，略高于全部 31 个地区的年均增长值均值 0.030 9。这说明中国东部地区普惠金融发展广度整体增速较快，且中国东部省市既有高速增长地区，也有中速和低速增长地区，存在较明显的区域非均衡发展问题。这表明，中国东部地区在普惠金融发展广度增速方面体现出一定的区域优势。

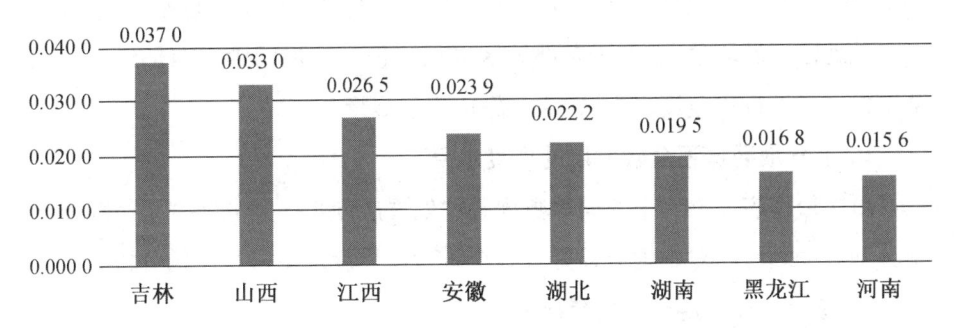

吉林	山西	江西	安徽	湖北	湖南	黑龙江	河南
0.037 0	0.033 0	0.026 5	0.023 9	0.022 2	0.019 5	0.016 8	0.015 6

图 4-11 中部地区普惠金融发展广度指数年均增值

图 4-11 显示，中部地区普惠金融发展广度指数年均增值存在差异。其中，仅吉林省处于高速增长区，仅山西省和江西省处于中速增长区，而安徽省、湖北省、湖南省、黑龙江省和河南省则处于低速增长区。中部地区 8 个省份的普惠金融发展广度指数年均增长值区域均值约为 0.024 3，明显低于全部 31 个省市（自治区）年均增长值均值 0.030 9。这说明中国中部地区普惠金融发展广度推进速度要弱于东部地区，甚至整体低于全国平均水平。

图 4-12 显示，西部 12 个省市（自治区）的普惠金融发展广度指数年均增长值也存在严重的地区异质性。其中，仅宁夏回族自治区处于高速增长区，广西壮族自治区、青海省、重庆市、内蒙古自治区、贵州省、新疆维吾尔自治区、甘肃省和陕西省处于中速增长区，西藏自治区、四川省和云南省则处于低速增长区。同时，西部 12 个省市（自治区）的普惠金融发展广度指数年均增长值区域

柱状图数据
宁夏 0.0508; 广西 0.0339; 青海 0.0334; 重庆 0.0325; 内蒙古 0.0307; 贵州 0.0301; 新疆 0.0292; 甘肃 0.0278; 陕西 0.0275; 西藏 0.0259; 四川 0.0232; 云南 0.0155

图 4-12 西部地区普惠金融发展广度指数年均增值

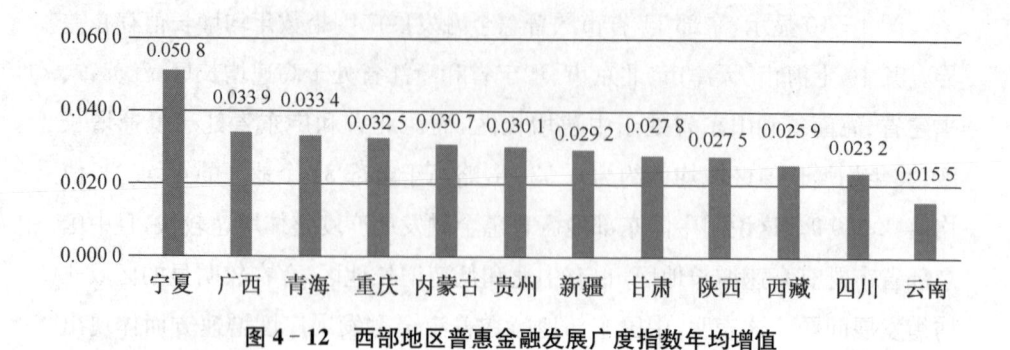

均值为 0.030 0,与全部 31 个省市(自治区)的年均增长值均值近乎持平,并高于中部地区区域均值,但低于东部地区区域均值。这说明中国西部地区普惠金融发展广度推进速度居中,普惠金融广化发展形势较好。

(二)分地区普惠金融发展的广度水平

再次依据表 4-16 中的测算数据,从"发展广度水平划分"和"东西部地区划分"两方面展开,对中国分地区普惠金融发展广度水平进行比较分析。

1. 基于发展广度水平区的划分

尝试使用历年该项指数最大值作为"基准值",仍按照前文 70%范围内、50%~70%及 50%以下标准来做划分,发现历年能进入第一分区(高发展水平区)的地区数过少,并不能充分刻画历年分地区指数值的分布特征,同时,每年使用一个不同的"基准值"也会致使纵向可比性丧失,最终导致分区意义的失去。因此,以全部指数值为依据,综合分析和考虑多方面因素,作者认为应以-0.1 和 0.1 作为分区临界值。

原因在于:2010—2012 年的分地区指数值为负数的地区居多,这期间 31 个地区指数值均值分别为-0.163 2、-0.125 1、-0.084 8,均位于-0.1 左右,表明这三年的分地区普惠金融发展广度水平普遍较低,所以,若以-0.1 为划分的临界值能较好区分和刻画普惠金融发展广度的低水平地区,为此,可将-0.1 作为重要的分区依据值;同时,2017—2019 年 31 个地区指数值均值分别为 0.100 4、0.099 2 和 0.144 7,均位于 0.1 左右,且这三个年份的分地区普惠金融发展广度指数值较其余年份要更大,表明这三年的分地区普惠金融发展广度水平也更高,所以,若以0.1为划分的临界值能较好区分和刻画普惠金融发展广度的高水平地区,因此,可将0.1作为另一个重要的分区值。

综合考虑上述因素,我们将普惠金融发展广度指数大于0.1的地区列为第一分区,将发展广度指数介于-0.1至0.1的地区列为第二分区,将发展广度指数小于0.1的地区列为第三分区,划分结果见表4-17。

表4-17 分地区普惠金融发展广度水平区划分

年份	第一分区(或A区) 普惠金融发展广度指数＞0.1	第二分区(或B区) 0.1＞普惠金融发展广度指数＞-0.1	第三分区(或C区) 普惠金融发展广度指数＜-0.1
2010	沪、京	津、蒙、浙、宁、辽、粤	吉、黑、苏、藏、晋、渝、青、新、陕、豫、琼、冀、甘、川、闽、鲁、皖、赣、鄂、湘、桂、滇、黔
2011	京、沪	蒙、津、宁、辽、浙、粤、吉	渝、青、苏、黑、晋、藏、陕、闽、新、甘、琼、皖、赣、川、冀、鲁、鄂、豫、桂、湘、黔、滇
2012	京、沪、蒙、宁	津、浙、辽、粤、吉、渝、苏、黑	青、闽、陕、新、晋、甘、琼、皖、藏、川、赣、鲁、冀、桂、鄂、黔、豫、滇、湘
2013	京、沪、宁、蒙、津、浙、辽	渝、粤、吉、苏、青、黑、闽、晋、甘、新	藏、陕、皖、川、琼、赣、冀、桂、鲁、黔、鄂、豫、滇、湘
2014	京、沪、津、宁、浙、蒙、辽	吉、渝、粤、青、苏、晋、新、甘、闽、藏、黑、陕、川、琼	赣、皖、桂、冀、黔、鲁、滇、豫、湘
2015	京、宁、沪、津、辽、浙、蒙、吉	粤、青、渝、苏、晋、新、甘、闽、琼、黑、陕、藏、川、赣、冀、桂、黔、鄂	鲁、皖、豫、滇、湘

(续表)

年份	第一分区（或 A 区） 普惠金融发展 广度指数＞0.1	第二分区（或 B 区） 0.1＞普惠金融发展 广度指数＞－0.1	第三分区（或 C 区） 普惠金融发展 广度指数＜－0.1
2016	京、宁、津、沪、吉、蒙、浙、辽、粤、青	甘、渝、苏、晋、闽、新、琼、陕、桂、黑、藏、冀、川、冀、赣、黔、皖、鲁、鄂	滇、湘
2017	沪、京、津、宁、吉、浙、蒙、辽、甘、青、苏、渝	粤、晋、新、豫、琼、闽、陕、藏、黑、冀、赣、川、鲁、黔、皖、桂、鄂	湘、滇
2018	沪、京、津、宁、浙、渝、蒙、辽、吉、粤、青	晋、苏、琼、新、闽、甘、藏、陕、豫、川、黑、鲁、冀、赣、皖、黔、桂、鄂	湘、滇
2019	沪、京、津、宁、辽、浙、蒙、吉、苏、晋、青、粤、渝	琼、闽、新、藏、陕、甘、桂、鲁、冀、赣、黑、黔、川、皖、鄂、豫	湘、滇

注：表 4-17 中给出的均为 31 个省市（自治区）简称，先后顺序即为各地区的排名，各地区分年度指数值见表 4-16。

表 4-17 显示，2010—2019 年，处于第一分区和第二分区的地区数不断增长，因此分地区普惠金融发展水平整体提升速度快，且越来越多的省市（自治区）在普惠金融发展广度层面表现出较高的发展水平。

2010—2019 年，第一分区由最初的沪（上海）和京（北京），扩至沪（上海）、京（北京）、津（天津）、宁（宁夏）、辽（辽宁）、浙（浙江）、蒙（内蒙古）、吉（吉林）、苏（江苏）、晋（山西）、青（青海）、粤（广东）和渝（重庆）13 个地区；第二分区由最初的津（天津）、蒙（内蒙古）、浙（浙江）、宁（宁夏）、辽（辽宁）和粤（广东），陆续扩为琼（海南）、闽（福建）、新（新疆）、藏（西藏）、陕（陕西）、甘（甘肃）、桂（广西）、鲁（山东）、冀（河北）、赣（江西）、黑（黑龙江）、黔（贵州）、川（四川）、皖（安徽）、鄂（湖北）和豫（湖南）16 个地区；而第三分区则由最初的 23 个地区，逐年减少为湘（湖南）和滇（云南）这 2 个地区。这说明，沪、京、津等省市常年是中国普惠金融发展广度水平最高的地区，同时从 2011 年开始，多个地区经不断努力，普惠金融发展广度水平也得到较好提升，并跃升入更高的发展水平

第四章　互联网金融时代中国普惠金融发展的广度　　189

区间。

表4-17还显示,中国分地区普惠金融发展广度水平表现出较为有序的提升之势,即从第三分区跃入第二分区,再从第二分区晋入第一分区,总体表现出一定的先后顺序性,2010年排名靠后的地区难以快速超越排名靠前的地区而实现"升区"。例如,2010年排名靠后且位列第三分区的湘和滇这2个地区,到2019年依然未能"升区",但2010年排名前三的沪、京和津这3个地区到2019年依然分列全国前三位。

总之,在2010—2019年的十年间,中国31个省市(自治区)普惠金融发展水平均有不同程度提高,但同时也表现出较为严重的区域"锁定"问题,起初发展落后地区很难快速对发展先进地区实现追赶乃至超越。

2. 基于东、中和西部地区的划分

中国东、中和西部地区的普惠金融发展广度水平存在差异,为此,以测算起止时段的2010年和2019年,以及2013年和2017年为重点分析年份,进一步就东、中和西部地区做比较分析(见表4-18、表4-19和表4-20)。

表4-18　东部地区普惠金融发展广度指数比较

地区	2010年指数值	地区	2013年指数值	地区	2017年指数值	地区	2019年指数值
上海	0.145 1[A]	北京	0.307 9[A]	上海	0.560 9[A]	上海	0.615 9[A]
北京	0.143 7[A]	上海	0.250 8[A]	北京	0.546 8[A]	北京	0.576 6[A]
天津	0.024 4[B]	天津	0.156 2[A]	天津	0.370 3[A]	天津	0.476 0[A]
浙江	−0.040 5[B]	浙江	0.109 2[A]	浙江	0.259 6[A]	辽宁	0.322 1[A]
辽宁	−0.049 3[B]	辽宁	0.105 7[A]	辽宁	0.228 7[A]	浙江	0.291 2[A]
广东	−0.091 5[B]	广东	−0.000 8[B]	江苏	0.109 3[A]	江苏	0.124 8[A]
江苏	−0.175 5[C]	江苏	−0.042 8[B]	广东	0.096 5[B]	广东	0.107 2[A]
海南	−0.222 8[C]	福建	−0.087 6[B]	海南	0.047 8[B]	海南	0.073 0[B]
河北	−0.227 4[C]	海南	−0.132 4[C]	福建	0.040 6[B]	福建	0.059 9[B]

(续表)

地区	2010年指数值	地区	2013年指数值	地区	2017年指数值	地区	2019年指数值
福建	−0.2403^C	河北	−0.1559^C	河北	−0.0304^B	山东	0.0131^B
山东	−0.2431^C	山东	−0.1621^C	山东	−0.0375^B	河北	−0.0143^B
区域均值	−0.0888	区域均值	0.0316	区域均值	0.1993	区域均值	0.2405

注：字母上标为在表4-17中的分区，A表示第一分区，B表示第二分区，C表示第三分区。

表4-18显示，2010—2019年中国东部11个省市的普惠金融发展广度指数提升明显，总体"升区"表现十分突出。

例如，第一分区2010年有上海和北京，2013年增加天津、浙江和辽宁，2017年江苏加入该分区，到2019年广东又顺利升入该分区；第二分区2010年有天津、浙江、辽宁和广东等4个省市，伴随新省市升入该区和区内省市成功"升区"，到2017年该分区变为海南、福建、山东和河北等4个省市地区；第三分区的变化则极为明显，2010年有江苏、海南、河北、福建和山东等5个省市，到2019年东部11个省市均脱离该分区，这5个省市地区也均实现"升区"。同时，中国东部11个省市地区的普惠金融发展广度指数区域均值，2010年为−0.0888，2013年增为0.0316，2017年进一步升至0.1993（>0.1），到2019年又增为0.2405，十年间区域均值增加0.3293。

由此可见，2010—2019年的十年间，中国东部11个省市普惠金融在广度层面整体表现十分突出，这11个省市地区的普惠金融广化发展成效十分显著。

表4-19 中部地区普惠金融发展广度指数比较

地区	2010年指数值	地区	2013年指数值	地区	2017年指数值	地区	2019年指数值
吉林	−0.1202^C	吉林	−0.0143^B	吉林	0.3172^A	吉林	0.2124^A
黑龙江	−0.1703^C	黑龙江	−0.0731^B	山西	0.0923^B	山西	0.1119^A

(续表)

地区	2010年指数值	地区	2013年指数值	地区	2017年指数值	地区	2019年指数值
山西	−0.184 9^C	山西	−0.089 9^B	河南	0.069 2^B	江西	−0.017 5^B
河南	−0.218 9^C	安徽	−0.124 0^C	黑龙江	−0.019 8^B	黑龙江	−0.019 3^B
安徽	−0.253 3^C	江西	−0.149 0^C	江西	−0.031 5^B	安徽	−0.038 4^B
江西	−0.256 3^C	湖北	−0.168 5^C	安徽	−0.058 2^B	湖北	−0.062 6^B
湖北	−0.262 7^C	河南	−0.180 4^C	湖北	−0.065 7^B	河南	−0.078 4^B
湖南	−0.276 0^C	湖南	−0.210 4^C	湖南	−0.125 3^C	湖南	−0.100 6^C
区域均值	−0.217 8	区域均值	−0.126 2	区域均值	0.022 3	区域均值	0.000 9

注:字母上标为在表4-17中的分区,A表示第一分区,B表示第二分区,C表示第三分区。

表4-19显示,2010—2019年中国中部8个省份的普惠金融发展广度指数均有所提高,在"升区"方面变化较大,但明显弱于东部地区。

例如,2010年,中部8个省份无一位列第一分区,但却均位列第三分区,表明此时中部8个省份的普惠金融发展广度水平整体偏低,与东部地区相比存在较大差距;2013年,中部仍无一个省份位列第一分区,但有吉林、黑龙江和山西这3个省份处于第二分区,表现出了一定的"升区"趋势;2017年,吉林晋升第一分区,且仅湖南仍在第三分区,而其余6个省份均位列第二分区,表现出了良好的"升区"成效;到2019年,又有山西省升入第一分区,但湖南仍深陷第三分区,处于第二分区的省份则相应减至5个。也即,2010—2019年的十年间,除湖南一直未"升区"成功之外,中部其余7个省份的普惠金融发展广度均实现了质的转变。

此外,中国中部8个省份的普惠金融发展广度指数的区域均值,2010年为−0.217 8,2013年小幅增至−0.126 2,2017年进一步升至0.022 3,但到2019年又降至0.000 9,十年间区域均值增长0.218 7。可以认为,2010—2019年中国中部地区普惠金融发展广度水平实现稳步提升,虽然整体仍然弱于东部地区,但到2019年绝大部分省份已脱离第三分区,因此中部地区普惠金融广化发展的总体成效也比较好。

表4-20 西部地区普惠金融发展广度指数比较

地区	2010年指数值	地区	2013年指数值	地区	2017年指数值	地区	2019年指数值
内蒙古	0.005 6^B	宁夏	0.190 0^A	宁夏	0.345 0^A	宁夏	0.416 8^A
宁夏	−0.040 6^B	内蒙古	0.162 8^A	内蒙古	0.255 7^A	内蒙古	0.282 2^A
西藏	−0.179 6^C	重庆	0.001 1^B	甘肃	0.138 7^A	青海	0.110 2^A
重庆	−0.186 6^C	青海	−0.053 9^B	青海	0.111 1^A	重庆	0.105 9^A
青海	−0.190 6^C	甘肃	−0.090 9^B	重庆	0.100 8^A	新疆	0.056 3^B
新疆	−0.206 3^C	新疆	−0.094 2^B	新疆	0.079 3^B	西藏	0.053 3^B
陕西	−0.211 7^C	西藏	−0.115 2^C	陕西	0.005 7^B	陕西	0.035 9^B
甘肃	−0.228 0^C	陕西	−0.117 9^C	西藏	0.003 5^B	甘肃	0.021 9^B
四川	−0.235 8^C	四川	−0.124 2^C	四川	−0.037 1^B	广西	0.018 9^B
广西	−0.286 4^C	广西	−0.161 2^C	贵州	−0.056 3^B	贵州	−0.022 6^B
云南	−0.287 6^C	贵州	−0.164 4^C	广西	−0.065 5^B	四川	−0.027 2^B
贵州	−0.293 1^C	云南	−0.190 4^C	云南	−0.140 5^C	云南	−0.148 3^C
区域均值	−0.195 1	区域均值	−0.063 3	区域均值	0.061 7	区域均值	0.075 3

注：字母上标为在表4-17中的分区，A表示第一分区，B表示第二分区，C表示第三分区。

表4-20显示，2010—2019年，中国西部12个省市（自治区）的普惠金融发展广度指数增长态势明显，"升区"上的总体表现十分强劲。

例如，2010年，西部12个省市（自治区）中仅内蒙古和宁夏处于第二分区，而其余10个地区均位于第三分区，区域均值仅为−0.195 1；到2013年，宁夏和内蒙古已成功升入第一区，重庆、青海、甘肃和新疆成功升入第二区，区域均值增至−0.063 3；2017年，甘肃、青海和重庆又进一步晋升至第一分区，陕西、西藏、四川、贵州和广西成功晋升至第二分区，区域均值则增至0.061 7；但颇为不足的是，到2019年，甘肃跌入了第二分区，且云南仍深陷第三分区之中，区域均值增至0.075 3。这说明2010—2019年的十年间，西部地区普惠金融发展广度水平得以大幅度提高,且总体"升区"表现要好于中部地区。

最后,将表4-18、表4-19和表4-20的2019年指数相比可以发现,处于第一分区的省市(自治区),东部有7个,中部有2个,西部有4个;处于第二分区的省市(自治区),东部有4个,中部有5个,西部有7个,而处于第三分区的省市(自治区),东部有0个,中部和西部各有1个。同时,2019年东、中和西部地区的区域均值,东部为0.2405,中部为0.0009,西部为0.0753。由此可见,东部地区普惠金融发展广度水平最高,西部地区居中,而中部地区则最低,中国普惠金融发展广度存在比较严重的地区非均衡性问题。

第三节 普惠金融发展广度的进一步探讨

全国及分地区普惠金融发展广度指数逐年提高,表明在互联网金融时代中国普惠金融发展已取得显著成效,但由于缺乏参照系,评判中国与发达国家的普惠金融发展广度水平差距仍存在困难。同时,孙英杰、林春(2018)指出,中国"各地区普惠金融发展的差距会随着时间的推移而逐渐缩小,并且都收敛于各自的稳定水平"。但前文研究发现,中国分地区普惠金融发展广度存在严重的非均衡问题,因此,中国普惠金融发展广度是否存在地区收敛性值得商榷。此外,关于互联网技术支持对普惠金融发展广度的影响,现有研究也未有涉及。

在前文所做研究基础上,作者构建国际评判标准体系,用以研判中国普惠金融发展广度的国际水平,并且实证分析中国普惠金融发展广度的收敛性和互联网金融对普惠金融发展广度的影响。

一、中国普惠金融发展广度的国际比较

因为缺乏相应的评判标准,所以作者采用前文所构建的"全国普惠金融发展广度指标体系"为主要参照,同时考虑到数据的可获得性,采用能较客观反映普惠金融发展广度特征的指标,原创性地提出"普惠金融发展广度的国际评

判标准"(表 4-21)。

表 4-21 普惠金融发展广度的国际评判标准

评判内容	采用指标	评判方法
商业银行金融服务广度	每十万成年人拥有商业银行分支机构数(X1)	选取经济金融发展水平高的国家、金砖国家与中国大陆地区,就这些指标做对比
	每十万成年人的自动取款机数(X2)	
	向金融机构借过款的成年人占比(X3)	
	成年人银行账户覆盖率(X4)	
	成年人银行借记卡覆盖率(X5)	
	成年人银行信用卡覆盖率(X6)	
互联网金融覆盖广度	过去一年使用互联网支付的成年人占比(X7)	
	过去一年使用数字支付的成年人占比(X8)	
征信广度	征信信息深度指数(X9)	
弱势群体金融服务广度	低收入成年人银行账户覆盖率(X10)	
	农村成年人银行账户覆盖率(X11)	
	低收入成年人在金融机构借过款或使用过新卡的比例(X12)	
	农村成年人在金融机构借过款的比例(X13)	

表 4-21 主要从"商业银行金融服务广度""互联网金融服务广度""征信广度"和"弱势群体金融服务广度"四维度,构建了具体的评判标准。"商业银行金融服务广度"维度主要采用 6 项具体指标,从商业银行网点覆盖广度、自动取款机覆盖广度、成年人借款成功率、成年人银行账户和成年人银行卡拥有率等方面,来分析研判中国大陆地区商业银行服务广度的国际化水平;"互联网金融覆盖广度"维度采用 2 项指标,主要考察成年人互联网支付和数字支付情况,用以通过"网络支付的点"着力反映中国大陆地区互联网金融服务"国际化广度水平";"征信广度"维度采用 1 项指标,主要反映中国大陆地区征信业务广度的国际化水平;在"弱势群体金融服务广度"维度采用 4 项指标,主要反映低收入人群和农村人口在银行账户及借款服务获取方面的情况。

评判方法是将中国大陆地区与世界主要发达国家、其余金砖国家以及世界平均水平进行比较。考虑到美国、英国、德国、法国、日本和韩国是金融高度发达国家,巴西、印度、南非和俄罗斯是金融发展迅速的金砖国家,这10个国家又分布于美洲、欧洲、亚洲和非洲地区,且这些国家几乎能代表所在洲际金融业的最好发展水平,因此将重点采用这些国家来与中国大陆进行比较。具体评价方法为:中国大陆地区指标值超过或持平金融高度发达国家,则认定在该指标上为"高发展水平";若指标值低于金融高度发达国家,但超过金砖国家和世界均值,则认定为"中上发展水平";若指标值显著低于金融高度发达国家,但与金砖国家或世界均值大抵持平,则认定为"中发展水平";若指标值显著低于金砖国家或世界均值水平,则认定为"低发展水平"。最后,综合13项指标评价结果,给出中国普惠金融发展广度国际化水平总体评价(表4-22)。

表4-22 中国普惠金融发展广度的国际比较

指标	美国	英国	德国	法国	日本	韩国	六国均值	金砖四国均值	世界均值	中国大陆	判断结果
X1	32.67	25.14	13.46	37.06	34.10	16.26	26.45	18.69	12.60	19.33	中上
X2	173.90	129.49	118.80	104.38	127.80	276.27	155.1	92.66	81.45	81.45	中
X3	29%	18%	20%	18%	6%	18%	18%	10%	11%	9%	低
X4	93%	96%	99%	94%	98%	95%	96%	74%	69%	80%	中上
X5	80%	91%	91%	85%	87%	75%	85%	46%	48%	67%	中上
X6	66%	65%	53%	41%	68%	64%	59%	15%	18%	21%	中上
X7	64%	62%	58%	43%	24%	64%	52%	15%	22%	40%	中上
X8	89%	94%	97%	90%	89%	91%	91%	43%	45%	61%	中上
X9	8	8	8	6	6	8	7	7	4.7	8	高
X10	85%	94%	98%	93%	98%	92%	93%	67%	61%	68%	中
X11	93%	96%	99%	94%	97%	90%	95%	74%	66%	78%	中
X12	49%	58%	42%	42%	48%	56%	49%	14%	16%	12%	低
X13	29%	16%	20%	19%	7%	25%	19%	10%	10%	9%	低
中国普惠金融发展广度总体评价										中上水平	

注:表4-22中的X1~X13是表4-21中各基础指标代码。

表 4-22 中 X1、X2 和 X9 的数据来源于世界银行数据库,其余 10 项基础指标数据均来源于世界银行金融包容性数据库。鉴于数据可得性的限制,数据年份选择为,基础指标 X1 除英国采用的为 2013 年数据,其余国家和地区均为 2016 年数据;基础指标 X2 除美国采用 2009 年数据和韩国采用 2015 年数据之外,其余国家和地区同样均为 2016 年数据;其余 11 项指标的数据均选择为 2017 年。

表 4-22 显示,在"商业银行金融服务广度"维度上,"每十万成年人拥有商业银行分支机构数(X1)",中国大陆地区为 19.33 家,低于美、英等金融发达国家平均水平,但高于金砖四国及世界均值,可以认为是"中上"发展水平。"每十万成年人的自动取款机数(X2)",中国大陆地区为 81.45 台,明显低于这些金融发达国家平均水平,甚至低于金砖四国水平,但与世界均值持平,可认为是"中等"发展水平。"向金融机构借过款的成年人占比(X3)",中国大陆地区明显表现较差,低于金融发达国家、金砖四国和世界的均值水平,可以认为是"低"发展水平。"成年人银行账户覆盖率(X4)""成年人银行借记卡覆盖率(X5)"和"成年人银行信用卡覆盖率(X6)",均低于金融发达国家平均水平,但高于金砖四国和世界均值水平,可以认为是"中上"发展水平。

表 4-22 显示,在"互联网金融覆盖广度"维度和"征信广度"维度上,"过去一年使用互联网支付的成年人占比(X7)"和"过去一年使用数字支付的成年人占比(X8)",中国大陆地区均低于金融发达国家平均水平,但远高于金砖四国和世界均值水平,可以认为是"中上"发展水平;而"征信信息深度指数(X9)",中国大陆地区得分为最高的 8 分,可以认为是"高"发展水平。

表 4-22 还显示,在"弱势群体金融服务广度"维度上,"低收入成年人银行账户覆盖率(X10)"和"农村成年人银行账户覆盖率(X11)",中国大陆地区逊色于金融发达国家,且略高于金砖四国和世界均值水平,可以认为是"中上"发展水平;"低收入成年人在金融机构借过款或使用过新卡的比例(X12)"和"农村成年人在金融机构借过款的比例(X13)",中国大陆地区明显最低,可以认为是"低"发展水平。

概言之，表4-22中的13项基础指标，有1项指标可评价为"高"，有6项指标可评价为"中上"，各有3项指标可评价为"中"和"低"。因此，综合起来看，中国普惠金融发展广度可以认为是国际"中等偏上"水平。与世界主要发达经济体相比，目前中国普惠金融发展广度差距正随中国互联网金融的创新与发展而不断缩小。

二、中国普惠金融发展广度的收敛性分析

中国学者孙英杰和林春(2018)[①]，研究2005—2015年中国31个省市（自治区）普惠金融发展指数的σ收敛和β收敛后认为，各地区普惠金融发展的差距会随着时间推移而逐渐缩小，并且都收敛于各自的稳定水平。问题是这两位学者并未将普惠金融做广度和深度区分，而且仅从地理渗透性、金融产品接触性和使用效用性三个维度选用6项基础指标测算中国分地区普惠金融指数，因此不能比较全面和客观地反映中国普惠金融发展广度的进程和特征。同时，前文测算的指数值中有负数，不能对所有指数做对数化处理，这会使β收敛检验无法进行。因此，借鉴钞小静和任保平(2011)所做的研究，作者通过计算指数的变异系数、σ系数和基尼系数，对2010—2019年中国分地区普惠金融发展广度的收敛性进行分析。

（一）变异系数、σ系数和基尼系数的计算方法

令IFG_i为第i个地区的普惠金融发展广度指数值，$\overline{IFG}$为各地区普惠金融发展广度指数的均值，且地区个数为N，借鉴钞小静和任保平(2011)的文献[②]，来计算中国分地区普惠金融发展广度指数的变异系数、σ系数和基尼系数。

普惠金融发展广度指数的变异系数(CV)计算公式为：

[①] 孙英杰,林春.中国普惠金融发展的影响因素及其收敛性——基于中国省级面板数据检验[J].广东财经大学学报,2018(02):89-98.

[②] 钞小静和任保平(2011)在《中国经济增长质量的时序变化与地区差异分析》一文中，分别计算了经济增长质量指数值的变异系数、基尼系数和σ系数。

$$CV = \delta / \overline{IFG} \quad (4-11)$$

式(4-11)中 δ 为发展广度指数的标准差[①]。

因为式(4-11)没有考虑各年份指数值均值不同问题,所以在广度指数值的 σ 系数计算公式中引入各年份指数值均值平方项,以使各年份的 σ 系数更具可比性。同时,中国分地区普惠金融发展广度指数均值都经历了由"负转正"的过程,对均值直接取平方项会抹去甚至逆转这一过程,从而导致 σ 系数计算结果有误。因此,可分两种情况来计算普惠金融发展指数的 σ 系数,其公式分别是:

$$\sigma = \frac{1}{N}\sqrt{\sum_{i=1}^{N}(IFG_i - \overline{IFG})^2 / \overline{IFG}^2} \quad \overline{IFG} > 0 \quad (4-12)$$

$$\sigma = \frac{1}{N}\sqrt{\overline{IFG}^2 / \sum_{i=1}^{N}(IFG_i - \overline{IFG})^2} \quad \overline{IFG} < 0 \quad (4-13)$$

普惠金融发展广度指数的基尼系数计算公式则采用:

$$G = 1 + \frac{1}{N} - \frac{2 \times (IFG_1 + 2 \times IFG_2 + 3 \times IFG_3 + \cdots + N \times IFG_N)}{N^2 \times \overline{IFG}}$$

$$(4-14)$$

式(4-14)满足 $IFG_1 \geqslant IFG_2 \geqslant \cdots \geqslant IFG_N$。

(二)中国分地区普惠金融发展广度的收敛性

利用表4-16数据,采用式(4-11)、式(4-12)、式(4-13)和式(4-14),测算出的2010—2019年中国分地区普惠金融发展广度指数的变异系数、σ 系数和基尼系数结果,则见表4-23所示。

---

① 普惠金融发展广度指数标准差(δ)的计算公式为:$\delta = \sqrt{\frac{1}{N}\sum_{i=1}^{N}(IFG_i - \overline{IFG})^2}$。

表 4-23　中国分地区普惠金融发展广度的收敛性检验

年份	全部 31 省市地区		
	变异系数	σ 系数	基尼系数
2010	−0.7324	0.0080	−0.3769
2011	−0.9649	0.0061	−0.5039
2012	−1.5379	0.0038	−0.8069
2013	−3.0573	0.0019	−1.6019
2014	64.7038	11.4321	34.7833
2015	4.6949	0.8295	2.5075
2016	2.3356	0.4127	1.2658
2017	1.8058	0.3191	0.9551
2018	1.8071	0.3193	0.9476
2019	1.7016	0.3007	0.8812
结果	阶段性收敛	阶段性收敛	阶段性收敛

注：2010—2013 年和 2014—2019 年因普惠金融发展广度指数年均值负正不同，σ 系数测算公式亦不同。

表 4-23 显示，中国普惠金融发展广度指数值的变异系数、σ 系数和基尼系数，在 2010—2013 年、2014—2017 年和 2018—2019 年这三个阶段均呈减小趋势，说明中国分地区普惠金融发展广度存在阶段性收敛特征，中国分地区间的普惠金融发展广度差距有缩小趋势。

表 4-24　中国东、中和西部地区普惠金融发展广度的收敛检验

年份	东部地区			中部地区			西部地区		
	变异系数	σ 系数	基尼系数	变异系数	σ 系数	基尼系数	变异系数	σ 系数	基尼系数
2010	−1.6578	0.0173	−0.8787	−0.2515	0.2822	−0.1292	−0.4742	0.0530	−0.0171
2011	−2.6296	0.0109	−1.4047	−0.3065	0.1901	−0.1585	−0.6919	0.0363	−0.0239
2012	−11.491	0.0025	−6.1808	−0.4184	0.1021	−0.2144	−1.1707	0.0215	−0.0654

(续表)

年份	东部地区			中部地区			西部地区		
	变异系数	σ系数	基尼系数	变异系数	σ系数	基尼系数	变异系数	σ系数	基尼系数
2013	5.209 3	1.497 6	2.812 5	−0.510 0	0.068 7	−0.268 6	−1.946 4	0.012 9	−0.126 3
2014	2.046 3	0.588 3	1.109 6	−0.991 2	0.018 2	−0.505 9	−8.369 7	0.003 0	−0.416 4
2015	1.443 6	0.415 0	0.780 5	−1.570 7	0.007 2	−0.799 0	8.517 1	2.354 0	0.732 6
2016	1.138 7	0.327 4	0.619 1	−7.951 2	0.000 3	−3.774 0	2.900 8	0.801 6	0.471 7
2017	1.077 0	0.309 6	0.567 7	6.225 3	33.918 0	3.001 9	2.267 8	0.626 8	0.298 8
2018	1.037 2	0.298 2	0.545 4	81.395 1	5 798.85	40.163 8	2.150 0	0.594 2	−0.031 8
2019	0.954 5	0.274 4	0.504 2	112.969	11 168.1	54.450 1	1.962 4	0.542 4	0.238 0
结果	2010—2012年、2013—2019年收敛			2010—2016年收敛			2010—2014年、2015—2019年收敛		

注：普惠金融发展广度指数均值，东、中和西部地区分别以2013年、2017年和2015年为界分负正值。

表4-24显示，2010—2012年和2013—2019年，东部地区普惠金融发展广度指数的变异系数、σ系数和基尼系数均表现出下降趋势，说明中国东部地区在普惠金融发展广度层面是阶段性收敛的。中部地区的这三项系数，在2010—2016年均表现为下降趋势，说明此阶段是收敛的，但2017—2019年均表现为上升趋势，说明此阶段是发散的。西部地区的这三项系数，在2010—2014年和2015—2019年两阶段，也基本表现出了下降态势。因此，可以判断中国西部地区普惠金融发展广度是呈阶段性收敛的。

综上所述，中国分地区普惠金融发展广呈阶段性收敛与发散特征。其中，中国东部地区普惠金融发展广度，在2010—2012年和2013—2019年这两个阶段，表现出收敛性特征；中国中部地区普惠金融发展广度，在2010—2016年表现出收敛性特征，但在2017—2019年表现出发散性特征；中国西部地区普惠金融发展广度，分别在2010—2014和2015—2019两阶段表现出收敛性，呈现明显的阶段性收敛特征。因此可认为，中国东部和西部地区普惠金融发展广度的区域内差距虽然明显,但整体上差距正呈现不断缩小的趋势,而自2017年以来中国中部地区普惠金融发展广度的区域内差距正在不断拉大。

三、互联网技术对中国普惠金融发展广度的影响

互联网技术普及对中国普惠金融供给产生了积极影响,但相关经验证据很少。为此,采用前文测算出的中国普惠金融发展广度各维度指标指数,实证检验互联网技术对中国普惠金融发展广度的影响。

运用stata15.0软件,先采用表4-7中的全国数据,对全国"互联网技术普及度"指标指数与其余维度指标指数,即与"机构网点和人员覆盖广度指数""金融产品覆盖广度指数""弱势群体金融服务广度指数"和"征信广度指数"分别做相关性分析,以检验"互联网技术普及度"与其余维度指标的相关关系,分析结果见表4-25。

表4-25 互联网技术普及度指数与其余维度指标指数的相关系数

相关系数	机构网点和人员覆盖广度指数	金融产品覆盖广度指数	弱势群体金融服务广度指数	征信广度指数
互联网技术普及度指数(全国)	0.980	0.988	0.908	0.985

表4-25显示,全国层面"互联网技术普及度"与"机构网点和人员覆盖广度指数""弱势群体金融服务广度指数""征信广度指数"和"金融产品覆盖广度指数"的相关系数均为正,相关系数值均超过0.90,表现出强正相关关系。可以认为,互联网技术是促进中国普惠金融发展广度提升的重要因素。

再次运用stata15.0软件,以分地区"互联网技术普及度指数"为解释变量,以分地区其余维度指标指数为被解释变量,通过静态面板数据分析[①],来实证检验互联网技术对中国普惠金融发展广度的影响大小,结果见表4-26。

---

① 具体使用的计量模型在此省略,所采用的回归数据均为各维度指数值,且未做其他任何处理。

表 4-26　分地区互联网技术普及度指数影响作用的回归分析①

被解释变量 解释变量	网点和人员覆盖 广度指数		弱势群体金融服务 广度指数		社会保险覆盖 广度指数	
	FE	RE	FE	RE	FE	RE
互联网技术普及度指数（分地区）	2.2389	2.2544	0.6884	0.6995	4.8614	4.8572
回归系数标准差	0.2668	0.2721	0.0408	0.0402	0.4297	0.4273
R-sq(within)	0.6427	0.6427	0.7404	0.7404	0.5971	0.5971
Hausman 值	19.68(0.0001)		9.10(0.0106)		0.07(0.9671)	
P 值	0.000	0.00	0.000	0.000	0.000	0.000

注：表 4-26 中的回归分析未加入控制变量，常数项回归结果省略。

表 4-26 显示，"互联网技术普及度"对"网点和人员覆盖广度""弱势群体金融服务广度"和"社会保险覆盖广度"均有显著的正面影响。由于 Hausman 检验结果分别支持固定效应模型和随机效应模型，因此，中国分地区"互联网技术普及度指数"每提升 1%，将分别推动"网点和人员覆盖广度指数""弱势群体金融服务广度指数"和"社会保险覆盖广度指数"提升 2.24%、0.69% 和 4.86%。也可以认为，互联网技术普及对中国普惠金融发展广度的各个维度均有积极影响作用。

---

① 为避免伪回归问题的出现，我们使用"互联网普及度"和"智能手机普及度"指标作为解释变量，再次做实证检验的结果与表 4-26 内容无实质区别，所以回归分析结果是稳健的。

第五章　互联网金融时代中国普惠金融发展的深度

普惠金融发展广度影响金融服务的可获得性,如金融服务和金融产品覆盖面越广,意味着获得金融服务的机会越多,但这些机会是否能被转化为有效金融需求则还需做进一步研究。因此,本章将测算全国和分地区的"金融业务使用深度指数"和"金融业务经济深度指数",并对测算结果做比较分析,进而客观评价中国普惠金融发展的深度。

第一节　全国普惠金融发展的深度

一、全国普惠金融发展深度指标体系

以表3-5和表3-6内容为基础,并考虑数据的可得性,作者构建全国普惠金融发展深度指标体系,即"全国普惠金融业务使用深度指标体系"和"全国普惠金融业务经济深度指标体系"(表5-1和表5-2)。

表5-1　全国普惠金融业务使用深度指标体系

维度	类别	指标(14项)	指标单位
存贷业务使用深度	人民币存款业务	人民币各项存款余额/万成年人	万元
	人民币贷款业务	人民币各项贷款余额/万成年人	万元
证券业务使用深度	股票业务	A股成交股数/万成年人	万股
	证券业务	证券投资基金规模/万成年人	万份

(续表)

维度	类别	指标(14项)	指标单位
保险业务使用深度	保险业务	保险公司保费收入/万成年人	万元
		保险公司保费支出/万成年人	万元
支付业务使用深度	银行卡业务	银行卡发生的业务笔数/万成年人	万笔
	移动支付业务	银行处理移动支付笔数/万成年人	万笔
	网上银行支付业务	网上银行支付笔数/万成年人	万笔
	支付机构网络支付业务	非银行支付机构网络支付笔数/万成年人	万笔
弱势群体业务使用深度	小微企业信贷业务	小微企业贷款余额/企业及其他组织信息收录数数	万元
	农户信贷业务	农户贷款余额/万乡村人口数	万元
	国家助学贷款业务	国家助学贷款余额/万在校大学生人数①	万元
其他业务使用深度	贷记转账等业务②	每万成年人贷记转账等业务笔数	万笔

需说明的是,表5-1构建的互联网金融时代"全国普惠金融业务使用深度指标体系"与表3-5内容相比,在指标维度、类别和具体基础指标上均无变化,只是增加了"指标单位"一项内容,且大部分基础指标单位为"万元""万笔",仅一项基础指标的单位是"万股"和"万份"。

表5-2 全国普惠金融业务经济深度指标体系

维度	类别	指标(15项)	指标单位
存贷业务经济深度	人民币各项存款	人民币各项存款余额/万元GDP	元
	人民币各项贷款	人民币各项贷款余额/万元GDP	元
证券业务经济深度	股票业务	A股成交金额/万元GDP	元
	基金业务	证券投资基金成交金额/万元GDP	元

① 在校大学生是指在校生的普通本专学生。
② 贷记转账等业务主要是指贷记转账、直接借记、托收承付、国内信用证等业务。下同。

(续表)

维度	类别	指标(15项)	指标单位
保险业务经济深度	保险业务	保险公司保费收入/万元GDP	元
		保险公司保费支付/万元GDP	元
支付业务经济深度	银行卡业务	银行卡业务金额/万元GDP	元
	移动支付业务	银行处理移动支付金额/万元GDP	元
	网上银行支付业务	网上银行支付金额/万元GDP	元
	支付机构网络支付业务	非银行支付机构网络支付金额/万元GDP	元
弱势群体业务经济深度	农村金融机构业务	农村金融机构总资产/万元GDP	元
	小额贷款公司业务	小额贷款公司贷款余额/万元GDP	元
	涉农贷款业务	涉农贷款余额/万元GDP	元
	国家助学贷款业务	国家助学贷款余额/万元GDP	元
其他业务经济深度	贷记转账等业务	每万成年人贷记转账等业务金额/万元GDP	元

为保障测算结果的科学性、可行性和合理性，表5-2构建的互联网金融时代"全国普惠金融业务经济深度指标体系"与表3-6内容相比，在指标维度、类别和具体基础指标上也均无变化，同样只是增加了"指标单位"一项内容，而且所有基础指标的单位均为"元"。

二、样本数据的来源及描述性统计

（一）全国普惠金融发展深度样本数据的选择与来源

依据表5-1和表5-2内容，同样选用2010—2019年数据，分别测算"全国普惠金融业务使用深度指数"和"全国普惠金融业务经济深度指数"。用于计算基础指标的数据主要来源于《中国统计年鉴》(2011—2020)、《支付体系运行总体情况》(2010—2019)、《中国区域金融运行报告》(2011—2020)和《小额贷款公司分地区情况统计表》(2010—2019)，少部分数据来源于《中国证券期货统计年鉴》(2011—2019)、《中国人民银行年报》(2010—2019)、《中国金融稳定报告》(2011—2020)和《金融机构贷款投向统计报告》(2010—2019)。

其中,"人民币各项存款余额"和"人民币各项贷款余额""15岁以上成年人数""A股成交股数"和"A股成交金额""证券投资基金规模"和"证券投资基金成交金额""保险公司保费收入"和"保险公司保费支出""名义GDP""乡村人口数""在校大学生人数"等数据,来源于《中国统计年鉴》(2011—2020);"银行卡发生的业务笔数""银行卡发生的业务金额""贷记转账等业务笔数"和"贷记转账等业务金额"等数据,来源于中国《支付体系运行总体情况》(2010—2019);"农村金融机构总资产"数据①,则由2011—2020年31个省市(自治区)域经济运行报告数据求和所得;"涉农贷款余额""小微企业贷款余额"和"国家助学贷款余额"数据,来源于2010—2019年的《中国人民银行年报》;"农户贷款余额"数据,来源于2010—2019年各年的《金融机构贷款投向统计报告》;"小额贷款公司贷款余额"数据,来源于中国人民银行发布的《小额贷款公司分地区情况统计表》(2010—2019);"信用档案建档小微企业数"数据,来源于《中国金融稳定报告》(2011—2020)。

同时,2010—2012年,"银行处理移动支付笔数""银行处理移动支付金额""网上银行支付笔数"和"网上银行支付金额"数据,来源于中国人民银行发布的《中国支付体系发展报告》(2010—2012);2013—2019年,"银行处理移动支付笔数""银行处理移动支付金额""网上银行支付笔数""网上银行支付金额""非银行支付机构网络支付笔数"和"非银行支付机构网络支付金额"数据,来源于中国人民银行发布的《支付体系运行总体情况》(2013—2019);2010—2012年,"非银行支付机构网络支付笔数"和"非银行支付机构网络支付金额"数据,则由笔者根据2013年这两项数据的数值和增长率倒推估算所得②。

---

① 农村金融机构总资产,是由农村小型金融机构总资产和农村新型金融机构总资产加总而成。
② 对于缺失的数据,常用的插补方法有均值插补、利用同类均值插补、极大似然估计和多重插补这四种,考虑到缺失的年份是2010—2012年,故采用这四种方法均会高估缺失年份的数值,注意到这两项数据都表现出较强的时间增长特征,所以,笔者采用这两项数据2013年的数值和增长率来倒推估算2010—2012年的数据,虽有一定的缺陷,但也是目前笔者能采用的最可行方法。还需说明的是,网络支付业务包括互联网支付、移动电话支付、固定电话支付和数字电视支付业务。

(二)全国普惠金融发展深度样本数据的描述性统计

运用 stata15.0 软件,对表 5-1 和表 5-2 中各项基础指标变量值进行描述性统计,结果如表 5-3 和表 5-4 所示。

表 5-3 全国普惠金融业务使用深度样本数据的描述性统计

维度	基础指标(14 项)	均值	标准差	最小值	最大值
存贷业务使用深度	人民币各项存款余额/万成年人	111 804.9	35 330.32	64 224.72	165 542.5
	人民币各项贷款余额/万成年人	80 905.48	29 954.76	42 849.59	131 412.2
证券业务使用深度	A 股成交股数/万成年人	6 880.43	3 800.31	2 889.21	14 862.35
	证券投资基金规模/万成年人	6 049.38	3 788.17	2 166.50	11 752.97
保险业务使用深度	保险公司保费收入/万成年人	2 212.43	910.93	1 273.77	3 660.09
	保险公司保费支付/万成年人	703.14	301.29	286.14	1 106.66
支付业务使用深度	银行卡发生的业务笔数/万成年人	94.10	81.60	23.03	276.35
	银行处理移动支付笔数/万成年人	21.23	28.89	0.11	87.06
	网上银行支付笔数/万成年人	31.38	18.34	7.60	67.10
	非银行支付机构网络支付笔数/万成年人	160.12	216.76	3.61	617.96
弱势群体业务使用深度	小微企业贷款余额/企业及其他组织信息收录数	85.29	27.74	50.53	130.20
	农户贷款余额/万乡村人口数	10 140.86	5 071.19	3 880.47	18 744.79
	国家助学贷款余额/万在校大学生人数	2 709.92	775.23	1 691.15	3 889.13
其他业务使用深度	每万成年人贷记转账等业务笔数	4.62	3.54	0.94	9.68

表 5-3 显示,2010—2019 年,在"存贷业务使用深度"维度,每万名成年人拥有的人民币各项存款余额年均值达 111 804.90 万元,每万名成年人拥有的人民币各项贷款余额年均值达 80 905.48 万元,所以,中国人民币各项存款业务的使用深度较好;在"证券业务使用深度"维度,每万名成年人拥有的 A 股年均成交股数为 6 880.43 万股,每万名成年人拥有的证券投资基金规模年均值为 6 049.38 万份,说明中国证券业务使用深度处于较高水平;在"保险业

务使用深度"维度,每万名成年人拥有的保险公司保费收入年均值为 2 212.43 万元,每万名成年人拥有的保险公司保费年均值为 703.14 万元,年均保费收支比约为 3.15∶1,说明中国商业保险业务使用状况也较好。

表 5-3 还显示,2010—2019 年,在"支付业务使用深度"维度,每万名成年人发生的银行卡业务笔数年均值为 94.10 万笔,每万名成年人发生的银行处理移动支付笔数年均值为 21.23 万笔,每万名成年人发生的网上银行支付笔数年均值为 31.38 万笔,每万名成年人发生的非银行支付机构网络支付笔数年均值为 160.12 万笔。所以,非银行支付机构网络支付业务使用深度最高,其次是银行卡业务,网上银行支付和银行处理移动支付业务的使用深度再依次减低,这说明,非银行系的网络支付业务使用频次最高,而中国商业银行开展的支付业务使用频度屈居次席。

此外,2010—2019 年,在"弱势群体业务使用深度"维度,每户信用建档企业及其他组织的小微贷款余额年均值为 85.29 万元,每万名乡村人口拥有的农户贷款余额年均值为 10 140.86 万元,每万名乡村人口拥有的国家助学贷款余额年均值为 2 709.92 万元,说明中国弱势群体信贷业务使用状况良好。最后,在"其他业务使用深度"维度,每万名成年人发生的贷记转账业务笔数年均值为 4.62 万笔,已达到较理想水平。

表 5-4　全国普惠金融业务经济深度样本数据的描述性统计

维度	基础指标(15 项)	均值	标准差	最小值	最大值
存贷业务经济深度	人民币各项存款余额/万元 GDP	18 467.68	1 366.10	16 541.33	20 236.65
	人民币各项贷款余额/万元 GDP	13 198.35	1 541.80	11 198.57	15 452.39
证券业务经济深度	A 股成交金额/万元 GDP	13 725.82	8 798.80	5 805.59	36 961.47
	证券投资基金成交金额/万元 GDP	528.86	407.81	130.10	1 185.46
保险业务经济深度	保险公司保费收入/万元 GDP	358.88	62.10	286.62	442.23
	保险公司保费支出/万元 GDP	112.77	24.15	77.48	141.32

第五章　互联网金融时代中国普惠金融发展的深度

（续表）

维度	基础指标（15项）	均值	标准差	最小值	最大值
支付业务经济深度	银行卡业务金额/万元GDP	80 320.19	15 436.65	59 743.80	99 688.60
	银行处理移动支付金额/万元GDP	13 251.35	13 718.40	138.00	35 031.00
	网上银行支付金额/万元GDP	208 343.4	57 610.87	126 477.4	292 895.1
	非银行支付机构网络支付金额/万元GDP	9 376.62	9 534.89	681.16	25 218.37
弱势群体业务经济深度	农村金融机构总资产/万元GDP	3 450.31	524.39	2 632.94	4 056.35
	小额贷款公司贷款余额/万元GDP	109.68	30.19	47.82	146.29
	涉农贷款余额/万元GDP	3 473.59	337.55	2 848.65	3 831.35
	国家助学贷款余额/万元GDP	10.22	1.14	9.02	11.90
其他业务经济深度	每万成年人贷记转账等业务金额/万元GDP	219 911.0	105 389.4	90 526.05	370 585.8

表5-4显示，2010—2019年，在存贷、证券和保险业务经济深度方面，万元GDP承载的人民币各项存款余额年均值最高，达18 467.68元；万元GDP承载的A股成交金额年均值其次，为13 725.82元；万元GDP承载的人民币各项贷款余额年均值再其次，为13 198.35元；而万元GDP承载的证券投资基金成交金额、保险公司保费收入和保险公司保费支付年均值则紧随其后，分别为528.86元、358.88和112.77元。所以，综合而言，中国存贷业务经济深度水平、证券业务和保险业务经济深度水平依次降低。

同时，2010—2019年，在支付业务经济深度方面，万元GDP承载的各项支付业务年均发生额，由高到低依次为208 343.4元、80 320.19元、13 251.35元和9 376.62元，分别对应网上银行支付业务、银行卡业务、银行处理移动支付业务和非银行支付机构网络支付业务。所以，相比较而言，近十年来商业银行支付业务的经济深度依然最高，非银行支付机构网络支付业务发挥着重要的补充作用，这说明中国商业银行在支付领域牢牢占据主导地位。

此外，表5-4还显示，在弱势群体业务经济深度和其他业务经济深度方面，万元GDP承载的农村金融机构总资产、小额贷款公司贷款余额、涉农贷款余额、国家助学贷款余额和每万成年人贷记转账等业务金额,这五项指标2010—2019年的年均值分别为3 450.31元、109.68元、3 473.59元、10.22元和219 911.01元,所以,中国在农村信贷业务、商业小贷业务、助学贷款业务和贷记转账等业务经济深度方面,也取得了一定成效。

三、全国普惠普惠金融发展深度水平的测度

对"全国普惠金融业务使用深度指标体系"和"全国普惠金融业务经济深度指标体系"中的基础指标做无量纲化处理,然后运用SPSS22.0软件和Excel软件分别进行主成分分析和层次分析,以计算两个指标体系中基础指标的权重值。在此基础上,采用线性加权求和法测算"全国普惠金融业务使用深度指数"和"全国普惠金融业务经济深度指数"。

(一)指标权重的确定

根据表5-1和表5-2,先将评价指标划分三个层次。其中,在金融业务使用深度方面,由上到下的目标层、准则层和评价指标层分别为"全国普惠金融业务使用深度指标体系"、维度层和基础指标层;在金融业务经济深度方面,由上到下的目标层、准则层和评价指标层分别为"全国普惠金融业务经济深度指标体系"、维度层和基础指标层。两个指标体系的基础指标层和维度层指标权重,分别采用主成分分析法和层次分析法计算。

1. 评价指标层指标权重

主成分分析一般需做适用性检验,但"全国普惠金融业务使用深度指标体系"和"全国普惠金融业务经济深度指标体系"指标数分别为14和15,要大于各自的样本年份数(10和10),不支持KMO和Bartlett检验。因此,作者根据基础指标的相关系数,判断是否可以进行主成分分析。

(1)全国普惠金融业务使用深度评价指标层的指标权重

作者运用SPSS22.0软件对"全国普惠金融业务使用深度指标体系"中的基础指标做相关性分析。结果表明,14个变量测算的91个相关系数绝对值中,仅有1个值介于0.3至0.5之间,且表现出中度相关性;其余90个值则均

大于0.5,且表现出强相关性;这91个相关系数绝对值的均值为0.89,且整体表现出强相关性。因此,可以做基于相关系数矩阵的主成分分析。

表5-5 全国普惠金融业务使用深度指标的主成分特征值与方差贡献率

主成分	初始特征值	方差贡献率(%)	累积方差(%)
F_1	12.72	90.88	90.88
⋮	⋮	⋮	⋮

注:其余初始特征值小于1的主成分省略。

表5-5显示,第一个主成分的初始特征值大于1,满足主成分提取的初始特征值要求,且第一个主成分的累积方差为90.88%,满足累积方差大于85%的主成分提取标准,说明第一个主成分能很好反映基础数据的绝大部分信息。因此,可采用第一个主成分来确定基础指标的权重值。

进一步利用成分矩阵和第一个主成分的特征值,可计算出各基础指标的权重值。计算方法和计算步骤则如前文所论述,此处不再赘述,计算结果见表5-6。

表5-6 全国普惠金融业务使用深度基础指标的主成分系数及权重

基础指标(14项)	主成分系数		权重
	F_1	F	
人民币各项存款余额/万成年人	0.2781	0.2781	0.0747
人民币各项贷款余额/万成年人	0.2795	0.2795	0.0750
A股成交股数/万成年人	0.1794	0.1794	0.0482
证券投资基金规模/万成年人	0.2773	0.2773	0.0744
保险公司保费收入/万成年人	0.2775	0.2775	0.0745
保险公司保费支付/万成年人	0.2742	0.2742	0.0736
银行卡发生的业务笔数/万成年人	0.2686	0.2686	0.0721
银行处理移动支付笔数/万成年人	0.2635	0.2635	0.0708
网上银行支付笔数/万成年人	0.2773	0.2773	0.0744

(续表)

基础指标(14项)	主成分系数		权重
	F_1	F	
非银行支付机构网络支付笔数/万成年人	0.263 0	0.263 0	0.070 6
小微企业贷款余额/企业及其他组织信息收录数	0.274 7	0.274 7	0.073 8
农户贷款余额/万乡村人口数	0.279 5	0.279 5	0.075 0
国家助学贷款余额/万在校大学生人数	0.278 1	0.278 1	0.074 7
每万成年人贷记转账等业务笔数	0.254 0	0.254 0	0.068 2

表5-6显示，14项基础指标中，仅有"A股成交股数/万成年人"这一项指标的第一主成分得分系数明显更小，它的权重值仅为0.048 2，而其余13项基础指标的第一主成分得分系数均大于0.25，且它们的权重值均介于0.06和0.08之间，说明这14项基础指标对中国普惠金融发展深度均有不同程度的贡献，且贡献大小存在一定差距；但整体而言，它们之间的差距较小。

(2) 全国普惠金融业务经济深度评价指标层的指标权重

运用SPSS22.0软件对"全国普惠金融业务经济深度指标体系"中的基础指标做相关性分析，结果表明，15个变量测算的105个相关系数绝对值中，有12个数值小于0.3而表现为弱相关，有8个数值介于0.3和0.5之间而表现为中度相关，其余85个值均大于0.5从而呈现出强相关性，所有相关系数的绝对值平均数达0.71，从而整体表现为强相关性。由此判断，可以做基于相关系数矩阵的主成分分析。

表5-7　全国普惠金融业务经济深度指标的主成分特征值与方差贡献率

主成分	初始特征值	方差贡献率(%)	累积方差(%)
F_1	11.39	75.92	75.92
F_2	2.18	14.55	90.47
⋮	⋮	⋮	⋮

注：其余初始特征值小于1的主成分省略。

表 5-7 显示,前两个主成分的初始特征值均都大于 1,满足主成分提取的初始特征值的要求,而且前两个主成分的累积方差为 90.47%,满足累积方差大于 85% 的主成分提取标准,能很好反映基础指标的绝大部分信息。因此,采用前两个主成分来确定基础指标的权重值(表 5-8)。

表 5-8 全国普惠金融业务经济深度基础指标的主成分系数及权重

基础指标(15 项)	主成分系数			权重
	F_1	F_2	F	
人民币各项存款余额/万元 GDP	0.287 4	0.028 4	0.245 8	0.075 5
人民币各项贷款余额/万元 GDP	0.286 6	−0.136 7	0.218 5	0.067 1
A 股成交金额/万元 GDP	0.129 5	0.337 7	0.163 0	0.050 1
证券投资基金成交金额/万元 GDP	0.243 9	−0.228 8	0.167 9	0.051 6
保险公司保费收入/万元 GDP	0.256 3	−0.286 3	0.169 0	0.051 9
保险公司保费支付/万元 GDP	0.290 4	0.083 2	0.257 1	0.079 0
银行卡业务金额/万元 GDP	0.285 1	0.080 5	0.252 2	0.077 5
银行处理移动支付金额/万元 GDP	0.273 8	−0.234 2	0.192 1	0.059 0
网上银行支付金额/万元 GDP	0.264 0	0.289 7	0.268 2	0.082 4
非银行支付机构互联网支付金额/万元 GDP	0.258 1	−0.303 2	0.167 8	0.051 5
农村金融机构总资产/万元 GDP	0.288 3	0.127 9	0.262 5	0.080 6
小额贷款公司贷款余额/万元 GDP	0.113 2	0.548 9	0.183 3	0.056 3
涉农贷款余额/万元 GDP	0.244 8	0.350 6	0.261 8	0.080 4
国家助学贷款余额/万元 GDP	0.277 1	−0.215 9	0.197 8	0.060 7
每万成年人贷记转账等业务金额/万元 GDP	0.289 5	0.036 5	0.248 8	0.076 4

表 5-8 显示,在普惠金融业务经济深度方面,15 项基础指标之中,"A 股筹资额/万元 GDP""保险公司保费收入/万元 GDP""网上银行支付金额/万元 GDP""非银行支付机构互联网支付金额/万元 GDP""小额贷款公司贷款余额/万元 GDP"和"涉农贷款余额/万元 GDP"等 6 项指标的第二主成分系数绝对值较大,说明这 6 项基础指标变量的信息主要由第二主成分反映,而其余 9 项基础指标变量的信息主要由第一主成分反映。

同时,"A 股筹资额/万元 GDP""证券投资基金成交金额/万元 GDP""保险公司保费收入/万元 GDP""银行处理移动支付金额/万元 GDP""非银行支付机构互联网支付金额/万元 GDP""小额贷款公司贷款余额/万元 GDP"和"国家助学贷款余额/万元 GDP"这 7 项指标的总主成分系数均小于 0.2,而其余 8 项基础指标的总主成分系数均大于 0.2,表明这 14 项基础指标均对金融业务经济深度有正面影响,但影响力大小存在一定差异。

此外,"A 股成交金额/万元 GDP"指标的权重最小,为 0.050 1,说明该项指标对中国普惠金融发展深度贡献较小;"网上银行支付金额/万元 GDP"指标权重最大,为 0.082 4,说明该项指标对中国普惠金融发展深度的影响最大;其余 13 项指标的权重均介于 0.051 至 0.085 之间,说明这些指标对普惠金融发展深度的影响作用居中,且影响大小存在一定差异。

2. 准则层指标权重

根据表 5-1 和表 5-2,需分别构建"全国普惠金融业务使用深度"判断矩阵和"全国普惠金融业务经济深度"判断矩阵,构建结果则见表 5-9 和表 5-10。

表 5-9 "全国普惠金融业务使用深度"判断矩阵

准则层	支付、存款及贷记转账等业务使用深度	保险业务使用深度	证券业务使用深度	贷款业务使用深度	弱势群体业务使用深度
支付、存款及贷记转账等业务使用深度	1	1/3	1/5	1/7	1/9
保险业务使用深度	3	1	1/2	1/4	1/6
证券业务使用深度	5	2	1	1/2	1/4
贷款业务使用深度	7	4	2	1	1/2
弱势群体业务使用深度	9	6	4	2	1

注:为更清晰看出各维度之间的重要程度区别,对准则层做了相应的顺序调整。

通过咨询金融研究领域和金融机构的 10 位知名专家[①],并参考"北京大学数字金融研究中心课题组"编制数字普惠金融指数的做法,在综合研判后确定表 5-9 中的数值。即,以金融服务的门槛(复杂性和风险性)和普及程度为判断标准,将支付、存款及贷记转账等业务与保险业务、证券业务、贷款业务和弱势群体业务使用深度的相对重要程度,分别由低到高赋 1、3、5、7、9 分;将保险业务与证券业务、贷款业务、弱势群体业务使用深度的相对重要程度,分别按 2、4、6 的分值赋分;将证券业务与贷款业务、弱势群体业务使用深度的相对重要程度,按 2、4 分赋分;将贷款业务与弱势群体业务使用深度的相对重要程度,按 2 分赋分。

采用方根法求解判断矩阵最大特征值及其对应的特征向量,经计算后得出,最大特征值 λ_{max} 为 5.077 8,按照公式 $CI=(\lambda_{max}-n)/(n-1)$ 计算出一致性指标 CI 为 0.019 4,再由公式 $CR=CI/RI$ 计算出一致性比例值 CR 为 0.017 4。根据判定标准[②],$CR=0.017\,4<0.1$,因此可以认为,金融业务使用深度的判断矩阵具有很好的一致性和合理性。

最后,测算得出"支付、存款及借贷转账等业务使用深度""保险业务使用深度""证券业务使用深度""贷款业务使用深度"和"弱势群体业务使用深度"的权重,分别为 0.035 3、0.079 9、0.145 5、0.270 9 和 0.468 3。

表 5-10 "全国普惠金融业务经济深度"判断矩阵

准则层	支付、存款及贷记转账等业务经济深度	保险业务经济深度	证券业务经济深度	贷款业务经济深度	弱势群体业务经济深度
支付、存款及贷记转账等业务经济深度	1	1/3	1/5	1/7	1/9

[①] 北京大学数字金融研究中心课题组编制数字普惠金融指数时,按照金融服务的门槛(复杂性和风险性)和普及程度作为判断标准,将支付、货基、征信、保险、投资和信贷的重要程度,分别由低到高赋值 1、2、3、4、5、6 分,借鉴此做法,基于维度指标来修正得出准则层指标。

[②] $CR<0.1$ 时,判断矩阵具有很好的一致性,判断合理;$CR=0.1$ 时,判断矩阵具有较好的一致性,判断较为合理;$CR>0.1$ 时,判断矩阵不符合一致性原则,需要重新调整。

（续表）

准则层	支付、存款及贷记转账等业务经济深度	保险业务经济深度	证券业务经济深度	贷款业务经济深度	弱势群体业务经济深度
保险业务经济深度	3	1	1/2	1/4	1/6
证券业务经济深度	5	2	1	1/2	1/4
贷款业务经济深度	7	4	2	1	1/2
弱势群体业务经济深度	9	6	4	2	1

注：为更清晰看出各维度之间的重要程度区别，对准则层做了相应的顺序调整。

采用上述同样的方法，将支付及贷记转账等业务经济深度与保险业务经济深度、证券业务经济深度、存款业务经济深度和弱势群体业务经济深度的相对重要程度，分别由低到高赋 1、3、5、7、9 分，依据这一重要程度关系，再将后四项指标的相对重要程度分别按 2、4、6 的分值赋分。

同理，采用方根法求解判断矩阵最大特征值及其对应的特征向量，经计算后得出，最大特征值 λ_{max} 为 5.077 8，按照公式 $CI=(\lambda_{max}-n)/(n-1)$ 计算出一致性指标 CI 为 0.019 4，再由公式 $CR=CI/RI$ 算出一致性比例值 CR 为 0.017 4。依照判定标准 $CR=0.017 4<0.1$，可以认为金融业务经济深度上的判断矩阵也具有很好的一致性，判断合理。

最后，测算出"支付、存款及贷记转账等业务经济深度""保险业务经济深度""证券业务经济深度""贷款业务经济深度"和"弱势群体业务经济深度"的权重分别是 0.035 3、0.079 9、0.145 5、0.270 9 和 0.468 3。

（二）全国普惠金融发展深度水平的测度结果

1. 基于主成分分析的维度指标得分

将主成分分析得出的指标权重与相应基础指标标准化值相乘，采用简单线性加权法，可分别计算"全国普惠金融业务使用深度指标体系"和"全国普惠金融业务经济深度指标体系"中维度指标的得分值，其结果见表 5-11 和表 5-12。

表 5-11 基于主成分法的"全国普惠金融业务使用深度指标体系"维度指标得分

年份	存贷业务使用深度得分	证券业务使用深度得分	保险业务使用深度得分	支付业务使用深度得分	弱势群体业务使用深度得分	其他业务使用深度得分
2010	−0.195 9	−0.116 1	−0.176 6	−0.262 0	−0.283 2	−0.070 8
2011	−0.165 1	−0.121 8	−0.163 3	−0.233 1	−0.225 1	−0.068 3
2012	−0.128 0	−0.114 4	−0.138 9	−0.211 3	−0.188 5	−0.064 4
2013	−0.086 7	−0.098 8	−0.095 5	−0.185 2	−0.133 2	−0.057 3
2014	−0.049 2	−0.052 6	−0.053 5	−0.146 7	−0.071 9	−0.045 1
2015	0.016 1	0.113 6	0.005 0	−0.067 5	−0.009 8	0.011 3
2016	0.068 8	0.048 6	0.089 5	0.037 4	0.092 3	0.067 2
2017	0.121 1	0.077 1	0.142 1	0.130 2	0.152 3	0.097 5
2018	0.178 7	0.101 9	0.174 2	0.321 8	0.306 8	0.072 7
2019	0.240 1	0.162 5	0.217 0	0.616 4	0.360 3	0.057 2
年均增长值	0.048 4	0.031 0	0.043 7	0.097 6	0.071 5	0.014 2

表 5-11 显示,2010—2019 年,存贷、证券、保险、支付和弱势群体业务的使用深度得分均呈现逐年上升之势,但贷记转账等其他业务使用深度得分则表现出先增后减的波动趋势。

就年均增长值而言,2010—2019 年,支付业务使用深度得分的年均增长值最大,为 0.097 6;弱势群体、存贷、保险和证券业务的使用深度得分年均增长值紧随其后,分别为 0.071 5、0.048 4、0.043 7 和 0.031 0;贷记转账等其他业务使用深度得分的年均增长值最低,仅为 0.014 2,甚至出现负增长现象。这说明,中国多项普惠金融业务的使用深度,在 2010—2019 年期间,均得到不同程度的加深,但深化发展速度存在一定的差异性。

表 5-12 基于主成分法的"全国普惠金融业务经济深度指标体系"维度指标得分

年份	存贷业务经济深度得分	证券业务经济深度得分	保险业务经济深度得分	支付业务经济深度得分	弱势群体业务经济深度得分	其他业务经济深度得分
2010	−0.129 1	−0.042 6	−0.121 3	−0.323 7	−0.447 7	−0.093 8
2011	−0.193 5	−0.079 6	−0.161 2	−0.267 9	−0.343 8	−0.088 4
2012	−0.149 3	−0.091 6	−0.143 8	−0.261 3	−0.177 2	−0.073 1
2013	−0.100 2	−0.069 0	−0.085 6	−0.181 6	−0.026 5	−0.050 3
2014	−0.065 9	−0.040 4	−0.039 7	−0.116 7	0.078 6	−0.035 9
2015	0.086 8	0.146 5	0.037 4	0.204 3	0.185 9	0.043 4
2016	0.146 8	−0.002 8	0.140 5	0.255 4	0.257 5	0.109 3
2017	0.133 6	0.082 2	0.142 8	0.211 3	0.218 7	0.088 3
2018	0.117 5	0.052 1	0.114 3	0.244 8	0.129 7	0.058 1
2019	0.153 3	0.045 1	0.116 5	0.235 3	0.124 7	0.042 5
年均增长值	0.031 4	0.009 7	0.026 4	0.062 1	0.063 6	0.015 1

表 5-12 显示，就普惠金融业务的经济深度而言，与 2010 年相比，到 2019 年，中国在存贷业务、证券业务、保险业务、支付业务、弱势群体业务和其他业务的经济深度上的得分均实现了增长，但这六大维度指标的经济深度得分均出现过逆增长现象，除"存贷业务经济深度得分"之外，其余五项维度指标的 2019 年得分均不是十年间的最大值，这说明在经济层面，中国普惠金融业务深化发展的稳定性不足。

同时，2010—2019 年，在维度指标得分年均增长值方面，弱势群体业务经济深度得分年均增长值为 0.063 6，居于首位；支付、存贷、保险和其他业务经济深度得分的年均增长值则紧随其后，分别为 0.062 1、0.031 4、0.026 4 和 0.015 1；证券业务济深度得分的年均增长值为 0.009 7，表现出极为缓慢的增长态势。因此，可以认为，中国普惠金融业务的经济深度整体上是不断加深的，且不同业务间的深化发展速度存有差异。

2. 全国普惠金融发展深度水平的测算结果

利用层次分析法,对"全国普惠金融业务使用深度指标体系"和"全国普惠金融业务经济深度指标体系"中维度指标得分做调整,然后对调整后的指数值加总求和,可得出全国普惠金融发展深度"双"指数,即"全国普惠金融业务使用深度指数"和"全国普惠金融业务经济深度指数"(表5-13和表5-14)。

表5-13 "全国普惠金融业务使用深度指数"测算结果

年份	存贷业务使用深度指数	证券业务使用深度指数	保险业务使用深度指数	支付业务使用深度指数	弱势群体业务使用深度指数	其他业务使用深度指数	全国金融业务使用深度指数
2010	−0.029 4	−0.016 9	−0.014 1	−0.009 3	−0.132 6	−0.002 5	−0.204 8
2011	−0.024 9	−0.017 7	−0.013 0	−0.008 2	−0.105 4	−0.002 4	−0.171 7
2012	−0.019 4	−0.016 6	−0.011 1	−0.007 5	−0.088 3	−0.002 3	−0.145 2
2013	−0.013 5	−0.014 4	−0.007 6	−0.006 5	−0.062 4	—	−0.106 4
2014	−0.007 3	−0.007 6	−0.004 3	−0.005 2	−0.033 6	−0.001 6	−0.059 6
2015	0.001 1	0.016 5	0.000 4	−0.002 4	−0.004 6	0.000 4	0.011 5
2016	0.009 3	0.007 1	0.007 1	0.001 3	0.043 2	0.002 4	0.070 4
2017	0.017 8	0.011 2	0.011 4	0.004 6	0.071 3	0.003 4	0.119 8
2018	0.027 9	0.014 8	0.013 9	0.011 4	0.143 7	0.002 6	0.214 3
2019	0.038 3	0.023 6	0.017 3	0.021 8	0.168 7	0.002 0	0.271 8
年均增长值	0.040 2	0.004 5	0.003 5	0.003 4	0.033 5	0.000 5	0.053 0

表5-13显示,与表5-11中的各维度指标得分相比,调整后的各维度指标指数值均变得更小[①],各维度指标指数的年均增长值也相应发生变化。

---

① 需说明的问题是,采用主成分分析法,因为运用了Z-score标准化处理方法,会导致各项指标指数的得分均从负值开始,同时,采用了层次分析法又进一步使测度的指数值变得更小,直观上会使人产生测度过程是否合理和测度结果是否科学的疑惑,在此,结合已有测度文献,我们认为采用不同的测度方法得到的测度指数均不会相同,故无法从理论上区分哪一种测算过程更为有效,或者所有的测算过程都只是做数理上的估计,所以,就作者所做的研究而言,要做的就是尽力保障测度结果能真实刻画中国普惠金融发展的实际进程,并通过指数值的变动趋势来较准确反映中国普惠金融深化发展的成效及问题,因此,测度指数值是否为负及指数值是否过小等问题,并不会影响研究的科学性和合理性。恰恰相反,作者对测度方法所做的研究不是为测度指数"好看",而是有选择性地采用测度方法,这是出于对理论研究与经验分析严谨性的追求。

同时，也应该注意到，2010—2019年期间，除存贷、保险、支付和弱势群体业务使用深度指数均保持逐年上升之势，证券和贷记转账等其他业务使用深度指数均出现了异常的变动态势。如2015年证券业务使用深度指数明显异常，其原因可能是，2014年11月下旬至2015年6月上旬，中国股市出现"配资热"的现象，在资本的推波助澜下，大量股民疯狂加杠杆，A股成交股数由此出现非理性增加，而面对中国股票市场产生的短期泡沫，中国监管层本着防范和化解股市风险的初衷，开始清查场外配资，大量资本闻风而动"逃离"股市，导致股价全线下跌，A股成交股数也因配资公司不计成本地清仓而进一步非理性增加，大量股民也跟着"割肉离场"，由此反映在证券业务使用深度指数变动趋势异常上，这不仅表明中国普惠金融业务深化发展要平稳进行，而且也佐证了作者所选用测算方法的合理性。本章较为科学地刻画了中国普惠金融深化发展的特征，并给我们带来中国普惠金融深化发展要稳步推进的深刻启示。

此外，2010—2019年，全国普惠金融业务使用深度指数总体呈增长态势，其中，最大指数值为2019的0.271 8，最小指数值是2010年的-0.204 8，全国金融业务使用深度指数的年均增长值为0.053 0，因此，这十年来全国金融业务使用深度总体上在不断加深，中国在普惠金融业务使用深度层面，总体上已经取得较为显著的深化发展成效。

表5-14 "全国普惠金融业务经济深度指数"测算结果

年份	存贷业务经济深度指数	证券业务经济深度指数	保险业务经济深度指数	支付业务经济深度指数	弱势群体业务经济深度指数	其他业务经济深度指数	全国金融业务经济深度指数
2010	-0.020 9	-0.006 2	-0.009 7	-0.011 4	-0.209 7	-0.003 3	-0.261 3
2011	-0.027 3	-0.011 6	-0.012 9	-0.009 5	-0.161 0	-0.003 1	-0.225 4
2012	-0.021 1	-0.013 3	-0.011 5	-0.009 2	-0.083 0	-0.002 6	-0.140 7
2013	-0.015 0	-0.010 0	-0.006 8	-0.006 4	-0.012 3	-0.001 8	-0.052 4

(续表)

年份	存贷业务经济深度指数	证券业务经济深度指数	保险业务经济深度指数	支付业务经济深度指数	弱势群体业务经济深度指数	其他业务经济深度指数	全国金融业务经济深度指数
2014	−0.007 6	−0.005 9	−0.003 2	−0.004 1	0.036 8	−0.001 3	0.014 7
2015	0.007 5	0.021 3	0.003 0	0.007 2	0.087 1	0.001 5	0.127 7
2016	0.016 8	−0.000 4	0.011 2	0.009 0	0.120 6	0.003 9	0.161 1
2017	0.018 3	0.012 0	0.011 4	0.007 5	0.102 4	0.003 1	0.154 7
2018	0.020 8	0.007 6	0.009 1	0.008 7	0.060 7	0.002 1	0.109 0
2019	0.028 5	0.006 6	0.009 3	0.008 3	0.058 4	0.001 5	0.112 6
年均增值	0.005 5	0.001 4	0.002 1	0.002 2	0.029 8	0.000 5	0.029 0

表5-14显示,各维度指标指数值与表5-12相比均变得更小,各维度指标指数的年均增长值也相应变小。

同时,作者还注意到,2010—2019年期间,除"存贷业务经济深度指数"之外,其余五项维度指标的指数值均表现出了非平稳的变动趋势,甚至在"证券业务经济深度指数"上同样出现异常变动情形。这说明,中国普惠金融深化发展不应忽视经济层面的异动现象,而是要追求经济层面普惠金融深化发展的稳健性。

表5-14还显示,2010—2019年,全国普惠金融业务经济深度指数总体呈增长态势,其最大指数值为2016年的0.161 1,最小指数值是2010年的−0.261 3,且在2016年以后,出现了明显的"逆增长"现象,原因可能是受中国股票市场非理性发展和中国经济增速下滑的影响,从经济层面衡量的各项金融业务量,均出现了增速放缓问题,这也间接表明中国普惠金融深化发展与中国经济发展息息相关。

四、全国普惠金融发展深度水平分析

根据表 5-13 和表 5-14，结合普惠金融发展实际进程，来对中国普惠金融发展深度做进一步分析。

（一）基于维度指标指数的普惠金融发展深度分析

1. 全国普惠金融业务使用深度维度指标指数

根据表 5-13 绘制存贷业务、证券业务、保险业务、支付业务、弱势群体业务及其他业务使用深度指数折线图（图 5-1、图 5-2、图 5-3、图 5-4、图 5-5 和图 5-6），并结合中国普惠金融发展阶段性特征，对中国普惠金融业务使用深度做进一步分析。

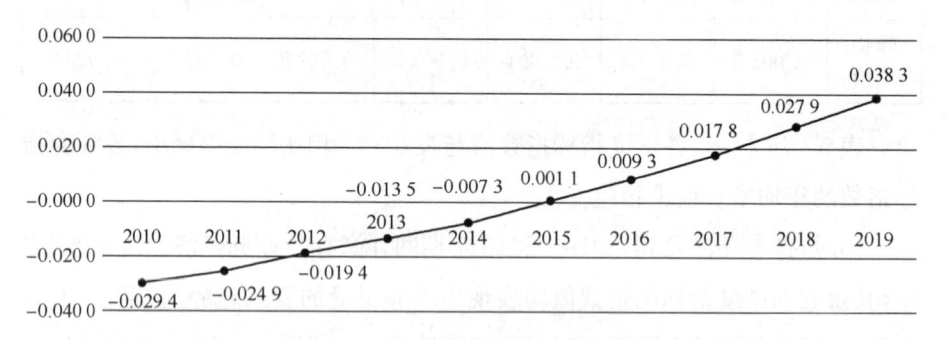

图 5-1 存贷业务使用深度指数

图 5-1 显示，2010—2019 年存贷业务使用深度指数呈较明显的逐年上升之势。其中，2010—2013 年，存贷业务使用深度指数呈平稳上升趋势，指数值年均增长 0.005 3，说明此阶段中国存贷业务处于较平缓的发展时期；2014—2017 年，存贷业务使用深度指数增速明显加快，指数值年均增长达 0.007 8，说明从 2014 年年初开始，中国存贷业务呈现加速发展态势；2018—2019 年，存贷业务使用深度指数上升趋势变得更快，指数值年均增长达 0.010 2，说明从 2018 年开始，中国存贷业务使用深度变得更好。所以，2010 年以来，中国存贷业务使用状况良好，能基本保持较稳定的深化发展态势。

图 5-2 显示，2010—2019 年证券业务使用深度指数呈不规则上升态势。2010—2013 年期间，该指数值呈缓慢的先降后升趋势，表明该时段内中国证

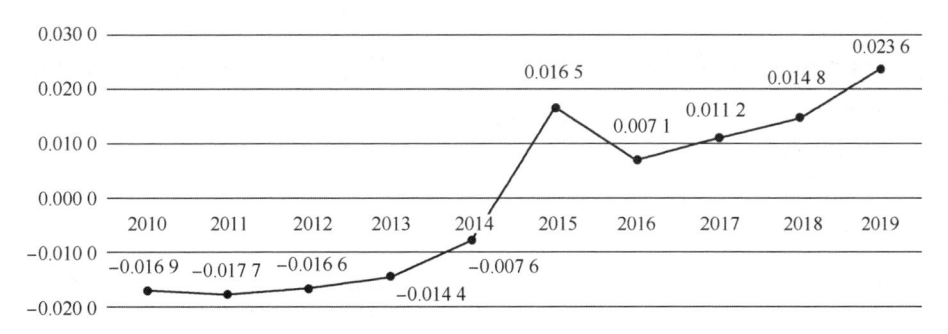

图 5-2 证券业务使用深度指数

券业务使用情况不甚理想。2015 年,受中国股票市场"非理性繁荣"的影响,该指数值大幅跃升至 0.016 5,表现出强劲的增长态势。2016—2019 年,该指数值增长趋势则明显变得平稳,指数年均增长值为 0.005 5,且未发生"逆向"发展问题,这说明在经历 2014 年以前的疲软和 2015 年的狂热后,中国证券市场的发展开始变得更为健康平稳,中国普通投资者的投资行为也更为成熟和理性。

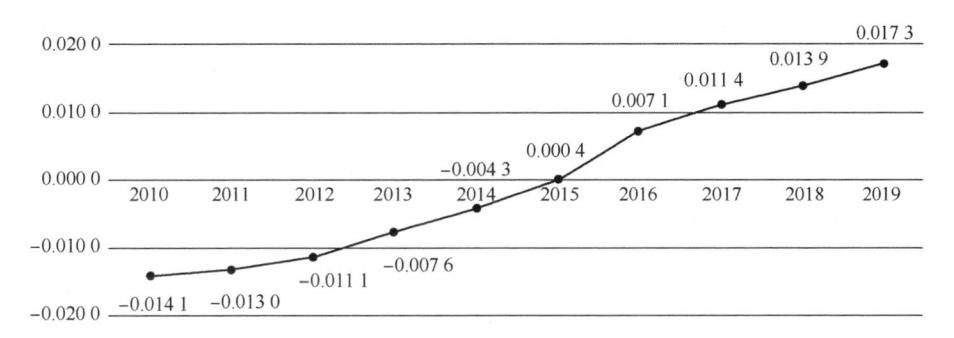

图 5-3 保险业务使用深度指数

图 5-3 显示,2010—2019 年保险业务使用深度指数呈逐年上升态势。其中,2010—2013 年,保险业务使用深度指数增速平缓,指数年均增长值为 0.002 2;2014—2017 年,保险业务使用深度指数增速有所加快,指数年均增长值达 0.004 7;2018—2019 年,保险业务使用深度指数增速又逐渐放缓,指

数年均增长值为 0.003 0。这说明 2010—2019 年期间,中国保险业务使用深度具有明显的阶段性特征,原因可能是中国普惠保险业务先后经历了自由放任、政策推动和经济增速放缓的发展过程,一定程度上影响着中国普惠保险业务深化发展的进程。

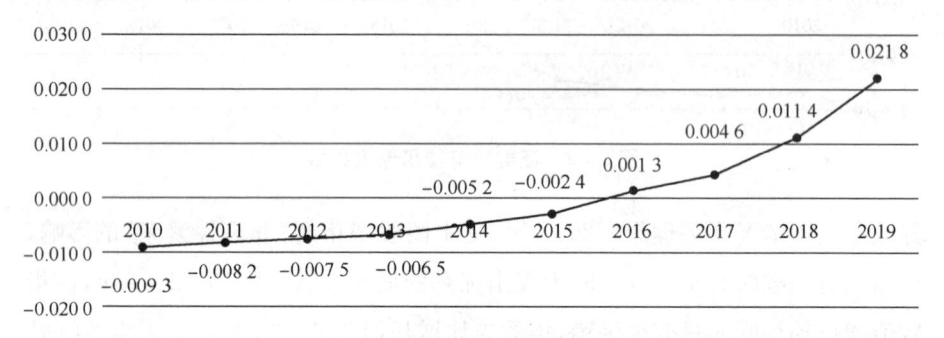

图 5-4　支付业务使用深度指数

图 5-4 显示,2010—2019 年支付业务使用深度指数呈较为稳定的上升趋势。其中,2010—2013 年,支付业务使用深度指数年均增长值为 0.000 9;2014—2017 年,支付业务使用深度指数增速明显加快,指数年均增长值达 0.002 8;2018—2019 年,支付业务使用深度指数年均增长值为 0.008 6,增速继续加快。这说明 2010 年以来,中国支付业务深化发展势头良好,且表现出了阶段性加速发展的特征,支付业务使用深度的持续增进,成为推动中国普惠金融深化发展的重要内容。

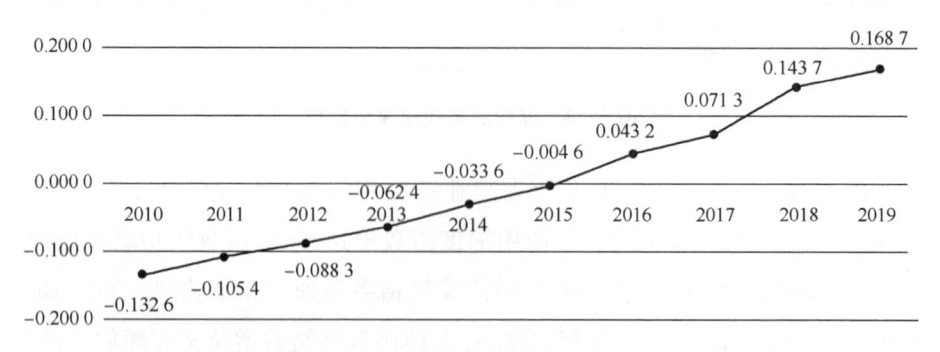

图 5-5　弱势群体业务使用深度指数

| 第五章　互联网金融时代中国普惠金融发展的深度 |

图 5-5 显示，2010—2019 年弱势群体业务使用深度指数呈逐年上升趋势，且上升速度表现出明显的阶段性特征。其中，2010—2013 年，弱势群体业务使用深度指数增速较为平缓，其年均增长值为 0.023 4；2014—2017 年，该项指数增速有所加快，年均增长值升为 0.033 4；2018—2019 年，该项指数增速继续加快，年均增长值进一步升至 0.048 7。这说明，2010 年以来，中国弱势群体使用金融业务的状况持续向好，中国在小微企业信贷、农户信贷和助学贷款等方面已取得卓越成效。

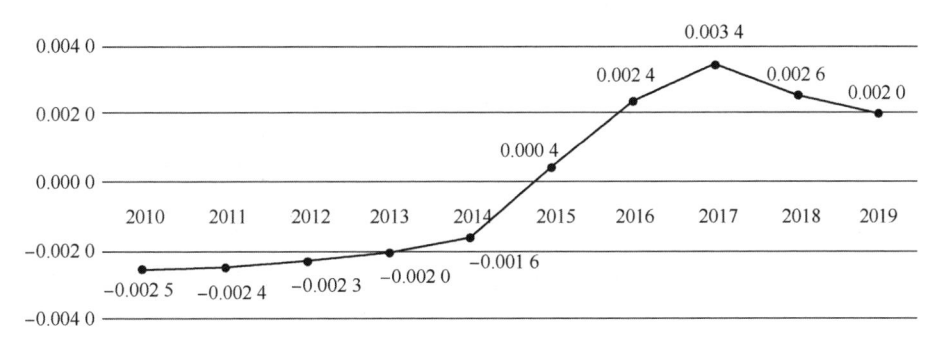

图 5-6　其他业务使用深度指数

图 5-6 显示，2010—2014 年，贷记转账等其他业务使用深度指数增长趋势较为平缓，其年均增长值仅为 0.000 2；2014—2017 年，该项指数增长态势明显变强，年均增长值升为 0.001 4；但 2018—2019 年，该项指数年均增长值降为 -0.000 7，表现为负增长。这说明，2010—2017 年期间，中国贷记转账等其他业务使用深度呈小幅加深态势，但此后的 2018—2019 年则连续出现"逆增长"态势。其原因可能是从 2017 年开始，明显放缓的中国经济增速对贷记转账等业务使用频度产生了不利影响，快速发展的互联网金融业务又不断挤占传统的贷记转账等业务，进而导致在贷记转账等其他业务上出现"逆深化发展"的不利局面。

2. 全国普惠金融业务经济深度维度指标指数

根据表 5-14 绘制存贷业务、证券业务、保险业务、支付业务、弱势群体业务和其他业务经济深度指数折线图(图5-7、图5-8、图5-9、图5-10、图5-11和图5-12),来对全国金融业务经济深度做进一步分析。

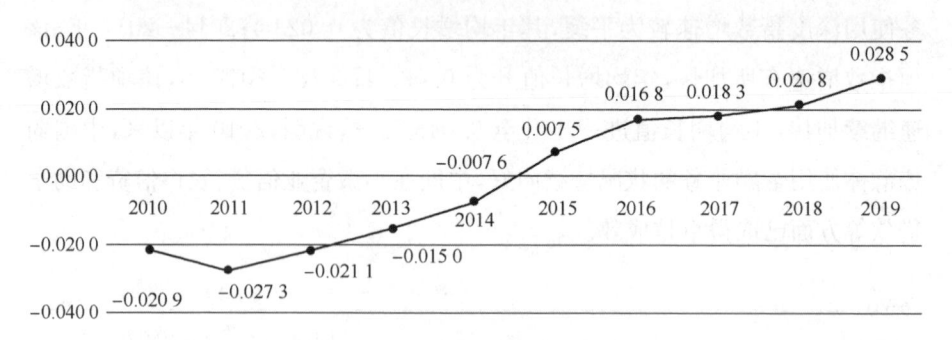

图5-7 存贷业务经济深度指数

图5-7显示,2010—2019年存贷业务经济深度指数呈先短暂下降后持续增长的变动态势。其中,2010—2013年该项指数年均增长值为0.0020,2014—2017年则增至0.0083,2018—2019年又降为0.0051。所以,从经济层面来看,中国存贷业务深化发展趋势具有明显的阶段性特征,并与从人口层面衡量的中国存贷业务深化发展趋势(图5-1)存在一定差异。

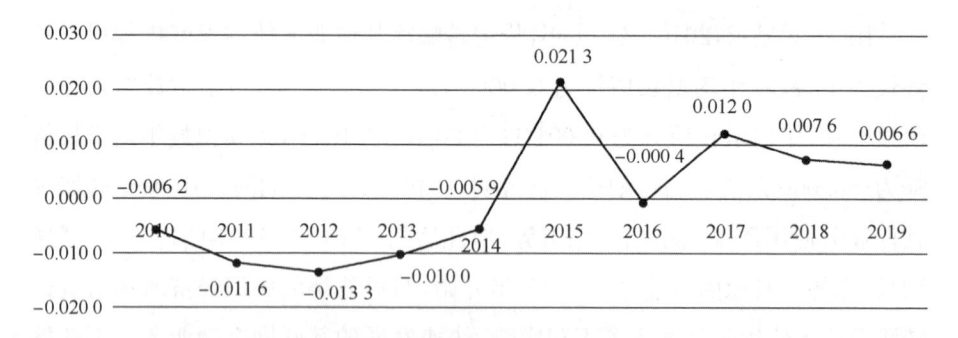

图5-8 证券业务经济深度指数

图5-8显示,2010—2019年证券业务经济深度指数波动趋势明显。其中,2010—2013年,该项指数呈负增长变动趋势,指数年均增长值仅为-0.0013;2013—2015年,该项指数实现短暂的正向增长,指数年均增长值为

0.011 6[①]；2016—2019 年，该项指数又开始下滑，指数在 2017 年虽有所回升，但下滑趋势未因此逆转，指数年均增长值为－0.003 7[②]，负增长态势十分强劲。这说明促进证券业务稳健发展，对提升中国普惠金融深化发展的稳定性具有重要意义。

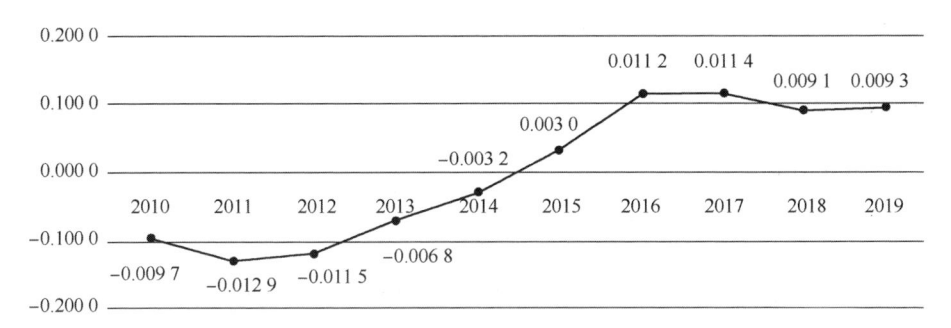

图 5-9　保险业务经济深度指数

图 5-9 显示，2010—2019 年保险业务经济深度指数也是波动增长的，且表现出了逆增长发展态势。其中，2010—2013 年为先逆增长后小幅上升时期，该阶段指数年均增长值仅为 0.001 0；2014—2017 年为快速增长时期，该阶段指数年均增长值为 0.004 6；2018—2019 年为指数加速下滑时期，该阶段指数年均增长值为－0.001 1，再次表现为逆增长，彰显中国普惠金融深化发展的阶段性特征。

图 5-10 显示，2010—2019 年支付业务经济深度指数呈先升后降的阶段性变动趋势，该指数在 2016 年达到最大值，从而整体表现出非平稳的增长态势。其中，2010—2013 年，支付业务经济深度指数实现小幅增长，指数年均增长值为 0.001 7；2014—2017 年，支付业务经济深度指数呈先增后减的变动趋势，指数年均增长值为 0.003 5；2018—2019 年，支付业务经济深度指数变动

---

① 2013—2015 年期间的证券业务经济深度指数年均增长值，由 2015 年证券业务经济深度指数减去 2012 年证券业务经济深度指数后，再除以期间的年份数 3，经计算后所得。

② 2016—2019 年期间的证券业务经济深度指数年均增长值，由 2019 年证券业务经济深度指数减去 2015 年证券业务经济深度指数后，再除以期间的年份数 4，经计算后所得。

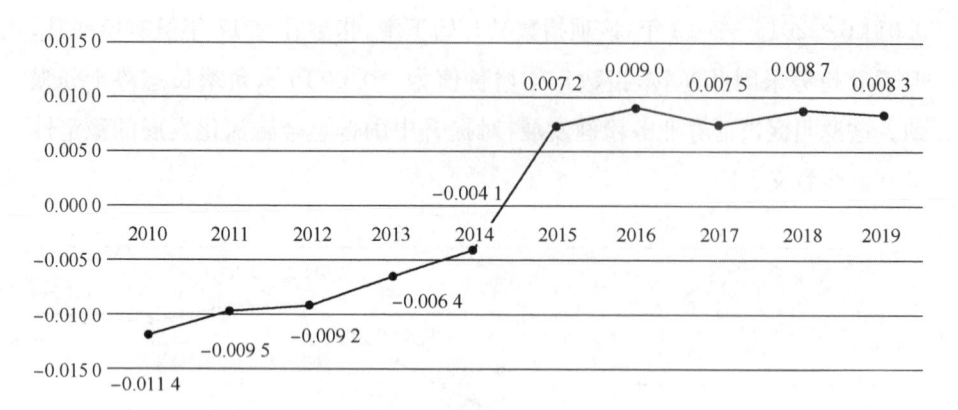

图 5-10　支付业务经济深度指数

幅度较小,相较于 2016 年,该阶段指数表现为逆增长发展态势。

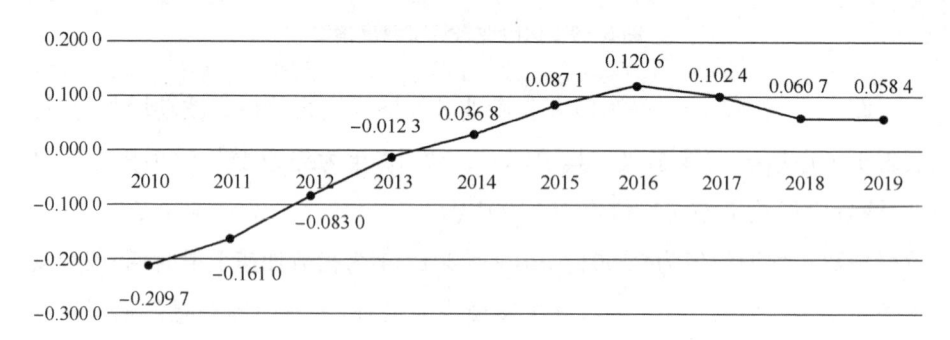

图 5-11　弱势群体业务经济深度指数

图 5-11 显示,2010—2019 年弱势群体业务经济深度指数也呈先升后降的变动趋势,并同样在 2016 年达到最大值,其后则逐年下滑。其中,2010—2013 年,该项指数增长迅猛,指数年均增长值高达 0.065 8;2014—2017 年,该项指数增速放缓,且在 2017 年表现为逆增长,指数年均增长值降为 0.028 7;2018—2019 年,该项指数下滑趋势十分明显,指数年均增长值为 -0.022 0。从 2017 年开始,弱势群体业务经济深度指数逐年下降的原因可能是,中国经济增速下滑对弱势群体金融业务的需求与供给产生了负面冲击,导致农村金

融机构、小贷公司贷款和涉农贷款业务的经济深度明显下滑①,因而,如何扭转弱势群体业务发展颓势,促进弱势群体信贷业务更好地深化发展,是当前中国普惠金融深化发展需着力解决的难题。

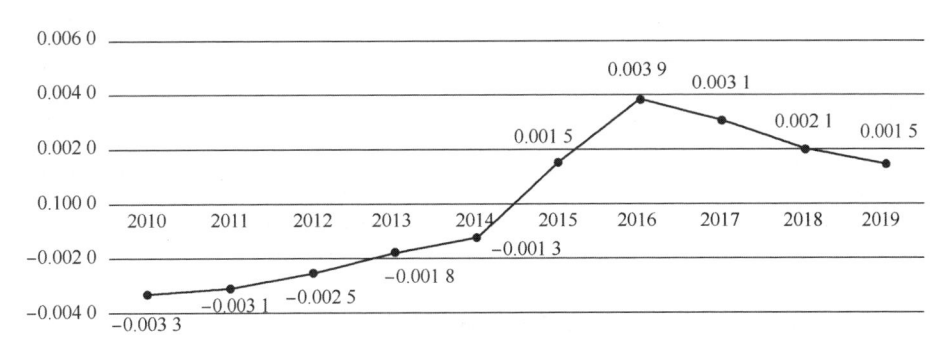

图 5-12 其他业务经济深度指数

图 5-12 显示,2010—2019 年贷记转账等其他业务经济深度指数先升后降,2016 年的指数值最大,其后下滑趋势明显。其中,2010—2013 年,该项指数增长缓慢,指数年均增长值仅为 0.000 5;2014—2017 年,该项指数增速较快,但仍在 2017 年出现了负增长问题,指数年均增长值降为 0.003 6;2018—2019 年,该项指数下滑趋势较为明显,指数年均增长值为 -0.000 8。贷记转账等其他业务经济深度指数的阶段性变动趋势,同样较好地刻画了中国经济增速下滑的负面冲击带来的影响。

3. 两种维度指标指数的比较

综合分析发现,2010—2019 年,无论是全国金融业务使用深度维度指标指数,还是全国金融业务经济深度维度指标指数,它们总体变动趋势均是不平稳的,不仅表现出了明显的阶段性增长特征,而且"其他业务使用深度指数""证券业务经济深度指数""保险业务经济深度指数""支付业务经济深度指数"

---

① 根据前文基础指标测算数据,笔者发现从 2017 年开始,用于刻画"弱势群体业务经济深度"的 3 项基础指标值,即,"农村金融机构总资产/万元 GDP""小额贷款公司贷款余额/万元 GDP"和"涉农贷款余额/万元 GDP"得值,均表现为逐年减小的发展趋势。

"弱势群体业务经济深度指数"和"其他业务经济深度指数"均在 2018—2019 年期间出现了逆增长。

同时,比较后还发现,2010—2019 年,六项全国金融业务使用深度维度指标指数的波动增长幅度,要明显小于六项全国金融业务经济深度维度指标指数,且前者的逆增长趋势较后者更不明显。这说明,相较于仅从人口层面测度分析中国普惠金融发展深度,人们更应从经济层面探讨中国普惠金融深化发展进程,更应从经济层面刻画中国普惠金融发展环境。因为只有这样,才能更客观地评价中国普惠金融深化发展的成效,才能更好地诊断中国普惠金融深化发展存在的问题。

(二) 基于总得分的普惠金融发展深度分析

表 5-13 中的"全国普惠金融业务使用深度指数"和表 5-14 中的"全国普惠金融业务经济深度指数",更能比较全面地反映中国普惠金融发展深度水平状况,为此,利用这两个指数来做进一步的分析探讨。

1. 全国金融业务使用深度水平分析

全国普惠金融业务使用深度指数反映中国金融业务使用深度的整体水平,而该项指数纵向增长值也能够反映中国金融业务使用深度增长水平。因此,可借助图 5-13 和表 5-15 对中国金融业务使用深度水平进行分析。

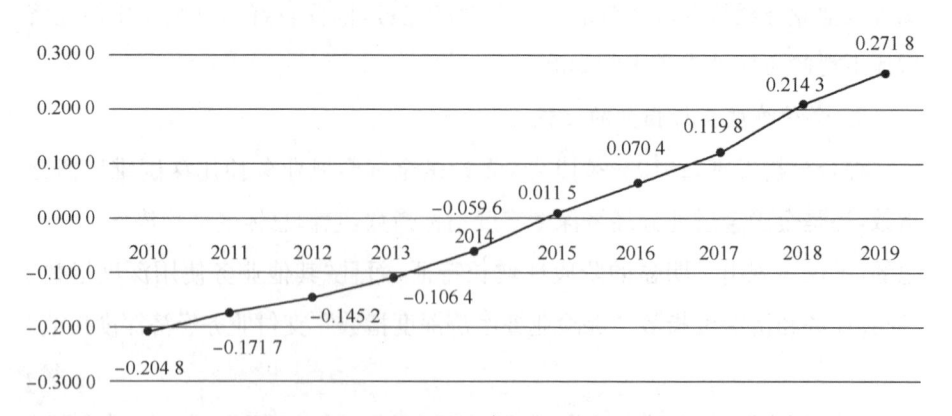

图 5-13 全国普惠金融业务使用深度指数

图 5-13 显示,2010 年全国普惠金融业务使用深度指数为-0.204 8,到 2019 年,该指数增至 0.271 8,十年间指数值增长 0.476 6。同时,2010—2019 年,该指数总体呈较为平稳的增长态势,未发生逆增长现象。所以,从人口层面的测度分析结果表明,中国普惠金融深化发展进程十分稳定,已取得了较好的发展成效。

表 5-15 全国普惠金融业务使用深度增长水平分析

比较时段	指数年均增长值	比较结果	
		是全阶段年均增长值的倍数	增长水平
2010—2019 年	0.053 0	——	——
2011 年较 2010 年	0.033 1	0.624 4	低
2012 年较 2011 年	0.026 5	0.500 9	低
2013 年较 2012 年	0.038 7	0.731 4	中
2010—2013 年	0.032 8	0.618 9	低
2014 年较 2013 年	0.046 8	0.884 0	中
2015 年较 2014 年	0.071 1	1.343 2	高
2016 年较 2015 年	0.058 9	1.112 0	中
2017 年较 2016 年	0.049 4	0.932 7	中
2014—2017 年	0.056 6	1.068 0	中
2018 年较 2017 年	0.094 5	1.784 1	高
2019 年较 2018 年	0.057 6	1.087 3	中
2018—2019 年	0.076 0	1.435 7	高

资料来源:由作者依据测算的全国普惠金融业务使用深度指数计算后获得。

表 5-15 给出全国普惠金融业务使用深度指数增长值比较结果,用以反映全国金融业务使用深度增长水平。

表 5-15 中"低、中、高"增长水平的判断,是依据分阶段与全阶段的指数年均增长值大小关系做出的。具体标准定为:若指数增长值不足全阶段年均增长值的 0.7 倍,则判断为"低"增长水平;若指数增长值超过全阶段年均增长

值 1.3 倍,则判断为"高"增长水平;其余情形,则判断为"中"增长水平。

其中,除 2010 年为起始年份无法做出判断外,2011—2012 年为低速增长年份,2013—2014 年、2016—2017 年和 2019 年均为中速增长年份,而仅有 2015 年和 2018 年为高速增长年份。分阶段分析结果表明,2010—2013 年全国普惠金融业务使用深度指数年均增长值为 0.032 8,不足全阶段年均增长值的 0.7 倍,表现为低速增长态势;2014—2017 年全国金融业务使用深度指数年均增长值为 0.056 6,超过全阶段年均增长值约 1.1 倍,呈现中速增长态势;2018—2019 年全国金融业务使用深度指数年均增长值为 0.076 0,超过全阶段年均增长值 1.3 倍以上,呈现高速增长态势。

所以,自 2010 年以来,全国金融业务使用深度增长水平一直在提高,中国普惠金融业务需求的有效满足度在不断提升,实际业务使用状况因此而持续加速改善。

2. 全国普惠金融业务经济深度水平分析

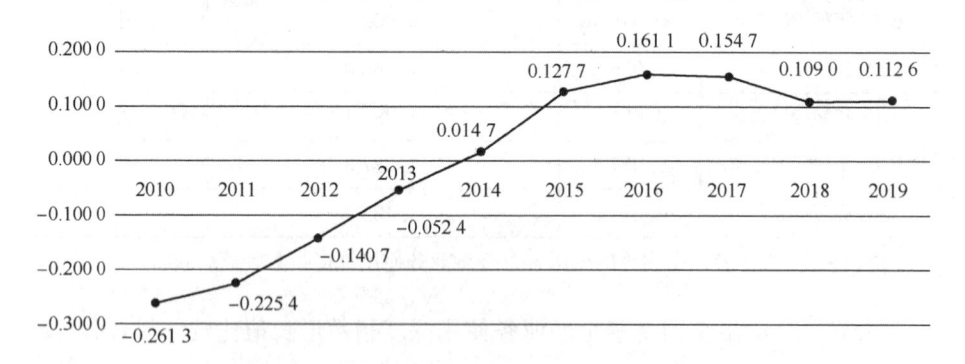

全国普惠金融业务经济深度水平也反映中国普惠金融深化发展状况,故此,从全国普惠金融业务经济深度指数折线图和该项指数纵向增长情况两方面,来分析全国金融业务经济深度增长水平(图 5-14 和表 5-16)。

图 5-14 全国普惠金融业务经济深度指数

图 5-14 显示,2010 年全国普惠金融业务使用深度指数为 -0.261 3,到 2019 年,该指数增至 0.112 6,十年间指数值增长 0.373 9。同时,2010—2019

年,该指数总体增长态势并不平稳,尤其是自 2016 年之后的三年均表现出了逆增长特征。从经济层面的测度分析结果表明,中国普惠金融深化发展整体进程虽在加速,但发展过程的稳定性不足。

表 5-16 全国普惠金融业务经济深度增长水平分析

比较时段	指数年均增长值	比较结果	
		是全阶段年均增长值的倍数	增长水平
2010—2019 年	0.041 5	——	——
2011 年较 2010 年	0.035 8	0.862 6	中
2012 年较 2011 年	0.084 7	2.038 5	高
2013 年较 2012 年	0.088 3	2.126 6	高
2010—2013 年	0.069 6	1.675 9	高
2014 年较 2013 年	0.067 1	1.615 9	高
2015 年较 2014 年	0.112 9	2.718 7	高
2016 年较 2015 年	0.033 4	0.803 8	中
2017 年较 2016 年	-0.006 4	-0.153 9	负
2014—2017 年	0.051 8	1.246 1	中
2018 年较 2017 年	-0.045 7	-1.100 1	负
2019 年较 2018 年	0.003 7	0.087 9	低
2018—2019 年	-0.021 0	-0.506 1	负

资料来源:由作者依据测算的全国普惠金融业务使用深度指数计算后获得。

表 5-16 给出的是全国普惠金融业务经济深度增长水平比较结果,"负、低、中、高"增长水平的判断标准为:若指数增长值为负数,则判断为"负"增长水平;若指数增长值不足全阶段年均增长值的 0.7 倍,则判断为"低"增长水平;若指数增长值超过全阶段年均增长值 1.3 倍,则判断为"高"增长水平;其余情形,则判断为"中"增长水平。

其中,2012—2015 年为高速增长时期,2011 年和 2016 年为中速增长年份,2017 年和 2018 年为负增长年份。分阶段的分析结果显示,2010—2013 年全国普惠金融业务经济深度指数年均增长值为 0.067 1,约为全阶段年均增长值的 1.68 倍,表现出了强劲的高速增长态势;2014—2017 年该项指数年均增长值为 0.051 8,接近"全阶段年均增长值"的 1.3 倍,呈中速增长态势;2018—2019 年该项指数年均增长值仅为-0.021 0,是唯一的负增长阶段,这意味着中国普惠金融深化发展水平受经济发展减速的冲击较大,中国要稳步推进普惠金融的深化发展,需要有良好的经济发展水平为基础性前提。

总之,进入互联网金融时代后,中国在"普惠金融业务使用深度"和"普惠金融业务经济深度"两方面均取得长足进步,人口层面推进的普惠金融深化发展稳定性较好,但经济层面推进的普惠金融深化发展稳定性较差,中国应着力加强从人口和经济两个层面来推动普惠金融深化发展的稳定和协调。

第二节 分地区普惠金融发展的深度

一、分地区普惠金融发展深度指标体系

考虑到分地区数据的可得性问题,以及需保障测算结果的合理性,在此依据表 3-5 和表 3-6 内容,构建中国分地区普惠金融发展深度指标体系,即"分地区普惠金融业务使用深度指标体系"和"分地区普惠金融业务经济深度指标体系",具体分别见表 5-17 和表 5-18 内容所示。

虽然因数据缺失而分别损失的"支付业务使用深度"和"支付业务经济深度"这两个维度,以及本章对表 3-5 和表 3-6 中的部分基础指标做的替换处理,会一定程度上影响测算结果,但考虑到目前已有研究[1]很少测算中国分地区普惠金融发展深度,所以在此以表 5-17 和表 5-18 中构建的指标体系,测算中国分地区普惠金融发展深度,是一次很好的理论尝试和实践探索。

---

[1] 见前文,如焦瑾璞(2014)和高霞(2016)等分别选用了 19 项和 29 项基础指标,但测算使用截面数据;杜强和潘怡(2016)、马彧菲和杜朝运(2017)、陆凤芝等(2017),虽采用分省市面板数据,但所选用的基础指标仅分别为 9、11 和 10 项,且这些学者均未从人口及经济层面来测度分析中国分地区普惠金融发展深度。

表 5-17 分地区金融业务使用深度指标体系①

维度	类别	指标(10 项)
存贷业务使用深度	人民币存款业务	人民币各项存款余额/万成年人
	人民币贷款业务	人民币各项贷款余额/万成年人
证券业务使用深度	股票业务	股票成交额/万成年人
	债券业务	当年国内债券筹资额/万成年人
保险业务使用深度	保险业务	保险公司保费收入/万成年人
		保险公司保费支付/万成年人
弱势群体业务使用深度	小额贷款业务	小额贷款公司贷款余额/万成年人
	农村金融业务	农村金融机构总资产/万乡村常住人口
其他业务使用深度	银行承兑业务	银行承兑汇票承兑余额/万成年人
		银行承兑汇票累计发生额/万成年人

注：金融业务使用深度基础指标的单位为万元。

与表 3-5 相比，表 5-17 中的基础指标主要做了如下调整：将"证券业务使用深度"维度中的基础指标，分别调整为"股票成交额/万成年人"和"当年国内债券筹资额/万成年人"；将"弱势群体业务使用深度"维度中的基础指标，调整为"小额贷款公司贷款余额/万成年人"和"农村金融机构总资产/万乡村常住人口"；将"其他业务使用深度"维度中的基础指标，调整为"银行承兑汇票承兑余额/万成年人"和"银行承兑汇票累计发生额/万成年人"；"支付业务使用深度"维度中的五项基础指标，因数据不可得而均予以剔除，即去除"支付业务使用深度"这一维度。

---

① 农村金融机构总资产为小型农村金融机构和新型农村机构总资产之和。

表 5-18 分地区金融业务经济深度指标体系

维度	类别	指标(10项)
存贷业务经济深度	人民币各项存款业务	人民币各项存款余额/万元 GDP
	人民币各项贷款业务	人民币各项贷款余额/万元 GDP
证券业务经济深度	股票业务	股票成交额/万元 GDP
	债券业务	当年国内债券筹资额/万元 GDP
保险业务经济深度	保险业务	保险公司保费收入/万元 GDP
		保险公司保费支付/万元 GDP
弱势群体业务经济深度	小额贷款公司	小额贷款公司贷款余额/万元 GDP
	农村金融机构	农村金融机构总资产/万元 GDP
其他业务经济深度	银行承兑业务	银行承兑汇票承兑余额/万元 GDP
		银行承兑汇票累计发生额/万元 GDP

注：金融业务经济深度基础指标的单位为元。

与表 3-6 内容相比，表 5-18 中的基础指标主要做了如下调整：将"证券业务经济深度"维度中的基础指标，调整为"股票成交额/万元 GDP"和"当年国内债券筹资额/万元 GDP"；将"弱势群体业务经济深度"维度中的基础指标，调整为"小额贷款公司贷款余额/万元 GDP"和"农村金融机构总资产/万元 GDP"；将"其他业务经济深度"维度中的基础指标调整为"银行承兑汇票承兑余额/万元 GDP"和"银行承兑汇票累计发生额/万元 GDP"；同样，受限于数据的可得性，剔除"支付业务经济深度"这一维度。

二、分地区普惠金融发展深度样本数据的来源及描述性统计

（一）分地区普惠金融发展深度样本数据的选择与来源

根据表 5-17 和表 5-18，继续选用 2010—2019 年数据，来测算"分地区普惠金融业务使用深度指数"和"分地区普惠金融业务经济深度指数"。测算所采用的基础指标数据主要来源于《中国统计年鉴》(2011—2020)、《中国区域金融运行报告》(2011—2020)、《小额贷款公司分地区情况统计表》(2010—

2019)和《中国证券期货统计年鉴》(2011—2019)。

其中,"人民币各项存款余额""人民币各项贷款余额""15 岁以上成年人数""名义 GDP""保险公司保费收入"和"保险公司保费支出"数据来源于《中国统计年鉴》(2011—2020);"当年国内债券筹资额""银行承兑汇票承兑余额""银行承兑汇票累计发生额""小型农村金融机构总资产"和"新型农村金融机构总资产"等数据来源于 31 个省市(自治区)的《区域金融运行报告》(2011—2020);"小额贷款公司贷款余额"数据来源于中国人民银行网站发布的《小额贷款公司分地区情况统计表》(2010—2019);"股票成交额"数据来源于《中国证券期货统计年鉴》(2011—2019)①;"乡村常住人口"数据,则来自各省市(自治区)国民经济与社会发展统计公报(2010—2019)。

(二)分地区普惠金融发展深度样本数据的描述性统计

运用 stata15.0 软件,对表 5-17 和表 5-18 中的基础指标做描述性统计,以说明中国分地区普惠金融业务使用深度和普惠金融业务经济深度的概况(表 5-19 和表 5-20)。

表 5-19 分地区普惠金融业务使用深度样本数据的描述性统计

维度	基础指标	均值	标准差	最小值	最大值
存贷业务使用深度	人民币各项存款余额/万成年人	118 321.8	114 352.8	26 517.61	858 679.22
	人民币各项贷款余额/万成年人	84 607.95	61 182.62	12 844.11	384 414.76
证券业务使用深度	股票成交额/万成年人	98 305.02	163 102.9	6 996.37	1 551 020.9
	当年国内债券筹资额/万成年人	4 510.54	11 318.18	0.00	118 718.84
保险业务使用深度	保险公司保费收入/万成年人	2 082.06	1 548.73	215.56	10 848.91
	保险公司保费支付/万成年人	676.90	519.28	94.57	3 756.34

---

① 由于《中国证券期货统计年鉴》目前仅出版到 2017 年,故 2017 年分地区"股票成交额"数据缺失,对此,以 2010—2016 年的该项数据均值来作替代。此方法存在一定缺陷,但因 2017 年数据位于均值左右,相比缺失 2017 年数据,按此方法处理后的测算结果应相对准确。

(续表)

维度	基础指标	均值	标准差	最小值	最大值
弱势群体业务使用深度	小额贷款公司贷款余额/万成年人	697.16	710.01	17.48	6 147.30
	农村金融机构总资产/万乡村常住人口	53 641.21	57 344.73	0.00	345 540.87
其他业务使用深度	银行承兑汇票承兑余额/万成年人	7 418.32	7 217.08	51.18	57 425.01
	银行承兑汇票累计发生额/万成年人	15 495.62	15 796.34	127.80	146 658.18

表 5-19 显示，2010—2019 年中国分地区普惠金融业务使用深度整体表现较好，且地区间发展差异十分明显。

其中，在"存贷业务使用深度"维度，每万名成年人拥有的人民币各项存款余额和人民币各项贷款余额，年均值分别高达 118 321.8 万元和 84 607.95 万元，说明中国居民对存贷业务的参与程度较高。同时，这两项基础指标的标准差都比较大，又意味着分地区存贷业务使用深度存在严重的区域差异性。

在"证券业务使用深度"维度，每万名成年人拥有的股票成交额和当年国内债券筹资额，年均值分别为 98 305.02 万元和 4 510.54 万元，说明中国分地区证券业务使用深度状态良好。但这两项基础指标的标准差同样较大，说明中国分地区在证券业务使用深度上存在严重的地区失衡问题。

在"保险业务使用深度"维度，每万名成年人拥有的保险公司保费收入和保险公司保费支出，年均值分别为 2 082.06 万元和 676.90 万元，说明中国分地区保险业务使用深度状态也较好。同时，这两项基础指标的标准差也较大，但小于前两个维度中的基础指标，表明中国分地区在保险业务使用上也存在地区失衡问题，但严重程度要低于存贷业务和证券业务。

在"弱势群体业务使用深度"维度，每万名成年人拥有的小额贷款公司贷款余额和每万名乡村人口拥有的农村金融机构总资产，年均值分别为 697.16 万元和 53 641.21 万元，说明中国分地区弱势群体业务使用深度状态也较好。同时，这两项基础指标的标准差也较大，表明中国分地区在弱势群体业务使用上也存在地区非均衡发展问题。

此外,在"其他业务使用深度"维度,每万名成年人拥有的银行承兑汇票承兑余额和银行承兑汇票累计发生额,年均值分别高达 7 418.32 万元和 15 495.62 万元,且它们的标准差也很大,这说明中国分地区商业银行承兑汇票业务使用深度较好的同时,区域发展失衡问题也异常严重。

表 5-20 分地区普惠金融业务经济深度样本数据的描述性统计

维度	基础指标	均值	标准差	最小值	最大值
存贷业务经济深度	人民币各项存款余额/万元 GDP	18 007.99	7 553.79	8 400.98	53 777.80
	人民币各项贷款余额/万元 GDP	13 114.76	4 388.78	5 941.35	30 829.77
证券业务经济深度	股票成交额/万元 GDP	14 223.85	15 138.75	851.85	131 212.3
	当年国内债券筹资额/万元 GDP	586.68	1 085.39	0.00	10 839.24
保险业务经济深度	保险公司保费收入/万元 GDP	324.98	110.08	99.71	714.57
	保险公司保费支付/万元 GDP	104.97	37.40	43.75	238.05
弱势群体业务经济深度	小额贷款公司贷款余额/万元 GDP	113.78	96.27	5.85	777.28
	农村金融机构总资产/万元 GDP	3 511.77	1 459.12	0.00	7 619.41
其他业务经济深度	银行承兑汇票承兑余额/万元 GDP	1 093.86	683.15	18.85	5 057.52
	银行承兑汇票累计发生额/万元 GDP	2 290.66	1 494.20	48.54	7 935.82

表 5-20 显示,2010—2019 年中国分地区普惠金融业务经济深度上有不俗表现,但地区间发展的差异也十分明显。

其中,在"存贷业务经济深度"维度,每万元 GDP 承载的人民币各项存款余额和人民币各项贷款余额,年均值分别为 18 007.99 元和 13 114.76 元,且这两项指标的标准差也均较大。

在"证券业务经济深度"维度,每万元 GDP 承载的股票成交额和国内债券筹资额,年均值分别为 14 223.85 元和 586.68 元,且这两项基础指标的标准差均较大。

在"保险业务经济深度"维度,每万元 GDP 承载的保险公司保费收入和保险公司保费支付,年均值分别为 324.98 元和 104.7 元,明显弱于存贷业务及证券业务深化发展水平,这两项基础指标的标准差比较小。

在"弱势群体经济深度"维度,每万元 GDP 承载的小额贷款公司贷款余额和农村金融机构总资产,年均值分别为 113.78 元和 3 511.77 元,明显弱于存贷业务,且这两项基础指标的标准差也较存贷业务要小,说明小额及农村信贷深化发展水平要显著低于存贷业务,且地区间深化发展失衡问题要较存贷业务要弱。

在"其他业务经济深度"维度,每万元 GDP 承载银行承兑汇票承兑余额和银行承兑汇票累计发生额的年均值分别达 1 093.86 元和 2 292.66 元,它们的标准差均较大。

三、分地区普惠金融发展深度水平的测度

考虑测算方法的一致性,在此仍采用标准化方法对基础指标做无量纲化处理;同时,继续采用主成分分析和层次分析相结合的方法测算基础指标的权重,然后再采用线性加权求和法,计算中国"分地区普惠金融业务使用深度指数"和"分地区普惠金融业务经济深度指数"。

（一）指标权重

依据表 5-17 和表 5-18 内容,作者先将评价指标划分为三个层次。在金融业务使用深度方面,由上到下的目标层、准则层和评价指标层分别为分地区普惠金融业务使用深度指标体系、维度层和基础指标层；在金融业务经济深度方面,由上到下的目标层、准则层和评价指标层则分别是分地区普惠金融业务经济深度指标体系、维度层和基础指标层。

1. 评价指标层指标权重

（1）分地区金融业务使用深度评价指标层指标权重

运用 SPSS22.0 软件,对"分地区普惠金融业务使用深度指标体系"中的基础指标数据做 KMO 和 Bartlett 检验的结果表明,取样足够度的 Kaiser-Meyer-Olkin 度量值为 0.86,高于 0.5 的可信性判断标准；而且 Bartlett 的球形度检验 P 值为 0.000 0,可以做基于相关系数矩阵的全局主成分分析。全局主成分分析得出的主成分特征值与方差贡献率如表 5-21 所示。

表5-21 分地区普惠金融业务使用深度指标的主成分特征值与方差贡献率

主成分	初始特征值	方差贡献率(%)	累积方差(%)
F_1	6.757	67.568	67.568
F_2	1.159	11.585	79.154
⋮	⋮	⋮	⋮

注：其余初始特征值小于1的主成分省略。

表5-21显示，分地区普惠金融业务使用深度的前两个主成分初始特征值均大于1，满足主成分提取的初始特征值大小要求；它们的累积方差为79.15%，能较好反映基础数据的绝大部分信息，应采用前两个主成分来确定其基础指标的权重值。

为此，利用成分矩阵和前两个主成分的特征值，计算出主成分系数和各基础指标权重值，其结果见表5-22。

表5-22 分地区普惠金融业务使用深度基础指标的主成分系数及权重

基础指标(10项)	主成分系数			权重
	F_1	F_2	F	
人民币各项存款余额/万成年人	0.3670	−0.1979	0.2843	0.1063
人民币各项贷款余额/万成年人	0.3643	0.0121	0.3128	0.1169
股票成交额/万成年人	0.3001	−0.3075	0.2111	0.0789
当年国内债券筹资额/万成年人	0.2362	−0.3688	0.1477	0.0552
保险公司保费收入/万成年人	0.3601	−0.0966	0.2932	0.1096
保险公司保费支付/万成年人	0.3635	−0.0771	0.2990	0.1118
小额贷款公司贷款余额/万成年人	0.1050	0.6530	0.1852	0.0692
农村金融机构总资产/万乡村常住人口	0.3639	0.0381	0.3162	0.1182
银行承兑汇票承兑余额/万成年人	0.3005	0.3957	0.3144	0.1175
银行承兑汇票累计发生额/万成年人	0.3024	0.3604	0.3109	0.1162

表 5-22 显示，"人民币各项存款余额/万成年人""人民币各项贷款余额/万成年人""保险公司保费收入/万成年人""保险公司保费支付/万成年人"和"农村金融机构总资产/万乡村常住"这 5 项基础指标的第一主成分得分系数绝对值要大于第二主成分，因此这 5 项基础指标变量的信息主要由第一主成分承载；其余 5 项基础指标的第二主成分得分系数绝对值均大于第一主成分，因此这 5 项基础指标的信息主要由第二主成分承载。同时，各基础指标的主成分总得分系数均为正值，大小则介于 0.14 至 0.32 之间，因此这 10 项基础指标均对中国分地区普惠金融业务使用深度有积极影响。

表 5-22 还显示，分地区普惠金融业务使用深度基础指标的权重均为正值，且所有指标权重大小均介于 0.05 至 0.12 之间，其中，"当年国内债券筹资额/万成年人"指标的权重最小，仅为 0.055 2；"农村金融机构总资产/万乡村常住人口"指标权重最大，为 0.118 2；其余 8 项指标权重则分居这两项指标的权重值之间。因此，10 项基础指标对中国分地区普惠金融使用深度均有不同程度的贡献作用。

(2) 分地区普惠金融业务经济深度评价指标层指标权重

对分地区普惠金融业务经济深度指标体系中的基础指标数据做 KMO 和 Bartlett 检验，结果表明，取样足够度的 Kaiser-Meyer-Olkin 度量值为 0.65，高于 0.5 的可信性判断标准，而且 Bartlett 的球形度检验 P 值为 0.000 0，可以做基于相关系数矩阵的全局主成分分析。全局主成分分析的主成分特征值与方差贡献率见表 5-23。

表 5-23 分地区普惠金融业务经济深度指标的主成分特征值与方差贡献率

主成分	初始特征值	方差贡献率(%)	累积方差(%)
F_1	3.612	36.119	36.119
F_2	1.948	19.485	55.604
F_3	1.652	16.518	72.121
⋮	⋮	⋮	⋮

注：其余初始特征值小于 1 的主成分省略。

表 5-23 显示,分地区普惠金融业务经济深度的前三个主成分初始特征值均大于 1,满足主成分提取的初始特征值大小要求;而且它们的累积方差为 72.12%(>65%)[①],也能反映基础数据的绝大部分信息。因此可采用前三个主成分来确定其基础指标的权重值。

利用成分矩阵和前三个主成分的特征值,计算出的主成分系数和各基础指标权重值,其结果见表 5-24。

表 5-24 分地区普惠金融业务经济深度基础指标的主成分系数及权重

基础指标(10 项)	主成分系数				权重
	F_1	F_2	F_3	F	
人民币各项存款余额/万元 GDP	0.4499	−0.2106	0.2155	0.2178	0.1251
人民币各项贷款余额/万元 GDP	0.4104	−0.0459	−0.0241	0.1876	0.1078
股票成交额/万元 GDP	0.3152	−0.2859	0.3050	0.1505	0.0864
当年国内债券筹资额/万元 GDP	0.3141	−0.0838	0.2140	0.1837	0.1055
保险公司保费收入/万元 GDP	0.4120	0.0057	−0.2645	0.1473	0.0846
保险公司保费支付/万元 GDP	0.4441	0.0244	−0.2957	0.1613	0.0926
小额贷款公司贷款余额/万元 GDP	0.0516	0.3253	−0.3174	0.0410	0.0236
农村金融机构总资产/万元 GDP	0.1663	0.3002	−0.5368	0.0414	0.0238
银行承兑汇票承兑余额/万元 GDP	0.1236	0.5861	0.3540	0.3013	0.1731
银行承兑汇票累计发生额/万元 GDP	0.1368	0.5696	0.3781	0.3090	0.1775

表 5-24 显示,10 项基础指标主成分系数的最大绝对值并非全在第一主成分上,其中,第 1 到第 6 项基础指标的第一主成分系数绝对值比较大,而"小额贷款公司贷款余额/万元 GDP""银行承兑汇票承兑余额/万元 GDP"和"银行承兑汇票累计发生额/万元 GDP"这 3 项基础指标的第二主成分系数绝对

---

① 对于主成分方差的累积贡献率要达到多少为宜,目前理论界一般认为累积方差≥85%最为适宜,但也有学者认为(Hair et al.,1998),在社会科学中累积方差≥60%为宜,所以,此处累积方差≥65%也是可取的。

值比较大,"农村金融机构总资产/万元 GDP"这一项基础指标的第三主成分系数绝对值比较大。因此,前 6 项基础指标的信息主要由第一主成分反映,而后 4 项基础指标的信息则主要由第二主成分或第三主成分来反映。同时,各项基础指标的主成分总得分系数均为正,均介于 0.04 至 0.31 之间,可以认为这 10 项基础指标对金融业务经济深度均产生正向影响。

表 5-24 还显示,10 项基础指标的权重均为正值,其大小均介于 0.02 至 0.18 之间,其中,"小额贷款公司贷款余额/万元 GDP"指标的权重最小,仅为 0.023 6;"银行承兑汇票累计发生额/万元 GDP"指标的权重最大,为 0.177 5;其余 8 项指标权重则分居其间。因此,这 10 项基础指标对中国分地区普惠金融经济深度均产生不同程度的贡献。

2. 准则层指标权重

根据表 5-17 和表 5-18,需构建分地区普惠金融业务使用深度和分地区普惠金融业务经济深度两个判断矩阵(表 5-25 和表 5-26)。

表 5-25 "分地区普惠金融业务使用深度"判断矩阵①

准则层	存款和汇兑业务使用深度	保险业务使用深度	证券及融资业务使用深度	贷款业务使用深度	弱势群体业务使用深度
存款和汇兑业务使用深度	1	1/3	1/5	1/7	1/9
保险业务使用深度	3	1	1/2	1/4	1/6
证券及融资业务使用深度	5	2	1	1/2	1/4
贷款业务使用深度	7	4	2	1	1/2
弱势群体业务使用深度	9	6	4	2	1

表 5-25 与表 5-9 构建的判断矩阵中准则层指标赋分结构完全相同,因此,表 5-9 中判断矩阵的一致性分析结果,同样适用表 5-25 中的判断矩阵。

---

① 此判断矩阵是依据表 5-9 内容构建,即各准则层指标重要程度关系比较方法,延续构建表 5-9 时的做法,所以表 5-9 判断矩阵的一致性分析结果和最后算出的准则层指标权重,在此也同样适用。

根据表 5-9 判断矩阵求解结果，表 5-25 判断矩阵也具有很好的一致性，判断合理，经计算，存款和汇兑业务使用深度、保险业务使用深度、证券业务使用深度、贷款业务使用深度和弱势群体业务使用深度的权重分别为 0.035 3、0.079 9、0.145 5、0.270 9 和 0.468 3。

表 5-26 "分地区普惠金融业务经济深度"判断矩阵

准则层	存款和汇兑业务经济深度	保险业务经济深度	证券及融资业务经济深度	贷款业务经济深度	弱势群体业务经济深度
存款和汇兑业务经济深度	1	1/3	1/5	1/7	1/9
保险业务经济深度	3	1	1/2	1/4	1/6
证券及融资业务经济深度	5	2	1	1/2	1/4
贷款业务经济深度	7	4	2	1	1/2
弱势群体业务经济深度	9	6	4	2	1

表 5-26 判断矩阵是根据表 5-25 构建，这两个判断矩阵中准则层指标赋分结构完全相同。所以，参考表 5-25 中判断矩阵的一致性分析结果，表 5-26 判断矩阵同样具有很好的一致性，判断合理。经计算，存款和汇兑业务经济深度、保险业务经济深度、证券业务经济深度、贷款业务经济深度和弱势群体业务经济深度的权重分别为 0.035 3、0.079 9、0.145 5、0.270 9 和 0.468 3。

（二）分地区普惠金融发展深度水平的测算结果

1. 维度指标指数合成

（1）分地区普惠金融业务使用深度维度指标指数

使用主成分分析和层次分析得出的权重，经简单线性加权求和，可计算出分地区普惠金融业务使用深度维度指标指数。2010 年和 2019 年的指数合成结果，则如表 5-27 所示。

表 5-27 2010 和 2019 年分地区普惠金融业务使用深度维度指标指数

年份 地区	存贷业务使用深度指数		证券业务使用深度指数		保险业务使用深度指数		弱势群体业务使用深度指数		其他业务使用深度指数	
	2010	2019	2010	2019	2010	2019	2010	2019	2010	2019
北京	0.0522	0.1796	0.0588	0.0838	0.0276	0.1026	0.0398	0.2804	0.0038	0.0629
天津	0.0161	0.0893	−0.0001	0.0130	−0.0048	0.0213	−0.0152	0.1577	0.0135	0.0204
河北	−0.0326	0.0012	−0.0084	−0.0072	−0.0121	0.0103	−0.0625	−0.0099	−0.0061	−0.0005
山西	−0.0287	0.0019	−0.0060	−0.0016	−0.0118	0.0077	−0.0527	0.0123	−0.0052	0.0010
内蒙古	−0.0269	0.0101	−0.0067	−0.0038	−0.0127	0.0110	−0.0200	0.0291	−0.0032	−0.0037
辽宁	−0.0207	0.0223	−0.0057	−0.0058	−0.0120	0.0037	−0.0591	0.0164	−0.0017	0.0083
吉林	−0.0311	0.0012	−0.0076	−0.0046	−0.0139	0.0078	−0.0674	−0.0018	−0.0075	−0.0046
黑龙江	−0.0355	−0.0121	−0.0077	−0.0073	−0.0138	0.0091	−0.0726	−0.0338	−0.0069	−0.0066
上海	0.0409	0.1474	0.0325	0.0325	0.0189	0.0735	0.0330	0.2679	0.0052	0.0122
江苏	−0.0130	0.0592	−0.0040	0.0118	−0.0075	0.0320	−0.0283	0.0938	0.0058	0.0135
浙江	0.0066	0.0836	0.0012	0.0055	−0.0084	0.0265	−0.0065	0.1340	0.0151	0.0127
安徽	−0.0347	0.0001	−0.0075	−0.0041	−0.0148	0.0053	−0.0642	0.0077	−0.0057	−0.0041
福建	−0.0264	0.0381	−0.0038	−0.0020	−0.0148	0.0078	−0.0687	0.0245	−0.0022	0.0046
江西	−0.0352	0.0052	−0.0072	−0.0065	−0.0163	0.0023	−0.0700	−0.0086	−0.0051	−0.0035
山东	−0.0265	0.0088	−0.0070	−0.0026	−0.0133	0.0112	−0.0639	0.0056	−0.0011	0.0052

（续表）

地区	存贷业务使用深度指数		证券业务使用深度指数		保险业务使用深度指数		弱势群体业务使用深度指数		其他业务使用深度指数	
年份	2010	2019	2010	2019	2010	2019	2010	2019	2010	2019
河南	−0.035 9	−0.006 8	−0.008 3	−0.007 2	−0.014 1	0.009 8	−0.064 9	−0.030 9	−0.005 3	−0.000 1
湖北	−0.031 5	0.008 8	−0.006 1	−0.003 8	−0.014 7	0.013 8	−0.071 3	−0.004 3	−0.004 3	−0.002 0
湖南	−0.035 9	−0.005 1	−0.007 4	−0.005 1	−0.016 2	0.004 1	−0.074 6	−0.034 0	−0.006 5	−0.005 7
广东	−0.015 5	0.047 2	0.000 8	−0.000 6	−0.009 9	0.019 7	−0.041 1	0.062 2	−0.001 7	0.002 2
广西	−0.034 4	−0.005 0	−0.008 5	−0.006 7	−0.018 5	−0.003 1	−0.071 8	0.012 1	−0.006 0	−0.003 8
海南	−0.029 0	0.015 2	−0.004 5	0.001 4	−0.016 8	0.005 3	−0.072 7	−0.048 8	−0.007 3	−0.005 6
重庆	−0.022 5	0.029 6	−0.006 7	−0.001 9	−0.011 5	0.015 1	−0.051 8	0.286 1	−0.002 9	0.000 5
四川	−0.031 7	0.001 4	−0.007 1	0.007 5	−0.013 3	0.009 6	−0.069 5	−0.003 0	−0.005 1	−0.004 6
贵州	−0.036 1	0.007 8	−0.008 5	−0.001 3	−0.019 0	−0.002 2	−0.073 8	−0.027 4	−0.007 5	−0.005 6
云南	−0.031 7	−0.004 4	−0.008 0	−0.004 6	−0.016 7	−0.001 6	−0.068 6	−0.030 5	−0.006 2	−0.006 2
西藏	−0.039 2	0.052 1	−0.003 7	0.000 7	−0.020 6	−0.000 5	−0.082 2	−0.058 1	−0.008 2	−0.008 1
陕西	−0.029 8	0.010 2	−0.006 8	0.001 3	−0.013 8	0.009 9	−0.064 6	0.010 4	−0.006 7	−0.000 9
甘肃	−0.036 0	0.003 5	−0.007 5	−0.006 5	−0.017 1	−0.000 1	−0.073 4	−0.010 4	−0.007 1	−0.005 0
青海	−0.025 1	0.026 6	−0.005 0	−0.003 4	−0.017 7	0.000 2	−0.070 9	−0.000 7	−0.008 0	−0.004 4
宁夏	−0.022 2	0.024 2	−0.008 0	0.002 4	−0.013 8	0.016 8	−0.044 6	0.013 8	−0.003 6	0.000 7
新疆	−0.031 3	0.010 4	−0.004 6	−0.003 2	−0.012 3	0.017 3	−0.068 7	0.002 9	−0.006 8	−0.000 02

根据表 5-27,将 2019 年指数与 2010 年指数比较后发现,2010—2019 年期间,中国分地区 31 个省市(自治区)的各维度指标指数,在绝大部分时间内均出现不同程度的增长,其中,存贷业务使用深度指数、保险业务使用深度指数和弱势群体业务使用深度指数增长态势较为强劲,但证券业务使用深度指数和其他业务使用深度指数均有个别地区出现了逆增长问题。

进一步分析发现,在存贷业务使用深度指数方面,2010 年,排名全国前十位的地区分别为北京、天津、河北、山西、内蒙古、辽宁、吉林、黑龙江、上海和江苏,且仅排名前两位的地区指数值均为正,而其余 29 个地区的指数值均为负,其中,北京市该项指数最大,为 0.052 2,新疆维吾尔自治区该项指数最小,为-0.031 3,两者差值为 0.083 5。到 2019 年,排名全国前十位的地区转变为北京、上海、天津、浙江、江苏、西藏、广东、福建、重庆和青海,且就排名最后五位的地区指数值均为负,其余 26 个地区的指数值均为正,其中,北京市该项指数依然最大,为 0.179 6,黑龙江省该项指数最小,为-0.012 1,两者差值为 0.191 7。这表明北京市、上海市、天津市、浙江省、江苏省等地区的存贷业务使用深度长期保持较高水平,但黑龙江省、河北省、内蒙古自治区等地区在存贷业务使用深度上的增长态势却较弱,同时,相较于 2010 年,2019 年的该项指数明显要更大,说明该项指数上的区域异质性在增强。

在证券业务使用深度指数方面,2010 年,排名全国前十位的地区分别为北京、上海、浙江、广东、天津、西藏、福建、江苏、海南和新疆,且仅排名前四位的地区指数值均为正,而其余 27 个地区的指数值均为负,其中,北京市该项指数最大,为 0.058 8,广西壮族自治区该项指数最小,为-0.008 5,两者差值为 0.067 3。到 2019 年,排名全国前十位的地区转变为北京、上海、天津、江苏、四川、浙江、宁夏、海南、陕西和西藏,且仅排名前十位的地区指数值均为正,其余 21 个地区的指数值均为负,其中,北京市该项指数依然最大,为 0.083 8,黑龙江省该项指数最小,为-0.007 3,两者差值为 0.091 1。这表明北京市、上海市、浙江省、天津市、西藏自治区、江苏省和海南省等地区的证券业务使用深度长期保持较高水平,但广东省、福建省、新疆维吾尔自治区等地区在证券业务使用深度上的增长态势却偏弱,同时,相较于2010年,2019年的该项指数明显变大,说明该项指数上的区域异质性也在增强。

在保险业务使用深度指数方面,2010年,北京、上海、天津、江苏、浙江、广东、重庆、山西、辽宁和河北排名全国前十位,而且除北京和上海指数值均为正外,其余地区指数值均为负,其中,北京市该项指数最大,为0.0276,西藏自治区该项指数最小,为-0.0206,两者差值为0.0482。2019年,位列全国前十位的地区依次变为北京、上海、江苏、浙江、天津、广东、新疆、宁夏、重庆和湖北,而且仅排名后五位的地区指数值仍为负,其余地区的指数值则均为正,其中,北京市该指数依然最大,为0.1026,广西壮族自治区该指数最小,为-0.0031,两者差值升为0.1057。这说明北京市、上海市、天津市、江苏省、浙江省、广东省和重庆市等地区的保险业务使用深度长期保持较高水平,且山西省、辽宁省和河北省保险业务使用深度进展相对变慢,该项指数极差2019年较2010年要增大一倍有余,分地区区域差异有加速扩大之势。

在弱势群体业务使用深度指数方面,2010年,北京、上海、浙江、天津、内蒙古、江苏、广东、宁夏、重庆和山西排名全国前十位,且除北京和上海指数值均为正外,其余地区指数值均为负,其中,北京市该项指数最大,为0.0398,西藏自治区该项指数最小,为-0.0822,两者差值为0.1220。2019年,位列全国前十位的地区则依次变为重庆、北京、上海、天津、浙江、江苏、广东、内蒙古、福建和辽宁,且仍有近一半地区指数值仍为负,其中,重庆市该指数最大,为0.2861,西藏自治区该指数最小,为-0.0581,两者差值升为0.3442。这说明北京市、上海市、浙江省、天津市、内蒙古自治区、江苏省、广东省和重庆市等地区的弱势群体业务使用深度能长期保持较高水平,但宁夏回族自治区和山西省却不敌福建省和辽宁省而让出榜十位置,同时,该项指数极差2019年较2010年要增大2.8倍有余,所以,分地区非均衡发展问题愈发严重。

在其他业务使用深度指数方面,2010年,排名全国前十位的地区为浙江、天津、江苏、上海、北京、山东、辽宁、广东、福建和重庆,而且排名前五位的地区指数值均为正,其余地区指数值均为负,其中,浙江省该项指数最大,为0.0151,西藏自治区该项指数最小,为－0.0082,两者差值为0.0233。到2019年,排名全国前十位的地区变为北京、天津、江苏、浙江、上海、辽宁、山东、福建、广东和山西,而且排名前十二位的地区指数值均为正,其地区指数值仍均为负,其中,北京市该项指数最大,为0.0629,西藏自治区该项指数最小,为－0.0081,两者差值为0.0710。所以,浙江省、天津市、江苏省、上海市、北京市、山东省、辽宁省、广东省和福建省等地区的其他业务使用深度长期保持较高水平,山西省则击败重庆市跃升榜十,同时,该项指数极差2019年较2010年要增大3倍有余,分地区发展非均衡问题更为严重。

(2) 分地区普惠金融业务经济深度维度指标指数

作者采用主成分分析法和层次分析法计算相关权重,进而合成分地区普惠金融业务经济深度维度指标指数,2010—2019年的指数合成结果如表5-28所示。

根据表5-28,将2019年指数与2010年指数比较后发现,2010—2019年期间,中国分地区31个省市(自治区)的各维度指标指数,在绝大部分时间内均出现不同程度增长,其中,保险业务和弱势群体业务上的经济深度指数增长态势最为明显,但存贷业务、证券业务和其他业务上的使用深度指数均有一些地区表现为逆增长态势。

经分析发现,在存贷业务经济深度指数方面,2010年,排名全国前十位的地区为北京、上海、浙江、云南、天津、宁夏、重庆、青海、贵州和海南,且排名前八位的地区指数值均为正,其中,北京市该项指数最大,为0.0683;内蒙古自治区该项指数最小,为－0.0475,两者差值为0.1158。到2019年,排名全国前十位地区变为西藏、天津、甘肃、北京、青海、上海、辽宁、浙江、宁夏和吉林,且仅排名后九位的地区指数值仍均为负,其中,西藏自治区该项指数最大,为0.1033;河南省该项指数最小,为－0.0221,两者差值小幅升至0.1254。这说明北京市、上海市、浙江省、天津市、宁夏回族自治区、青海省和贵州省的存贷业务经济深度长期保持较高水平,西藏自治区、甘肃省和吉林省则取代云南省、重庆市和海南省跃升榜十,该项指数极值之差2019年较2010年略有增

第五章 互联网金融时代中国普惠金融发展的深度

表 5-28 2010 和 2019 年分地区普惠金融业务经济深度维度指标指数

年份 地区	存贷业务 经济深度指数 2010	存贷业务 经济深度指数 2019	证券业务 经济深度指数 2010	证券业务 经济深度指数 2019	保险业务 经济深度指数 2010	保险业务 经济深度指数 2019	弱势群体业务 经济深度指数 2010	弱势群体业务 经济深度指数 2019	其他业务 经济深度指数 2010	其他业务 经济深度指数 2019
北京	0.068 3	0.067 8	0.114 0	0.051 2	0.029 3	0.035 6	-0.020 0	-0.013 9	0.004 4	0.041 7
天津	0.007 0	0.079 5	-0.003 2	0.016 7	-0.014 9	0.008 4	-0.023 9	-0.000 7	0.023 5	0.025 4
河北	-0.038 9	0.015 7	-0.013 4	-0.013 1	-0.003 9	0.025 1	-0.012 4	0.008 6	-0.009 2	0.002 1
山西	-0.016 3	0.023 6	-0.002 6	0.005 2	0.000 8	0.023 5	0.009 4	0.022 0	-0.003 8	0.007 6
内蒙古	-0.047 5	-0.000 5	-0.011 9	-0.008 6	-0.018 9	0.008 4	-0.005 5	0.003 5	-0.004 7	-0.010 2
辽宁	-0.021 7	0.046 7	-0.007 6	-0.009 9	-0.013 8	0.006 6	-0.024 1	0.002 6	0.002 7	0.021 6
吉林	-0.036 0	0.032 6	-0.011 3	-0.005 8	-0.010 9	0.029 8	-0.022 4	0.018 9	-0.015 9	-0.007 4
黑龙江	-0.044 2	0.018 6	-0.010 5	-0.011 0	-0.005 6	0.049 3	-0.026 7	-0.000 7	-0.012 3	-0.012 6
上海	0.037 7	0.045 9	0.039 9	0.012 6	0.013 3	0.020 9	-0.024 0	-0.015 2	0.005 2	-0.001 0
江苏	-0.021 8	0.000 2	-0.007 2	-0.000 5	-0.011 5	0.002 2	-0.011 5	-0.007 2	0.017 5	0.004 5
浙江	0.022 2	0.042 6	0.003 0	-0.001 8	-0.012 7	0.004 6	0.000 0	0.007 6	0.042 7	0.007 5
安徽	-0.028 4	-0.009 8	-0.006 1	-0.007 8	-0.002 2	0.003 9	-0.009 1	0.004 7	-0.002 6	-0.010 2
福建	-0.021 8	-0.010 4	0.000 9	-0.011 5	-0.014 9	-0.013 7	-0.027 5	-0.015 2	0.006 8	-0.003 6
江西	-0.035 9	0.006 8	-0.006 4	-0.011 3	-0.011 3	0.002 4	-0.016 1	0.000 8	-0.000 3	-0.008 0
山东	-0.039 5	-0.021 0	-0.011 7	-0.005 5	-0.017 4	0.004 2	-0.020 4	-0.005 0	0.004 3	0.005 5

（续表）

地区	存贷业务经济深度指数 2010	存贷业务经济深度指数 2019	证券业务经济深度指数 2010	证券业务经济深度指数 2019	保险业务经济深度指数 2010	保险业务经济深度指数 2019	弱势群体业务经济深度指数 2010	弱势群体业务经济深度指数 2019	其他业务经济深度指数 2010	其他业务经济深度指数 2019
河南	-0.046 2	-0.022 1	-0.012 5	-0.013 9	-0.006 4	0.011 1	-0.021 4	-0.009 3	-0.003 6	-0.001 2
湖北	-0.030 8	-0.016 6	-0.003 5	-0.009 7	-0.010 7	0.004 6	-0.023 8	-0.011 6	0.000 5	-0.008 5
湖南	-0.044 9	-0.019 5	-0.008 0	-0.010 0	-0.013 5	0.001 9	-0.023 2	-0.012 6	-0.009 6	-0.013 6
广东	-0.019 4	0.014 7	0.004 5	-0.007 5	-0.013 4	0.002 2	-0.019 0	-0.005 2	-0.000 5	-0.004 6
广西	-0.029 0	0.004 6	-0.012 1	-0.009 8	-0.019 2	0.000 7	-0.014 8	0.022 2	-0.005 2	-0.006 4
海南	-0.013 0	0.020 6	0.003 0	0.002 2	-0.015 6	0.005 0	-0.021 4	0.008 1	-0.014 1	-0.013 3
重庆	0.003 5	0.013 7	-0.006 4	-0.004 9	-0.000 3	0.006 5	-0.003 5	0.068 8	0.006 4	-0.004 1
四川	-0.013 4	-0.000 3	-0.005 1	0.016 9	0.004 0	0.014 5	-0.013 1	0.004 3	0.000 9	-0.010 7
贵州	-0.005 3	0.024 6	-0.007 7	0.000 1	-0.010 7	-0.000 8	-0.007 3	0.004 3	-0.012 1	-0.012 1
云南	0.010 4	-0.000 1	-0.004 7	-0.003 9	-0.002 5	0.001 1	-0.000 6	0.000 2	-0.002 7	-0.013 8
西藏	-0.043 3	0.103 3	0.015 1	0.000 5	-0.026 0	-0.001 2	-0.038 2	-0.029 8	-0.018 9	-0.018 8
陕西	-0.022 3	0.000 2	-0.006 2	0.005 7	-0.006 9	0.006 9	-0.013 4	0.000 0	-0.011 2	-0.004 5
甘肃	-0.016 1	0.071 3	-0.001 9	-0.008 1	-0.003 9	0.025 0	-0.011 7	0.034 6	-0.009 1	-0.006 2
青海	0.002 1	0.062 7	0.002 9	-0.004 9	-0.019 3	0.002 9	-0.017 6	0.006 9	-0.017 7	-0.009 4
宁夏	0.005 6	0.040 4	-0.012 0	0.003 1	-0.007 9	0.025 2	0.002 7	0.010 9	0.003 6	0.001 4
新疆	-0.027 4	0.009 9	0.002 3	-0.007 8	-0.000 9	0.023 4	-0.017 3	0.005 7	-0.011 6	-0.000 9

大,所以分地区异质性小幅增强。

在证券业务经济深度指数方面,2010年,排名全国前十位的地区为北京、上海、西藏、广东、浙江、海南、青海、新疆、福建和甘肃,且排名前九位的地区指数值均为正,其中,北京市该项指数最大,为0.1140;河北省该项指数最小,为－0.0134,两者差值为0.1274。到2019年,排名全国前十位地区变为北京、四川、天津、上海、陕西、山西、宁夏、海南、西藏和贵州,且仅排名前十位的地区指数值均为正,其中,北京市该项指数仍然最大,但指数值下降为0.05112;河南省该项指数最小,为－0.0139,两者差值大幅降为0.0651。这说明仅北京市、上海市、西藏自治区和海南省的证券业务经济深度能长期稳定于较高水平,同时,虽然该项指数上的地区差异性在缩小,但包括占据榜首的北京市在内的大部分地区都表现出逆增长现象,整体证券业务经济深化的形势不容乐观。

在保险业务经济深度指数方面,2010年,北京、上海、四川、山西、重庆、新疆、安徽、云南、河北和甘肃排名全国前十位,而且仅排名前四的地区指数值均为正,北京市该项指数最大,为0.0293,西藏自治区该项指数最小,为－0.0260,两者差值为0.0553。2019年,黑龙江、北京、吉林、宁夏、河北、甘肃、山西、新疆、上海和四川位列全国前十名,且仅排名倒数后三位的地区指数值仍为负,该指数极大值和极小值分别为0.0493和－0.0137,对应黑龙江省和福建省,极值之差升至0.0630。这说明北京市、上海市、四川省、山西省、新疆维吾尔自治区、河北省和甘肃省的保险业务经济深度长期保持较高水平,重庆市、安徽省和云南省则被黑龙江省、吉林省和宁夏回族自治区所取代而跌出榜十,该项指数极值之差2019年较2010年变得更大,所以地区异质性有所增强。

在弱势群体业务经济深度指数方面,2010年,山西、宁夏、浙江、云南、重庆、内蒙古、贵州、安徽、江苏和甘肃排名全国前十位,且仅山西、宁夏和云南的指数值均为正,其中,山西省该项指数最大,为0.0094;西藏自治区该项指数最小,为－0.0382,两者差值为0.0476。2019年,重庆、甘肃、广西、山西、吉林、宁夏、河北、海南、浙江和青海位列全国前十名,且仍有12个地区的该项指数值仍为负,其中,该指数极值分别为 0.068 8 和 -0.029 8,对应重庆市和西藏自治区,极值之差升至 0.098 7。这说明山西省、宁夏回族自治区、浙江省、重庆市和甘肃省的弱势群体业务经济深度能长期保持较高水平,且广西壮族自治区、吉林省、河北省、海南省和青海省成功晋升榜十,同时,该项指数极值之差 2019 年较 2010 年变得更大,分地区差异性的增强趋势明显。

在其他业务经济深度指数方面,2010 年,排名全国前十位的地区分别为浙江、天津、江苏、福建、重庆、上海、北京、山东、宁夏和辽宁,且排名前十二地区的指数值均为正,其中,该项指数极值分别为 0.042 7 和 -0.018 9,对应浙江省和西藏自治区,极值之差为 0.061 7。2019 年,排名全国前十的地区变为北京、天津、辽宁、山西、浙江、山东、江苏、河北、宁夏和新疆,且仅有九个地区的指数值为正,其中,该项指数极值分别变为 0.041 7 和 -0.059 0,对应重庆市和西藏自治区,极值之差为 0.060 7。这说明浙江、天津、江苏、北京、山东、宁夏和辽宁的其他业务经济深度能长期保持较高水平,且福建省、重庆市和上海市则被替代后跌出榜十,同时极值之差略有下降,所以区域差异性有缩小趋势。

2. 分地区普惠金融发展深度指数合成

(1) 分地区普惠金融业务使用深度指数

运用上文测算的分地区普惠金融业务使用深度维度指标指数,经加总求和可得中国分地区普惠金融业务使用深度指数,具体结果见表 5-29 所示。

表 5-29 显示,2010—2019 年中国 31 个省市(自治区)地区的普惠金融业务使用深度指数整体呈上升态势,且 31 个省市(自治区)的该项指数年均增长值地区差异较大,这表明中国 31 个省市(自治区)的普惠金融业务使用深化发展均取得显著成效,但深化发展在推进速度上存在区域差异性。

进一步分析发现,2010—2019 年,普惠金融业务使用深度指数排名第一的地区均为北京市,各年份指数值分别为 0.182 1、0.218 6、0.245 8、0.281 9、0.377 4、0.466 5、0.418 3、0.523 5、0.577 8 和 0.709 2,而排名为全国倒数第一的省市地区则有三个,其中,2010—2014 年为西藏自治区,2015—2017 年为湖南省,2018—2019 年则是黑龙江省,各年份指数值依次为 -0.153 9、

第五章　互联网金融时代中国普惠金融发展的深度

表 5-29　2010—2019 年中国"分地区普惠金融业务使用深度指数"合成结果

年份 地区	2010	2011	2012	2013	2014	2015	2016	2017	2018	2019	年均 增长值
北京	0.1821	0.2186	0.2458	0.2819	0.3774	0.4665	0.4183	0.5235	0.5778	0.7092	0.0586
天津	0.0095	0.0366	0.0956	0.1316	0.1618	0.4058	0.2454	0.2498	0.2748	0.3017	0.0325
河北	-0.1217	-0.1110	-0.1004	-0.0866	-0.0707	-0.0552	-0.0430	-0.0304	-0.0213	-0.0061	0.0128
山西	-0.1044	-0.0942	-0.0864	-0.0631	-0.0335	-0.0145	-0.0020	0.0027	0.0273	0.0213	0.0140
内蒙古	-0.0695	-0.0283	-0.0146	-0.0035	0.0099	0.0205	0.0315	0.0405	0.0396	0.0427	0.0125
辽宁	-0.0993	-0.0701	-0.0621	-0.0379	-0.0195	0.0017	0.0077	0.0175	0.0314	0.0448	0.0160
吉林	-0.1274	-0.1174	-0.1016	-0.0911	-0.0741	-0.0479	-0.0161	-0.0116	-0.0067	-0.0018	0.0140
黑龙江	-0.1365	-0.1275	-0.1179	-0.1056	-0.0957	-0.0771	-0.0718	-0.0628	-0.0631	-0.0507	0.0095
上海	0.1305	0.1589	0.1602	0.2063	0.2669	0.3703	0.3943	0.4366	0.4890	0.5335	0.0448
江苏	-0.0468	-0.0042	0.0280	0.0541	0.0830	0.0965	0.1444	0.1519	0.1733	0.2104	0.0286
浙江	0.0080	0.0421	0.0729	0.1111	0.1334	0.1635	0.1743	0.1871	0.2208	0.2624	0.0283
安徽	-0.1270	-0.1109	-0.0915	-0.0781	-0.0645	-0.0553	-0.0260	-0.0172	-0.0074	0.0049	0.0147
福建	-0.1159	-0.0780	-0.0623	-0.0291	-0.0060	0.0202	0.0383	0.0447	0.0565	0.0730	0.0210
江西	-0.1337	-0.1161	-0.0998	-0.0831	-0.0682	-0.0531	-0.0478	-0.0369	-0.0233	-0.0111	0.0136
山东	-0.1118	-0.0955	-0.0801	-0.0637	-0.0471	-0.0249	-0.0174	0.0141	0.0204	0.0283	0.0156
河南	-0.1285	-0.1297	-0.1220	-0.1087	-0.0951	-0.0811	-0.0708	-0.0574	-0.0468	-0.0350	0.0104

（续表）

年份 地区	2010	2011	2012	2013	2014	2015	2016	2017	2018	2019	年均增长值
湖北	−0.128 0	−0.117 6	−0.103 2	−0.083 1	−0.061 7	−0.042 0	−0.032 2	−0.017 0	−0.004 9	0.012 6	0.015 6
湖南	−0.140 4	−0.133 0	−0.125 4	−0.115 1	−0.104 9	−0.090 7	−0.076 5	−0.071 7	−0.059 3	−0.045 7	0.010 5
广东	−0.067 4	−0.052 4	−0.037 5	−0.008 7	0.020 3	0.057 2	0.077 7	0.089 1	0.107 1	0.130 7	0.022 0
广西	−0.139 3	−0.127 7	−0.111 1	−0.091 0	−0.065 8	−0.046 5	−0.034 6	−0.027 4	−0.020 0	−0.006 6	0.014 7
海南	−0.130 2	−0.113 8	−0.092 9	−0.077 1	−0.053 0	−0.002 2	0.012 3	0.024 0	0.034 2	−0.032 6	0.010 9
重庆	−0.095 4	−0.069 4	−0.022 8	0.019 4	0.094 8	0.139 9	0.165 9	0.276 1	0.310 2	0.329 4	0.047 2
四川	−0.126 7	−0.113 0	−0.092 5	−0.067 4	−0.038 9	−0.024 0	−0.017 2	−0.008 6	−0.000 4	0.010 9	0.015 3
贵州	−0.144 9	−0.133 5	−0.123 0	−0.108 2	−0.091 8	−0.074 9	−0.064 5	−0.053 9	−0.043 3	−0.028 7	0.012 9
云南	−0.131 3	−0.120 1	−0.106 7	−0.092 0	−0.077 1	−0.064 9	−0.061 6	−0.058 2	−0.055 2	−0.047 3	0.009 3
西藏	−0.153 9	−0.147 1	−0.145 7	−0.133 0	−0.113 0	−0.074 6	−0.068 9	−0.029 2	−0.007 6	−0.013 9	0.015 6
陕西	−0.121 7	−0.104 0	−0.089 7	−0.074 1	−0.047 5	−0.023 8	−0.012 5	−0.003 4	0.010 7	0.030 8	0.017 0
甘肃	−0.141 0	−0.129 6	−0.116 6	−0.097 7	−0.075 1	−0.056 5	−0.048 6	−0.032 5	−0.027 0	−0.018 5	0.013 6
青海	−0.126 7	−0.104 6	−0.083 8	−0.060 5	−0.029 9	−0.004 4	0.000 7	0.012 0	0.016 7	0.018 3	0.016 1
宁夏	−0.092 2	−0.075 9	−0.042 2	−0.012 0	0.003 5	0.029 9	0.028 4	0.039 8	0.047 2	0.057 9	0.016 7
新疆	−0.123 6	−0.106 9	−0.089 8	−0.063 3	−0.033 5	−0.009 0	0.000 1	0.010 4	0.012 8	0.027 4	0.016 8
指数年均增长值地区均值		2010—2013年： 0.019 6				2014—2017年： 0.021 2			2018—2019年： 0.015 3		

第五章 互联网金融时代中国普惠金融发展的深度

-0.147 1、-0.145 7、-0.133 0、-0.113 0、-0.090 7、-0.076 5、-0.071 7、-0.063 1 和-0.050 7。同时,2010—2019 年,各年份的分地区普惠金融业务使用深度指数极值之差依次为 0.336 0、0.365 7、0.391 5、0.414 9、0.490 5、0.557 3、0.494 8、0.595 2、0.640 9 和 0.759 9,表明中国分地区普惠金融业务使用深度非均衡发展问题不断加剧。

此外,分三阶段考察后发现,中国分地区普惠金融业务使用深度指数年均增长值地区均值不尽相同,其中,2010—2013 年为 0.019 6,2014—2017 年增至 0.021 2,2018—2019 年又降为 0.015 3。可以认为,2014—2017 年期间,中国分地区普惠金融业务使用深度整体呈现进一步深化的良好态势,但 2017 年后这一态势明显减弱。其主要原因可能是:2014 年以前,中国分地区普惠金融一直处于市场自发和行业无序发展状态,金融业务使用深化发展的速度缓慢;2014—2017 年期间,中国分地区普惠金融步入规范发展阶段,特别是互联网金融异军突起,有力地推动了普惠金融业务使用深度的进一步深化;2017 年之后,中国经济进入高质量发展的新时期,中国分地区普惠金融深化发展速度也相应地有所放缓。

(2) 分地区普惠金融业务经济深度指数

运用上文测算的分地区普惠金融业务经济深度维度指标指数,经加总求和可得中国分地区普惠金融业务经济深度指数,具体结果则见表 5-30 所示。

表 5-30 显示,2010—2019 年,中国分地区普惠金融业务经济深度指数除北京、上海和云南这 3 个地区之外,其余 28 个省市(自治区)的指数值均表现为增长态势。同时,中国 31 个省市(自治区)的该指数年均增长值不尽相同,其中云南省的年均增长值最小,西藏自治区的年均增长值最大,两者差值达 0.020 2。这表明中国分地区普惠金融业务经济深度虽总体呈向好发展态势,但仍有少数地区发生了逆增长现象,且分地区普惠金融业务经济深化速度存在明显的区域差异。

进一步分析发现,2010—2019 年,普惠金融业务经济深度指数排名全国第一的地区都是北京市,各年指数值分别为 0.196 0、0.203 0、0.205 0、0.182 8、

表 5-30 2010—2019 年中国"分地区普惠金融业务经济深度指数"合成结果

年份地区	2010	2011	2012	2013	2014	2015	2016	2017	2018	2019	年均增长值
北京	0.1960	0.2030	0.2045	0.1828	0.2648	0.2463	0.1834	0.1517	0.1584	0.1824	-0.0015
天津	-0.0115	-0.0214	-0.0100	-0.00008	0.0066	0.0621	0.0177	0.0077	0.0301	0.1292	0.0156
河北	-0.0778	-0.0760	-0.0657	-0.0494	-0.0286	-0.00009	0.0014	0.0093	0.0097	0.0383	0.0129
山西	-0.0125	-0.0124	0.0005	0.0411	0.0520	0.1117	0.1249	0.0706	0.1117	0.0819	0.0105
内蒙古	-0.0886	-0.0784	-0.0804	-0.0789	-0.0659	-0.0494	-0.0422	-0.0038	-0.0146	-0.0074	0.0090
辽宁	-0.0645	-0.0652	-0.0679	-0.0522	-0.0412	-0.0121	0.0529	0.0469	0.0481	0.0676	0.0147
吉林	-0.0960	-0.1000	-0.0967	-0.0882	-0.0737	-0.0331	-0.0148	-0.0151	-0.0106	0.0681	0.0183
黑龙江	-0.0992	-0.1038	-0.0968	-0.0836	-0.0718	-0.0346	-0.0285	-0.0194	-0.0235	0.0436	0.0159
上海	0.0721	0.0696	0.0383	0.0419	0.0622	0.1552	0.1014	0.0809	0.1112	0.0672	-0.0006
江苏	-0.0345	-0.0309	-0.0220	-0.0162	-0.0080	-0.0121	0.0149	-0.0166	-0.0083	-0.0007	0.0038
浙江	0.0552	0.0502	0.0506	0.0595	0.0594	0.0794	0.0581	0.0426	0.0504	0.0606	0.0006
安徽	-0.0485	-0.0476	-0.0386	-0.0301	-0.0137	0.0247	0.0413	0.0138	0.0061	-0.0193	0.0032
福建	-0.0565	-0.0483	-0.0541	-0.0346	-0.0336	-0.0138	-0.0179	-0.0383	-0.0382	-0.0544	0.0002
江西	-0.0700	-0.0650	-0.0591	-0.0451	-0.0349	0.0005	-0.0180	-0.0144	-0.0065	-0.0093	0.0067
山东	-0.0846	-0.0805	-0.0735	-0.0616	-0.0518	-0.0342	-0.0417	-0.0283	-0.0371	-0.0118	0.0081
河南	-0.0902	-0.0947	-0.0903	-0.0762	-0.0639	-0.0413	-0.0386	-0.0373	-0.0346	-0.0353	0.0061

第五章 互联网金融时代中国普惠金融发展的深度 259

（续表）

年份 地区	2010	2011	2012	2013	2014	2015	2016	2017	2018	2019	年均增长值
湖北	−0.068 4	−0.078 2	−0.076 1	−0.062 4	−0.053 1	−0.035 8	−0.037 8	−0.033 5	−0.035 8	−0.041 9	0.003 0
湖南	−0.099 2	−0.104 7	−0.102 7	−0.093 8	−0.086 5	−0.066 5	−0.053 3	−0.062 3	−0.058 2	−0.053 9	0.005 0
广东	−0.047 7	−0.052 1	−0.054 8	−0.034 9	−0.029 8	−0.003 4	−0.009 8	−0.011 2	−0.003 6	−0.000 3	0.005 3
广西	−0.080 3	−0.083 2	−0.067 9	−0.055 9	−0.038 0	−0.018 9	−0.019 3	−0.004 0	−0.006 4	0.011 2	0.010 2
海南	−0.061 1	−0.048 0	−0.043 1	−0.023 3	−0.002 3	0.066 2	0.063 5	0.045 7	0.035 1	0.022 6	0.009 3
重庆	−0.000 4	−0.007 4	0.017 1	0.037 6	0.076 2	0.099 5	0.070 8	0.090 7	0.098 6	0.080 1	0.008 9
四川	−0.026 7	−0.031 1	−0.017 9	−0.001 4	0.024 1	0.050 6	0.038 3	0.030 5	0.033 5	0.024 6	0.005 7
贵州	−0.043 1	−0.039 4	−0.033 0	−0.013 0	0.006 7	0.028 1	0.020 4	0.009 0	0.013 2	0.016 1	0.006 6
云南	−0.000 1	−0.008 4	−0.004 5	0.003 6	0.024 3	0.046 4	0.034 4	0.024 3	0.019 0	−0.016 5	−0.001 8
西藏	−0.111 3	−0.094 5	−0.097 6	−0.072 4	−0.037 0	0.057 9	0.048 3	0.095 3	0.086 3	0.054 0	0.018 4
陕西	−0.059 9	−0.063 3	−0.062 4	−0.051 2	−0.030 0	0.003 4	0.003 3	−0.010 9	−0.009 5	0.008 4	0.007 6
甘肃	−0.042 8	−0.032 8	−0.020 0	0.007 4	0.046 2	0.107 3	0.106 2	0.138 1	0.112 2	0.116 6	0.017 7
青海	−0.049 7	−0.040 4	−0.022 7	−0.007 8	0.020 6	0.065 2	0.051 3	0.074 2	0.057 4	0.058 2	0.012 0
宁夏	−0.008 0	−0.007 6	0.010 1	0.023 5	0.041 8	0.062 8	0.052 7	0.063 3	0.056 8	0.081 0	0.009 9
新疆	−0.054 8	−0.049 7	−0.038 7	−0.016 3	0.005 5	0.055 9	0.059 4	0.047 0	0.029 9	0.030 3	0.009 5
指数年均增长值地区均值				2010—2013 年： 0.006 6			2014—2017 年： 0.011 3			2018—2019 年： 0.003 9	

0.264 8、0.246 3、0.183 4、0.151 7、0.158 4 和 0.182 4，而各年份排名全国倒数第一的地区则依次为西藏自治区(2010)、湖南省(2014—2018)和福建省(2019)，指数值分别是－0.111 3、－0.104 7、－0.102 7、－0.093 8、－0.086 8、－0.066 5、－0.053 3、－0.062 3、－0.058 2 和－0.054 4。同时，2010—2019 年，中国分地区普惠金融业务经济深度指数的极值之差依次是0.307 3、0.307 8、0.307 2、0.276 6、0.351 6、0.312 9、0.236 7、0.214 0、0.216 6 和 0.236 8，总体呈减小趋势，所以，中国分地区普惠金融业务经济深度发展水平区域非均衡问题有所改善。

此外，表 5-30 还显示，2010—2013 年中国分地区普惠金融业务经济深度指数年均增长值的地区均值为 0.006 6，2014—2017 年增加为 0.011 3，2018—2019 年又缩小至 0.003 9。这与中国分地区普惠金融业务使用深度指数年均增长值阶段性变动趋势大体一致，表明从经济角度看，中国分地区普惠金融深化发展速度也呈阶段性先增后降趋势，且 2017 年后的下降趋势十分明显。

四、分地区普惠金融发展深度水平的比较分析

根据表 5-29 和表 5-30 内容，从发展深度增速和发展深度水平两方面，对分地区做纵向(不同地区)和横向(不同年份)的比较分析。

(一) 分地区普惠金融发展深度的增速

1. 基于年均增长值的比较分析

(1) 分地区普惠金融业务使用深度增速比较分析

表 5-29 显示，2010—2019 年，中国分地区普惠金融业务使用深度指数年均增长值介于 0.009 0 至 0.060 0 之间，其地区均值为 0.019 4，具有区间可划分性。考虑到按分地区普惠金融使用深度指数年均最大增长值来作划分基准时，会导致高速和中速增长区内地区数分布过少而不符合实际，所以，在此使用分地区普惠金融使用深度指数年均增长值均值作为基准，即将基准值设定为 0.019 4，并参考"北京大学数字金融研究中心课题组"做法，将该年均增

长值划分为三个增长等级区①,即指数年均增长值大于 0.032 9 的高速增长区,指数年均增长值介于 0.013 6 至 0.032 9 之间的中速增长区,以及指数年均增长值小于 0.013 6 的低速增长去。具体划分结果见图 5-15、图 5-16 和图 5-17。

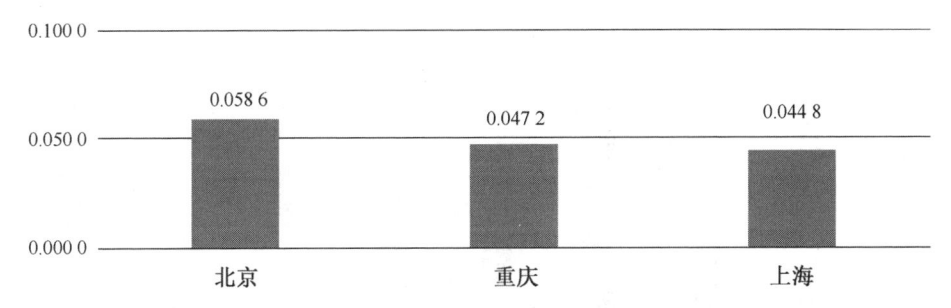

图 5-15 分地区普惠金融业务使用深度指数高速增长地区

图 5-15 显示,北京、重庆和上海这 3 个地区的普惠金融业务使用深度指数年均增长值均大于 0.032 9,属于高速增长区。同时,这 3 个地区的年均增长值区域均值约为 0.050 2,明显高于该项指数全地区均值 0.019 4,从而整体呈现最快的增长速度。

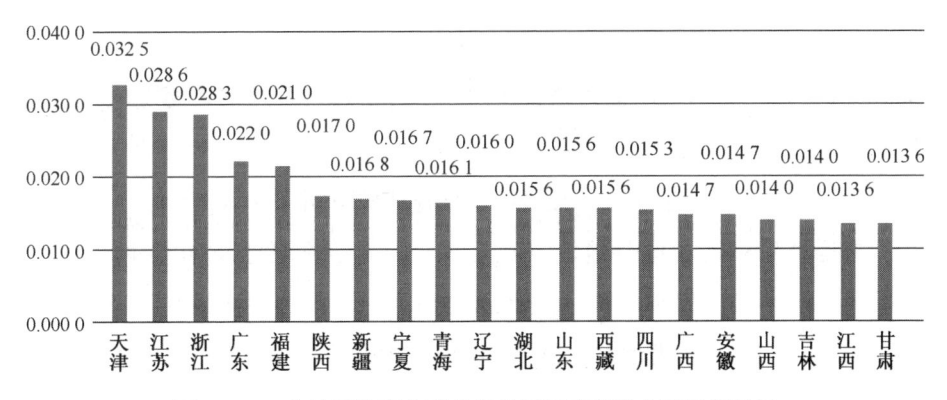

图 5-16 分地区普惠金融业务使用深度指数中速增长地区

① 基准值设定为 0.019 4,模仿"北京大学数字金融研究中心课题组"做法,将该数值的 170% 约为 0.032 9,70% 约为 0.013 6,即将 0.032 9 和 0.013 6 作为阶段划分的临界值。

图 5-16 显示，天津、江苏、浙江、广东、福建、陕西、新疆、宁夏、青海、辽宁、湖北、山东、西藏、四川、广西、安徽、山西、吉林、江西和甘肃的金融业务使用深度指数年均增长值均介于 0.013 6 至 0.032 9 之间，形成中速增长区。同时，这 20 个地区的年均增长值区域均值约为 0.018 1，略低于该项指数全地区均值 0.019 4，从而整体表现为中等的增长速度。

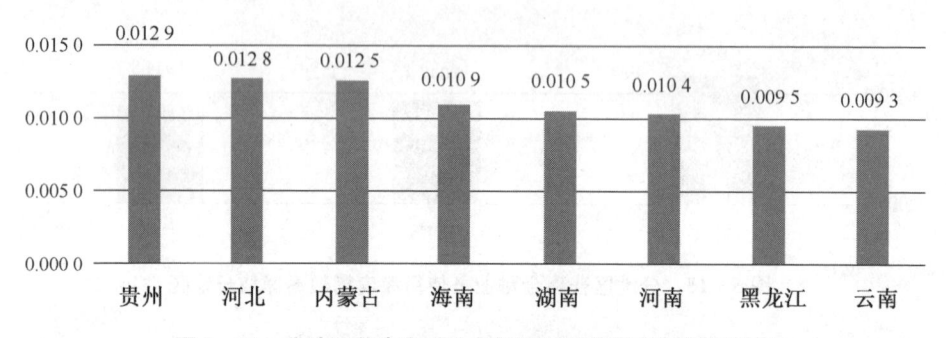

图 5-17　分地区普惠金融业务使用深度指数低速增长地区

贵州 0.012 9　河北 0.012 8　内蒙古 0.012 5　海南 0.010 9　湖南 0.010 5　河南 0.010 4　黑龙江 0.009 5　云南 0.009 3

图 5-17 显示，贵州、河北、内蒙古、海南、湖南、河南、黑龙江和云南等地区的金融业务使用深度指数年均增长值均小于 0.013 6，形成低速增长区。其中，贵州省位于该增长区首位，云南省位于该增长区末尾。这 8 个地区的年均增长值区域均值约为 0.011 1，仅分别为高速及中速增长区区域均值的 22.12% 和 61.45%，表明低速增长区内 8 个省市（自治区）的普惠金融发展深度的推进速度相对缓慢。

（2）分地区普惠金融业务经济深度增速比较分析

根据表 5-30，中国分地区普惠金融业务经济深度指数年均增长值介于 -0.001 8 至 0.018 4 之间，其全地区均值为 0.008 1，同样具有区间可划分性。同理，继续参考"北京大学数字金融研究中心课题组"做法，将该指数年均增长值划分为三个增长等级区[①]：指数年均增长值大于 0.013 7 的高速增长

---

① 分地区普惠金融发展广度指数年均增长值均值约为 0.008 1，所以基准值设定为 0.008 1，该数值的 170% 约为 0.013 7，70% 约为 0.005 7，故此将 0.013 7 和 0.005 7 作为阶段划分的临界值。

| 第五章　互联网金融时代中国普惠金融发展的深度 |

区,指数年均增长值介于 0.005 7 至 0.013 7 之间的中速增长区,以及指数年均增长值小于 0.005 7 的低速增长区。具体分区结果见图 5-18、图 5-19 和图 5-20。

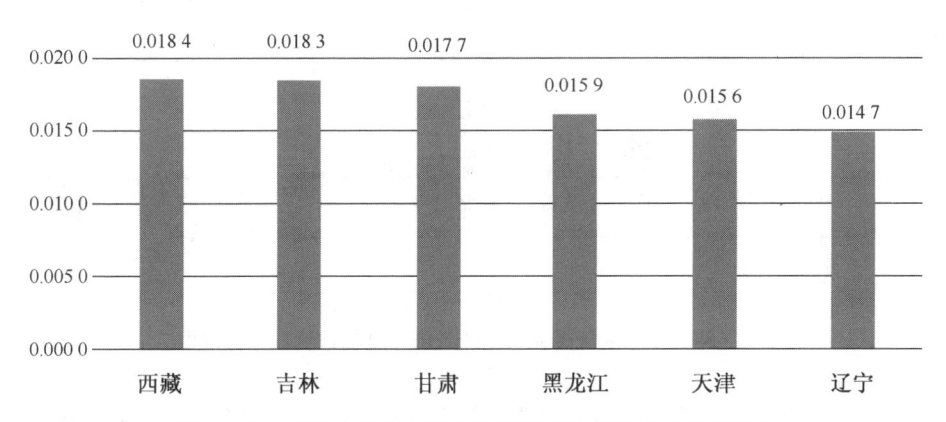

图 5-18　分地区普惠金融业务经济深度指数高速增长地区

（西藏 0.018 4，吉林 0.018 3，甘肃 0.017 7，黑龙江 0.015 9，天津 0.015 6，辽宁 0.014 7）

图 5-18 显示,西藏、吉林、甘肃、黑龙江、天津和辽宁的普惠金融业务经济深度指数年均增长值均大于 0.013 7,属于高速增长区。这 6 个地区的年均增长值区域均值约为 0.016 8,高于该项指数全地区均值 0.008 1,表明这 6 个地区的普惠金融业务经济深度推进速度相对较快。

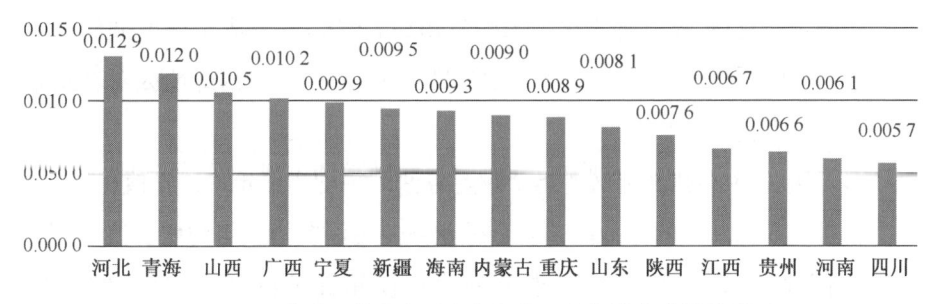

图 5-19　分地区普惠金融业务经济深度指数中速增长地区

（河北 0.012 9，青海 0.012 0，山西 0.010 5，广西 0.010 2，宁夏 0.009 9，新疆 0.009 5，海南 0.009 3，内蒙古 0.009 0，重庆 0.008 9，山东 0.008 1，陕西 0.007 6，江西 0.006 7，贵州 0.006 6，河南 0.006 1，四川 0.005 7）

图 5-19 表明,河北、青海、山西、广西、宁夏、新疆、海南、内蒙古、重庆、山东、陕西、江西、贵州、河南和四川的普惠金融业务经济深度指数年均增长值均介于 0.005 7 至 0.013 7 之间,形成中速增长区。这 15 个地区的年均增长值

区域均值约为 0.008 9,略微高于该项指数全地区均值 0.008 1,但明显低于高速增长地区的区域均值,从而整体表现为中等化的增长速度。

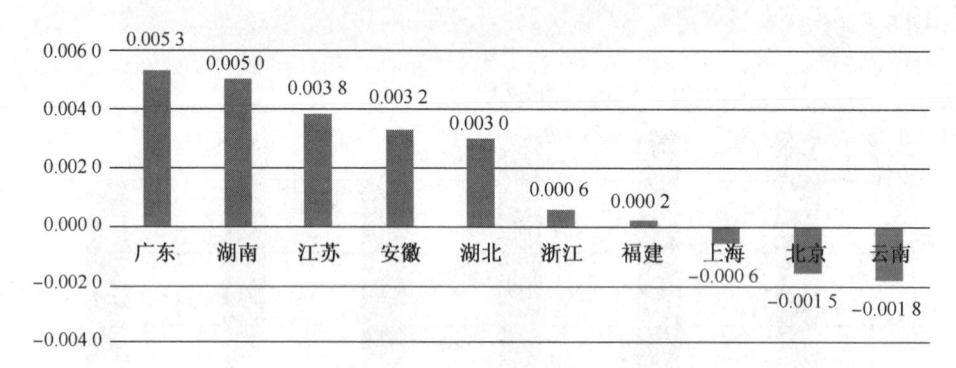

图 5-20 分地区普惠金融业务经济深度指数低速增长地区

图 5-20 显示,广东、湖南、江苏、安徽、湖北、浙江、福建、上海、北京和云南的普惠金融业务经济深度指数年均增长值均小于 0.005 7,形成低速增长区。这 10 个地区的年均增长值区域均值约为 0.001 7,仅分别为高速及中速增长区区域均值的 10.26% 和 19.40%,说明低速增长区内 10 个省市的普惠金融发展深度推进速度整体相对偏慢。

2. 东、中和西部地区比较分析

中国幅员辽阔,不同地理区位内的省市(自治区)的普惠金融发展深度差异较大,为此,根据表 5-29 和表 5-30,进一步分东、中和西部地区对普惠金融发展深度做比较分析。

(1) 分东、中和西部地区普惠金融业务使用深度指数年均增长值比较

根据表 5-29 中的分地区普惠金融业务使用深度指数年均增长值,分东、中和西部地区,来比较分析普惠金融业务使用深度的增速,具体结果见图 5-21、图 5-22 和图 5-23 所示。

图 5-21 给出了中国东部 11 个省市的普惠金融业务使用深度指数年均增长值。其中,北京市和上海市均位列高速增长区,天津市、江苏省、浙江省、广东省、福建省、辽宁省和山东省则均位列中速增长区,河北省和海南省则属低速增

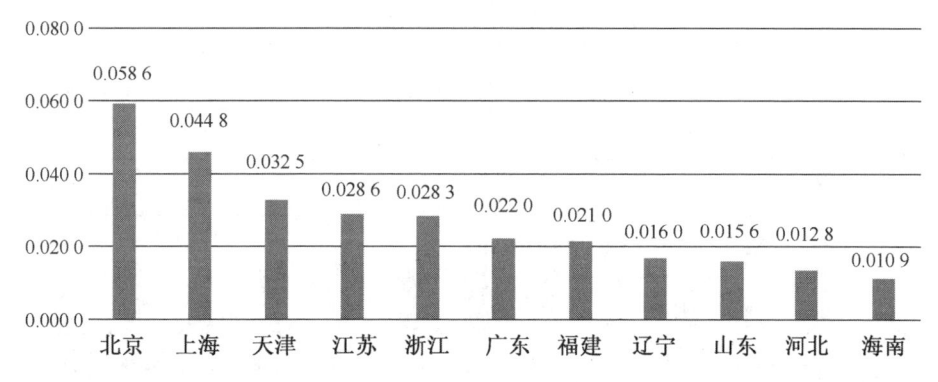

第五章 互联网金融时代中国普惠金融发展的深度

图 5-21 东部地区普惠金融业务使用深度指数年均增长值

北京	上海	天津	江苏	浙江	广东	福建	辽宁	山东	河北	海南
0.0586	0.0448	0.0325	0.0286	0.0283	0.0220	0.0210	0.0160	0.0156	0.0128	0.0109

长区。该项指数年均增长值东部区域均值为0.0264,略高于该项指数全地区年均增长值0.0194,整体表现出较高的增长水平。所以,中国东部地区"普惠金融业务使用深度"增速总体表现良好,区域内各省市间的差距也较为明显。

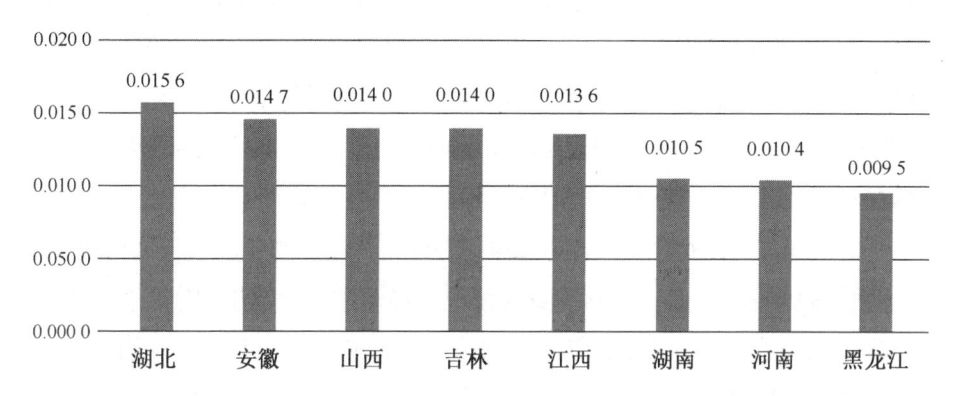

图 5-22 中部地区普惠金融业务使用深度指数年均增长值

湖北	安徽	山西	吉林	江西	湖南	河南	黑龙江
0.0156	0.0147	0.0140	0.0140	0.0136	0.0105	0.0104	0.0095

图 5-22 给出了中国中部 8 个省的普惠金融业务使用深度指数年均增长值。其中,中国中部地区无一省份位居高速增长区,湖北省、安徽省、山西省、吉林省和江西省均属于中速增长区,湖南省、河南省和黑龙江省均属于低速增长区。该项指数年均增长值中部区域均值为 0.012 8,显著低于全地区年均增长值 0.019 4,整体表现出较低的增长水平。所以,中国中部地区"普惠金融业务使用深度"增速总体表现欠佳,低于全国平均水平。

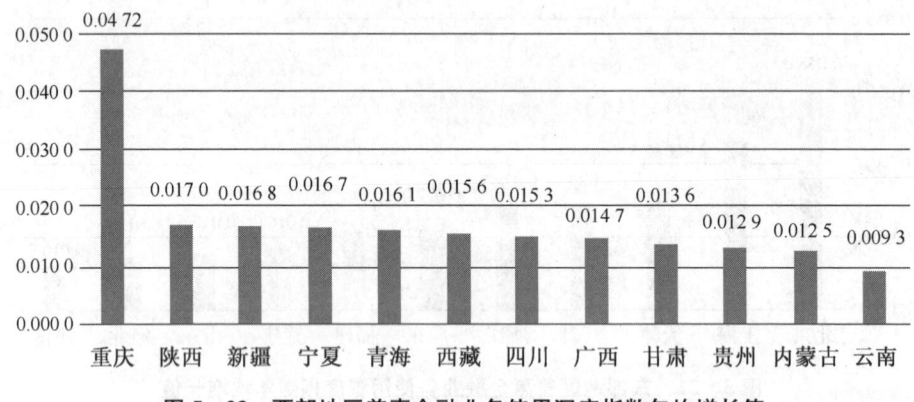

```
0.0500  0.0472
0.0400
0.0300
0.0200        0.0170  0.0168  0.0167  0.0161  0.0156  0.0153        0.0136  0.0129  0.0125
                                                              0.0147                        0.0093
0.0100
0.0000
        重庆    陕西    新疆    宁夏    青海    西藏    四川    广西    甘肃    贵州    内蒙古   云南
```

图 5-23　西部地区普惠金融业务使用深度指数年均增长值

图 5-23 给出了中国西部 12 个省市（自治区）的普惠金融业务使用深度指数年均增长值。其中重庆市位列于高速增长区，陕西省、新疆维吾尔自治区、宁夏回族自治区、青海省、西藏自治区、四川省、广西壮族自治区和甘肃省均位列中速增长区，内蒙古自治区和云南省则位列低速增长区。该项指数年均增长值西部区域均值为 0.017 3，低于全地区年均增长值 0.019 4，但高于中部地区区域均值，从而整体表现出居中的增长速度。所以，中国西部地区普惠金融业务使用深度增速虽慢于全国平均水平，但要明显快于中部地区。

（2）分东、中和西部地区普惠金融业务经济深度指数年均增长值比较

根据表 5-30 中的分地区普惠金融业务经济深度指数年均增长值，对东、中和西部地区普惠金融业务经济深度增速进行比较分析，具体结果见图 5-24、图 5-25 和图 5-26。

图 5-24 给出了中国东部地区的普惠金融业务经济深度指数年均增长值。其中，天津市和辽宁省位列于高速增长区，河北省、海南省和山东省位列于中速增长区，广东省、江苏省、浙江省、福建省、上海市和北京市位列于低速增长区。该项指数年均增长值东部区域均值为 0.006 2，低于全地区年均增长值 0.008 1，所以东部地区普惠金融业务经济深化速度明显慢于全国平均水平。

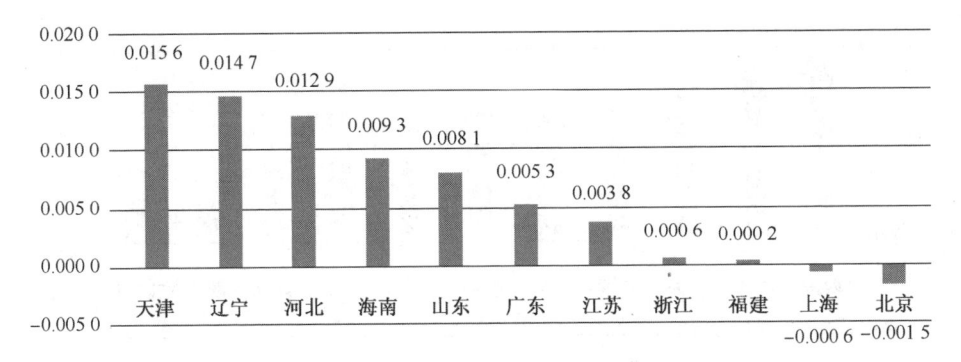

图 5-24 东部地区普惠金融业务经济深度指数年均增长值

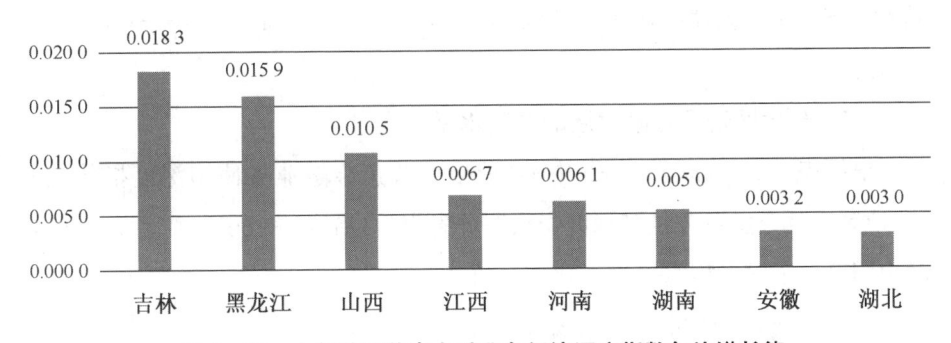

图 5-25 中部地区普惠金融业务经济深度指数年均增长值

图 5-25 显示，中国中部地区 8 个省的年均增长值，吉林省和黑龙江省位列高速增长区，江西省、江西省和河南省位列中速增长区，而湖南省、安徽省和湖北省则均位列低速增长区。中国中部 8 个省的该项指数年均增长值区域均值为 0.008 6，略微高于全地区年均增值 0.008 1，所以中部地区普惠金融业务经济深化速度要快于全国平均水平。

图 5-26 显示，中国西部 12 个省市(自治区)中西藏自治区和甘肃省位列高速增长区，青海省、广西壮族自治区、宁夏回族自治区、内蒙古自治区、重庆市、陕西省、贵州省和四川省位列于中速增长区，而仅云南省位列低速增长区。西部地区该项指数区域年均增值为 0.009 5，明显高于全地区年均增值 0.008 1，并高于东部和西部地区的区域均值。所以，中国西部地区普惠金融

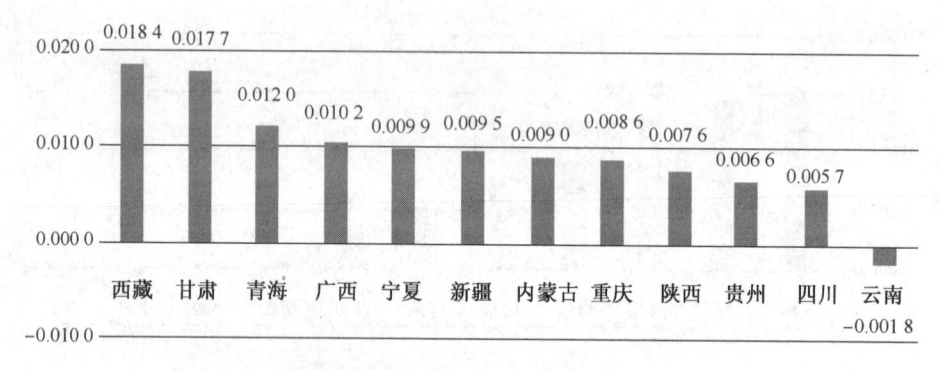

```
0.020 0  0.018 4  0.017 7
                          0.012 0
                                  0.010 2
                                          0.009 9  0.009 5
                                                           0.009 0
                                                                   0.008 6
0.010 0                                                                    0.007 6
                                                                                   0.006 6
                                                                                           0.005 7
0.000 0
          西藏   甘肃   青海   广西   宁夏   新疆  内蒙古  重庆   陕西   贵州   四川   云南
                                                                                          -0.001 8
-0.010 0
```

图 5-26 西部地区普惠金融业务经济深度指数年均增长值

业务经济深化发展速度最快,不仅要快于全国平均水平,而且也快于东部和西部地区。

(二) 分地区普惠金融发展的深度水平

根据表 5-29 和表 5-30 中的"分地区普惠金融业务使用深度指数"和"分地区普惠金融业务经济深度指数",分省市(自治区)和分东、中、西部地区,对中国普惠金融发展深度进行比较分析。

1. 分省市(自治区)的比较分析

(1) 分省市(自治区)普惠金融业务使用深度的比较分析

同理,若尝试使用历年该项指数最大值作为"基准值",仍按三个区间 70%~100%、50%~70% 及 50% 以下标准来做划分,同样发现并不能较好刻画历年分地区指数值的分布特征,为此,再次以全部指数值为依据,在综合分析和考虑多方面因素基础上,以-0.07 和 0.07 作为分区临界值。

原因在于:2010—2012 年的分地区指数值为负数的地区居多,这期间 31 个地区指数值均值分别为-0.092 1、-0.073 4、-0.055 5,三个均值的平均数约为-0.07,表明这三年的分地区普惠金融使用深度普遍较低,所以,若以-0.07 为划分的临界值能较好区分和刻画出普惠金融使用深度的低水平地区,为此,可将-0.07 作为重要的分区依据值;同时,2017—2019 年 31 个地区指数值均值分别为 0.051 6、0.066 6 和 0.082 3,三者的平均数约为 0.07,且这三个年份的分地区普惠金融使用深度指数值较其余年份要更大,表明这三年的分地区普惠金融使用深度也更深,所以,若以0.07为划分的临界值能较好区分和刻画出普惠金融使用深度的高水平地区,因此,可将0.07作为另一个重要的分区值。

综合考虑上述因素,在此将普惠金融使用深度指数大于0.07的地区列为第一分区,将使用深度指数介于−0.07至0.07的地区列为第二分区,将使用深度指数小于−0.07的地区列为第三分区,等级区划分结果则如表5-31所示。

表5-31 中国分地区普惠金融业务使用深度比较

标准年份	第一分区(或a1区) 金融业务使用深度指数>0.07	第二分区(或b1区) 0.07>金融业务使用深度指数>−0.07	第三分区(或c1区) 金融业务使用深度指数<−0.07
2010	京、沪	津、浙、苏、粤、蒙	宁、渝、辽、晋、鲁、闽、冀、陕、新、青、川、皖、吉、鄂、豫、琼、滇、赣、黑、桂、湘、甘、黔、藏
2011	京、沪	浙、津、苏、蒙、粤、渝	辽、宁、闽、晋、鲁、陕、青、新、皖、冀、川、琼、赣、吉、鄂、滇、黑、桂、甘、豫、湘、黔、藏
2012	京、沪、津、浙	苏、蒙、渝、粤、宁、辽、闽	鲁、青、晋、陕、新、皖、川、琼、赣、冀、吉、鄂、滇、桂、甘、黑、豫、黔、湘、藏
2013	京、沪、津、浙	苏、渝、蒙、粤、宁、闽、辽、青、晋、新、鲁、川	陕、琼、皖、鄂、赣、冀、桂、吉、滇、甘、黑、黔、豫、湘、藏
2014	京、沪、津、浙、渝、苏	粤、蒙、宁、闽、辽、青、晋、新、川、鲁、陕、琼、鄂、皖、桂、赣	冀、吉、甘、滇、黔、豫、黑、湘、藏
2015	京、津、沪、浙、渝、苏	粤、宁、蒙、闽、辽、琼、青、新、晋、陕、川、鲁、鄂、桂、吉、赣、冀、皖、甘、滇	藏、黔、黑、豫、湘

(续表)

标准年份	第一分区(或 a1 区) 金融业务使用深度指数>0.07	第二分区(或 b1 区) 0.07>金融业务使用深度指数>-0.07	第三分区(或 c1 区) 金融业务使用深度指数<-0.07
2016	京、沪、津、浙、渝、苏、粤	粤、宁、蒙、闽、辽、琼、青、新、晋、陕、川、鲁、鄂、桂、吉、赣、冀、皖、甘、滇、黔、藏	豫、黑、湘
2017	京、沪、渝、津、浙、苏、粤	闽、蒙、宁、琼、辽、鲁、青、新、晋、陕、川、吉、鄂、皖、桂、藏、冀、甘、赣、黔、豫、滇、黑	湘
2018	京、沪、渝、津、浙、苏、粤	闽、宁、蒙、琼、辽、晋、鲁、青、新、陕、川、鄂、吉、皖、藏、桂、冀、赣、甘、黔、豫、滇、湘、黑	
2019	京、沪、渝、津、浙、苏、粤、闽	宁、辽、蒙、陕、鲁、新、晋、青、鄂、川、皖、吉、冀、桂、赣、藏、甘、黔、琼、豫、湘、滇、黑	

注:表 5-31 中均为 31 个省市(自治区)简称,先后顺序为各地区排名,各地区分年度指数值见表 5-29。

表 5-31 显示,2010 年位列于第一和第二分区的省市(自治区)较少,而位列于第三分区的省市(自治区)则多达 26 个;到 2019 年位列于第一和第二分区的省市(自治区)明显增多,第三分区的省市(自治区)则减至 0 个,这表明,2010—2019 年期间,中国分地区普惠金融业务使用深度整体得到较大幅度提升。

进一步分析发现,与 2010 年相比,到 2019 年,第一分区由京(北京)和沪(上海),扩至京(北京)、沪(上海)、渝(重庆)、津(天津)、浙(浙江)、苏(江苏)、粤(广东)和闽(福建)8 个地区,第二分区由津(天津)、浙(浙江)、苏(江苏)、粤(广东)、蒙(内蒙古),陆续扩为宁(宁夏)、辽(辽宁)、蒙(内蒙古)、陕(陕西)、鲁(山东)、新(新疆)、晋(山西)、青(青海)、鄂(湖北)、川(四川)、皖(安徽)、吉(吉林)、冀(河北)、桂(广西)、赣(江西)、藏(西藏)、甘(甘肃)、黔(贵州)、琼(海南)、豫(河南)、湘(湖南)、滇(云南)、黑(黑龙江)23个地区;第三分区则由26个地区,陆续减为0个地区。这说明京、沪等地区是金融业务使用深度长期保持在最高水平的地区,而京、沪之外的许多省市(自治区)普惠金融业务使用深度也得到明显提升。

表5-31还显示,中国分地区普惠金融业务使用深度水平总体明显提升,但也存在一定问题。主要表现在,2010年第三分区中的一些地区,在2012年升入第二分区后,才有津(天津)和浙(浙江)两个地区于2013年升入第一分区,从而表现出"三、二、一"有序的"升区"态势,即2010年排名靠后地区难以快速超越排名靠前地区完成"升区",同时高分区内地区也很少会"掉区"。可以认为,在普惠金融业务使用深度方面,发展落后地区难以快速赶超发展先进地区,从而总体表现出"升区"次序的"锁定性"。

(2) 分省市(自治区)普惠金融业务经济深度的比较分析

在综合分析和考虑多方面因素基础上,选取—0.04和0.04作为分区的临界值。这主要是因为:2010—2012年期间分地区指数值为负数的地区居多,这期间31个地区指数值全地区均值分别为—0.040 8、—0.040 1、—0.034 7,三者的平均数约为—0.04,表明在这期间分地区普惠金融使用深度总体水平普遍较低。因此,若以—0.04为划分基准能较好区分和刻画普惠金融使用深度低水平区。同时,2017—2019年期间,31个地区指数值全地区均值分别为0.024 1、0.025 2和0.032 0,三者的平均数约为0.03,但若以0.03为划分基准则高水平地区过多而不合实际,因此,将0.04作为另一个重要的分区临界值。

基于上述原因,将普惠金融业务使用深度指数大于0.04的地区列为第一分区,将使用深度指数介于—0.04到0.04之间的地区列为第二分区,将使用深度指数小于—0.04的地区列为第三分区(表5-32)。

表 5-32 中国分地区普惠金融业务经济深度比较

标准 年份	第一分区(或 a2 区) 普惠金融业务经济深度指数＞0.04	第二分区(或 b2 区) 0.04＞普惠金融业务经济深度指数＞－0.04	第三分区(或 c2 区) 普惠金融业务经济深度指数＜－0.04
2010	京、沪、浙	滇、渝、宁、津、晋、川、苏	甘、黔、粤、皖、青、新、闽、陕、琼、辽、鄂、赣、冀、桂、鲁、蒙、豫、吉、湘、黑、藏
2011	京、沪、浙	渝、宁、滇、晋、津、苏、川、甘、黔	青、皖、琼、闽、新、粤、陕、赣、辽、冀、鄂、蒙、鲁、桂、藏、豫、吉、黑、湘
2012	京、浙	沪、渝、宁、晋、滇、津、川、甘、苏、青、黔、皖、新	琼、闽、粤、赣、陕、冀、辽、桂、鲁、鄂、蒙、豫、吉、黑、藏、湘
2013	京、浙、沪、晋	渝、宁、甘、滇、津、川、青、黔、苏、新、琼、皖、闽、粤	赣、冀、陕、辽、桂、鲁、鄂、藏、豫、蒙、黑、吉、湘
2014	京、渝、沪、浙、晋、甘、宁	滇、川、青、黔、津、新、琼、苏、皖、冀、粤、陕、闽、赣、藏、桂	辽、鲁、鄂、豫、蒙、黑、吉、湘
2015	京、沪、晋、甘、渝、浙、琼、青、宁、津、藏、新、川、滇	黔、皖、陕、赣、冀、粤、辽、苏、闽、桂、吉、鲁、黑、鄂	豫、蒙、湘
2016	京、晋、甘、沪、渝、琼、新、浙、辽、宁、青、藏、皖	川、滇、黔、津、苏、陕、冀、粤、吉、闽、赣、桂、黑、鄂、豫	鲁、蒙、湘
2017	京、甘、藏、渝、沪、青、晋、宁、新、辽、琼、浙	川、滇、皖、冀、黔、津、蒙、桂、陕、粤、赣、吉、苏、黑、鲁、鄂、豫、闽	湘
2018	京、甘、晋、沪、渝、藏、青、宁、浙、辽	琼、川、津、新、滇、黔、冀、皖、粤、桂、赣、苏、陕、吉、蒙、黑、豫、鄂、鲁、闽	湘
2019	京、津、甘、晋、宁、渝、吉、辽、沪、浙、青、藏、黑	冀、新、川、琼、黔、桂、陕、粤、苏、蒙、赣、鲁、滇、皖、豫	鄂、湘、闽

注：表 5-32 中均为 31 个省市(自治区)简称，先后顺序为各地区排名，各地区分年度指数值见表 5-30。

表 5-32 显示,2010 年位列于第一和第二分区的省市(自治区)较少,多达 21 个省市(自治区)位列于第三分区;到 2019 年位列于第一和第二分区的省市(自治区)明显增加,位列于第三分区的省市(自治区)则减至 3 个,说明中国 31 个省市(自治区)在普惠金融业务经济深度方面取得了重大进展。

其中,2010—2019 年,第一分区由最初的京(北京)、沪(上海)和浙(浙江),扩至京(北京)、津(天津)、甘(甘肃)、晋(山西)、宁(宁夏)、渝(重庆)、吉(吉林)、辽(辽宁)、沪(上海)、浙(浙江)、青(青海)、藏(西藏)和黑(黑龙江)13 个地区;第二分区由最初的滇(云南)、渝(重庆)、宁(宁夏)、津(天津)、晋(山西)、川(四川)、苏(江苏),扩至冀(河北)、新(新疆)、川(四川)、琼(海南)、黔(贵州)、桂(广西)、陕(陕西)、粤(河南)、苏(江苏)、蒙(内蒙古)、赣(江西)、鲁(山东)、滇(云南)、皖(安徽)、豫(河南)15 个地区;第三分区则由最初的 21 个地区,减为鄂(湖北)、湘(湖南)和闽(福建)这 3 个地区。

表 5-32 还显示,中国分地区普惠金融业务经济深度水平虽"升区"有序,但也表现出一定的问题,如鄂(湖北)、湘(湖南)和闽(福建)等地区到 2019 年仍深陷第三分区,闽(福建)虽于 2013 年首次迈入第二分区,但到 2019 年又跌回第三分区,皖(安徽)、琼(海南)、新(新疆)和滇(云南)甚至均迈入过第一分区,但到 2019 年这四个地区又均位列第二分区。同时,2010—2019 年间除京(北京)之外的省市(自治区)普惠金融业务使用深度指数位次排名常无序变动,即便是排名一直靠前的沪(上海)和浙(浙江)及排名一直靠后的湘(湖南)等地区也出现了不稳定的位次变动。可以认为,在普惠金融业务经济深度方面,中国发展落后地区很难快速追赶发展先进地区,而且部分地区还出现了严重的"跌区"问题,表明中国分地区普惠金融业务经济深度的稳定性较为不足。

2. 分东、中和西部地区的比较分析

(1) 分东、中和西部地区普惠金融业务使用深度的比较分析

前文所做研究已表明,中国东、中和西部地区的普惠金融使用深度存在非均衡发展问题,但区域差异性到底如何,仍需做进一步的比较分析。为此,通

过表 5-33、表 5-34 和表 5-35 内容,来做具体探讨。

表 5-33 东部地区普惠金融业务使用深度指数比较

地区	2010 年指数值	地区	2013 年指数值	地区	2017 年指数值	地区	2019 年指数值
北京	0.1821[a1]	北京	0.2819[a1]	北京	0.5235[a1]	北京	0.7092[a1]
上海	0.1305[a1]	上海	0.2063[a1]	上海	0.4366[a1]	上海	0.5335[a1]
天津	0.0095[b1]	天津	0.1316[a1]	天津	0.2494[a1]	天津	0.3017[a1]
浙江	0.0080[b1]	浙江	0.1111[a1]	浙江	0.1871[a1]	浙江	0.2624[a1]
江苏	−0.0468[b1]	江苏	0.0541[b1]	江苏	0.1519[a1]	江苏	0.2104[a1]
广东	−0.0674[b1]	广东	−0.0087[b1]	广东	0.0891[a1]	广东	0.1307[a1]
辽宁	−0.0993[c1]	福建	−0.0291[b1]	福建	0.0447[b1]	福建	0.0730[a1]
山东	−0.1118[c1]	辽宁	−0.0379[b1]	海南	0.0240[b1]	辽宁	0.0448[b1]
福建	−0.1159[c1]	山东	−0.0637[b1]	辽宁	0.0175[b1]	山东	0.0283[b1]
河北	−0.1217[c1]	海南	−0.0771[c1]	山东	0.0141[b1]	河北	−0.0061[b1]
海南	−0.1302[c1]	河北	−0.0866[c1]	河北	−0.0304[b1]	海南	−0.0326[b1]
区域均值	−0.0330	区域均值	0.0438	区域均值	0.1552	区域均值	0.2050

注:字母上标为在表 5-31 中的分区,其中,a1 表示第一分区,b1 表示第二分区,c1 表示第三分区。

表 5-33 显示,到 2019 年,中国东部 11 省市地区的普惠金融业务使用深度指数提升明显,总体"升区"成效十分突出。

其中,第一分区中,2010 年有北京市和上海市,2013 年增加天津市和浙江省,2017 年江苏和广东也位列该区,到 2019 年福建也加入该区;第二分区中,2010 年有天津市、浙江省、江苏省和广东省这四个地区,而伴随这些省市地区的"升区"成功,到 2019 年转变为辽宁省、山东省、河北省和海南省这四个地区;第三分区变化则更为明显,2010 年有辽宁省、山东省、福建省、河北省和海南省共 5 个地区,到 2013 年则仅剩海南省和河北省仍在该分区,而 2017 年这两个地区均成功脱离该分区,且到 2019 年仍保持了这一"升区"状态。

此外,中国东部11个省市的普惠金融业务使用深度指数区域均值,2010年仅为-0.0330,2013年增至0.0438,2017年进一步升至0.1552(>0.07),到2019年更是增为0.2050,十年间区域均值增加0.2380。这说明,2010年至2019年,中国东部地区普惠金融业务使用深度提高迅速,尤其是2014年以来,其普惠金融业务使用深度水平整体步入区域高发展水平时期[①]。

表5-34 中部地区普惠金融业务使用深度指数比较

地区	2010年指数值	地区	2013年指数值	地区	2017年指数值	地区	2019年指数值
山西	-0.1044^{c1}	山西	-0.0631^{b1}	山西	0.0027^{b1}	山西	0.0213^{b1}
安徽	-0.1270^{c1}	安徽	-0.0781^{c1}	吉林	-0.0116^{b1}	湖北	0.0126^{b1}
吉林	-0.1274^{c1}	湖北	-0.0831^{c1}	湖北	-0.0170^{b1}	安徽	0.0049^{b1}
湖北	-0.1280^{c1}	江西	-0.0831^{c1}	安徽	-0.0172^{b1}	吉林	-0.0018^{b1}
河南	-0.1285^{c1}	吉林	-0.0911^{c1}	江西	-0.0369^{b1}	江西	-0.0111^{b1}
江西	-0.1337^{c1}	黑龙江	-0.1056^{c1}	河南	-0.0574^{b1}	河南	-0.0350^{b1}
黑龙江	-0.1365^{c1}	河南	-0.1087^{c1}	黑龙江	-0.0628^{b1}	湖南	-0.0457^{b1}
湖南	-0.1404^{c1}	湖南	-0.1151^{c1}	湖南	-0.0717^{c1}	黑龙江	-0.0507^{b1}
区域均值	-0.1282	区域均值	-0.0910	区域均值	-0.0340	区域均值	-0.0132

注:字母上标为在表5-31中的分区,其中,a1表示第一分区,b1表示第二分区,c1表示第三分区。

表5-34显示,到2019年,中国中部8个省的普惠金融业务使用深度指数有一定程度提升,但总体"升区"表现并不十分理想。

其中,2010年,中国中部8个省无一位列第一和第二分区之中;2013年,仅有山西省位列于第二分区,而其余7个省仍位列第三分区;2017年,仅有湖南省还身处第三分区,其余7个省则均位列第二分区;2019年,中国中部8个

---

① 2014年,中国东部11个省市的普惠金融业务使用深度指数区域均值为0.077,大于0.07,满足步入第一分区的判断标准,加之其后年份的区域均值都大于0.07,所以在此可以认为,2014年以来,中国东部地区普惠金融业务使用深度水平整体步入区域高发展水平时期。

省均成功位列第二分区,但仍无一省能升入第一分区。

此外,中国中部 8 个省的普惠金融业务使用深度指数区域均值,2010 年为 -0.128 2,2013 年增至 -0.091 0,2017 年进一步增至 -0.034 0,到 2019 年则增为 -0.013 2,十年间区域均值虽增加 0.115 0,但 2019 年的区域均值却仍为负数。这说明,相较于中国东部地区而言,中国中部地区普惠金融业务使用深度整体提升缓慢,即便到 2019 年其整体深化发展水平仍较低。

表 5-35 西部地区普惠金融业务使用深度指数比较

地区	2010 年指数值	地区	2013 年指数值	地区	2017 年指数值	地区	2019 年指数值
内蒙古	-0.069 5[b1]	重庆	0.019 4[b1]	重庆	0.276 1[b1]	重庆	0.329 4[a1]
宁夏	-0.092 2[c1]	内蒙古	-0.003 5[b1]	内蒙古	0.040 5[b1]	宁夏	0.057 9[b1]
重庆	-0.095 4[c1]	宁夏	-0.012 0[b1]	宁夏	0.039 8[b1]	内蒙古	0.042 7[b1]
陕西	-0.121 7[c1]	青海	-0.060 5[b1]	青海	0.012 0[b1]	陕西	0.030 8[b1]
新疆	-0.123 6[c1]	新疆	-0.063 3[b1]	新疆	0.010 4[b1]	新疆	0.027 4[b1]
青海	-0.126 7[c1]	四川	-0.067 4[b1]	陕西	-0.003 4[b1]	青海	0.018 3[b1]
四川	-0.126 7[c1]	陕西	-0.074 1[c1]	四川	-0.008 6[b1]	四川	0.010 9[b1]
云南	-0.131 3[c1]	广西	-0.091 0[c1]	广西	-0.027 4[b1]	广西	-0.006 6[b1]
广西	-0.139 3[c1]	云南	-0.092 0[c1]	西藏	-0.029 2[b1]	西藏	-0.013 9[b1]
甘肃	-0.141 0[c1]	甘肃	-0.097 7[c1]	甘肃	-0.032 5[b1]	甘肃	-0.018 5[b1]
贵州	-0.144 9[c1]	贵州	-0.108 2[c1]	贵州	-0.053 9[b1]	贵州	-0.028 7[b1]
西藏	-0.153 9[c1]	西藏	-0.133 0[c1]	云南	-0.058 2[b1]	云南	-0.047 3[b1]
区域均值	-0.122 2	区域均值	-0.065 3	区域均值	0.013 8	区域均值	0.033 5

注:字母上标为在表 5-31 中的分区,其中,a1 表示第一分区,b1 表示第二分区,c1 表示第三分区。

表 5-35 显示,到 2019 年,中国西部 12 个省市(自治区)的普惠金融业务使用深度指数得到一定程度提升,总体"升区"表现虽不如东部地区,但要好于中部地区。

其中,2010年,西部12个省市(自治区)无一位列第一分区,且仅有内蒙古自治区位列第二分区;2013年,西部12个省市(自治区)中的重庆市、内蒙古自治区、宁夏回族自治区、青海省、新疆维吾尔自治区和四川省均位列第二分区,而其余6个省(自治区)则仍位列第三分区;2017年,重庆市成功位列第一分区,而其余11个省(自治区)均成功位列第二分区,到2019年,这一分区状态仍基本保持不变。

此外,中国西部12个省市(自治区)的普惠金融业务使用深度指数区域均值,2010年为-0.1222,2013年增至-0.0653,2017年进一步增至0.0138,到2019年则增为0.0355,十年间区域均值增加0.1577。所以,相比较而言,中国西部地区普惠金融业务使用深度得到了较大幅度提升,其金融业务使用深度发展水平整体上虽不及东部地区,但明显好于中部地区,从而表现出较好的深化发展水平。

(2) 分东、中和西部地区普惠金融业务经济深度的比较分析

同理,针对中国东、中和西部地区普惠金融经济深度存在的非均衡发展问题,也需做深入的比较分析结果见表5-36、表5-37和表5-38。

表5-36 东部地区普惠金融业务经济深度指数比较

地区	2010年指数值	地区	2013年指数值	地区	2017年指数值	地区	2019年指数值
北京	0.1960^{a2}	北京	0.1828^{a2}	北京	0.1517^{a2}	北京	0.1824^{a2}
上海	0.0721^{a2}	浙江	0.0595^{a2}	上海	0.0809^{a2}	天津	0.1292^{a2}
浙江	0.0552^{a2}	上海	0.0419^{a2}	辽宁	0.0469^{a2}	辽宁	0.0676^{a2}
天津	-0.0115^{b2}	天津	-0.0008^{b2}	海南	0.0457^{a2}	上海	0.0672^{a2}
江苏	-0.0345^{b2}	江苏	-0.0162^{b2}	浙江	0.0426^{a2}	浙江	0.0606^{a2}
广东	-0.0477^{c2}	海南	-0.0233^{b2}	河北	0.0093^{b2}	河北	0.0383^{b2}
福建	-0.0565^{c2}	福建	-0.0346^{b2}	天津	0.0077^{b2}	海南	0.0226^{b2}
海南	-0.0611^{c2}	广东	-0.0349^{b2}	广东	-0.0112^{b2}	广东	-0.0003^{b2}
辽宁	-0.0645^{c2}	河北	-0.0494^{c2}	江苏	-0.0166^{b2}	江苏	-0.0007^{b2}

(续表)

地区	2010年指数值	地区	2013年指数值	地区	2017年指数值	地区	2019年指数值
河北	−0.077 8[c2]	辽宁	−0.052 2[c2]	山东	−0.028 3[b2]	山东	−0.011 8[b2]
山东	−0.084 6[c2]	山东	−0.061 6[c2]	福建	−0.038 3[b2]	福建	−0.054 4[c2]
区域均值	−0.010 5	区域均值	0.001 0	区域均值	0.026 4	区域均值	0.045 5

注：字母上标为在表5-32中的分区，其中，a2表示第一分区，b2表示第二分区，c2表示第三分区。

表5-36显示，到2019年，除北京市以外，中国东部其余10个省市地区的普惠金融业务经济深度指数均有所提升，但总体"升区"表现相对欠佳[①]。

其中，2010年，第一分区中有北京市、上海市和浙江省，第二分区中有天津市和江苏省，第三分区中有广东省等6个地区；2013年，海南省、福建省和广东省升入第二分区，而其余省市地区的分区分布保持不变；2017年，第一分区中增添辽宁省和海南省，河北省、辽宁省和山东省则成功位列第二分区之中；到2019年，天津市取代海南省位列第一分区，海南省则跌入第二分区，福建省则重回第三分区，从而表现出一定程度上的"逆深化"发展问题。

此外，这11个省市地区的普惠金融业务经济深度指数区域均值，2010年为−0.010 5，2013年增至0.001 0，2017年增至0.026 4，到2019年增至0.045 5（＞0.04），十年间区域均值增加0.056 0。这说明，2010—2019年，中国东部地区普惠金融业务经济深度得到一定程度的提升，尤其是2019年，其普惠金融业务经济深度整体步入区域高发展水平时期。

---

① 相比于2010年，到2019年，在普惠金融业务经济深度指数分区上，中国中、西部省市（自治区）"升区"总体表现更为强劲，如2010年中国中、西部省市（自治区）无一位列第一分区，但到2019年中国中、西部省市（自治区）分别有3个和5个地区位列第一分区，所以，相比较而言，中国东部地区总体"升区"表现欠佳。

表 5-37 中部地区普惠金融业务经济深度指数比较

地区	2010年指数值	地区	2013年指数值	地区	2017年指数值	地区	2019年指数值
山西	−0.012 5[b2]	山西	0.041 1[a2]	山西	0.070 6[a2]	山西	0.081 9[a2]
安徽	−0.048 5[c2]	安徽	−0.030 1[b2]	安徽	0.013 8[b2]	吉林	0.068 1[a2]
湖北	−0.068 4[c2]	江西	−0.045 1[c2]	江西	−0.014 4[b2]	黑龙江	0.043 6[a2]
江西	−0.070 0[c2]	湖北	−0.062 4[c2]	吉林	−0.015 1[b2]	江西	−0.009 3[b2]
河南	−0.090 2[c2]	河南	−0.076 2[c2]	黑龙江	−0.019 4[b2]	安徽	−0.019 3[b2]
吉林	−0.096 6[c2]	黑龙江	−0.083 6[c2]	湖北	−0.033 5[b2]	河南	−0.035 3[b2]
湖南	−0.099 2[c2]	吉林	−0.088 2[c2]	河南	−0.037 3[b2]	湖北	−0.041 9[b2]
黑龙江	−0.099 2[c2]	湖南	−0.093 8[c2]	湖南	−0.062 3[c2]	湖南	−0.053 9[b2]
区域均值	−0.073 1	区域均值	−0.054 8	区域均值	−0.012 2	区域均值	0.004 2

注：字母上标为在表 5-32 中的分区，其中，a2 表示第一分区，b2 表示第二分区，c2 表示第三分区。

表 5-37 显示，到 2019 年，中国中部 8 个省的普惠金融业务经济深度指数均有所提升，且总体"升区"表现要好于东部地区。

其中，2010 年，仅有山西省位列第一分区，而中部其余 7 个省均位列第三分区；2013 年，山西省成功进入第一分区，安徽省则成功进入第二分区；2017 年，又增添江西省、吉林省、黑龙江省、湖北省和河南省等地区位列第二分区，但湖南省仍深陷第三分区；到 2019 年，继续增添吉林省和黑龙江省位列第一分区，但湖北省跌回第三分区，并与湖南省一起成为中部地区普惠金融业务经济深度指数最低的两个地区。

此外，中国中部 8 个省的普惠金融业务经济深度指数区域均值，2010 年为 −0.073 1，2013 年增至 −0.054 8，2017 年又增至 −0.012 2，到 2019 年则进一步增至 0.004 2，十年间区域均值增加 0.115 1。这说明 2010—2019 年，中国中部地区普惠金融业务经济深度得到较大幅度提升，但 2019 年的区域均值明显低于中部地区，从而整体深化发展水平要弱于东部地区。

表 5-38 西部地区普惠金融业务经济深度指数比较

地区	2010年指数值	地区	2013年指数值	地区	2017年指数值	地区	2019年指数值
云南	−0.000 1^{b2}	重庆	0.037 6^{b2}	甘肃	0.138 1^{a2}	甘肃	0.116 6^{a2}
重庆	−0.000 4^{b2}	宁夏	0.023 5^{b2}	西藏	0.095 3^{a2}	宁夏	0.081 0^{a2}
宁夏	−0.008 0^{b2}	甘肃	0.007 4^{b2}	重庆	0.090 7^{a2}	重庆	0.080 1^{a2}
四川	−0.026 7^{b2}	云南	0.003 6^{b2}	青海	0.074 2^{a2}	青海	0.058 2^{a2}
甘肃	−0.042 8^{c2}	四川	−0.001 4^{b2}	宁夏	0.063 3^{a2}	西藏	0.054 0^{a2}
贵州	−0.043 1^{c2}	青海	−0.007 8^{b2}	新疆	0.047 0^{a2}	新疆	0.030 3^{b2}
青海	−0.049 7^{c2}	贵州	−0.013 0^{b2}	四川	0.030 5^{b2}	四川	0.024 6^{b2}
新疆	−0.054 8^{c2}	新疆	−0.016 3^{b2}	云南	0.024 3^{b2}	贵州	0.016 1^{b2}
陕西	−0.059 9^{c2}	陕西	−0.051 2^{c2}	贵州	0.009 0^{b2}	广西	0.011 2^{b2}
广西	−0.080 3^{c2}	广西	−0.055 9^{c2}	内蒙古	−0.003 8^{b2}	陕西	0.008 4^{b2}
内蒙古	−0.088 6^{c2}	西藏	−0.072 4^{c2}	广西	−0.004 0^{b2}	内蒙古	−0.007 4^{b2}
西藏	−0.111 3^{c2}	内蒙古	−0.078 9^{c2}	陕西	−0.010 9^{b2}	云南	−0.016 5^{b2}
区域均值	−0.047 1	区域均值	−0.018 7	区域均值	0.046 1	区域均值	0.038 1

注:字母上标为在表 5-32 中的分区,其中,a2 表示第一分区,b2 表示第二分区,c2 表示第三分区。

表 5-38 显示,到 2019 年,除云南省之外,中国西部其余 11 个省市(自治区)的普惠金融业务经济深度指数均出现不同幅度增长,总体"升区"表现也要好于东部和中部地区。

其中,2010 年,西部地区中有云南省、重庆市、宁夏回族自治区和四川省位列第一分区,其余 8 个省市(自治区)则均位于第三分区;2013 年,甘肃省、贵州省、青海省和新疆维吾尔自治区增列于第二分区,仅剩陕西省、广西壮族自治区、西藏自治区和内蒙古自治区仍在第三分区;2017 年,西部地区中有甘肃省、西藏自治区、重庆市、青海省、宁夏回族自治区和新疆维吾尔自治区进入第一分区,而其余 6 个省市(自治区)则均位于第二分区;到 2019 年,新疆维吾尔自治区跌出第一分区,第二分区中的西部省市(自治区)也增至 7 个,但 2010—2019 年期间,依然表现出强劲的"升区"发展态势。

此外，中国西部12个省市（自治区）的普惠金融业务经济深度指数区域均值，2010年为－0.047 1，2013年增至－0.018 7，2017年又增至0.046 1（＞0.04），到2019年则降为0.038 1，十年间区域均值增加0.085 2。这说明，相较于2010年，2019年中国西部地区普惠金融业务经济深度指数得到大幅度提升，整体发展水平仅次于东部地区，但明显要高于中部地区。

第三节　普惠金融发展深度的进一步探讨

中国在普惠金融业务使用深度和普惠金融业务经济深度两方面虽表现出向好发展态势，但这并不是研判中国普惠金融发展深度国际水平的唯一依据。在此，作者构建国际化水平的评判标准，测评中国普惠金融发展深度的国际水平。

一、中国普惠金融发展深度的国际比较

（一）中国普惠金融业务使用深度的国际比较

以全国金融业务使用深度指标体系为基础，并考虑数据的可获得性，作者构建相应的评判标准（表5-39），进而通过比较分析来研判中国普惠金融业务使用深度的国际水平。

表5-39　普惠金融业务使用深度的国际评判标准

评判内容	采用指标	单位	评判方法
存贷业务使用深度	私营部门国内信贷/成年人（Y1）	万美元	选取经济金融发达的国家、金砖国家与中国大陆地区进行比较
	国内总储蓄/成年人（Y2）	万美元	
证券业务使用深度	股票交易总额/成年人（Y3）	万美元	
保险业务使用深度	寿险业务保险密度（Y4）	万美元	
	非寿险业务保险密度（Y5）	万美元	
支付业务使用深度	非现金支付笔数/成年人（Y6）	笔	
	电子商务人均消费金额（Y7）	万美元	

注：按国际标准，成年人是指15～64岁及65岁以上人口。

表 5-39 显示,存贷业务使用深度维度主要采用 2 项指标,从每名成年人拥有的私营部门国内信贷规模和国内总储蓄规模方面,研判中国存贷业务使用深度的国际水平;证券业务使用深度维度采用 1 项指标,主要考察每名成年人拥有的股票交易总额,用以分析中国该项业务使用深度的国际水平;保险业务使用深度维度采用 2 项指标,主要反映中国保险业务使用深度的国际水平;支付业务使用深度维度采用 2 项指标,主要反映中国非现金支付和电商消费支付使用深度的国际发展水平。

参照美国、英国、德国、法国、日本和韩国等金融发达国家,以及巴西、印度、南非和俄罗斯等金砖国家来做国际水平层面的比较。评价方法是:某项指标超过或持平金融发达国家则为"高发展水平",低于金融发达国家但超过金砖国家及世界均值则为"中上发展水平",显著低于金融发达国家但与金砖国家或世界均值持平则为"中发展水平",明显低于金砖国家或世界均值则为"低发展水平"。

表 5-39 中基础指标的数据来源为:15~64 岁人口数、65 岁以上人口、私营部门国内信贷、国内总储蓄和股票交易总额的数据来源于世界银行数据库;寿险业务保险密度和非寿险业务保险密度的数据来源于色诺芬数据服务信息;非现金支付笔数的数据来源于 WORLD PAYMENTS REPOTS 2018;电子商务人均消费金额的数据来源于 Worldpay《全球支付报告 2018》。鉴于数据可得性,具体数据的选择年份为:基础指标 Y1 除美国采用 2016 年数据外其余地区均为 2017 年数据,基础指标 Y2 和 Y6 均采用 2016 年数据,基础指标 Y3 和 Y7 均采用 2017 年数据,基础指标 Y4 和 Y5 则均采用 2015 年数据。比较结果见表 5-40。

表 5-40 中国普惠金融业务使用深度的国际比较

指标	美国	英国	德国	法国	日本	韩国	六国均值	金砖四国均值	世界均值	中国大陆	判断结果
Y1	13.667	6.574	3.974	4.773	7.419	4.977	6.898	0.715	1.508	1.671	中上
Y2	1.201	0.753	1.320	0.985	1.098	1.157	1.086	0.177	0.358	0.456	低

(续表)

指标	美国	英国	德国	法国	日本	韩国	六国均值	金砖四国均值	世界均值	中国大陆	判断结果
Y3	15.064	——	2.168	——	5.232	4.518	6.745	0.414	1.391	1.505	中上
Y4	0.172	0.329	0.118	0.226	0.272	0.194	0.219	0.023	——	0.015	低
Y5	0.238	0.107	0.138	0.113	0.084	0.109	0.131	0.011	——	0.013	中
Y6	567.081	——	——	——	138.378	524.289	409.916	162.445	——	42.304	低
Y7	0.227	0.306	0.107	0.146	0.116	0.088	0.165	0.010	——	0.079	中上
中国普惠金融业务使用深度国际水平总体评价										中等水平	

注：Y1～Y7是表5-39中基础指标代码，"——"为数据缺失，数据缺失时采用实际国家数计算均值。

表5-40显示，中国的私营部门国内信贷/成年人（Y1）指标值为1.671万美元，低于美、英等金融发达国家的平均水平，但高于金砖四国及世界均值，可评判为"中上"发展水平；国内总储蓄/成年人（Y2）指标值为0.456万美元，明显低于金融发达国家均值，也低于金砖四国及世界均值水平，表现为"低"发展水平；股票交易总额/成年人（Y3）指标值为1.505万美元，进而可判断为"中上"发展水平；寿险业务保险密度（Y4）指标值为0.015万美元，可评判为"低"发展水平；非寿险业务保险密度（Y5）"指标值为0.013，低于金融发达国家均值水平，与金砖四国均值水平近乎持平，可评判为"中"发展水平；非现金支付笔数/成年人（Y6）和电子商务人均消费金额（Y7）的指标值分别为42.304笔和0.079万美元，同理可分别评判为"低"和"中上"发展水平。

表5-40中的7项基础指标显示，中国普惠金融业务使用深度可评价为"中上""中"和"低"发展水平的指标分别为3项、1项和3项，因此，中国普惠金融业务使用深度的国际水平总体上可研判为"中等"发展水平。

（二）中国普惠金融业务经济深度的国际比较

同理，以全国普惠金融业务经济深度指标体系为基础，并考虑数据的可获得性，来构建普惠金融业务经济深度的国际评判标准（表5-41）。

表 5-41 普惠金融业务经济深度的国际评判标准

评判内容	采用指标	单位	评判方法
存贷业务经济深度	私营部门国内信贷/万美元 GDP(Z1)	万美元	同表 5-39
存贷业务经济深度	国内总储蓄/万美元 GDP(Z2)	万美元	同表 5-39
证券业务经济深度	股票交易总额/万美元 GDP(Z3)	万美元	同表 5-39
保险业务经济深度	寿险业务保险深度(Z4)	%	同表 5-39
保险业务经济深度	非寿险业务保险深度(Z5)	%	同表 5-39
支付业务经济深度	电子商务人均消费金额/万美元人均 GDP(Z6)	万美元	同表 5-39

表 5-41 从存贷业务经济深度、证券业务经济深度、保险业务经济深度和支付业务经济深度四个维度，共选用 6 项指标，用以研判中国普惠金融业务经济深度的国际水平。用以国际比较的国家选取和评价标准则沿用表 5-39 的做法，基础指标的数据来源也与表 5-39 相同。比较分析的结果如表 5-42 所示。

表 5-42 中国普惠金融业务经济深度的国际比较

指标	美国	英国	德国	法国	日本	韩国	六国均值	金砖四国均值	世界均值	中国大陆	判断结果
Z1	1.922	0.192	0.821	1.065	1.656	1.567	0.883	0.910	1.106	1.704	高
Z2	0.169	0.022	0.272	0.219	0.245	0.362	0.187	0.237	0.259	0.462	高
Z3	2.052	——	0.424	——	1.186	1.314	0.487	0.509	0.961	1.403	高
Z4	3.060	7.530	2.880	6.200	8.270	7.300	5.363	4.245	——	1.960	低
Z5	4.220	2.440	3.360	3.090	2.550	4.120	2.593	1.603	——	1.630	中
Z6	381.478	771.139	241.512	380.231	301.342	294.525	331.458	133.483	——	891.583	高
中国金融业务经济深度国际水平总体评价										中等偏上水平	

注：Z1~Z6 是表 5-41 中基础指标代码，"——"为数据缺失，数据缺失时采用实际国家数计算均值。

| 第五章　互联网金融时代中国普惠金融发展的深度 |

表 5-42 显示,中国的私营部门国内信贷/万美元 GDP(Z1)、国内总储蓄/万美元 GDP(Z2)和股票交易总额/万美元 GDP(Z3)指标值分别为 1.704 万美元、0.462 万美元和 1.403 万美元,高于美、英等金融发达国家、金砖四国及世界均值水平,可研判为"高"发展水平;寿险业务保险深度(Z4)指标值为 1.96%,明显低于金融发达国家均值水平,也低于金砖四国均值水平,表现为"低"发展水平;非寿险业务保险深度(Z5)指标值为 1.63%,虽低于金融发达国家均值水平,但与金砖四国均值水平几乎持平,可研判为"中"发展水平;电子商务人均消费金额/万美元人均 GDP(Z6)指标值为 891.58 万美元,可研判为"高"发展水平。鉴于 6 项基础指标中评价为"高""中"和"低"发展水平的指标数分别为 4 项、1 项和 1 项。因此,可将中国金融业务经济深度研判为国际"中等偏上"发展水平。

综合表 5-40 和表 5-42 中的评价结果,即中国普惠金融业务使用深度为国际"中等"水平,中国普惠金融业务经济深度为国际"中上"水平,中国普惠金融发展深度因此可研判为国际"中上"发展水平。

二、中国普惠金融发展深度的收敛性分析

中国分地区普惠金融业务使用深度指数和分地区普惠金融业务经济深度指数,无论是在年均增长值还是在水平指数值上均表现出明显的区域差异性,但这一区域性差异在 2010—2019 年间是否有减弱之势还需进一步研究。借鉴钞小静和任保平(2011)的做法,作者通过计算深度指数值的变异系数、σ 系数和基尼系数,深入探讨 2010—2019 年中国分地区普惠金融发展深度的收敛性。

(一)中国分地区普惠金融业务使用深度的收敛检验

利用表 5-29 中的数据,从 31 个省市(自治区),以及分东部、中部、西部地区这两个方面计算 2010—2019 年"分地区金融业务使用深度指数"的变异

系数、σ系数和基尼系数,结果见表 5-43 和表 5-44①。

表 5-43　中国 31 个省市(自治区)普惠金融业务使用深度的收敛检验

年份	变异系数	σ 系数	基尼系数
2010	−0.840 8	0.007 0	−0.358 8
2011	−1.152 5	0.005 1	−0.516 9
2012	−1.611 0	0.003 7	−0.750 6
2013	−2.923 6	0.002 0	−1.389 2
2014	−16.068 1	0.000 4	−7.553 6
2015	5.219 1	0.922 1	2.360 9
2016	3.830 8	0.676 8	1.805 0
2017	2.777 7	0.490 8	1.271 4
2018	2.335 8	0.412 7	1.058 5
2019	2.143 4	0.378 7	0.945 4
结果	2010—2014 年、2015—2019 年均收敛	2010—2014 年、2015—2019 年均收敛	2010—2014 年、2015—2019 年均收敛

注:2010—2014 年和 2015—2019 年,因普惠金融发展广度指数年均值负正不同,σ 系数采用公式亦不同。

表 5-43 显示,中国 31 个省市(自治区)普惠金融业务使用深度指数的变异系数、σ 系数和基尼系数,2010—2014 年分别由−0.840 8、0.007 0 和−0.358 8 减小为−16.086 1、0.000 4 和−7.553 6,2015—2019 年分别从 5.219 1、0.922 1 和 2.360 9 减小为 2.143 4、0.378 7 和 0.945 4,从而在这两个时段内都呈现收敛的特征。

---

① 测算变异系数、σ 系数和基尼系数所采用的公式以及具体计算过程在此省略,如需要可见第四章第三节内容。

表 5-44 中国东、中和西部地区普惠金融业务使用深度的收敛检验

年份	东部地区			中部地区			西部地区		
	变异系数	σ系数	基尼系数	变异系数	σ系数	基尼系数	变异系数	σ系数	基尼系数
2010	−3.2164	0.0019	0.7493	−0.0842	0.5611	−0.0392	−0.2018	0.1246	−0.1040
2011	−17.667	0.0006	−0.1851	−0.1046	0.4519	−0.0528	−0.3146	0.0799	−0.1609
2012	7.5888	0.7741	1.4508	−0.1350	0.3499	−0.0706	−0.4677	0.0537	−0.2456
2013	2.8274	0.2884	1.1409	−0.1937	0.2438	−0.1016	−0.6971	0.0361	−0.3681
2014	1.8831	0.1921	1.0764	−0.3111	0.1517	−0.1607	−1.4370	0.0175	−0.7353
2015	1.3890	0.1417	1.0429	−0.4270	0.1106	−0.2220	−3.8369	0.0065	−1.8898
2016	1.2216	0.1246	1.0339	−0.6569	0.0719	−0.3459	−9.4559	0.0027	−4.5232
2017	1.1738	0.1197	1.0285	−0.8035	0.0588	−0.4219	6.4246	1.7758	2.6966
2018	1.1124	0.1135	1.0245	−1.3609	0.0347	−0.7074	4.0398	1.1165	1.6326
2019	1.1499	0.1173	1.0272	−2.0758	0.0228	−1.0934	2.9301	0.8098	1.1773
结果	2010—2011年、2012—2018年收敛			2010—2019年收敛			2010—2016年、2017—2019年收敛		

注：分地区金融业务使用深度指数年均值东部于2012年转为正，中部均为负，西部地区于2017年转为正。

表 5-44 显示，2010—2011 年期间，中国东部地区普惠金融业务使用深度指数的变异系数、σ系数和基尼系数，分别由 −3.2164、0.0019 和 0.7493 减小至 −17.667、0.0006 和 −0.1851；2012—2018 年期间，中国东部地区普惠金融业务使用深度指数的变异系数、σ系数和基尼系数，分别由 7.5888、0.7741 和 1.4508 逐年减小为 1.1124、0.1135 和 1.0245，所以，在 2010—2011 年和 2012—2018 年这两个时段内都是收敛的。但 2019 年，中国东部地区普惠金融业务使用深度指数的变异系数、σ系数和基尼系数的数值较 2018 年又均有所上升，从而未呈现出收敛特征。2010—2019 年期间，中国中部地区普惠金融业务使用深度指数的变异系数、σ系数和基尼系数，分别由 −0.0842、0.5611 和 −0.0392 逐年减小至 −2.0758、0.0228 和 −1.0934，从而在

2010—2019年这一时段内呈现收敛特征。2010—2016年期间,中国西部地区普惠金融业务使用深度指数的变异系数、σ系数和基尼系数,分别由-0.2018、0.1246和-0.1040逐年减小至-9.4559、0.0027和-4.5232;2017—2019年期间,中国西部地区普惠金融业务使用深度指数的变异系数、σ系数和基尼系数,分别由6.4246、1.7758和2.6966逐年减小至2.9301、0.8098和1.1773,从而在2010—2016年和2017—2019年这两个时段内均表现出了收敛特征。

总之,2010—2019年期间,中国东、中和西部地区的普惠金融业务使用深度指数均表现出了一定的收敛特征,其中,东部地区的收敛时段为2010—2011年和2012—2018年,中部地区的收敛时段为2010—2019年,西部地区的收敛时段为2010—2016年和2017—2019年。

(二)中国分地区普惠金融业务经济深度的收敛检验

利用表5-30中的数据,计算2010—2019年"分地区普惠金融业务经济深度指数"的变异系数、σ系数和基尼系数,分31个省市(自治区)及分东部、中部、西部地区的测算结果,则见表5-45和表5-46所示。

表5-45 中国31个省市(自治区)普惠金融业务经济深度的收敛检验

年份	变异系数	σ系数	基尼系数
2010	-1.5000	0.0039	-0.7153
2011	-1.5197	0.0039	-0.7135
2012	-1.7305	0.0034	-0.8400
2013	-2.6771	0.0022	-1.3727
2014	-27.7667	0.0002	-13.5007
2015	2.1737	0.3841	1.1527
2016	2.0921	0.3696	1.1371
2017	2.1788	0.3850	1.1952
2018	2.1254	0.3755	1.1640
2019	1.7200	0.3039	0.9438
结果	2010—2014年、2015—2016年、2017—2019年收敛	2010—2014年、2015—2016年、2017—2019年收敛	2010—2014年、2015—2016年、2017—2019年收敛

注:2010—2014年指数全地区年均值均为负,2015—2019年则均为正。

表 5-45 显示,中国 31 个省市(自治区)普惠金融业务经济深度指数的变异系数、σ 系数和基尼系数,2010—2014 年分别由 -1.500 0、0.003 9 和 -0.715 3 减为 -27.766 7、0.000 2 和 -13.500 7,2015—2016 年分别从 2.173 7、0.384 1 和 1.152 7 逐年减为 2.092 1、0.369 6 和 1.137 1,2017—2019 年分别从 2.178 8、0.385 0 和 1.195 2 逐年减为 1.720 0、0.303 9 和 0.943 8,因此,在 2010—2014 年、2015—2016 年和 2017—2019 年这三个时段内,分地区普惠金融业务经济深度水平均呈现出了收敛性特征。

表 5-46 中国东、中和西部地区普惠金融业务经济深度的收敛检验

年份	东部地区			中部地区			西部地区		
	变异系数	σ系数	基尼系数	变异系数	σ系数	基尼系数	变异系数	σ系数	基尼系数
2010	-8.235 6	0.003 5	-3.952 5	-0.417 4	0.138 0	-0.205 7	-0.745 0	0.033 7	-0.403 3
2011	-9.385 7	0.003 1	-4.399 9	-0.431 8	0.109 5	-0.216 2	-0.672 0	0.037 4	-0.363 4
2012	-9.243 8	0.003 1	-4.265 5	-0.513 0	0.092 1	-0.254 1	-1.031 6	0.024 4	-0.561 2
2013	71.330 0	20.508 1	33.532 7	-0.812 6	0.058 2	-0.388 6	-2.009 6	0.012 5	-1.082 8
2014	5.008 9	1.439 9	2.181 7	-1.041 7	0.045 4	-0.504 5	6.695 2	1.850 3	3.598 8
2015	1.791 3	0.515 0	0.878 6	-6.041 9	0.007 8	-2.836 2	1.074 3	0.296 5	0.562 5
2016	1.652 5	0.475 0	0.846 2	-19.022	0.002 5	-8.706 4	1.140 8	0.315 4	0.602 0
2017	2.102 7	0.604 4	1.080 7	-3.277 0	0.014 4	-1.596 5	1.019 5	0.281 8	0.549 6
2018	1.856 3	0.533 7	0.961 6	-8.087 5	0.005 8	3.648 3	1.081 1	0.298 7	0.586 8
2019	1.474 5	0.423 8	0.771 7	12.557 1	4.152 6	6.490 2	1.056 2	0.291 9	0.569 2
结果	2010—2012 年、2013—2016 年、2017—2019 年收敛			2010—2016 年收敛			2011—2013 年、2014—2015 年、2016—2017 年、2018—2019 年收敛		

注:该项指数年均值东、中和西部地区分别于 2013 年、2018 年和 2014 年转为正数。

表 5-46 显示,中国东部地区普惠金融业务经济深度指数的变异系数、σ 系数和基尼系数,2010—2012 年由 -8.235 6、0.003 5 和 -3.952 5 逐年减小

到-9.243 8、0.003 1 和-4.265 5,2013—2016 年由 71.330 0、20.508 1 和 33.532 7 逐年减小到 1.652 5、0.475 0 和 0.846 2,2017—2019 年由 2.102 7、0.604 4 和 1.080 7 逐年减小到 1.474 5、0.423 8 和 0.771 7,所以,在 2010—2012 年、2013—2016 年和 2012—2018 年这三个时段内都是收敛的。中国中部地区普惠金融业务经济深度指数的变异系数、基尼系数和 σ 系数,2010—2016 年期间分别由-0.417 4、0.138 0 和-0.205 7 减小至 19.022 0、0.002 5 和-8.706 4,但 2017—2019 年期间却表现出了增大趋势,所以,在 2010—2016 年这一时段内是收敛的,2017 年之后是发散的。中国西部地区普惠金融业务经济深度指数的变异系数、基尼系数和 σ 系数,在 2011—2013 年、2014—2015 年、2016—2017 年和 2018—2019 年这些时段内均表现出逐年递减之势,所以是阶段性收敛的。

故此,中国分地区普惠金融业务经济深度总体表现出了收敛特征,但东、中和西部地区的收敛时段均不相同。

三、互联网技术对中国普惠金融发展深度的影响

理论上,依托互联网技术的普及,会倒逼传统金融服务模式的创新与重塑,促进存贷业务、证券业务、保险业务、弱势群体业务和其他业务发展,进而推动中国普惠金融服务持续深化,但实证上,缺乏经验研究证据。为此,我们将表 4-9 中的分地区互联网技术普及度指数作为解释变量,以分地区金融业务使用深度维度指标指数和分地区金融经济使用深度维度指标指数为被解释变量,通过静态面板数据分析①,来实证检验互联网技术的实际影响,结果见表 5-47 和表 5-48②。

---

① 考虑到篇幅有限和所做研究需要,具体回归过程不再列出,在此仅给出最后的回归分析结果。
② 为避免伪回归,在此分别使用"互联网普及度"和"智能手机普及度"指标作为解释变量,实证分析的结果与表 5-47 和表 5-48 内容无本质差别,所以具有稳健性。

第五章 互联网金融时代中国普惠金融发展的深度

表5-47 中国31个省市(自治区)金融业务使用深度维指标指数的回归结果

解释变量	被解释变量	存贷业务使用深度指数		证券业务使用深度指数		保险业务使用深度指数		弱势群体业务使用深度指数		其他业务经济深度指数	
		FE	RE	FE	RE	FE	RE	FE	RE	FE	RE
分地区互联网技术普及度指数		1.5550	1.5654	0.1558	0.1673	0.8689	0.8755	2.7983	2.8520	0.0960	0.1048
回归系数标准差		0.1154	0.1379	0.0249	0.0244	0.0762	0.0798	0.4155	0.4235	0.0458	0.0468
R-sq(within)		0.7799	0.7799	0.0577	0.0577	0.775	0.775	0.5189	0.5189	0.0639	0.0639
P值		0.000	0.000	0.000	0.000	0.000	0.000	0.000	0.000	0.045	0.025
Hausman值		20.06***		16.75***		12.82***		13.54***		17.63***	

注:表5-47中的回归结果未考虑控制变量,常数项回归结果省略;P值反映回归参数的显著性水平。

表5-48 中国31个省市(自治区)金融业务经济深度维指标指数的回归结果

解释变量	被解释变量	存贷业务经济深度指数		证券业务经济深度指数		保险业务经济深度指数		弱势群体业务经济深度指数		其他业务经济深度指数	
		FE	RE	FE	RE	FE	RE	FE	RE	FE	RE
分地区互联网技术普及度指数		1.3217	1.3305	−0.005	−0.027	0.7528	0.7525	0.5833	0.5784	−0.142	−0.129
回归系数标准差		0.2037	0.2022	0.1230	0.1068	0.0604	0.0605	0.1029	0.1029	0.0805	0.0780
R-sq(within)		0.5131	0.5181	0.0008	0.0020	0.7068	0.7068	0.3524	0.3524	0.0503	0.0503
P值		0.000	0.000	0.688	0.8051	0.000	0.000	0.000	0.000	0.089	0.098
Hausman值		2.39		12.73***		0.01		2.05		11.82***	

注:表5-8中的回归结果未考虑控制变量,常数项回归结果省略;P值反映回归参数的显著性水平。

表 5-47 显示，互联网技术普及度指数对中国分地区存贷、证券、保险、弱势群体和其他业务的使用深度指数均产生显著正面影响。Hausman 检验则表明，所有回归分析均应采用固定效应模型。

进一步分析发现，当互联网技术普及度每提升 1%，分地区的存贷业务、证券业务、保险业务、弱势群体业务和其他业务的使用深度将分别提高约 1.55%、1.56%、0.87%、2.80% 和 0.09%，表明互联网技术的普及能显著促进存贷、证券、保险、弱势群体和其他业务使用程度的提升。同时，拟合优度 R-sq(within) 的值表明，互联网技术普及度对中国分地区存贷、保险和弱势群体业务使用深度提升的解释力较大，但对证券和银行承兑业务使用深度提升的解释力较小。

表 5-48 显示，互联网技术普及度指数对中国分地区存贷、保险和弱势群体业务的经济深度均产生显著的正向影响，但对其他业务（银行承兑业务）经济深度有负面影响，对证券业务经济深度影响则不显著。

结合 Hausman 检验进一步分析发现，当互联网技术普及度每提升 1%，将使存贷、保险和弱势群体业务经济深度分别提高约 1.33%、0.75% 和 0.58%，但会使其他业务经济深度降低 0.14%，所以，互联网技术的普及能显著促进存贷、保险和弱势群体业务的经济深度进一步提升，却拉低了银行承兑业务的经济深度。

第六章　互联网金融时代中国普惠金融发展中的风险

中国普惠金融重点服务对象的风险承担能力较低。因此，有效控制普惠金融发展的风险是中国普惠金融可持续发展的关键所在（陈科，2017）。由于普惠金融的本质仍是金融，诸多传统金融服务和传统金融产品仍是中国普惠金融服务的重要内容，所以，中国普惠金融首先会面临与传统金融相同的一般风险，如信用风险、流动性风险、市场风险、运营风险和操作性风险等（陆岷峰、徐博欢，2019）。同时，互联网金融是中国普惠金融服务的重要力量，所以，互联网金融时代中国普惠金融发展还面临货币政策风险、技术风险、信息安全风险、洗钱和套现风险、资金挪用风险及法律风险等特殊风险（陆岷峰、徐博欢，2019）。

为此，深入分析互联网金融时代中国普惠金融发展所面临的风险，并明晰中国在普惠金融发展风险监管方面存在的不足，具有重要的理论和现实意义。

第一节　普惠金融发展中的风险

普惠金融体系能够为发展中国家的绝对大多数人，包括过去难以达到的更贫困和更偏远地区的客户开放金融市场，即为"弱势领域"提供金融服务（焦瑾璞，2017）。对中国而言，"弱势领域"主要有弱势地区、弱势产业、弱势企业和弱势群体四类,它们共同形成中国普惠金融的重点服务对象①。这些服务对象在承担风险方面的脆弱性,会相应导致中国普惠金融具有一定的发展风险,尤其是在互联网金融时代,普惠金融风险具有的隐蔽性、多发性和严重性,常常会带来恶劣的社会影响,动摇金融消费者对互联网金融时代中国普惠金融服务使用的信心,严重干扰和阻碍着中国普惠金融的健康稳定发展。所以,厘清互联网金融时代中国普惠金融发展风险的来源,做好互联网金融时代中国普惠金融发展风险的识别及衡量工作,具有迫切性和严峻性。

一、中国普惠金融发展风险的来源

互联网金融时代中国普惠金融发展既受传统金融风险的影响,也受互联网金融风险的困扰,当然还受普惠金融消费者行为风险的制约,以及面临不法分子借口发展"普惠金融"而实际从事违法犯罪活动的风险。

对此,我们认为,中国普惠金融发展风险主要源于四方面:其一是传统金融风险的积累、传导和爆发,将直接影响中国普惠金融发展的根基、动力和成效,对中国普惠金融发展造成根本伤害;其二是互联网技术及互联网金融发展风险,会影响中国普惠金融服务的模式创新、进程推进和社会声誉,进而对中国普惠金融创新发展造成阻碍和深远损害;其三是普惠金融服务对象的高风险性和非理性消费行为,会增加普惠金融的供给成本,会加重普惠金融信贷坏账率,进而影响普惠金融机构的稳定性和积极性,对中国普惠金融发展的商业可持续性造成一定损伤;其四则是不法分子借口"普惠金融",从事"高利贷、套利贷和校园贷"等违法犯罪活动的风险,会干扰中国普惠金融正常的市场发展秩序,"抹黑"中国普惠金融行业,对中国普惠金融发展造成"害群之马"的不利

---

① 焦瑾璞在"中国普惠金融体系的治理结构及其风险监管"一文中指出,弱势地区是指总体上处于欠发达状态的地区,如农村、县城、西部等"老少边穷"地区;弱势产业是指处于导入期的高风险新兴产业或处于产业链低端的脆弱产业等;弱势企业是指规模小、资产少、产值低且对外部环境高度依赖的企业,包括小微企业、部分民营企业和乡镇企业等;而弱势群体是指社会性弱势或生理性弱势成员,包括农民、农民工、城市低收入家庭、下岗职工、老弱孤残人士等。

影响。

总之，互联网金融时代，普惠金融服务的不断广化和持续深化，已导致中国普惠金融发展表现出新的运行特征（陆岷峰、汪祖刚，2018），中国普惠金融发展风险的来源也因此更为复杂化和多样化。

二、中国普惠金融发展风险识别

互联网金融时代中国普惠金融发展面临风险多样，识别并科学分类这些风险，认清这些风险对中国普惠金融发展造成的不利影响，对规范中国普惠金融发展具有重要的理论指导价值。

（一）中国普惠金融发展风险内容

结合前文分析内容，可将中国普惠金融发展风险分为三大类，即：外部风险、普惠金融机构内部风险和普惠金融消费者行为风险。三大类风险具体见图 6-1 所示。

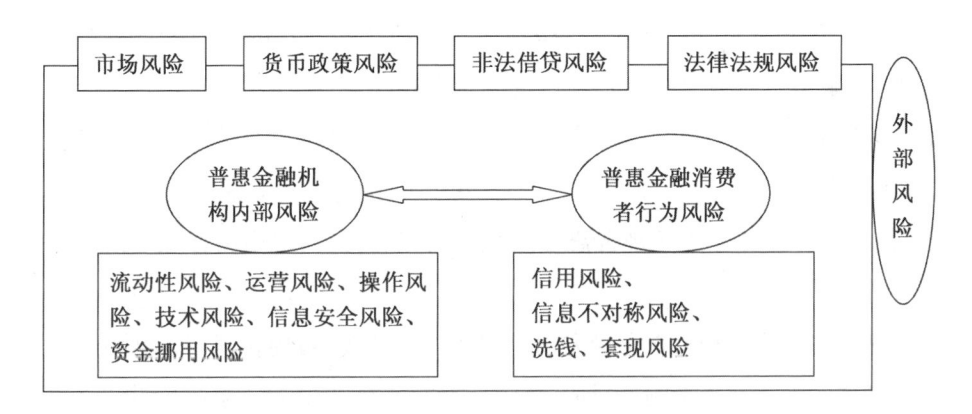

图 6-1　中国普惠金融发展风险分类

1. 普惠金融发展的外部风险

图 6-1 显示，中国普惠金融发展面临的外部风险，主要包括市场风险、货币政策风险、非法借贷风险和法律法规风险四种。

其中，市场风险是指中国金融市场化改革不断推进过程中，所可能发生的难以准确预测的金融市场波动,如金融产品价格(汇率及利率波动等)非正常波动,国际金融市场波动(国际金融危机、资本大鳄狙击等)传染中国金融市场等,均会造成中国金融产品的实际收益与预期收益间的偏差,给中国金融机构带来无法预期的利益损失,可能会刺激中国金融机构削减"长尾市场"金融供给,而不利于中国普惠金融发展推进。

货币政策风险是指中国金融相关部门在调节货币供应量方面采用的措施,对中国普惠金融供给可能造成的不利影响①。近年来,互联网支付、互联网货币基金等的爆发,对当前由央行、商业银行和银联建立的支付清算网络形成挑战,而且互联网货币基金具备与商业银行存贷款类似的货币创造能力,但又不受法定存款准备金体系的约束,已对中国宏观货币调控形成不小冲击(陈科,2017),互联网金融发展可能会造成中国货币政策的难以预期性,进而影响中国数字普惠金融发展进程。

非法借贷风险是指民间或一些社会不法分子借发展"普惠金融"之虚,行"高利贷、套利贷和校园贷"等违法借贷活动之实。在缺乏充分信息的约束下,金融消费者极易被"高利贷、套利贷和校园贷"等违法借贷活动所蒙骗而深陷"网贷诈骗泥潭",这不仅会损害金融消费者的合法利益,而且还会"抹黑"正规普惠金融服务的社会声誉,更甚或挤占正规普惠金融的服务渠道,损害弱势群体享受正规普惠金融服务的权利,进而对中国普惠金融的发展环境造成一定损害。

法律法规风险是指在金融方面制定的法律法规,可能会对中国普惠金融发展造成的不利冲击影响。目前,中国已有的证券法、银行法和保险法等主要适用于中国传统金融业,而对于互联网金融有关的法律文件虽仍在酝酿之中,但有关互联网金融的政策性法规文件也发布良多,这些政策性法规文件在起到预防互联网金融风险发生的同时,也一定程度上抑制了发展互联网金融的

---

① 近年来,"定向降准""小微企业贷款指标要求"和"支农再贷款"等定向货币政策,对促进中国普惠金融的发展也具有一定促进作用。

积极性,冲击着数字普惠金融行业,进而延缓了中国普惠金融发展的进程。

2. 普惠金融机构内部风险

图6-1显示,中国普惠金融机构内部风险,主要包括流动性风险、运营风险、操作风险、技术风险、信息安全风险和资金挪用风险六种。

所谓流动性风险是指普惠金融机构因到期债务无法偿还,出现流动性短缺而遭遇经营危机的风险。可吸纳存款的金融机构发展普惠金融业务,为"小微企业、农民、城镇低收入人群、贫困人群和残疾人、老年人等特殊群体"提供信贷服务,但这些弱势群体的偿债能力一般较差,易发生无法偿还到期债务的风险,可能会导致普惠金融机构陷入短期流动性问题而难以保持其商业可持续发展。

运营风险是普惠金融机构无法处理好经营收益和运营成本之间的关系,而出现平均成本大于平均收益,难以保持"以可负担成本"维持正常运营状态的风险。原因可能在于,普惠金融一般是小额的和分散的,其单笔交易的收益通常较低,而单笔交易的成本通常较高且不易压缩,这对以商业银行为代表的中国普惠金融机构的运营水平带来极大挑战。如何保持普惠金融服务的"收支相抵"性,成为制约中国商业银行开展普惠金融业务的难题所在。互联网金融虽能有效降低普惠金融在人力、物力等方面的投入和支出(陆岷峰、徐博欢,2019),但互联网金融服务渠道的建设、维护和更新也需要大量资金投入,即便租借已有互联网金融平台开展业务,也是需要大量费用来维持,因此,若普惠金融机构无法在经营中做到"薄利多销",则极可能面临巨大的运营风险。

操作风险是在普惠金融服务过程中,因信息系统操作有误或内部控制失灵而出现的意外损失(陆岷峰、徐博欢,2019)。所谓信息系统操作有误,特指运用互联网开展普惠金融业务之时,可能产生的人为操作失误或电脑系统故障等问题,是非人为因素且较难避免。所谓内部控制失灵,则特指普惠金融机构内部员工为追求利益最大化而可能进行的违规操作,如资格审核不严、故意协助骗贷和从事非法金融活动等,此类行为蕴含巨大的潜在风险,极可能对普惠金融机构和金融消费者的正常利益造成重大且难以挽回的损害。

技术风险是相对于开展互联网金融服务的金融和非金融机构而言,它们在开发、运用和维护金融科技方面存在的技术不足风险。金融科技虽能显著提高普惠金融的发展效率,但也对普惠金融服务技术团队提出更高要求,如需在网络安全、信息安全和数据安全等方面,形成高素质的技术服务团队,而既懂互联网技术又懂金融知识的"双料"人才则是极度匮乏的,因此,一旦普惠金融机构内部的技术服务团队实力不足,则可能导致一定的技术风险。

信息安全风险是普惠金融机构因在维护客户信息方面存在缺陷,发生客户信息被盗或被泄露等问题,而给客户或普惠金融机构造成不良后果的风险。普惠金融机构利用大数据和人工智能等技术手段,虽能对客户数据更好地予以收集、整理和分析,但其所涉及的个人信息安全问题不容乐观。普惠金融从业人员的信息安全意识一般较低,他们常常无法有效、规范地使用和存储个人信息,导致客户信息易被盗用,普惠金融机构"大数据杀熟",以及普惠金融机构内部工作人员有意泄露客户信息以谋取私利等问题的发生。泄露的客户信息易被不法分子用以牟利,进而给普惠金融机构造成巨大的社会声誉及经济利益损失。

资金挪用风险是指普惠金融交易所涉资金被内部员工、不法分子或不法网站,以欺骗和技术手段等方式挪作他用或占为己有,而造成客户发生重大经济损失的风险。如互联网金融机构内部员工通过"监守自盗"非法转移客户资金,不法分子运用技术手段伪造钩鱼网站[①]盗取用户银行账户、密码以非法转移用户资金,以及部分互联网金融平台的"庞氏骗局"型非法集资行为,均会给客户带来巨大的经济利益损失,会搅乱中国数字普惠金融发展环境,有损中国普惠金融良好发展局面的加快形成。

3. 普惠金融消费者行为风险

中国普惠金融消费者行为风险主要表现在信用风险、信息不对称风险和洗钱、套现风险等方面。

---

① 截至2019年6月,中国反钓鱼网站联盟已累计认定并处理钓鱼网站共计445 513个。

图 6-1 显示,中国普惠金融要重点服务弱势群体,但弱势群体通常会缺乏足够的信用证明和抵押物,他们的信用评分一般较低,可能会发生无法按时履约的风险,即信用风险。弱势群体之所以很难在正规金融机构贷取资金,是因为中国的商业银行等正规金融机构常出于信用违约的考量,而过于谨慎地对这些弱势群体开展普惠信贷业务。长期以来,信用风险的危害性和不确定性造成中国普惠信贷业务发展缓慢。因此,如何识别和防范普惠金融消费者的信用风险,这已成为中国普惠金融可持续发展必须解决的重要问题之一。

信息不对称风险是指在开展互联网金融服务时,线上客户非面对面完成金融交易,资金供给方难以查甄资金需求方的资信情况,可能会因信息不对称而给出资方造成利益损失的风险。据网贷天眼数据显示[1],截至2019年9月1日,中国累计产生的问题平台数多达5 650家,其中提现困难的平台占比达18%,这意味着至少有近五分之一的平台是由于信息不对称导致了资金供给方无法收回投资,进而致使平台最终倒闭。当然,即便正常运营的网贷平台,也或多或少存在因信息不对称而导致的偿债预期问题。如网贷天眼数据显示[2],中国排名第一的网贷平台陆金服,2019年6月逾期金额高达22 372.89万,其他网贷平台也同样存在金额不等的逾期借贷。所以,如何降低信息不对称程度,减少偿债逾期行为的发生,对中国数字普惠金融的健康持续发展具有重要意义。

电子银行、第三方支付平台、POS机、ATM机等的广泛运用,提升了中国普惠金融发展水平,但也为不法分子进行洗钱和套现等违法活动提供便利,所以,中国还存在不法分子利用普惠金融开展洗钱和套现的风险。以第三方支付平台为例,不法分子可轻易通过这些平台,为网络赌博、网络诈骗等"黑钱"进行银行资金划转,完成洗钱等活动,且这类洗钱活动的侦破难度也较大。还有一些不法分子利用网购或POS机刷卡,在没有真实商品交易的情形下,利

---
[1] 数据来源网贷网站:https://www.p2peye.com/shuju/wtpt/。
[2] 资料来源网贷网站:https://www.p2peye.com/shuju/ptsj/。

用第三方支付将虚拟的透支额度转化为现金，来完成信用卡套现（陆岷峰、徐博欢，2019）。这些有悖于中国普惠金融发展初衷的不法行为，挫伤了普惠金融发展的社会信心，挤占了中国普通大众享受普惠金融服务的机会，甚至给普通的普惠金融参与者造成了巨大的经济利益损失。

（二）中国普惠金融发展风险相互关系

外部风险、普惠金融机构内部风险和普惠金融消费者行为风险，均是中国普惠金融发展面临的风险，这三类风险的影响范围却不尽相同。经分析发现，这三类风险包含的 13 种具体风险，往往不是独立存在的，而是相互作用、相互影响，甚至是相互强化的。因此，区分这些风险的影响范围，辨析它们之间的相互关系，有助于更好地认识和防范中国普惠金融发展风险。

1. 影响范围

影响范围上，市场风险、货币政策风险、非法借贷风险和法律法规风险等外部风险，是中国普惠金融发展面临的最广泛风险，这些风险不受普惠金融机构和普惠金融消费者的主观意志影响，这些外部风险左右着中国普惠金融发展的大环境。流动性风险、运营风险、操作风险、技术风险、信息安全风险和资金挪用风险等普惠金融机构内部风险，以及信用风险、信息不对称风险和洗钱、套现风险等普惠金融消费者行为风险，分别来自普惠金融供给方和需求方。因此，这两类风险的影响范围相近，而实际影响方向却相反，即前者主要影响普惠金融需求的实现程度，后者主要影响普惠金融供给的意愿高低，它们共同决定中国普惠金融发展环境的好坏。

2. 相互关系

相互关系上，这 13 种风险并非完全独立存在，这些风险之间或多或少会存在一定的联系。经分析发现，这些风险之间要么存在相互作用的关系；要么存在一种风险对另外的一些风险之间的单向影响关系；要么存在微小或无影响的关系（见表 6-1）。

| 第六章　互联网金融时代中国普惠金融发展中的风险 |

表6-1　中国普惠金融发展风险的相互关系①

	A1	A2	A3	A4	B1	B2	B3	B4	B5	B6	C1	C2	C3
A1	—	双	单	双	双	双	单	单	单	双	单	单	无
A2	双	—	单	无	双	单	无	无	无	无	无	无	无
A3	无	无	—	双	无	无	单	无	无	单	双	双	无
A4	双	无	双	—	单	单	单	单	单	单	单	单	单
B1	双	双	单	无	—	双	单	单	单	单	单	单	单
B2	双	无	无	无	双	—	单	单	单	单	单	单	单
B3	无	无	无	无	无	无	—	单	无	无	无	无	无
B4	无	无	无	无	无	无	无	—	无	无	无	无	无
B5	无	无	无	无	单	无	无	单	—	单	无	无	无
B6	双	无	无	无	单	无	无	无	无	—	无	单	无
C1	无	无	双	无	无	无	无	无	无	无	—	双	无
C2	无	无	双	无	无	无	无	单	单	双	—	无	双
C3	无	无	单	无	无	无	无	无	无	无	无	无	—

注：表6-1列方格中，"单"表示行标题中的风险对列标题中的风险因素有单方面影响作用，"双"则表示影响是相互的，"无"则表示存在微小或没有影响关系。

表6-1显示，市场风险（A1）与货币政策风险（A2）、法律法规风险（A4）、流动性风险（B1）、运营风险（B2）、资金挪用风险（B6）之间，存在较大的相互影响作用。

原因在于，金融市场发生非预期波动，货币当局通常会调整货币政策来"熨平"，相反，货币政策的调整也会影响金融产品和金融服务的价格，给金融市场带来一定冲击和影响。中国金融监管当局对中国金融创新通常采用"先放任后治理"策略，一旦发生市场风险，会持续密集出台相应的法律法规文件，并可能因短期"用药过猛"而加重市场风险，甚至引发新风险。所以，市场风险（A1）与货币政策风险（A2）、法律法规风险（A4）存在相互影响作用。

---

① A1～A4，分别表示市场风险、货币政策风险、非法借贷风险和法律法规风险；B1～B6分别表示流动性风险、运营风险、操作风险、技术风险、信息安全风险和资金挪用风险；C1～C3则分别表示信用风险、信息不对称风险和洗钱、套现风险。

同时，金融市场波动反映在普惠金融机构内部，则可能出现了流动性短缺、收益下降和成本上升等问题，甚至出现为"弥补亏空"而挪用资金问题发生。反之，流动性风险、运营风险和资金挪用风险积累到一定程度，极有可能在金融市场内全面爆发，引发金融市场剧烈波动。故而，市场风险（A1）与流动性风险（B1）、运营风险（B2）、资金挪用风险（B6）之间，存在相互影响。

货币政策风险（A2）与流动性风险（B1），非法借贷风险（A3）与法律法规风险（A4）、信用风险（C1），信息不对称风险（C2），流动性风险（B1）与运营风险（B2），信用风险（C1）与信息不对称风险（C2），信息不对称风险（C2）与洗钱、套现风险（C3）之间，均具有较强的相互影响作用。

原因是，货币政策调整目标之一是调节金融机构的流动性，两者常互为因果、相互影响，所以，货币政策风险（A2）与流动性风险（B1）有较强的相互影响。非法借贷本身就是违反法律法规的行为，它通常因"高利率"成为无法按期偿债的"无底洞"，很多借款人是在"不知情"或"被迫无奈"的情形下借款，这又涉及信用和信息不对称等风险问题；法律法规的严密监管会加重民间借贷行为的违规违法程度，信用等级低的借款人"恶意借贷"会让非法借贷越发严重，所以，非法借贷风险（A3）与法律法规风险（A4）、信用风险（C1）、信息不对称风险（C2）之间，有较强的相互影响。

普惠金融机构为解决流动性不足的问题，或向同业以高利率拆借短期资金，或以较高利率吸收存款，都会增加运营成本和运营风险。而普惠金融机构自身运营的不善，如无法按期收回贷款等，也会增加流动性风险。因此，流动性风险（B1）与运营风险（B2）有较强的相互影响。信用风险和信息不对称风险常成对出现，若无信用问题，则信息不对称也很难导致风险，相反，若信息对称，则可有效防范信用风险的发生；同时，因信息不对称，洗钱、套现等行为常难被及时发现和制止，从事洗钱、套现的金融消费者，也会刻意隐瞒个人信息，进而加重信息不对称程度，影响普惠金融机构的正常判断。所以，信用风险（C1）与信息不对称风险（C2），信息不对称风险（C2）与洗钱、套现风险（C3）之间的相互影响是比较明显的。

表6-1还表明,非法借贷风险(A3)对市场风险(A1)、货币政策风险(A2)、流动性风险(B1)、洗钱套现风险(C3),流动性风险(B1)对法律法规风险(A4),运营风险(B2)对货币政策风险(A2)、法律法规风险(A4),操作风险(B3)对市场风险(A1)、非法借贷风险(A3)、法律法规风险(A4)、流动性风险(B1)、运营风险(B2)、信息安全风险(B5)、资金挪用风险(B6),均会产生一定程度上的"单"向影响作用。

原因是,民间非法借贷通常是绕过银行信贷系统完成交易的,当其盛行之时,大量资金会流出商业银行等金融机构,可能造成普惠金融机构的流动性短缺,引发金融市场波动,对现行货币政策造成冲击,致使货币政策预期目标难以达成,产生货币政策非预期调整的风险。同时,民间非法借贷产生的高额回报属违法所得,部分不法分子需要通过洗钱或套现等方式将这些不法收入合法化,无疑会加重洗钱及套现风险的发生概率。所以,非法借贷风险(A3)对市场风险(A1)、货币政策风险(A2)、流动性风险(B1)、洗钱套现风险(C3),会产生一定影响作用。

流动性风险的发生会坚定中央银行加强宏观审慎监管的决心,中国金融监管当局会通过密集发布法律法规文件,来实现指导商业银行普惠金融业务稳定发展的目的,所以,流动性风险(B1)对法律法规风险(A4)有一定的影响作用。以商业银行为支柱的普惠金融机构运营不善,会弱化货币政策的效果,进而产生货币政策非预期调整,引发法律法规调整风险,所以,运营风险(B2)对货币政策风险(A2)、法律法规风险(A4)有一定影响作用。

操作风险的危害性巨大,即便是"非有意"的"乌龙指事件"也均对金融市场稳定性造成一定伤害[①],当然,普惠金融机构内部员工为自身利益而采取的

---

① 如2007年3月8日,南京一股民以1厘钱的价格买到收盘价近0.70元的海尔认沽权证,资金瞬间从820元变为56万,一天炒出了700倍的收益。2013年8月16日发生的著名"光大证券乌龙指事件",拉升大盘一分钟内涨超5%,涉及150多只股票,交易的当日盯市损失约为1.94亿元,光大证券总裁徐浩明也因此引咎辞职。2015年2月11日午后发生的股票期权乌龙指事件,不仅使交易对手的买单瞬间俘获了约1.3万元的浮盈,还触发了熔断机制。

"监守自盗""内部交易"乃至"老鼠仓"等行为,给金融市场带来的冲击会更大。产生操作风险的行为,可能就涉及非法借贷,而一旦资金无法及时追回,可能会引发流动性风险和运营风险;即便资金能追回,也需花费大量时间、经历复杂过程,造成资金挪用风险,如果发生严重后果,还产生相应的法律责任,进而引发法律风险。操作不当,甚或有意泄露客户信息,还会引发信息安全风险。所以,操作风险(B3)对市场风险(A1)、非法借贷风险(A3)、法律法规风险(A4)、流动性风险(B1)、运营风险(B2)、信息安全风险(B5)、资金挪用风险(B6)会产生一定程度的影响。

技术风险(B4)对市场风险(A1)、法律法规风险(A4)、流动性风险(B1)、运营风险(B2)、操作风险(B3)、信息安全风险(B5)、资金挪用风险(B6)、信息不对称风险(C2)和洗钱、套现风险(C3),信息安全风险(B5)对市场风险(A1)、法律法规风险(A4)、信息不对称风险(C2),资金挪用风险(B6)对非法借贷风险(A3)、法律法规风险(A4)、流动性风险(B1)、运营风险(B2),均会产生一定程度的"单"向影响作用。

原因在于,在普惠金融服务过程中,若发生网络安全、信息安全和数据安全等方面的技术风险,则会引发一系列互联网金融发展问题。如引发客户信息泄露、信息不完全可知和不当操作发生等问题,给普惠金融机构带去运营风险、流动性风险、资金挪用风险和洗钱、套现等风险。技术风险不断积累,可能会质变为市场风险,触发违反法律法规交易行为的发生,产生相应的法律法规风险。所以,技术风险(B4)对市场风险(A1)、法律法规风险(A4)、流动性风险(B1)、运营风险(B2)、操作风险(B3)、信息安全风险(B5)、资金挪用风险(B6)、信息不对称风险(C2)和洗钱、套现风险(C3)具有一定影响。

当然,确保客户信息安全也十分重要,一旦客户信息泄露,泄露的信息很可能会被不法分子所使用,客户被恶意"推销"各种金融产品和金融服务,甚至"被贷款",会给客户带去巨大经济利益损失,甚至引发"受害人自杀"等恶性事件,进而引起普惠金融市场的不稳定。所以,信息安全风险(B5)对市场风险(A1)、法律法规风险(A4)、信息不对称风险(C2)具有一定影响。

同时,金融机构职员挪用客户资金,很可能用于非法借贷、购买有价证券、个人高额消费甚或赌博、吸毒等违法违规活动。所挪用资金若能及时全额或部分追回,尚可弥补相应损失而得到客户谅解;若无法追回,很可能给金融机构带去法律纠纷。金额巨大的情形不仅会给客户和金融机构带去无法挽回的经济损失,甚至能引发流动性风险和运营风险。所以,资金挪用风险(B6)对非法借贷风险(A3)、法律法规风险(A4)、流动性风险(B1)、运营风险(B2)具有一定影响。

信用风险(C1)对市场风险(A1)、货币政策风险(A2)、法律法规风险(A4)、流动性风险(B1)、运营风险(B2)和操作风险(B3),信息不对称风险(C2)对市场风险(A1)、法律法规风险(A4)、流动性风险(B1)、运营风险(B2)、操作风险(B3)和资金挪用风险(B6),洗钱、套现风险(C3)对法律法规风险(A4)、运营风险(B2)和操作风险(B3),均产生一定程度"单"向影响作用。

原因则是,金融消费者潜在"失信",会引发信息不对称风险而误导普惠金融机构放贷,一旦普惠信贷无法按时偿还,不仅会引发法律纠纷,而且可能引发流动性不足和大面积亏损等风险问题,进而引发资金被普惠金融机构员工非法挪用、金融市场波动、货币政策非预期调整等风险的发生。所以,信用风险(C1)对市场风险(A1)、货币政策风险(A2)、法律法规风险(A4)、流动性风险(B1)、运营风险(B2)、操作风险(B3),信息不对称风险(C2)对市场风险(A1)、法律法规风险(A4)、流动性风险(B1)、运营风险(B2)、操作风险(B3)、资金挪用风险(B6),会产生一定程度"单"向影响。同时,洗钱、套现行为违法,它会增添普惠金融机构的运营难度,增加普惠金融从业人员的操作风险,带来一定的社会危害性。所以,洗钱、套现风险(C3)对法律法规风险(A4)、运营风险(B2)和操作风险(B3)具有一定影响。

此外,部分风险之间并无直接影响作用,或虽有影响但作用程度很小,所以,在表6-1中,将这些风险之间判定为无影响关系也具有一定合理性。

三、中国普惠金融发展风险衡量

评估普惠金融发展风险常用 AHP 法（层次分析法）①。该方法的关键在于需要咨询行业专家，这些专家先分别就准则层一级指标和方案层二级指标的重要性做出判断比较，以测算各级指标的权重值。而后，利用专家们的主观判断能力，对方案层二级指标（普惠金融发展风险单指标）进行评价。最后，算出普惠金融发展风险评级区间，研判普惠金融发展风险水平。

采用 AHP 法评估普惠金融发展风险有一定合理性，但也存在一定的不足。合理性表现在，AHP 法以金融领域专家学者的综合意见为主要依据来对普惠金融风险评级，具有很强的操作性和适用性，专家学者们基于理论和经验做出的判断，具有一定的科学性，是合理且可行的。存在的问题主要表现为，AHP 法未从普惠金融风险本身出发，忽略了各种风险之间的相互联系，仅以少数专家学者的意见为判断依据，研究结果将过度依赖专家学者们的主观意志，可能造成对普惠金融发展风险的夸大或损低，因而存有一定缺陷。

基于此，我们认为衡量中国普惠金融发展风险，既要立足这些风险的实际情形，充分考虑它们的作用范围和相互关系，又要注重金融专家学者们的宝贵意见，积极吸纳金融专家学者们的有益经验，故应将这两者相结合来进行研判。

（一）中国普惠金融发展风险指标权重

如前文所述，先来测算中国普惠金融发展风险指标权重。具体测算方法为，先依据表 6-1 内容，算出 13 项风险的重要性得分（见表 6-2），然后采用比例法算出各风险指标的权重值。

具体操作为：第一步，将表 6-1 中的"双""单"和"无"分别赋值为"2、1 和

---

① 如陈科 2017 年在《上海金融》第 10 期发表的"普惠金融的风险评估及风险防范研究"一文，就通过对宁波市相关金融监管部门、金融机构和高校相关专业人士发放 27 份调查问卷，先算出普惠金融风险指标的权重，然后咨询 20 位金融系统专业人士对单指标风险等级进行打分，最终测度出中国普惠金融风险的评级。

0",就各风险相互关系做重要性区分。如果两种风险之间相互影响具有相互加强作用,则取值为 2;如果一种风险仅"单方面"影响另一种风险,则取值为 1;如果两种风险之间影响关系很小或无影响,则取值为 0。

第二步,将每列分数分别加总求和,得到全部 13 种风险的基本得分。

第三步,依据外部风险、普惠金融机构内部风险和普惠金融消费者行为风险的作用范围,将它们分别赋予加权值"2、1、1",以刻画外部风险发生时产生的广泛危害性,这也表明普惠金融机构内部风险和普惠金融消费者行为风险发生后造成危害的范围相当且均弱于外部风险。

表 6-2 中国普惠金融发展风险指标重要性评分

风险	A1	A2	A3	A4	B1	B2	B3	B4	B5	B6	C1	C2	C3
基本得分	10	4	10	4	7	6	7	9	3	6	10	12	5
作用范围加权值	2	2	2	2	1	1	1	1	1	1	1	1	1
最终评分	20	8	20	8	7	6	7	9	3	6	10	12	5

表 6-2 显示,最终评分上,市场风险(A1)、非法借贷风险(A3)、信息不对称风险(C2)和信用风险(C1)的评分均不低于 10 分,说明这四种风险是中国普惠金融发展面临的最大风险。技术风险(B4)、货币政策风险(A2)、法律法规风险(A4)、流动性风险(B1)和操作风险(B3)的评分介于 7~10 分之间,说明这五种风险是中国普惠金融发展面临的次要风险。运营风险(B2)、资金挪用风险(B6)洗钱、套现风险(C3)和信息安全风险(B5)的评分均不高于 7 分,说明这四种风险对中国普惠金融健康稳定发展也有一定阻碍作用。

利用表 6-2 内容,计算某种风险的评分与各风险的总评分相除的比值,再将这些比值按一级指标进行加总求和,即得出中国普惠金融发展风险指标的权重。测算结果见表 6-3。

表6-3 中国普惠金融发展风险指标的权重

一级指标	权重	二级指标	权重
外部风险(A)	0.4628	市场风险(A1)	0.1653
		货币政策风险(A2)	0.0661
		非法借贷风险(A3)	0.1653
		法律法规风险(A4)	0.0661
普惠金融机构内部风险(B)	0.3140	流动性风险(B1)	0.0579
		运营风险(B2)	0.0496
		操作风险(B3)	0.0579
		技术风险(B4)	0.0744
		信息安全风险(B5)	0.0248
		资金挪用风险(B6)	0.0496
普惠金融消费者行为风险(C)	0.2232	信用风险(C1)	0.0826
		信息不对称风险(C2)	0.0992
		洗钱、套现风险(C3)	0.0413

（左侧合并栏：中国普惠金融发展风险）

表6-3显示，二级指标权重方面，市场风险（A1）、非法借贷风险（A3）、信息不对称风险（C2）和信用风险（C1）的权重分列前四位，技术风险（B4）、货币政策风险（A2）、法律法规风险（A4）、流动性风险（B1）、操作风险（B3）的权重依次随后，而运营风险（B2）、资金挪用风险（B6）、洗钱、套现风险（C3）和信息安全风险（B5）的权重则排名最末四位。一级指标权重方面，外部风险（A）的权重为0.46，普惠金融机构内部风险（B）和普惠金融消费者行为风险（C）的权重分别为0.31和0.22，说明在中国普惠金融发展过程中，应更关注外部风险，其次关注普惠金融机构内部风险和普惠金融消费者行为风险。

（二）中国普惠金融发展风险单指标评价

参考陈科（2017）和马义华、李杰（2018）的做法，在对中国普惠金融发展风险单指标做评价时，除了征询30余名金融机构、金融监管部门和高校金融领域研究专家意见,还积极吸收了陈科(2017)和马义华、李杰(2018)的有益成果,具体评价内容见表6-4。

表6-4 中国普惠金融发展风险单指标评价

一级指标	二级指标	评价结果				
		高	较高	中	较低	低
外部风险(A)	市场风险(A1)	0.1	0.3	0.4	0.1	0.1
	货币政策风险(A2)	0.2	0.3	0.4	0.1	0.0
	非法借贷风险(A3)	0.0	0.2	0.4	0.3	0.1
	法律法规风险(A4)	0.0	0.4	0.5	0.1	0.0
普惠金融机构内部风险(B)	流动性风险(B1)	0.2	0.3	0.4	0.1	0.0
	运营风险(B2)	0.0	0.3	0.4	0.2	0.1
	操作风险(B3)	0.1	0.3	0.4	0.2	0.0
	技术风险(B4)	0.2	0.4	0.3	0.1	0.0
	信息安全风险(B5)	0.1	0.4	0.3	0.1	0.1
	资金挪用风险(B6)	0.1	0.3	0.5	0.1	0.0
普惠金融消费者行为风险(C)	信用风险(C1)	0.4	0.3	0.2	0.1	0.0
	信息不对称风险(C2)	0.2	0.3	0.3	0.1	0.1
	洗钱、套现风险(C3)	0.0	0.1	0.4	0.4	0.1

需说明的是,表6-4中的二级指标风险概率是以陈科(2017)和马义华、李杰(2018)的研究成果为蓝本,在充分征询30余名金融领域内专家学者宝贵意见后估算得出的,这是目前可操作的最优方法。

(三)中国普惠金融发展风险评级

普惠金融发展风险评价等级一般定为五个级别,即"高""较高""中""较低"和"低"。风险评价等级见表6-5。

表6-5 中国普惠金融发展风险评价等级

等级	标识	描述
5	高	若发生将导致严重的经济问题或社会动荡,既可能会严重破坏整个行业领域信誉,也可能会使组织的正常经营受到严重影响。
4	较高	若发生将会对经济或社会造成较大影响,并对整个行业的经营和组织信誉带来较为广泛的损害。
3	中	若发生将会对经济、社会或生产经营产生一定范围和程度上的影响,但通过积极干预可有效化解。
2	较低	若发生将会造成较低程度的影响,通常仅限于组织内部,一般采取一定手段即可将风险有效遏制于萌芽状态。
1	低	即使发生,其造成的影响很小,通过简单的措施就能很快地消除风险,对行业领域的经营和组织信誉几乎不会造成伤害。

根据表6-3和表6-4,作者采用模糊综合评价法计算中国普惠金融发展风险等级的预估值。具体做法为,先采用表6-3给出的二级指标权重,得出二级指标的主因素模糊矩阵 $H_i(i=1、2、3)$,然后再依据判断公式 $K_i=p_i \times H_i$,计算出各二级指标的评价结果。其中,K_i 为二级指标的评价结果,p_i 为二级指标的权重比值向量,i 取值为1、2、3。

二级指标的主因素模糊矩阵为:

$$H_1 = \begin{pmatrix} 0.1 & 0.3 & 0.4 & 0.1 & 0.1 \\ 0.2 & 0.3 & 0.4 & 0.1 & 0 \\ 0 & 0.2 & 0.4 & 0.3 & 0.1 \\ 0 & 0.4 & 0.5 & 0.1 & 0 \end{pmatrix} \quad (6-1)$$

$$H_2 = \begin{pmatrix} 0.2 & 0.3 & 0.4 & 0.1 & 0 \\ 0 & 0.3 & 0.4 & 0.2 & 0.1 \\ 0.1 & 0.3 & 0.4 & 0.2 & 0 \\ 0.2 & 0.4 & 0.3 & 0.1 & 0 \\ 0.1 & 0.4 & 0.3 & 0.1 & 0 \\ 0.1 & 0.3 & 0.5 & 0.1 & 0 \end{pmatrix} \quad (6-2)$$

第六章 互联网金融时代中国普惠金融发展中的风险

$$H_3 = \begin{pmatrix} 0.4 & 0.3 & 0.2 & 0.1 & 0 \\ 0.2 & 0.3 & 0.3 & 0.1 & 0.1 \\ 0 & 0.1 & 0.4 & 0.4 & 0.1 \end{pmatrix} \quad (6-3)$$

依据判断公式 $K_i = p_i * H_i$,计算出的各二级指标的评价结果为:

$$K_1 = (0.0643 \quad 0.2786 \quad 0.4143 \quad 0.1714 \quad 0.0714) \quad (6-4)$$
$$K_2 = (0.1263 \quad 0.3316 \quad 0.3842 \quad 0.1421 \quad 0.0158) \quad (6-5)$$
$$K_3 = (0.2370 \quad 0.2630 \quad 0.2815 \quad 0.1556 \quad 0.0630) \quad (6-6)$$

由此得出二级指标的主因素评价矩阵为:

$$K = \begin{bmatrix} 0.0643 & 0.2786 & 0.4143 & 0.1714 & 0.0714 \\ 0.1263 & 0.3316 & 0.3842 & 0.1421 & 0.0158 \\ 0.2370 & 0.2630 & 0.2815 & 0.1556 & 0.0630 \end{bmatrix} \quad (6-7)$$

再依据判断公式 $S = q * K$,计算出一级指标的评价结果为:

$$S = (0.1223 \quad 0.2917 \quad 0.3752 \quad 0.1587 \quad 0.0521) \quad (6-8)$$

参照最大隶属原则,S 集合中的最大值为 0.3752,与对应的风险等级为"较高"的权重值比较接近,所以,中国普惠金融发展风险可评级为"较高"。故而,若中国普惠金融发展过程中爆发风险,将会对中国经济金融市场或社会造成较大影响,对整个普惠金融行业带来较为深远的损害。

总之,中国普惠金融发展面临的市场风险、非法借贷风险、信息不对称风险和信用风险最为严重,同时,外部风险较普惠金融机构内部风险和普惠金融消费者行为风险要更为突出,而经分析后发现,中国普惠金融发展风险总体评级为"较高",所以,做好中国普惠金融发展风险预防和治理工作尤显必要。

第二节 普惠金融发展中风险的案例分析

自 2010 年互联网金融大发展以来,中国普惠金融风险表现出新的特征,互联网金融领域内发生的普惠金融风险案例比比皆是,这表明互联网金融时代发展中国普惠金融面临重重挑战,互联网金融时代中国普惠金融监管存在较为严重的缺失。为此,本节在分析中国普惠金融发展风险的特征基础上,通过研究中国典型的普惠金融发展风险案例,进而探究互联网金融时代中国普惠金融监管的不足,为政府有效监管提供理论依据。

一、中国普惠金融发展风险的特征

互联网金融时代,中国同时面临传统金融风险和互联网金融风险,且各种风险交织、复杂难分,进入互联网金融领域的资本贪婪有余而普惠不足,互联网金融平台"虎头蛇尾"难以"严于律己"而集体惨淡"清退",诸多互联网金融业务脱离传统金融渠道致其风险难被及时发现,风险一旦爆发往往因涉及大量投资人且资金追回难而造成巨大破坏力。普惠金融参与者往往缺乏理性,现有的法律法规难以发挥有效防范互联网金融风险的作用等,共同形成互联网金融时代中国普惠金融发展风险的鲜明特征。

(一) 传统金融风险与互联网金融风险交织

互联网金融时代,传统金融服务仍是中国普惠金融服务的中坚力量,互联网金融服务发挥重要的补充和创新作用,传统金融和互联网金融在中国普惠金融领域内的交织,致使中国普惠金融不仅面临与传统金融相同的一般风险,包括信用风险、流动性风险、市场风险、运营风险、法律风险和操作性风险等(陆岷峰、徐博欢,2019),同时,还面临技术风险、信息安全风险、洗钱、套现风险、资金挪用风险等互联网金融风险。需特别注意的是,传统金融一般风险与互联网金融风险并非相互独立,相反,这两类风险常交织在一起,难以区别对待。因而,伴随传统金融服务与互联网金融服务在中国普惠金融领域内的持续相互渗透,两种金融服务的边界开始愈发模糊,甚至呈现出融合发展趋势,这就会不断加重中国普惠金融发展风险爆发的可能性和破坏力,持续加大中国普惠金融发展风险防范和普惠金融监管的难度。

(二) 常偏离普惠金融发展的伦理初衷

商业金融和非金融机构开展普惠金融业务,需要大量的资金投入,为化解其产生的巨额服务成本,就需攫取高额的收益回报,传统金融机构尚可通过调整其业务组合维持收益水平,但一些互联网金融机构因自身局限很难调整业务组合,便只能一味追求利益最大化,或提高金融服务收费标准,或干脆损害金融交易需求者的利益,致使互联网金融服务可能会与"普惠金融"发展的初衷背道而驰。弱势地区、弱势产业、弱势企业和弱势群体等普惠金融重点服务对象,在传统小贷公司、互联网金融机构或商业银行的融资成本,年化利率都在18%~20%(丁杰,2015),虽低于高利贷标准,但远高于商业银行的一般贷款利率(陆岷峰、徐博欢,2019),融资贵的现实与普惠性要求常相背离。在互联网金融领域,互联网金融机构的目标偏移、互联网金融投资者的投资歧视和互联网金融机构的脆弱性(丁杰,2015),同样造成其发展常与普惠性要求相背离,传统及互联网金融机构也因此可能会常偏离普惠金融发展的美好初衷。

(三) 普惠金融创新易受政策等因素影响

客户享受金融服务和购买金融产品,一般均有一定的条件约束。即只有满足金融机构设定的最低条件要求才能享受相应服务,所以,对弱势群体提供普惠金融服务,就需放宽审核条件,形成必要的金融服务创新。

普惠金融创新虽能扩大中国普惠金融服务广度和深度,但也会因"门槛"降低,而导致普惠金融风险增大,甚至造成金融创新乱象。如,2013—2017年,中国互联网金融的"野蛮"生长,促使中国政府坚定全面从严监管互联网金融的决心。2015年12月28日,原银监会等四部委发布《网络借贷信息中介机构业务活动管理暂行办法》,拉开中国P2P网贷行业监管的序幕。2016年4月14日,中国国务院组织14个部委召开电视会议,讨论在全国范围内开启为期一年的互联网金融领域专项整治,其后一系列相关政策文件密集出台,互联网金融机构合规经营压力剧增。2017年开始,厦门市、广东省和上海市等省市地区金融办,相继出台了一些地方性的有关促进普惠金融合规发展的政策性文件,在规范中国互联网金融发展方面也发挥了一定的作用。

总的看来,政策因素的影响不仅致使大批互联网金融平台退出市场,产生"退市"后的提现、兑付和消费者维权等问题,给普通投资者带去经济利益损失,而且平台出资方的利益也会受损,如到2021年,中国P2P网贷平台几乎完全被"清退"出市场,一定程度上已经伤及中国普惠金融创新发展的生态环境,加大了非金融机构开展普惠金融创新的难度和政策性"退市"担忧。

(四) 风险隐蔽性强破坏力大

互联网金融时代中国普惠金融风险隐蔽性强,风险爆发后涉及的巨额资金往往难追回,极易造成巨大的破坏性。以 P2P 网贷平台为例,据网贷天眼数据显示[①],截至 2019 年 9 月 1 日,中国正常运营的平台数为 928 家,与问题平台的比例高达 1:6.1,每 7 家平台中至少有 6 家爆发了问题。2019 年下半年开始,伴随中国各地网贷清理整治的加速,到 2020 年年底[②],曾经风光无量的中国网贷行业也完全消失在人们视野中,中国大量的 P2P 网贷平台一并绝迹于普惠金融市场,但 P2P 网贷遗留下的清算、偿债等问题仍未得到很好的解决。

中国全面"清退"P2P 平台,属无奈之举,不得已而为之。原因在于,首先,作为中国普惠金融服务曾经的重要力量,互联网金融平台开展的诸多互联网金融业务,往往脱离传统金融渠道,金融监管部门常难及时发现潜在风险,且在"羊群效应"影响下,投资者的投资不确定性增强,小平台也可有大量投资者参与,也能在较短时间内产生大量资金交易,风险爆发的不确定性和随机性由之极易增强;其次,互联网金融业务参与人,仅通过网络来完成金融交易行为,参与人多分散且信息隐蔽,易造成信息不对称问题;最后,中国互联网金融平台整体"自律性差、信息披露难",平台潜在风险大,甚至构成"非法集资"事实[③]。如"IGOFX 外汇骗局"事件,受害人近 40 万,金额高达 50 亿美元。又如,名为精准扶贫实为非法传销的"善心汇"事件,有近 600 万人受害,涉案金额高达 1 000 亿元。再如,以高额利息发展客户返利为诱饵非法吸收公众资金

---

① 数据来源网贷网站:https://www.p2peye.com/shuju/wtpt/。
② 据央视新闻报道,2021 年 1 月 15 日下午,国务院新闻办公室举行新闻发布会,在发布会上,中国人民银行副行长陈雨露表示,2020 年防范化解金融风险攻坚战取得重要阶段性成果,P2P 平台已全部清零。
③ 据"中国互联网金融协会"2019 年 5 月通告披露的平台数不足百家,仍有大量平台的信息难以高效披露,所以,"自律性差、信息披露难"正成为中国互联网金融监管的痛点和难点之一。

的"e租宝"事件,受害人达90万,涉案金额高达700多亿元。这些互联网金融恶性事件爆发前几乎毫无征兆,风险爆发后受害人数众多、涉案金额巨大,大量资金至今仍未能全部追回。

(五) 现有法律法规难预防

互联网金融时代中国金融服务模式创新不断,尤其是在普惠金融领域内涌现的金融产品和金融服务创新,更是繁华多样,如何从法律法规层面来规范和促进中国普惠金融健康发展成为重要论题。

虽然中国P2P平台已全部被"清退出局",但中国互联网金融创新仍在持续加强,并呈现出由"非金融机构"主导向"传统金融机构"引领的转变态势。如中国"四大"商业银行、大型股份制银行等传统金融机构,正加紧互联网化、数字化革新和升级,不仅自身加大科技化投入力度,而且开始领导布局中国数字普惠金融业务。通过移动设备、互联网络来拓展普惠金融业务,也成为中国金融发展大势,让越来越多的弱势客户也能享受"合意"的金融服务和购买"想要"的金融产品,是中国金融市场不可逆的发展潮流,但这可能会导致普惠金融市场上聚集更多素质参差不齐的参与者,很多互联网金融参与人甚至缺乏最基本的金融知识和金融风险防范意识,这势必会加大中国对普惠金融潜在风险预测和风险化解的难度。尤其是,中国有关法律法规的修订、发布和执行常常滞后于普惠金融发展进程,所以,一方面现有的法律法规通常难以发挥有效预防作用,另一方面普惠金融风险爆发后仓促制定的法律法规又常缺乏长远思考,进而可能会加大中国普惠金融发展风险监管的不确定性和随机性。

二、中国普惠金融发展风险的典型案例

2010年以来,利用"普惠金融"卖点,一些互联网金融创业者不顾风险,带有欺诈性的肆意发展业务,导致在普惠金融领域内爆发了多起恶性事件,其中尤以"善心汇"和"e租宝"等事件最为恶劣。为此,本章选择这两起案例来探讨中国普惠金融发展的风险,以期达到一定的警示作用。

(一)"善心汇"

1."善心汇"事件始末

"善心汇"于2013年5月24日,由深圳市善心汇文化传播有限公司在深圳市龙华新区注册成立,其法定代表人张天明出资51万,占注册资金的51%,为"善心汇"实际"当家人"。为拓展业务,从2016年3月开始,张天明先后招募燕吉利、刘力华、黄荣权、董健、刘海、廖雄云、陈清劲、方同松、刘韩望等人为"善心汇"公司骨干,以"云互助"和"3M"等金融传销模式为蓝本,开发"善心汇众扶互生系统"并上线运行,从此"善心汇"开启打着"公益慈善救助"的虚假宣传,以高额收益为诱饵,行金融传销的"庞氏骗局"之路。

2017年6月,湖南省湘乡市公安局称接到群众举报,"善心汇"以高额回报为诱饵,通过微信拉会员的方式收取投资费用,给部分群众造成重大财产损失。2017年6月1日,因破坏社会主义市场经济秩序,"善心汇"董事长张天明被湖南省永州公安局列入涉嫌领导传销活动罪在逃名单,数日后"善心汇"数名技术骨干被湖南公安机关依法采取刑事强制措施,"善心汇"系统平台瘫痪,"善心汇"事件全面爆发。

2017年7月到9月,在中国公安部的统一部署下,全国各地公安机关,对"善心汇"张天明等多名犯罪嫌疑人,依法采取刑事强制措施。其间,经检察机关批准,全国多地公安机关也以涉嫌组织、领导传销活动等罪名对张天明等一批"善心汇"平台犯罪嫌疑人依法逮捕归案。2018年12月14日,湖南省双牌县人民法院依法对被告人张天明等10人进行了公开宣判,判处被告人张天明有期徒刑十七年,并处罚金一亿元,其他9名被告人分别被判处一年六个月至十年不等的有期徒刑及罚金,同时追缴各被告人违法所得。"善心汇"平台犯罪分子已受到法律的应有审判,但受害群众的资金偿付等后续问题处理工作仍十分艰难。

2."善心汇"运营模式

"善心汇"从注册到被依法查处,仅经历短短的四年时间,但其发展的会员人数及涉案金额之大前所未有,这主要是因其运行模式起到的巨大推动作用。

"善心汇"以"扶贫济困、均富共生"为幌子,采取"拉人头"等方式发展会员,其运行模式虽不复杂,但实际"行骗"效果却十分有效。简言之,其"行骗"模式主要有两种,即"拉人头"式金融传销模式。

"拉人头"式金融传销模式,是指"善心汇"采用静态和动态的"拉人头"发展会员的方式,行互联网金融诈骗之实的金融传销行为。该模式要求进入"善心汇"平台系统的参与者,首先以300元购买所谓的"善心种子"以激活账号,之后通过静态、动态两种收益方式,获取相应投资收益。静态收益方式下,激活账号的会员,根据其投资金额分特困、贫困、小康、富人、德善、大德6个不同社区,投资金额最低1 000元,最高可达1 000万元,投资金额越高,打款和收款时间也越长,最长等待时间则可长达60天,其实际回报率也相应越高。投资后,系统为其自动匹配一至多名受助人,该投资人即可等待其他会员向其布施打款,回款金额为其打款布施金额的100%~150%,而每次等待布施与受助的时间,根据其投资金融消耗的1至5枚善心币(每枚折人民币100元),即为"善心汇"平台收益。动态收益方式是指会员通过发展的下线(1代、3代和5代),提取一定奖励汇报,分"跳级分润奖励"和售卖"善种子"获益两种。其中,会员可直接提取的"跳级分润奖励率"为,自发展下线参与静态投资金额的6%(3%转为"善心币"),3代为4%,5代为2%;而通过发展下线和购买相应数量"善种子"成为高级会员后,还可以五至八折向公司购买"善种子"或"善心币",然后再向5代以内下线销售,以从中获取利差。"善心汇"某骨干成员曾说,成为A轮九号服务中心后,借助传销经验和互联网技术,他实现了"会员倍增"计划。即只需自己发展10人下线团队,下线成员再各自发展10人,仅一年时间,整个团队人数就高达30万人,通过"跳级分润奖励"和售卖"善心种子",不到一年个人就获利1 200余万元。

欺骗性宣传与包装模式,是"善心汇"的另一种行骗模式。即,通过做少量善事,经大肆虚夸的宣传,将"善心汇"及其头目张天明宣传为"普惠金融""慈善金融"和慈善家,达到欺骗和催眠广大民众,并乘机将他们发展为会员的目的。

仅初中肄业且有诈骗前科的"善心汇"头目张天明，每天通过微信和微博给会员们讲课，以宣传和塑造自己公众形象，这些多方式和多渠道的虚假宣传，一度成功地将张天明塑造成拯救世界的大善人角色。

为更好地欺骗和麻痹大众，张天明极尽所能地将"善心汇"包装成扶贫济困且实力雄厚的慈善企业。如有预谋地进行慈善捐款，并接受媒体采访，提高"善心汇"品牌的曝光度，去全国各地考察一些贫困山村，收购入股一些濒临倒闭的产品和企业，包装自己的慈善形象。而经警方调查，"善心汇"存在大量虚假宣传，如会员中广为传播的 2017 年 5 月"善心汇"捐助湖南湘西花垣县一亿元支票的图片，警方查实为子虚乌有。张天明对外宣称的海南黄花梨基地实际面积也远小于宣传面积，其宣称的三亚槟榔谷厂房和昌江县万亩椰林项目，则全为虚假宣传。被捕后的张天明向警方供述称，"善心汇"就是通过各种包装迷惑大众，尤其是伪装成"普惠金融"和"慈善金融"，能更多吸收会员，达到骗取个人收益的目的，"善心汇"实为传销，迟早会崩盘事发。

3. "善心汇"事件的危害性

"善心汇"以互联网金融为手段，以"普惠金融""慈善金融"为幌子，对互联网金融时代中国普惠金融发展具有一定危害性。

一是时间短，被骗人数多，涉案金额巨大，追款难度大、周期长，严重干扰互联网金融时代中国普惠金融发展的生态大环境。在短短四年时间内，有 600 多万人受骗成为"善心汇"会员，被骗涉案金额高达 1 046 亿余元，人均受骗金额达 1.7 万余元，且因涉案人员多、分布广，易造成涉案金额认定、追讨和退还难度大、周期长等后续处理问题。"善心汇"平台的所作所为势必造成不明真相群众对正规互联网普惠金融平台的误解和不信任，这会增加互联网金融发展的难度，污染互联网金融时代中国普惠金融发展的生态大环境。

二是"善心汇"囊括诸多金融风险，隐蔽性强且破坏力大，易造成社会对互联网金融时代中国普惠金融发展领域爆发风险的担忧和焦虑。中国普惠金融发展面临的市场风险、非法借贷、信息不对称和信用缺失等十余种风险本是潜在的，"善心汇"事件的爆发，让社会公众发觉中国普惠金融发展风险易成现实,且风险造成的损失巨大,这会给地方政府、金融监管部门和普惠金融行业等的协调与监管造成较大的压力和难度。

三是严重歪曲发展普惠金融的本意,为不法分子形成负面模仿效应,易滋生更多、更隐蔽的小规模互联网式普惠金融诈骗事件。"善心汇"平台运营模式极其简单粗暴,易被模仿和复制,在互联网金融大发展的时代背景下,极易滋生更多、更隐蔽的小规模普惠金融诈骗事件,造成互联网金融时代中国普惠金融市场的潜在不稳定性,甚至产生新的普惠金融发展风险。

(二)"e租宝"

1."e租宝"事件始末

金易融(北京)网络科技有限公司(简称"e租宝"),其主打产品"e租宝"平台于2014年7月21日上线运行,实际控制人为80后丁宁。

1999年,17岁的丁宁从安徽工贸职业学院休学后,进入其母亲在安徽蚌埠丁岗村的一家锁厂,当技术员和销售员,并于6年后创立自己的第一家五金公司——钰诚五金。此时丁宁风华正茂,还曾获安徽省科技专项津贴。2007年和2011年,丁宁家族先后注册成立安徽滨湖机电新材料有限公司(法人为丁宁之父丁延柏)、钰诚新材料科技有限公司(法人为丁宁之弟丁甸)和格兰伍德进出口有限公司(法人为丁宁的堂弟丁未巍)。

2012年丁宁看中了互联网金融的巨大商机,分别于当年的3月和5月,于安徽省蚌埠市固镇县注册成立安徽钰诚融资租赁有限公司和安徽钰诚投资发展股份有限公司,注册资本分别为3 000万美元和1 000万人民币,丁氏家族由此开始涉足金融行业。为整合家族业务,2013年3月15日,丁氏家族发起成立安徽钰诚控股集团股份有限公司,公司认缴注册资本50亿元,实缴注册资本1 000万元,丁宁之妻高俊俊为其法人代表,注册地也由固镇县转移至安徽省蚌埠市。2014年2月,安徽钰诚控股集团股份有限公司于北京经收购成立子公司"e租宝",注册资本金1亿元,2014年7月开始,"e租宝"平台和"芝麻金融"App相继上线运行,以融资租赁债权交易为基础的丁氏互联网金融服务帝国正式形成。

以"钱骗钱"式的庞氏骗局,在投资人不知情的情况下,让"e租宝"在极短时间内迅速发展壮大,但也因其是彻头彻尾的互联网金融骗局,很快于2015年12月3日,"e租宝"深圳市宝安分公司就被经侦突查,40余人被带走,2015年12月8日,"e租宝"位于北京数码大厦的信息化研发中心及位于安联大厦的办公场所被警方调查,2015年12月8日晚间,"e租宝"的官方网站与App已无法打开,"e租宝"事件全面爆发。2015年12月16日和2016年1月11日,广东省公安厅和深圳市公安局先后官方通报称,已对"e租宝"网络金融平台及其关联公司涉嫌犯罪问题依法立案侦查。

2017年9月12日,经北京市第一中级人民法院依法公开宣判,钰诚国际控股集团有限公司和安徽钰诚控股集团分别被判处罚金人民币18.03亿元和人民币1亿元。丁宁以集资诈骗罪、走私贵重金属罪、非法持有枪支罪和偷越国境罪被判处无期徒刑,剥夺政治权利终身,处没收个人财产人民币50万元,罚金人民币1亿元;丁甸以集资诈骗罪判处无期徒刑,剥夺政治权利终身,处罚金人民币7 000万元。同时,对张敏等24人分别以集资诈骗罪、非法吸收公众存款罪、走私贵重金属罪和偷越国境罪,判处有期徒刑3年至15年不等刑罚,并处剥夺政治权利及罚金。2018年2月7日,被告单位安徽钰诚控股集团和钰诚国际控股集团有限公司,被告人丁宁、丁甸、张敏等26人犯罪一案,正式被北京市第一中级人民法院立案执行。

2. "e租宝"运营模式

"e租宝"从上线运行到东窗事发,历经短短1年5个月的时间,但其发展速度之快、影响之深远,让互联网金融行业始料未及。究其主要原因,在于其花样繁多且带有欺诈性的运营模式,包括:三步障眼法虚假经营,野蛮扩张形成大集团公司假象;眼花缭乱的广告轰炸,短期内迅速扩大社会知名度;以普惠金融为噱头,用"随时赎回、高收益低风险"口号欺诈投资者;设立专门投资岗位,"线下推广"发展业务等。

(1) 三步障眼法虚假经营,野蛮扩张形成大集团公司假象

丁氏"金融帝国"起家于2012年组建的安徽钰诚融资租赁有限公司,期初

注册资本为3 000万美元,经2014年3、4和11月的三次增资后达5.95亿美元。但据公开资料显示,2014年钰诚租赁资产总额为129.83亿元,净利润仅为4 280万元,净资产收益率(ROE)仅1.6%,与行业8%~16%的平均净资产收益率相比差距甚远,这说明其所增注资并非来源于其经营净利润。

在"e租宝"上线并高速发展的2015年,丁宁在北京、上海和云南等地新组建十余家公司,总注册资本高达56.7亿元,如此疯狂的注册资本,经丁宁被捕后交代,主要来源于"假项目、假三方、假担保"这三步障眼虚假经营法。也即,通过假融资项目、假借第三方平台和由钰诚集团自控担保公司假担保,实现将"e租宝"平台资金挪入钰诚集团旗下公司,制造出正常经营的假象,达到非法挪用平台融资的目的。利用此方法,到案发之时丁宁已共组建20余家公司,打造出号称800亿元的钰诚集团,完美形成大集团公司平稳运营的假象。依靠杠杆资金根基浅薄的丁氏"金融帝国",一如皇帝的新装,泡沫巨大虽一捅即破,却给广大群众造成大公司集团投资风险小的假象,达到欺骗投资者投资的意图。

(2)眼花缭乱的广告轰炸,短期内迅速扩大知名度

"e租宝"及其母公司"钰诚"集团,一个重要欺诈伎俩为花样百出的广告宣传,在极短时间内打造"知名"品牌假象,达到欺骗投资人的目的。

一是欺骗地方政府,树立母公司虚假形象。"e租宝"的母公司"钰诚"集团总部办公地点,租借的是原准备用于蚌埠市某区政府办公的大楼,租借期间该区检察院也在大楼内办公,无疑增加了"钰诚"集团知名度。同时,"钰诚"集团还入驻蚌埠万达广场附近的"安徽蚌埠互联网金融示范区",且是唯一一家入驻企业,极大树立"钰诚"集团在蚌埠地区的形象,为集团旗下的"e租宝"创立和发展奠定基础。

二是轰炸式广告宣传,主推美女高管噱头。"钰诚"集团不仅利用地铁站、高铁站、机场候机厅和公交车等做户外广告,而且还大力投放电视和网络广告,其在国家级和多家省级电视台投放电视广告的规模,仅仅2015年上半年就高达1.5亿元,全国广告受众接近10亿人。其投放的户内户外、线上线下全方位广告,主推集团二号人物张敏,以美女高管为噱头,以"普惠金融"为口

号,达到"哗众取宠"吸引眼球的目的。同时,斥巨资打造"钰诚之歌""钰诚集团宣传片"和广告赞助赛事等方式,大力宣传"钰诚"集团,以达到迷惑投资人投资,实现其集资诈骗的目的。

三是虚假宣传集团海外空壳公司,制造发展海外业务假象。在 2015 年 9 月发布的最新宣传片中①,"钰诚"集团宣称在全球拥有八大运营中心,取得多项金融运营牌照,尤其是在缅甸佤邦地区成立所谓的"东南亚联合银行",并与缅甸佤邦第二特区政府合作成立所谓的"钰诚东南亚自由贸易区",而实际缅甸佤邦地区政治混乱,有少数民族和毒品泛滥等问题,"钰诚东南亚自由贸易区"也仅占地六亩,但耗资却达 8 000 万人民币。借助宣传集团海外空壳公司,借口"一带一路"沿线国家对外经济发展战略,在国内投资人不知情的情形下,达到虚假宣传"钰诚"集团所谓的"互联网＋金融租赁＋实体经济"的经营理念,很好地发挥了欺骗投资人的作用。

(3) 以普惠金融为噱头,用"随时赎回、高收益低风险"口号欺诈投资者

"e租宝"以"1 元起投,随时赎回,高收益低风险"为宣传口号,让许多投资人因轻信其保本保息、灵活支取的承诺而上当受骗。"e租宝"的宣传材料主打"融资租赁"的普惠金融牌,将自身贴上朝阳产业和国家政策引导标签,其主推的"e租稳盈、e租财富、e租富享、e租富盈、e租年丰和 e 租年享"等 6 款产品,宣称预期年化收益率从 9% 到 14.6% 渐高,远高于一般银行理财产品的收益率,"e租宝"还宣称,即便其投资的公司失败,这 6 款产品仍最低可保本保息,还可在产品到期前灵活支取,因而毫无投资风险。"e租宝"的宣传口号明显违背"投资有风险"的金融运行规律,但因许多投资者缺乏必要的投资风险意识,或被其普惠金融噱头所误导,或被其"随时赎回、高收益低风险"的承诺所欺骗而购买其产品,导致血本无归。

(4) 设立专门投资岗位,"线下推广"发展业务

抓住普通投资人金融知识匮乏、缺乏金融风险意识的弱点,"e租宝"不仅

---

① 视频资料网址:https://v.qq.com/x/page/x0164eanqkx.html? ptag=qqbrowser.

用虚假承诺编织"陷阱"欺骗投资,而且快速扩张业务,"钰诚"集团在全国各地广设分公司和代销公司,设立专门投资岗位,采用入社区等线下"站街式贴身推销",直接面对面拉客户。对于拉来投资客户的地推人员,50万元即可提成3 000元,100万元即可提成5 000元,而加上地推团队和相应领导,实际最终提成率可能高达1%。此外,地推人员为更好推荐"e租宝"产品,甚至或"热心帮助"目标客户,提供开通网银和平台注册等互联网金融服务,以树立良好的服务形象并诱使目标客户投资。"线下推广"发展业务的方式,虽然低级和拙劣,但收效显著,"e租宝"也仅用一年半时间,就吸引来90多万实际投资人,客户可谓遍布全国。

3. "e租宝"事件的危害性

若从丁宁家族成立"钰诚"集团(安徽钰诚控股集团股份有限公司)的2013年3月算起,到2015年12月初"e租宝"北京公司被警方调查,"钰诚"集团及"e租宝"运营时间不足两年,但却有90多万投资人被骗,"e租宝"平台涉案交易金额达700多亿元,实际非法集资额高达500多亿元,未兑付集资款达380亿元,社会影响极其恶劣,它不仅具有与"善心汇"相似的危害性,而且,它扭曲和伪用金融普惠理念,危害整个数字普惠金融行业的健康发展,对互联网金融时代中国普惠金融发展的损害可能更甚。

"钰诚"集团利用"e租宝"平台发展业务,并一直以普惠金融为重要宣传点和产品卖点,这种扭曲和伪用金融普惠理念的非法集资行为,极大损害着整个数字普惠金融行业的健康发展。"e租宝"事件爆发后,中国整个互联网金融行业受到不小冲击,短期内互联网金融业务总交易额和总交易人数均出现下滑,政府招商、投资人和金融监管也变得更加谨慎,正规互联网金融平台对"普惠"二字的运用也愈发小心,进而影响普通投资人参与数字普惠金融服务的信心,一定程度上延缓中国普惠金融数字化、互联网化转型发展速度,不利于互联网金融时代中国普惠金融发展广度和发展深度水平的提升,甚至会加大整个社会对互联网金融领域普惠金融发展风险爆发的担忧程度。

三、中国普惠金融发展风险案例的深刻启示

互联网化、数字化金融服务是推动中国普惠金融发展的重要力量,但其不断爆发的风险事件,不仅平添了中国普惠金融发展风险内容,而且加重了中国普惠金融发展的风险性,给我们带来深刻启示。

其一,互联网金融不完全等同于普惠金融,互联网金融是中国普惠金融风险高发区,应予以监管的高度重视。互联网金融虽具有金融普惠属性,但开发、维护和运转互联网金融平台,开展互联网金融业务均需大量成本投入,互联网金融参与人也一般追求高于银行利率的投资回报,而要让互联网金融平台和平台投资人获得高额回报,借款人常常需要承担高昂的借贷利息,这无疑削弱了互联网金融的普惠性,增强了互联网金融交易违约风险,甚至造成P2P网贷企业无法维继,继而于2020年全部被"清退"出中国普惠金融市场。越不正规的互联网金融平台,可能越会以普惠金融为招牌或噱头来拓展业务,在扭曲普惠金融发展本意的同时也提升了金融风险爆发的概率,即便正规的互联网金融平台也可能尚未"合规"经营,爆发风险的可能性仍未解除,与普惠金融服务理念存有明显隔阂。所以,互联网金融虽是互联网金融时代中国普惠金融发展最活跃的因子,但也是最不稳定的因素,更是中国普惠金融风险高发区,理应成为互联网金融时代中国普惠金融风险监管的重心战场。

其二,互联网金融时代中国普惠金融发展风险爆发时间短、蔓延速度快、破坏力强,如何做好数字普惠金融风险的防范成为关键。互联网金融的发展,让民间借贷、小额借贷具备升级成为"投资理财""财富管理""互联网金融理财""金融互助理财"和"股权理财"等互联网金融模式的机会,但这也加大大量不规范互联网金融平台的涌现,继而增强互联网金融时代中国普惠金融风险爆发的可能性。借助互联网开展金融业务等,使得合规和不合规的互联网金融产品,传播速度更快、覆盖范围更广、产品销售更便捷、资金转移更迅速、投资人突破地域也更易,而一旦平台风控失力或平台违法经营被查,如已经发生过的多起网贷平台跑路、网贷平台失联、网贷平台被警方认定为"非法集资"等事件,以及中国P2P网贷平台的集体退市现象,常让大量的网贷平台投资

人受损,继而对互联网金融、数字普惠金融及中国普惠金融的发展环境造成巨大破坏。所以,如何建立有效的普惠金融风险防范机制,尤其是运用好科技手段防范互联网式普惠金融业务风险,已经成为有效化解中国普惠金融发展风险的重要任务之一。

其三,地方政府一般难以事前发现、事前防范和事后及时有效化解金融风险,地方政府提高互联网金融与普惠金融风险意识十分重要。互联网金融以其快成长性、普惠性深受地方政府青睐,但地方政府在支持和推进本地区互联网金融企业、互联网金融平台和互联网金融产品发展时,往往因缺乏相应的金融监管人才,致使地方政府并不能较为清醒地认识互联网金融及普惠金融,常追求短期经济效益而忽视其风险问题,放任不规范的互联网金融平台野蛮生长,最终酿成互联网金融企业暴雷的恶性事件。对风险的短视、偏视和无视,是一些地方政府事前难以发现和防范,以及事后难以及时有效化解互联网金融风险的重要原因,这也是"善心汇"和"e租宝"等创始小平台短期内迅速成长为"互联网金融怪兽""互联网金融猛兽"的原因之一。

其四,普通投资人金融风险知识匮乏,平台暴雷和清退后的清算时间长、程序复杂,资金追回难度大、比例低等善后问题亟待更好解决。实为金融诈骗的如"善心汇"和"e租宝"等互联网金融平台,参与投资人绝大部分金融风险知识匮乏,因轻信平台推销的谎言而上当受骗。平台暴雷后,由于投资人数多且分布广,给调查取证带来巨大困难,"善心汇"和"e租宝"两平台截至2019年10月,仍处于平台资金清算和参与人信息核实登记阶段,到2021年4月"e租宝"第二批还款仍未取得实质性进展。加之到2020年年底,中国全部的网贷平台或转型或关闭,已经全部被"清退"出了中国普惠金融市场,但一些平台遗留下的投资人清偿问题,仍然在慢速协调解决之中,这至少会给投资人带去一定的机会成本问题。所以,如何提高普通投资人的金融素养,如何加强互联网金融平台的监管科技,如何规避网络借贷这样"昙花一现"的互联网金融模式的再次出现,也是互联网金融时代中国普惠金融发展中亟须解决的重大问题之一。

第七章 研究结论及对策建议

中国普惠金融服务已呈"服务主体多元化、服务覆盖面广度化和服务群体深度化"发展态势,尤其是自进入互联网金融时代以来这一表现更为强劲。与此同时,互联网金融时代中国普惠金融也面临诸多问题与挑战,如普惠金融服务发展不均衡、普惠金融体系不健全、互联网金融及其技术创新与应用仍偏弱、商业可持续性不足、金融消费者素质参差不齐和监管体系不完善等。为此,本章将立足前文研究成果,对互联网络时代中国普惠金融发展所取得成效与不足进行总结,进而提出加快中国普惠金融发展的对策建议。

第一节 互联网金融时代中国普惠金融发展的成效与不足

一、中国普惠金融发展广度和发展深度成效卓越

历经多年的发展,中国普惠金融覆盖广度和服务深度均取得显著成效。

(一)多层次普惠金融供给格局初步成型

自2010年以来,中国普惠金融发展广度成就斐然,已基本形成各类金融机构网点广覆盖、各类金融产品广供给、征信对象广涉及和弱势群体金融服务广发展的普惠金融服务供给格局。中国所有客户群体,不仅能快捷方便地获取商业银行、证券公司和保险机构等提供的门店式金融服务,而且大量分布的ATM机和POS机也极大地满足着存取款、转汇款、购物结算、生活缴费乃至信用卡还款等一系列的常规金融服务需求。中国的弱势群体不仅能充分享受正规金融机构的产品和服务,而且还能较便捷地获取互联网金融服务,而涉及医疗、养老、失业及人身、财产安全等的各类社会保险服务,也得到一定程度的

发展。此外，中国大部分有金融需求的客户，如自然人、中小微企业和农户等逐步被纳入征信系统之中，数量众多的（网络）小贷公司和各类农村金融机构则极大地满足着"中小微企业、农户和贫困人口"等的商业性小额信贷需求，形成欣欣向荣的中国普惠信贷市场。

（二）多元化金融服务深化发展

回溯中国普惠金融发展历程，并结合普惠金融发展深度指标体系发现，中国已在存贷业务、保险业务、股票业务、非现金支付业务、融资业务、农村金融业务、小贷业务和互金业务等多方面形成深度触及"优质客户群""次级客户群"和"贫困及特殊人群"的普惠金融服务格局。

人民币存款业务、人民币贷款业务、股票及证券业务、各项保险业务、银行卡支付业务、小额支付业务、第三方支付业务、农村金融业务、小贷公司贷款业务、助学贷款业务、社会融资业务、贷记转账及汇兑、委托收款等业务，在2010—2019年的十年间，它们的交易总金额、交易总笔数以及交易规模的万元GDP占比量，均出现程度不同的增长。通过国际比较还发现（见表5-40和表5-42内容），中国普惠金融业务使用深度为国际"中等"水平，中国普惠金融业务经济深度为国际"中等偏上"水平，同时，中国在"私营部门国内信贷/万美元GDP（Z_1）""国内总储蓄/万美元GDP（Z_2）""股票交易总额/万美元GDP（Z_3）"和"电子商务人均消费金额/万美元人均GDP（Z_6）"等指标上的深化发展水平甚至超过美、英、德、法、日和韩等世界金融发达国家。所以，中国多元化普惠金融服务深化发展成效卓著，整体展现良好的发展态势。

（三）普惠金融发展广度和发展深度水平提升明显

1. 中国普惠金融发展广度水平稳步提升

自（移动）互联网、大数据、金融云服务、人工智能和区块链等技术，逐步融入金融服务领域以来，中国普惠金融发展广度水平提升明显。作者测算的全国和分地区普惠金融发展广度指数均表明，自2010年以来，中国普惠金融发展广度水平呈逐年提升之势。具体来看，2010年，全国普惠金融发展广度指数值为－0.2419，但到2019年该项指数值已升至0.2250。分地区层面上，上海市、宁夏回族自治区、天津市、北京市、辽宁省、吉林省和浙江省这7个地区的普惠金融发展广度水平提升最快;广西壮族自治区、青海省、江苏省、福建省、山西省、海南省、重庆市、内蒙古自治区、贵州省、新疆维吾尔自治区、山东省、甘肃省、陕西省和江西省这14个地区的普惠金融发展广度水平提升速度居中;而西藏自治区、安徽省、河北省、四川省、湖北省、广东省、湖南省、黑龙江省、河南省和云南这10个地区普惠金融发展广度水平提升速度最慢。

所以,2010年以来,中国普惠金融发展广度水平,无论是从分全国还是从分地区层面来看,则不仅在"量"(指数值变动趋势)上实现普遍而持续的提升,而且在"质"(指数值大小)上也实现不小的飞跃,特别是受互联网金融及其背后技术支持迅猛发展的积极影响,以及中国国家政策积极而有效的支持,中国更多省市地区正在迈入普惠金融发展广度的高水平行列。

2. 中国普惠金融发展深度水平总体向好

2010—2019年,全国和分地区"普惠金融业务使用深度指数"和"普惠金融业务经济深度指数"均呈提升之势,表明中国普惠金融发展深度呈向好发展态势。

其中,全国普惠金融业务使用深度指数从2010年的-0.2048增至2019年的0.2718,指数年均增长值达0.0530;全国普惠金融业务经济深度指数由2010年的-0.2613增至2019年的0.1126,指数年均增长值达0.0290。其中,全国普惠金融业务使用深度指数方面,2010—2013年表现为低速增长态势,2014—2017年呈现中速增长态势,2018—2019年呈现高速增长态势;全国普惠金融业务经济深度指数方面,2010—2013年表现出强劲的高速增长态势,2014—2017年呈中速增长态势,2018—2019年则呈现出了负增长发展之势。

中国分地区普惠金融业务使用深度指数和分地区普惠金融业务经济深度指数也均出现不同程度增长,且不同地区间指数值差距也很大。2010—2019年期间,分地区普惠金融业务使用深度指数上,北京地区该项指数值均最高,西藏自治区(2010—2014年)、湖南省(2015—2017年)和黑龙江省(2018—

2019年)等地区的排名则轮流垫底;分地区普惠金融业务使用深度指数上,各年份排名全国第一的地区仍均是北京市,而西藏自治区(2010年)、湖南省(2014—2018年)和福建省(2019年)则先后排名最末。

总之,2010年以来,中国普惠金融服务不断向"次级客户群"和"贫困及特殊人群"渗透,中国普惠金融深化发展速度也从2014年开始更快,中国普惠金融发展深度水平也因之提升更为明显。

(四)中国普惠金融发展广度和发展深度水平存在收敛性

对中国分地区普惠金融发展广度指数做变异系数、σ系数和基尼系数分析的结果表明,在2010—2013年、2014—2017年和2018—2019年这三个时段里,中国分地区普惠金融发展广度指数均表现出了显著的收敛特征,所以,在2010—2019年的十年间,中国31个省市(自治区)普惠金融发展广度水平的差距一直在持续缩小。同时,分区域来看,中国东部地区的普惠金融发展广度指数在2010—2012年和2013—2019年这两个时段里是收敛的,中部地区在2010—2016年期间是收敛的,而西部地区则在2010—2014年和2015—2019年这两个时段里也是收敛的。由此可以认为,中国分地区普惠金融发展广度水平正朝各自的稳态水平收敛,中国普惠金融发展广度的非均衡局面得到一定程度上的改善。

对中国分地区普惠金融业务使用深度指数和中国分地区普惠金融业务经济深度指数做变异系数、σ系数和基尼系数分析的结果表明,在2010—2014年和2015—2019年这两个时段里,中国分地区普惠金融业务使用深度指数都呈现出了收敛特征;在2010—2014年、2015—2016年和2017—2019年这三个时段里,中国分地区普惠金融业务经济深度指数也均呈现出了收敛特征,所以,在2010—2019年的十年间,中国31个省市(自治区)的普惠金融发展深度水平的地区差距也在不断缩小。同时,分区域来看,中国东部地区的普惠金融业务使用深度指数在2010—2011年和2012—2018年这两个时段里是收敛的,中部地区在2010—2019年期间是收敛的,而西部地区则在2010—2016年和2017—2019年这两个时段里也是收敛的;此外,中国东部地区的普惠金融业务经济深度指数在 2010—2012 年、2013—2016 年和 2017—2019 年这三个时段里是收敛的，中部地区在 2010—2016 年期间是收敛的，而西部地区则在 2011—2013 年、2014—2015 年、2016—2017 年和 2018—2019 年这四个时段里也是收敛的。由此可以认为，中国分地区普惠金融发展深度水平已朝各自的稳态水平收敛，中国普惠金融发展深度的地区失衡局面也得到一定程度上的缓和。

总之，中国分地区普惠金融发展广度和发展深度上均存在收敛性，中国普惠金融发展广度和发展深度上的区域异质性有减弱迹象，中国普惠金融非均衡发展态势正朝着均衡发展方向转变。

二、互联网金融及其技术支持对中国普惠金融发展的积极影响

互联网金融以其低成本、广覆盖和高渗透等优势，正成为金融服务长尾人群的重要创新模式。就中国而言，前文研究内容已证实，自 2010 年以来，互联网金融业务及其背后的互联网技术支持，正有效促进着中国普惠金融发展广度和发展深度水平的提升，互联网金融已经发展为中国普惠金融服务的重要内容。

一方面，互联网金融及其背后的技术支持，扩大了中国普惠金融服务和普惠金融产品的供给面，有效促进中国普惠金融发展广度水平的提高。作者在第四章中将互联网普及度和智能手机普及度指标纳入中国普惠金融发展广度指标体系中，测算分析后的结果表明，刻画互联网技术普及度的基础指标，对全国和分地区的普惠金融发展广度水平均产生积极贡献，表明互联网金融及其背后的技术支持，是当前中国普惠金融覆盖面扩大的重要推动力量。

另一方面，互联网支付与结算、网络借贷和众筹融资等，是中国发展较好、出现较早的互联网金融服务模式，它们有效地推动了中国普惠金融服务的深化发展。作者在第五章中的研究发现，刻画互联网支付的基础指标，对全国和分地区的普惠金融发展深度水平均产生积极贡献，以互联网支付为代表的互联网金融业务，能有效地促进中国普惠金融服务的渗透率，很好地拓深了长尾

人群金融需求的市场。

此外,互联网金融的蓬勃发展,促使传统金融机构由一开始的被动防御,到其后的被动接受改革,转变为如今积极参与互联网金融服务创新,乃至积极布局引领中国互联网金融发展。中国的商业银行、证券公司和保险机构等传统金融机构开始积极主动地服务于长尾人群,进而推动中国传统金融机构更好地发挥普惠金融服务主力军的作用。

总之,互联网金融及其背后的技术支持,既有利于金融服务和金融产品供给面的扩大,也有利于长尾人群更为便捷、低成本地享受到金融服务,同时,互联网金融业务的兴起,还倒逼传统金融机构纷纷改革业务模式和创新金融产品,从而推动着传统金融机构不断提升普惠金融服务效率,多方面有力地促进着中国普惠金融发展水平的持续提高。

三、中国普惠金融发展存在的主要问题

2010年以来,中国普惠金融发展在互联网技术的支持下,已取得卓越成效,但作者所做研究的结果也表明,中国普惠金融领域依然存在诸多问题。

(一)中国普惠金融发展广度方面存有不足

前文研究发现,中国普惠金融在发展广度层面仍存在诸多不足,可概括如下。

首先,构建普惠金融发展广度水平的国际化评判标准,经对13项基础指标比较分析后发现,中国普惠金融发展广度的国际化水平可研判为"中等偏上"。在10项指标上,中国大陆地区表现的发展水平不低于或超越"金砖四国"(巴西、俄罗斯、印度和南非)乃至世界的平均水平,但与美国、英国、德国、法国、日本和韩国等金融发达国家相比,仅"征信信息深度指数(X9)"指标上略胜一筹,所以总体看来,中国与世界主要的金融发达国家之间仍然存在有一定的差距,中国普惠金融发展广度水平要追赶世界先进水平,仍将有一段艰辛的路要走。

其次,中国普惠金融发展广度存在较严重的"升区"锁定问题。2010—

2019 年的十年间,北京、上海等地区长期位于普惠金融发展广度第一分区(高发展水平区),天津、宁夏、辽宁、浙江、内蒙古、吉林、江苏、山西、青海、广东和重庆这 11 个省市(自治区)虽到 2019 年也均位列第一分区(高发展水平区),但指数值与北京、上海相比仍有不小的差距;海南、福建、新疆、西藏、陕西、甘肃、广西、山东、河北、江西、黑龙江、贵州、四川、安徽、湖北和湖南这 16 个省市(自治区)虽在 2019 年均位列第二分区(中发展水平区),但与第一分区中的各省市(自治区)均有一定差距,尤其是与北京、上海的差距更大;而湖南和云南这 2 个省份地区则长期未能实现升区,常年被锁定在普惠金融发展广度低水平区(第三分区)。同时,东部地区普惠金融发展广度整体水平一直最高,其次是西部地区,而中部地区则长期锁定在相对较低发展水平之中。

总之,中国普惠金融发展广度水平仍有较大提升空间,中国分地区普惠金融发展广度的非均衡格局仍亟须改善,中国经济发展相对落后地区需加大金融机构和普惠金融服务的覆盖力度。

(二)中国普惠金融发展深度方面仍有缺陷

研究发现,中国普惠金融发展深度方面也存在诸多问题,可概括为以下几个方面。

首先,通过构建国际评判标准,经比较分析后发现,中国普惠金融发展深度总体水平与美国、英国、德国、法国、日本和韩国等世界金融发达国家仍有一定差距,要全面追赶这些国家仍需付出艰辛的努力。

其次,中国普惠金融发展深度也存在一定程度上的"升区"锁定问题。比如,在金融业务使用深度层面上,到 2019 年,北京、上海、重庆、天津、浙江、江苏、广东和福建等 9 个省市地区均表现出相对较高的深化发展水平,宁夏、辽宁、内蒙古、陕西、山东、新疆、山西、青海、湖北、四川、安徽、吉林、河北、广西、江西、西藏、甘肃、贵州、海南、河南、湖南、云南和黑龙江这 23 个省市(自治区)则均升入第二分区,但研究也发现这些地区遵循一定的"升区"次序,即第三分区内的地区很难直接跨越第二分区而升入第一分区,同时,同一分区内不同地区间的指数值差距也较大。在金融业务经济深度层面上,到 2019 年,北京、天津、甘肃、山西、宁夏、重庆、吉林、辽宁、上海、浙江、青海、西藏和黑龙江这13个省市（自治区）的深化发展水平相对较高，湖北、湖南和福建这3个省份地区等地区则仍深陷第三分区，而呈现出相对较低的深化发展水平，所以，从经济层面考察的中国分区普惠金融发展深度"升区"锁定问题更为突出。

再次，2010—2019年期间，分东、中和西部地区的金融业务使用深度指数和金融业务经济深度指数的区域均值，前者呈现"东部高、西部居中、中部低"，后者呈现"西部高、中部居中、东部低"的区域发展格局，所以从人口层面来看，中国中部地区普惠金融深化发展水平总体低于东、西部地区；而从经济发展层面来看，中国东部地区普惠金融深化发展水平总体低于中、西部地区。这一方面说明普惠金融深化发展并不能同时较好地满足人口发展需求与经济发展需求，另一方面也意味着中国中部地区的普惠金融深化发展水平总体是较低的，需要加大发展力度。

（三）互联网金融服务水平亟待加强

中国互联网金融服务和互联网金融产品的创新和运用力度仍需加强。目前，中国互联网金融领域内的创新仍主要源自互联网巨头、电商平台和科技公司等非金融类机构，而中国大型商业银行、证券公司和保险机构等仍依赖非金融系科技公司来改造和拓展互联网金融业务，中国非金融系科技公司在开展金融业务过程中又常常受政策限制，小贷企业和农村金融机构则又缺乏自动开发互联网金融业务的能力。所以，全面提升中国普惠金融领域内互联网金融的创新和运用水平，仍需经历一个艰难的过程。

同时，"互联网＋"渠道作用在普惠金融领域内的利用力度仍需加强。中国的商业银行、证券公司和保险机构仍存有"互联网＋"渠道使用短板，同时借助（移动）互联网来开展金融业务，这对一些不会使用互联网的人来说，明显会产生使用障碍。所以，传统金融机构需加强研发力度，简化互联网金融业务的使用手续，降低互联网金融业务使用难度，担起中国数字普惠金融深化发展的主力军责任。

(四) 中国普惠金融发展面临诸多风险问题的挑战

中国普惠金融发展领域，主要存在外部风险、内部风险和普惠金融消费者行为风险三大类风险，细分后则包括有市场风险、货币政策风险、非法借贷风险、法律法规风险、流动性风险、运营风险、操作风险、技术风险、信息安全风险、资金挪用风险、信用风险、信息不对称风险和洗钱、套现风险共13种，而经分析后发现，市场风险、非法借贷风险、信息不对称风险和信用风险最为严重。

第二节 提高互联网金融时代中国普惠金融发展的整体水平

2010—2019年，"全国普惠金融发展广度""全国普惠金融业务使用深度"和"全国普惠金融业务经济深度"均整体呈增长态势，并且这三项指标的指数值均都表现出一定的阶段性增长特征，即：2014—2017年的全国普惠金融发展广度指数增长速度较2010—2013年有所提升，但2018—2019年的增速却急剧下降至不足2010—2013年的增长水平；2010—2013年、2014—2017年和2018—2019年的全国普惠金融业务使用深度指数增长速度虽不断加快，但这三个时段内的全国普惠金融业务经济深度指数增长速度却在不断减缓，2018—2019年期间甚至表现为负增长。所以，如何全面协调推进互联网金融时代中国普惠金融发展也为当务之急。

同时，经国际比较发现，中国普惠金融发展广度可评价为国际"中等偏上水平"，仅略高于其他金砖国家和世界各国（地区）的均值水平；而中国普惠金融发展深度仅处于国际"中等水平"，几乎与其他金砖国家和世界各国（地区）均值水平持平，这两方面的发展水平与美国、英国、德国、法国、日本乃至韩国等金融发达国家均有一定差距，所以仍需继续提升中国普惠金融服务水平。故此，考虑到中国国家顶层设计和互联网金融发展带来的积极影响作用，我们认为应从国家层面统筹规划、推动建立多层次的普惠金融服务市场、促进互联网金融的创新与应用、协调普惠金融发展广度和发展深度等多方面,来促进中国普惠金融服务加速发展。

一、完善普惠金融发展的国家标准

目前,《推进普惠金融发展规划(2016—2020年)》(简称《规划》),是中国国家层面统筹规划的最核心政策性文件。该文件主张从"健全多元化广覆盖的机构体系""创新金融产品和服务手段""加快推进金融基础设施建设""完善普惠金融法律法规体系""发挥政策引导和激励作用"和"加强普惠金融教育与金融消费者权益保护"六方面推进中国普惠金融建设。但《规划》主要立足定性层面,"定量化"及"操作建议性"较弱,故就此方面提出相应建议。

中国国务院印发《规划》以来,中国银监会发布的《中国银监会办公厅关于2016年推进普惠金融发展工作的指导意见》(简称《意见》,下同)和中国人民银行金融消费权益保护局发布的《2017年中国普惠金融指标分析报告》(简称《分析报告》,下同),则更详细涉及中国普惠金融发展的国家标准问题。

以《规划》提出的要使"农民、小微企业、城镇低收入人群、贫困人群和残疾人、老年人等及时获取价格合理、便捷安全的金融服务"为指导,《意见》要求要"明显改善对小微企业、'三农'、贫困人口、特殊人群等薄弱领域的金融服务水平",而《分析报告》则具体从"使用情况、可得性、质量3个维度"选用"共21类51项指标"对中国普惠金融发展水平作了量化分析。为此以《规划》为主要依据,以《意见》和《分析报告》为重要补充,我们建议重点从"弱势人群、小微企业和农村及偏远地区"的金融普惠程度方面来选择合理的量化指标,构建和完善"中国普惠金融发展国家标准"。

考虑到普惠金融发展广度和普惠金融发展深度是两个最重要的方面,故此,可以从中国普惠金融服务覆盖广度和中国普惠金融业务使用深度两层面,提出相应的国家标准构建建议,具体见表7-1和表7-2内容所示。

表 7-1 中国普惠金融服务覆盖广度国家标准的构建建议

考核维度	考核内容	建议考核标准
金融基础设施	银行、保险、证券机构网点	1. 满足95％以上农村人口的金融服务需求；2. 满足85％以上偏远人口的金融服务需求①
	POS机、ATM机数量	
	小贷机构、农村金融机构	1. 农村地区实现"村村通"目标；2. 偏远地区公共交通工具半小时内可达
征信	个人、小微企业和农户	1. 成年人基本覆盖；2. 小微企业覆盖率不低于中小型企业；3. 农户实现基本覆盖
互联网金融覆盖广度	互联网和智能手机普及度	1. 普及90％以上农户；2. 城镇低收入人群100％普及；3. 贫困人群和残疾人、老年人和其他弱势群体能满足基本需求
金融产品	银行卡发行、银行账户开户	100％覆盖所有群体
	养、医、生和失保险参保率	1. 农户不低于所在乡镇水平；2. 城镇低收入人群、贫困人群和残疾人100％覆盖；3. 老年人和其他弱势群体能满足基本需求
	小微企业信用、贷款保证和农业保险参保率	1. 小微企业信用保险率不低于中型企业；2. 贷款保证保险100％覆盖；3. 农业保险参保率95％以上
	股票、基金开户	能依据需求便捷的完成开户
	委托收款业务	能基本满足用户需求

表 7-1 显示，金融服务覆盖广度方面可通过四维度共十大项指标来考核。

其一，考核农村地区和偏远地区的金融基础设施覆盖度，即 95％以上的农村人口和 85％以上的偏远地区人口能被金融机构网点、POS 机和 ATM 机所覆盖，小贷机构和农村金融机构能实现"村村通"和最久半小时内到达的要求。

---

① 据《2017 年中国普惠金融指标分析报告》显示，西藏、青海由于地广人稀、基础设施尚不健全，银行网点乡镇覆盖率较低，分别为 66.72％和 57.61％，所以，对偏远地区最少设立 85％的覆盖度是较为合理的。

其二,考核征信覆盖度,要确保成年人和农户被基本覆盖,小微企业征信率不低于中型企业。

其三,以互联网和智能手机普及度来考核互联网金融覆盖广度,做到普及90%以上的农户和100%的城镇低收入人群,以及能满足农村贫困人口、残疾人、老年人和其他弱势群体的基本需求。

其四,考核金融产品的覆盖度,要求银行卡发行和银行账户开户应做到全覆盖,农户的养老、医疗、生育和失业保险参保率应不低于所在乡镇地区,小微企业信用保险率、贷款保证保险率和农业保险参保率也应达一定要求,同时在股票、基金等投资理财服务上能依据需求便捷地完成开户。

表7-2 中国普惠金融业务使用深度国家标准的构建建议

考核维度	考核内容	建议考核标准
信贷业务	人民币贷款业务	1.城镇低收入人群不低于中等收入人群使用水平;2.贫困人群和残疾人满足扶贫信贷需求;3.小微企业"三个不低于"①且达中型企业水平;4.农户和其他弱势群体,满足基本的生产、生活、教育和创业信贷需求。
证券业务	股票业务	能以较低费用、较小或无风险的满足基本理财需求。
	基金业务	
保险业务	养、医、生和失保险业务	1.城镇低收入人群、贫困人群和残疾人,不低于中等收入人群服务水平;2.农户和其他弱势群体,达到中等收入人群使用量80%以上。
支付业务	银行卡支付业务	保障所有群体得以全部使用。
	网上支付业务	1.城镇低收入人群使用深度,不低于中等收入人群;2.贫困人群和残疾人、农户、其他弱势群体,满足基本需求。
	移动支付业务	
汇兑、委托收款等业务	汇兑业务	能以较低付费满足基本金融业务需求(如不高于互联网金融业务收费标准)。

---

① "三个不低于"是银监会在《2015年小微企业金融服务工作的指导意见》中提出,具体是指"小微企业贷款增速不低于各项贷款平均增速,小微企业贷款户数不低于上年同期户数,小微企业申贷获得率不低于上年同期水平"。

表 7-2 显示,在金融业务使用深度方面,可重点考核信贷业务、证券业务、保险业务、支付业务、汇兑、委托收款等业务。

信贷业务主要考核人民币贷款业务,实现城镇低收入人群的使用水平不低于中等收入人群,能基本满足扶贫信贷需求,小微企业满足"三个不低于"且基本达到中型企业使用水平,并能基本满足农户和其他弱势群体在生产、生活、教育和创业方面的信贷需求。

证券业务考核,应要求城镇低收入人群、贫困人群、残疾人、小微企业、农户和其他弱势群体,均能以较低费用、较小或无风险的满足基本理财需求。养老、医疗、生育和失业保险上,要求城镇地区的低收入人群、贫困人群和残疾人应不低于中等收入人群,农户和其他弱势群体达到中等收入人群使用量 80% 以上。

支付业务考核,可主要考核银行卡支付、网上支付和移动支付的使用深度,要求银行卡支付业务能被所有群体使用,城镇低收入人群的网上支付和移动支付业务使用深度应不低于中等收入人群,贫困人群、残疾人、农户和其他弱势群体的网上支付和移动支付业务的基本需求应能满足。

汇兑、委托收款等业务考核,应能实现以较低费用满足基本的金融业务需求。当然,中国普惠金融涉及金融服务领域众多,且新模式和新手段不断被创新,所以,应与时俱进地对中国普惠金融发展的国家标准进行更新和不断完善。

二、构建普惠金融发展的国家补偿机制

提供任何一项金融服务,金融业务供给方均需承担一定的成本,包括有金融机构网点建设费用、金融设备提供费用、人员工资费用、资金运转费用、税收费用和日常运营费用等,但传统金融机构开展普惠金融服务的收益常不足以弥补其供给成本,因而传统金融机构普遍缺乏对弱势群体开展金融服务的动力。

对此,《推进普惠金融发展规划(2016—2020 年)》明确指出,要"以可负担的成本……提供适当、有效的金融服务",即金融机构一旦发生成本不可负担的情形之时,可以自由决定不提供或少提供普惠金融服务,这虽能保障中国普

惠金融服务的持续与稳定,但也制约着小额信贷业务、小额理财业务和小额保险业务的发展进程。虽然中国在扶贫贷款、普惠金融定向降准、助学贷款和创业信贷等方面的政策支持力度正在加强,但这些带有政府强制性的措施,并非长效之举。因此,构建中国普惠金融发展的国家补偿机制,推动金融机构乐于开展普惠金融服务局面的形成应成为长效之举。

首先,应成立普惠金融国家专项发展基金。它不同于财政部下达的年度普惠金融发展专项资金,"专项资金"属于无偿转移支付,而"发展基金"是要形成普惠金融发展资金池,由基金委员会管理和营运。"发展基金"主要用于普惠金融基础设施建设、奖励普惠金融服务机构、发行普惠金融债券和调节金融资源,乃至入股筹建小型普惠金融服务公司等,资金则可来源于财政收入、金融机构和社会组织等。"基金会"自主经营,并最终发展为国家补偿机制最重要的资金来源方。

其次,成立政府部门、金融机构、研究机构和社会组织共建的普惠金融推进组织。政府部门可由中国人民银行金融消费权益保护局领头,并积极组建普惠金融城市发展服务中心,机构主要负责监控普惠金融服务开展情况、考核地区普惠金融服务水平和协助开展"普惠金融国家专项发展基金"业务,是国家补偿机制的制定、监督和执行组织。

此外,还要加大普惠金融人才教育和培养力度,中国金融监管部门、中国传统金融机构、中国互联网金融行业和开设金融专业的中国高校,应建立起联合培养机制,对现有金融从业人员开展形式多样的普惠金融教育,对在校大学生开设普惠金融方面的课程,以培养出更多素质硬、质量高的普惠金融服务人才。

三、推动建立多层次的普惠金融服务市场

互联网金融发展以来,中国多项金融业务服务水平虽均得到不同程度提高,但专门服务于长尾人群的多层次、统一完善的普惠金融服务市场仍有待形成。所以,应推动建立多层次的普惠金融服务市场,对此提出如下建议。

其一,建立普惠信贷市场。要继续发挥小额贷款公司、农村金融机构的信

贷作用，大力引导商业银行开展普惠信贷业务，规范互联网金融平台开展信贷业务，形成以大中型商业银行为主体、小型银行类金融机构为补充、互联网金融平台为重要推手的普惠信贷格局，并依据普惠金融中心城市布局，统一规划建立多样化的普惠信贷市场。

其二，建立普惠保险市场。要规范普惠保险业务的营运过程，推动传统保险机构积极开展互联网保险和互联网证券业务，积极发挥互联网金融平台在保险业务开展中的作用，以建立涉及不同弱势群体的多层级普惠保险市场。

其三，打造普惠投资理财市场。要积极鼓励金融机构开发"保本、低风险"的小额理财产品，促进传统证券公司与金融科技企业合作，开发互联网小额理财产品，形成高效、多样化、便捷且低交易费用的普惠投资市场。

其四，构建普惠征信市场。要改革传统征信方式，积极拓展互联网征信业务，要建立网络征信机构和征信资源网站，在确保信息安全的前提下，形成全国统一的普惠征信市场，任何有贷款资质的合规金融机构，均可接入该资源市场，并在中国人民银行和客户的共同授权下，收集和调用客户信用纪录，快捷完成信贷服务。

此外，还要规范支付结算等业务方面的普惠金融服务市场。中国已经形成规模巨大的支付结算市场，但传统商业银行与第三方支付巨头之间的不规范竞争依然存在，对此，应推动普惠支付结算大市场的形成，积极促进商业银行与第三方支付机构的合作，全面规范支付结算等业务的市场边界和完善服务流程。

四、协调普惠金融发展的广度与深度

中国普惠金融在发展广度和发展深度两方面均取得卓越成效，但中国顶层设计、中国地方政府和金融监管部门，对普惠金融发展深度的认识依然不足，而现有研究也表明理论界对普惠金融发展广度的重视和研究力度更大，所以清醒认识并做好这两方面的协调发展工作尤显重要，对此提出如下建议。

国家层面分广度和深度两方面量化普惠金融发展水平。以《规划》为基础，中国人民银行金融消费权益保护局于2018年8月编制发布的《2017年中国普惠金融指标分析报告》，从使用情况、可得性、质量3个维度，选用21类

51项指标建立《中国普惠金融指标体系》，并对这些指标做了量化分析。但报告量化分析的指标多集中于反映中国普惠金融发展广度，报告纳入的扶贫相关指标严格意义上也不属于普惠金融范畴，所以要区分并刻画普惠金融发展深度水平。

推动各项金融业务，尤其是证券业务的健康稳定发展，促进普惠金融发展深度稳步推进。经研究发现，中国证券业务（主要指股票业务）发展并不平稳，即"全国证券业务使用深度指数"和"全国证券业务经济深度指数"表现为不规则变动趋势，导致"全国金融业务使用深度指数"和"全国金融业务经济深度指数"，难如"全国普惠金融发展广度指数"一样呈逐年增长态势；同时，支付业务、弱势群体业务和其他业务的经济深度指数，在2017年甚至出现减小趋势，表现出"逆深化"发展趋势。所以，推动各项金融业务，尤其是证券业务（主要指股票业务）的健康稳定发展，促进更多群体能参与分享中国金融发展成果，将成为中国普惠金融发展的重要方向之一，也是促进普惠金融发展深度稳步推进的必由之路。

总之，国家层面重视从广度和深度两方面来发展普惠金融，推动各项金融业务，尤其是证券业务的健康稳定发展，对促进中国普惠金融整体发展水平的稳步提升有着重要意义。

第三节　促进互联网金融时代分地区普惠金融的均衡发展

2010—2019年期间，中国"分地区普惠金融发展广度指数""分地区金融业务使用深度指数"和"分地区金融业务经济深度指数"，总体上均呈现上升之势，但中国大陆31个省市（自治区）这三项指数的水平值和年均增长值差距明显，总体表现出显著的地区异质性和"升区"次序锁定等问题。同时，分东、中和西部地区比较分析结果表明，一方面，分地区普惠金融发展广度水平上，呈现"东部高、西部居中、中部低"的分布格局；另一方面，中国中部地区金融深化发展水平总体低于东、西部地区，同样表现出较严重的区域差异性。此外，对这三项指数的收敛分析发现，中国分地区普惠金融发展广度和发展深度水平，均表现出了阶段性收敛特征，但分东、中和西部地区的收敛性分析结果却表现出了较强的异质性。

一、统筹规划普惠金融发展的地区布局

中国普惠金融发展失衡问题较为突出，主要表现为东、中和西部的区域失衡，城市、乡镇和农村的市场分割失衡，以及发达和欠发达地区间的失衡。对此，应注重统筹规划普惠金融发展的地区布局。

具体做法为，依托市场自发或政策规划而形成的金融中心城市，布局分全国、分区域和分城市地区的三级普惠金融发展格局。其中，北京、上海和深圳三城市[①]布局为全国性普惠金融中心城市，主要负责形成普惠金融行业规则，探索普惠金融服务创新模式，行业内监督国家普惠金融相关政策的执行情况，以及发挥金融资源充足的优势，支持落后地区发展普惠金融业务等任务。上海、天津、沈阳、南京、济南、武汉、广州、成都和西安九个城市[②]布局为区域性普惠金融中心城市，借助中国人民银行九大分行辖区的优势，统筹各自管辖区内的普惠金融发展事务，执行和监督普惠金融政策的施行情况，统计普惠金融发展相关数据，协调区域内金融资源的配置转移，并积极发挥互联网金融优势，支援区域内落后省市地区开展普惠金融服务。

以中国省会城市为分省市普惠金融中心城市，主要负责全国 31 个省市（自治区）内普惠金融发展规划问题，下发和监督执行普惠金融政策措施，统计区域内普惠金融发展数据，及时发现和报告普惠金融发展过程中碰到的问题，协调区域内金融资源的分配，积极支持落后地区发展普惠金融。最后，以中国

---

① 一般认为，中国大陆地区的北京、上海和深圳已经成长为国际性金融中心，所以，以这三城市为普惠金融全国中心城市最为合情合理。

② 这九城市为中国人民银行九大分行辖区，其中上海分行管辖上海、浙江、福建，天津分行管辖天津、河北、山西、内蒙古，沈阳分行管辖辽宁、吉林、黑龙江，南京分行管辖江苏、安徽，济南分行管辖山东、河南，武汉分行管辖江西、湖北、湖南，广州分行管辖广东、广西、海南，成都分行管辖四川、贵州、云南、西藏，西安分行管辖陕西、甘肃、青海、宁夏、新疆。

地级及以上城市为分城市普惠金融中心城市,主要负责所管辖城区、县级市、县乡和农村地区的普惠金融发展工作,这些中心城市是普惠金融发展的重要推动者,要积极发挥它们在金融服务覆盖广度和金融服务发展深度上所能起到的关键作用。

二、促进中部省市普惠金融服务发展

中国中部地区的普惠金融发展广度和发展深度水平,不仅与东部地区差距明显,而且整体上也不及中国西部地区,所以,促进中国中部地区普惠金融服务发展是推动分地区普惠金融均衡发展的重要举措。

(一)培育中部地区普惠金融发展重点省市

研究表明,到2019年普惠金融发展广度指数值大于0.1的省市,中国中部地区仅有吉林省和山西省,远少于东部地区的7个省市和西部地区的4个省市(自治区);同时,普惠金融发展深度"双指数"方面,到2019年,中国中部无一省市地区的金融业务使用深度指数大于0.07而位列第一分区,且仅有山西省、吉林省和黑龙江省的金融业务经济深度指数大于0.04,同样逊色于中国东部和西部地区,所以中国中部地区普惠金融发展龙头省市形成不力,为此,应培育形成中部地区普惠金融发展重点省市。

结合中部省市地区普惠金融发展实况,选择基础较好省份来发展形成龙头省市。考虑到吉林省和山西省的普惠金融发展水平相对较高,可将这两省份作为中部地区普惠金融发展龙头省市来培养,可行做法则为:首先,让吉林省和山西省的政府部门和金融监管当局,清晰认识这两省份普惠金融已取得的发展成效和发展前景,明确成为中部地区普惠金融发展领头省份的建设目标,树立发展信心并着力进行谋划;其次,吉林省和山西省要各自明晰自身普惠金融发展上存在的不足,有针对性地采取措施以提升普惠金融服务水平,如吉林省要注重提升金融业务使用程度和金融业务使用规模,山西省要注意扩大金融服务和金融产品的覆盖广度;最后,吉林省和山西省要努力形成普惠金融发展广度和发展深度共同推进的良好发展局面。

总之，以吉林省和山西省为先驱，努力促使这两省市在中国中部地区形成示范作用，进而带动其他中部省市地区普惠金融服务的快速发展，并最终促使中国地区普惠金融发展水平整体达到新的更高台阶。

(二) 积极引入和吸收东部地区的金融资源

中国东部地区较高的普惠金融发展广度和发展深度水平，表明东部省市地区金融资源也更为"富余"，具备向中国中部地区转移和输送金融服务和金融产品的能力，中国中部地区要积极吸收东部地区的金融资源，以提升金融服务实力。

考虑到"中农工建交邮"[①]等超大型商业银行，在全国各地区均有营业服务网点，且网点分布密度和服务能力与各地区金融需求匹配度也比较高，所以金融资源吸收与转移枢纽应是东部地区的股份制商业银行，如"中信、华夏、招商、光大、民生、深发、浦发、渤海、广发、兴业、恒丰、浙商"等银行[②]。这些银行的总部大都位于北京、上海、天津、深圳、广州、福州和杭州等东部城市，具有较强的金融服务能力。中国中部地区应鼓励这些股份制银行多开设服务网点，并积极吸纳这些股份制银行的金融资源，来提升自身金融服务水平和服务质量。

此外，中国东部省市地区的互联网金融发展水平较高，且利用互联网能更好、更快地实现金融资源转移，所以中国中部省市地区应积极与东部省市地区合作，努力开拓互联网金融业务，积极提升数字普惠金融服务水平，以全力吸收东部地区"富足"的"线上"金融资源。

(三) 提升中部省市金融业务使用深化发展速度

研究表明，中国中部地区金融业务使用深度增进速度明显慢于东部和西

[①] "中农工建交邮"具体指：中国银行、中国农业银行、中国工商银行、中国建设银行、中国交通银行和中国邮政储蓄银行。

[②] "中信、华夏、招商、光大、民生"等银行总部位于北京，"深发"银行总部位于深圳，"浦发"银行总部位于上海，"渤海"银行总部位于天津，"广发"银行总部位于广州，"兴业"银行总部位于福州，"恒丰"银行总部位于北京、上海和烟台三个地区，"浙商"银行总部位于杭州。

第七章 研究结论及对策建议

部地区,所以,提升中部8省金融业务使用深化发展速度能显著提高普惠金融整体发展水平。考虑到"分地区金融业务使用深度指标体系",主要包括"存贷业务、股票及债券业务、保险业务和银行承兑业务"等内容,故而,应注重从这些方面来提高金融业务和金融产品的使用率,要积极降低这些金融业务的获取成本,提高它们的渗透率。

三、缩小地区间普惠金融发展的差距

2010—2019年期间,中国部分省市(自治区)普惠金融一直处于低发展水平状态。因此,要从"普惠金融发展广度""金融业务使用深度"和"金融业务经济深度"三方面,确定这些省市(自治区)普惠金融发展的重点,有针对性地提出对策建议(表7-3)。

表7-3 中国普惠金融发展水平较低地区发展重心及建议①

省市地区	是否为发展重心			具体建议
	普惠金融发展广度	金融业务使用深度	金融业务经济深度	
湖南	是	是	是	全面发展
河南	是	是	是	
云南	是	是		提高金融服务和金融产品覆盖率,提高金融业务渗透率和使用水平
安徽	是		是	提高金融服务和金融产品覆盖率,提高金融业务渗透率和经济水平
湖北	是		是	
黑龙江		是		提高金融业务渗透率和使用水平
海南		是		
福建			是	提高金融业务渗透率和经济水平

注:表7-3中的空白内容为"否"之意。

---

① 以表4-17、表5-31和表5-32内容为依据,将位于第三区以及排名最后五位的省市(自治区)作为重点建议地区,这些省市在"普惠金融发展广度""金融业务使用深度"和"金融业务经济深度"上表现出的低发展水平,成为各自应注重发展的重心。

表 7-3 显示,中国大陆地区至少有 8 个省市(自治区)普惠金融发展存在较为严重的问题,亟须"有的放矢"地采取有效措施,促进这些地区普惠金融服务水平和服务质量的全面提升。

湖南省和河南省的"普惠金融发展广度""金融业务使用深度"和"金融业务经济深度"这三方面均为发展重心,是中国 31 省市(自治区)中少有的两个需"全面发展"的地区;云南省应将"普惠金融发展广度"和"金融业务使用深度"作为发展重心,需在"提高金融服务和金融产品覆盖率"的同时,促进"提高金融业务渗透率和使用水平";安徽省和湖北省则应将"普惠金融发展广度"和"金融业务经济深度"两方面作为发展重心,需"提高金融服务和金融产品覆盖率"和"提高金融业务的利用规模"。黑龙江省和海南省应以"金融业务使用深度"为发展重心,福建省则应将重心明确到提升"金融业务经济深度"水平上来。

第四节　加快互联网金融时代中国普惠金融发展的主要策略

2010 年至今,互联网金融业务,尤其是"移动支付业务""网上银行支付业务"和"非银行支付机构支付业务"等也成为中国普惠金融服务的重要内容,互联网技术也正成为促进中国普惠金融深化发展的重要力量。但是,在互联网金融时代,中国普惠金融发展还面临不少风险与挑战。本章从加强普惠金融参与者教育、完善普惠金融与互联网金融监管、重视互联网金融产品研发和服务创新,以及建立高水平普惠金融人才队伍等重要方面,提出加快互联网金融时代中国普惠金融发展的主要策略。

一、加强普惠金融参与者教育

互联网金融的大发展,虽极大促进着中国(数字)普惠金融服务的广度和深度,但同时也带来更多金融风险问题,如借款人违约问题、平台跑路问题、非法集资问题、金融从业者诈骗问题、"裸贷"和"套路贷"问题。这又伤害着"合规"金融消费者的参与热情,成为制约中国(数字)普惠金融发展的重大障碍。为此,应加强对投资者、借款人和金融从业者的教育。

(一) 投资者教育

投资者对一国金融市场繁荣发展至关重要,而高素质投资者群体的形成,需开展高水平的投资者教育工作(李光磊,2016)。2017年7月1日实施的《证券期货投资者适当性管理办法》,将投资者分为"专业投资者与普通投资者",其中专业投资者分五大类,即金融机构,金融机构发行的理财产品,养老基金、社会公益基金、合格境外机构投资者(QFII)和人民币合格境外机构投资者(RQFII),符合条件的法人或者其他组织,以及金融资产和年收入满足一定条件的自然人;而专业投资者之外的投资人则是普通投资者。专业投资者具有一定的金融知识底蕴,或在投资市场"摸爬滚打"多年,通常对投资风险具有较高的敏锐性,所以不是教育的重点对象。而普通投资者却不同,尤其是中低收入人口、贫困人口和特殊人群等普惠金融重点服务对象,他们金融基础知识缺乏、风险意识薄弱,常会盲目跟风参与投资项目,容易遭受经济损失,所以"欠缺专业知识背景的个人投资者"[①],是需重点教育的对象。

对普通投资者的教育内容,则应主要聚焦于金融基础知识、投资决策及资产配置、投资风险与权益保护等三大方面。其中,金融基础知识教育可分传统金融和新金融来展开。传统金融知识的教育,可主要关注金融体系基本构成、资本市场、证券市场、股票、证券及基金产品,以及常见的金融专业名词等内容;新金融的教育,则应聚焦于互联网金融知识教育,包括互联网金融业态、互联网金融平台、互联网金融产品种类和互联网金融产品购买渠道等内容。投资决策及资产配置教育,则可关注投资品和投资业务种类、各类投资品收益率和期限、家庭或个人资产配置原则及网络投资方式方法等内容。当然,投资风

---

① 中信证券研究所潘建平在上海证券交易所投资者教育网站(http://edu.sse.com.cn/invesNetC/home/)上认为,大量欠缺专业知识背景的个人投资者大量涌入证券投资市场,导致投资者教育工作显得尤为迫切。

险与权益保护教育是投资者教育的重心。因为只有普通投资者具备风险识别的能力,能时刻保持较高的风险意识,并具备一定的风险防范和处理能力,才能形成更多普通投资者敢于投资和合理投资的良好局面,进而促进中国普惠金融的长足发展。此方面教育,则应围绕投资风险类别、不同投资品种的风险、投资品风险判断方法及资本市场的法律法规等内容展开。

让更多普通投资者依据自身需求,购买合适的投资产品并获取一定投资回报,已成为中国普惠金融发展的迫切需求。加强对普通投资者的教育,尤其是注重普惠金融重点服务对象的投资教育,使个人投资者逐渐成长为合格投资者,形成理性的全民投资氛围,不断壮大网络投资、直接投资和小额投资的市场规模,对进一步缓解中国小微企业、城镇低收入人群、贫困人口、农户和其他特殊人群的信贷约束问题,具有重要现实意义。

(二) 借款人教育

借款人恶意欺诈、骗贷甚至非法集资等现象在中国屡禁不止,这不仅损害资本市场中放贷人的利益,更造成放贷人对普惠信贷业务热情的不足。加强借款人的诚信与失信惩戒教育、法律知识教育和理性借款行为的养成教育,不仅有利于减少借款人失信行为的发生和中国社会失信风气的净化,而且有助于借款人养成理性的借款行为及有利于更合理地分配社会信贷资源。

诚信是借款人首先应具备的基本素养。诚信属于道德范畴,诚为真实、诚恳之意,信为信任、证据之涵,所以,借款人诚信则借款人是真实、诚恳且可以信任的。在借款过程中,借款人坚守借款合约中的本息和还款期限条款,按合约要求按时还款付息即为诚信人,反之则为失信人。为惩戒失信人,中国最高人民法院建立有失信被执行人名单制度,在定期公布"老赖"信息的同时,还与59家单位签署文件并制定多达150项措施以惩戒失信人,对"老赖们"起到很好震慑效果。所以,对借款人开展诚信守德和失信惩戒教育十分必要。可依据中共中央于2001年9月20日印发实施的《公民道德建设实施纲要》,中国国务院于2014年6月14日印发的《社会信用体系建设规划纲要(2014—2020年)》,以及中央精神文明建设指导委员会于2014年7月23日下发的《关于推进诚信建设制度化的意见》，在中国范围内开展形式多样的诚信教育活动。在诚信教育中，要明确指出金融领域内的失信行为，要普及失信惩戒的具体措施和由此导致的严重后果，以努力形成风清气正的社会诚信大环境。

借款人失信行为，不仅是道德范畴的事情，更是有违法律的犯罪行为。《中华人民共和国民法通则》《合同法》《债权法》和《金融法》等法律中均有与失信行为相关的法条，对部分恶意失信人还可依据《刑法》相应条款予以判罪。《中华人民共和国民法通则》第一百零八条规定："债务应当清偿。暂时无力偿还的，经债权人同意或者人民法院裁决，可以由债务人分期偿还。有能力偿还拒不偿还的，由人民法院判决强制偿还。"当失信人拒不执行法院判决时，可依据《刑法》第三百一十三条规定："人民法院的判决、裁定有能力执行而拒不执行，情节严重的，处三年以下有期徒刑、拘役或者罚金；情节特别严重的，处三年以上七年以下有期徒刑，并处罚金"，来对其予以刑事判罪。

一般而言，企事业单位通常会聘用专业法律顾问处理信贷过程中涉及的一系列法律问题，所以它们不是借款人法律知识教育的重点群体。但若借款人为小微企业主、城镇低收入人群、贫困人口、农户户主、老年人和其他特殊群体等普惠金融重点服务对象时，他们则通常因不熟悉失信有关的法律条文，而要么知道失信是犯罪行为却不清楚具体犯何罪，要么根本不认为自己的行为属于犯罪范畴，甚至明知失信是犯罪行为却仍有意为之等，从而会导致普惠金融重点服务对象作为借款人失信时，难以及时通过法律途径予以解决。所以，加强借款人的法律知识教育，尤其是让普惠金融重点服务对象熟识失信的违法违规后果，震慑小微企业主、城镇低收入人群、贫困人口、农户户主、老年人和其他特殊群体，以促使他们能全部成为守信的借款人，对于普惠信贷业务的顺利开展具有重要保障作用。

借款人并非均是理性人，尤其是普惠信贷业务中的借款方，可能会伴随非理性的行为，如参与高利率的民间借贷、现金贷等业务，要么导致借款用途回报低甚或无回报、要么无法承担高额的借贷费用，而不自觉成为失信人，并产生严重的经济损失、声誉损失乃至人身安全等问题。所以，理性借款行为的养成教育也很重要。此方面，可从帮助借款人树立理性的投资行为、形成合理的消费行为和养成良好的信贷习惯等内容展开。也即对借款人的借款用途予以教育，如明确罗列投资和创业中的应禁止使用借款的项目或情形，普及借款用途中的高风险行为，帮助借款人形成"按实际偿债能力"参与消费信贷的理性行为等，以规避借款被用以不合理的场景之中，提升借款人的还款能力和还款率；借款人良好的信贷习惯教育，则主要教育借款人不盲目参与民间"高利贷"和"现金贷"等业务，培养识别和规避"来路不明"信贷渠道贷款行为发生的能力，形成"在正规渠道贷款、按需要和偿债能力贷款、不盲目贷款、不跟风贷款"等理性借款行为。

总之，对借款人给予适当的教育，有助于提振资金盈余方出借资金的信心，有利于提升传统机构参与普惠借款的积极性，更有利于中国信贷资源流向的合理调整，促进中国普惠信贷业务的蓬勃健康发展。

（三）金融从业者教育

中国金融从业者人数众多，据中国国家统计局统计，到 2019 年底共有 826.1 万人从事金融服务，众多的金融从业者，虽能增强普惠金融服务水平，但参差不齐的从业者素质，有时会造成金融欺诈行为的发生，甚至爆发恶性金融犯罪事件。从职业操守、品德素养、法律观念、普惠金融意识和互联网思维等方面，对金融从业者开展必要的教育，不仅有助于高素质金融从业者队伍的构建，有利于普惠金融业务的创新与开展，更有利于普惠金融服务领域内数字化建设工作的稳步推进。

金融行业通常会追逐高利润[①]，金融从业者在利益驱使下，会涉足高风险金融项目，乃至从事金融欺诈活动。对此，要加强金融行业的职业操守教育，要完善金融行业规范和金融行业准入资格制度，要加强金融从业者个人品德

---

① 据 2018 年 6 月发布的《福布斯全球上市公司 2 000 强》榜单显示，中国有五家上市企业位列全球前十位，分别为中国工商银行(1)、中国建设银行(2)、中国农业银行(5)、中国银行(9)和平安保险集团(10)，它们无一例外的均是金融机构。来源网址：http://wiki.mblib.com/wiki/2018_Forbes_Global_2000。

教育,形成"有诚信、高品德、遵法律、有操守"的高素质金融从业者队伍。部分互联网企业甚至以"普惠金融""互联网金融"和"数字普惠金融"之名,行庞氏骗局、线上线下非法集资、洗钱等金融犯罪之实。对此,要加强金融从业者的普惠金融知识教育,树立正确的普惠金融思想,并且牢记普惠金融服务的政策性要求。同时,要教育金融从业者慎用"普惠"二字,尤其要通过教育杜绝"挣快钱"思潮的形成和蔓延。对交易规模较大的互联网金融机构,可长期开展负责人的约谈监督教育工作;对互联网金融行业从业者,定期开展金融犯罪行为的法律惩治教育,以推进中国互联网金融行业的健康发展。

此外,还应对小额贷款公司、商业银行的普惠金融部门、农村金融机构等的从业者,开展互联网金融、金融科技等相关知识教育,以切实增强此类机构中的金融从业者的互联网、数字化等方面的意识和技能,推动更多传统小额信贷业务向数字普惠金融服务转变,增强传统金融机构的数字普惠金融服务能力,从而实现传统普惠金融服务向数字普惠金融服务的全面性跨越。

二、完善普惠金融与互联网金融监管

中国普惠金融发展所涉及的监管法规还不够完善,普惠金融监管的体制和方法也需要进一步改进。因此,要从法律法规建设、监管模式创新、监管方法完善和提高监管人素质等方面,加强对普惠金融与互联网金融的监管。

(一)法律法规建设

1. 普惠金融法律法规建设

目前立法领域存在着制度缺陷和系统性不足制约了普惠金融的进一步发展(张天行,2018)。从中国普惠金融专门立法意义上来说,截至2016年仍未形成一部正式涉及普惠金融建设的法律,直到2017年9月1日,经第十二届全国人大常委会第二十九次会议表决通过,新修订的《中华人民共和国中小企业促进法》(以下简称《新促进法》)正式颁布,才第一次形成中国普惠金融正式立法文件。

《新促进法》第三章融资促进条款,对中国人民银行、中国银行业监管机构、国有大型商业银行、地区性中小银行、保险机构、征信机构和评级机构等金融服务主体,针对中小微企业开展信贷支持、实施监管、信贷服务、信贷及信用保险、征信服务和评级服务等普惠金融服务活动,明确做出了法律规定。其中,第十四条规定,中国人民银行应"鼓励和引导金融机构加大对小型微型企业的信贷支持";第十五条规定,"国务院银行业监督管理机构对金融机构开展小型微型企业金融服务应当制定差异化监管政策","合理提高小型微型企业不良贷款容忍度"和"引导金融机构增加小型微型企业融资规模和比重";第十七条第一款规定"国家推进和支持普惠金融体系建设","引导银行业金融机构向县域和乡镇等小型微型企业金融服务薄弱地区延伸网点和业务",第二款规定"国有大型商业银行应当设立普惠金融机构,为小型微型企业提供金融服务","国家推动其他银行业金融机构设立小型微型企业金融服务专营机构",第三款规定"地区性中小银行应当积极为其所在地的小型微型企业提供金融服务";第二十二条规定"国家推动保险机构开展中小企业贷款保证保险和信用保险业务";第二十三条规定第一款规定"国家支持征信机构发展针对中小企业融资的征信产品和服务",第二款规定"国家鼓励第三方评级机构开展中小企业评级服务"。《新促进法》于2018年1月1日起执行,为中国普惠金融发展及其监管提供了法律保障。

　　当然,国务院及其各部委制定的行政法规和部门规章仍是现阶段普惠金融法律法规体系的主体(张天行,2018)。其中,《推进普惠金融发展规划(2016—2020年)》和《融资担保公司监督管理条例》,这两部以规划和规范中国普惠金融发展的规范性法律文件最显重要。《推进普惠金融发展规划(2016—2020年)》,是目前为止中国普惠金融领域最全面系统的一部规范性法律文件,它总领中国普惠金融发展全局,更制定很多开创性和时效性兼具的制度(张天行,2018),是中国普惠金融发展的纲领性文件。而2017年6月21日经国务院第177次常务会议通过,自2017年10月1日起施行的《融资担保公司监督管理条例》,则是少有的一部以普惠金融为立法根本目的和依据的行政法规①。为更好发挥该《条例》的监管作用并进一步规范融资担保行为，2018年4月2日，中国银保监会下发《关于印发〈融资担保公司监督管理条例〉四项配套制度的通知》，通过《融资担保业务经营许可证管理办法》《融资担保责任余额计量办法》《融资担保公司资产比列管理办法》和《银行业金融机构与融资担保公司业务合作指引》这四项配套制度文件，进一步为中国银行业与融资担保公司合作开展普惠金融业务提供法律法规保障。

所以，严格意义上，除涉及普惠金融相关法律、行政法规和部门规章之外，中国目前还没有形成一部针对普惠金融的专门法律，中国现有普惠金融相关法律文件也缺乏系统性、稳定性，适用于普惠金融监管的法律法规则更显缺失。对此，应在全面整合现有法律法规、政策性文件和部门规章制度基础上，制定普惠金融基本法及相关配套法规，形成以服务普惠金融发展为宗旨的立法体系，逐步扭转仅以行政法规等规制普惠金融的监管局面，进而在中国普惠金融领域形成依法运营、有法可依和执法监管的格局。

2. 互联网金融法律法规建设

互联网金融在改变法律中心化权威建立方式的同时，在权益证明、物权转让、智能合约订立等领域，都给现行法律制度带来挑战（吴燕妮，2018）。目前，中国虽已制定《中国人民银行法》《银行业监督管理法》《商业银行法》《证券法》《保险法》《信托法》和《证券投资基金法》等法律（张双梅，2018），但有关互联网金融的正式立法尚未形成，中国国务院、中国银保监会等制定的行政法规和部门规章仍是互联网金融领域规制的主要依据。因此，加快科技发展对普惠金融赋能的立法，将成为未来互联网金融管理法律建设的重中之重。

与普惠金融法律法规建设相似，中国互联网金融领域的法律法规建设同样滞后，已有的民法基本法律（如《民法总则》《合同法》《物权法》等）、金融基本法律（如《中国人民银行法》《银行业监督管理法》《商业银行法》《证券法》《保险

---

① 《融资担保公司监督管理条例》第一章总则第一条规定"为了支持普惠金融发展，促进资金融通，规范融资担保公司的行为，防范风险，制定本条例"。

法》《反洗钱法》等)、网络基本法律(如《电子签名法》《网络安全法》等)、科技基本法律(如《科学技术进步法》《促进科技成果转化法》《科学技术普及法》等)(张双梅,2018),虽均与互联网金融相关,但也均非专门立法,制定《互联网金融管理法》或《金融科技管理法》从长远来看,十分必要。

互联网金融领域的正式立法,应以现有行政法规和部门规章为重要依据,如《非法金融机构和非法金融业务活动取缔办法》(1998)、《互联网信息服务管理办法》(2000)、《电子银行业务管理办法》(2006)、《电子银行个人结售汇业务管理暂行办法》(2011)、《征信业管理条例》(2012)、《银行卡收单业务管理办法》(2013)、《非银行支付机构网络支付业务管理办法》(2015)、《互联网保险业务监管暂行办法》(2015)、《非银行支付机构网络支付业务管理办法》(2015)、《电子认证服务管理办法》(2015)和《网络借贷信息中介机构业务活动管理暂行办法》(2016)《互联网金融信息披露规范》(2016)、《互联网金融信息披露标准——个体网络借贷》(2016)、《中国互联网金融协会互联网金融信息披露自律管理规范》(2016)、《网络借贷资金存管业务指引》(2016)、《网络小额贷款管理指导意见》(2016)和《网络借贷信息中介机构信息披露指引》(2016)等数十部规制性文件,并结合已有相关法律条文,形成涉及互联网金融创新、互联网金融活动参与方、互联网金融业态、数字普惠金融服务和互联网金融消费者权益等内容的正式法律体系。

通过对互联网金融正式立法,明确互联网金融平台类机构,如互联网银行、互联网保险、互联网证券、互联网消费金融、互联网供应链金融、区块链和数字货币相关机构、人工智能与智能金融相关机构、网络借贷平台、移动支付等相关机构,在准入资格、法律地位、业务范围、信息披露和合规监管等方面的法律规范。明确互联网和金融机构,如互联网企业及商业银行、信托、证券、期货、资产管理、小贷公司、融资租赁、担保公司、公募基金、私募基金等金融机构,开展互联网金融活动的权利、责任和义务等方面的法律规范。形成互联网金融安全相关企业,如银行卡技术及产品、交易系统开发、安全认证技术开发、第三方证据存管服务、电子合同签名支付服务、大数据征信、资产处置、法律服务、贷后催收、网贷三方服务、评级机构、咨询公司等服务机构，在参与互联网金融第三方服务中的正式法律规范。形成涉及数字普惠金融服务的供给主体鉴定、业务规范和业态创新，互联网金融消费者的责任与权益保护，中国国务院、中国人民银行、银保监会、证监会、行业协会和各地方政府金融主管部门的监管权力与责任等方面，正式的法律规范。

(二) 监管模式创新与方法完善

历经四十余年的改革与发展，中国传统金融机构也能实现高效监管，小额贷款公司和农村小型金融机构也能得以有效监管。但受大数据、互联网征信、科技保险、区块链、人工智能和智能投顾等高速发展的影响（张景智，2018），具有金融普惠功能的互联网金融业态爆发，互联网金融推动中国数字普惠金融服务不断创新与发展，传统监管模式和监管方法，也无法适应互联网金融时代中国普惠金融的监管要求，创新监管模式和完善监管方法也刻不容缓。

对金融机构、互联网金融平台和互联网巨头等，无论是开展普惠金融监管还是互联网金融监管，其本质内容仍是金融监管。一般而言，金融监管分金融监督和金融管理两层意思，其中金融监督是指金融主管当局对金融机构实施的全面性、经常性的检查和督促，并借此来促进金融机构依法稳健地经营和发展；而金融管理则为金融主管当局依法对金融机构及其经营活动实施的领导、组织、协调和控制等一系列的活动（陈曦，2011）。金融监管内容又有狭义广义之分，狭义上是中央银行或其他金融监管当局，依据国家法律法规对整个金融业实施的监督管理；广义上则既包括狭义金融监管，还包括金融机构内部控制和稽核、同业自律性组织的监管、社会中介组织的监管等内容（张洁，2011）。其监管方法则应聚焦监管科技（Regulatory Technology，RegTech），即积极利用大数据、人工智能、云计算等技术充实金融监管手段，以提升金融风险的甄别、防范和化解能力。所以，针对普惠金融与互联网金融的金融监管，应同时包括金融监督和金融管理两层面，实施广义性的全面性监管，并注重监管科技（RegTech）的创新与应用。

目前，国际上主要存在审慎监管和非审慎监管两种金融监管模式（周孟亮,等,2014),即由专门金融监管部门对具有存款和贷款功能的金融机构实施的监管,以及对不具备存款功能的非存款类机构所进行的合规性监管。具有存款和贷款功能的金融机构(如商业银行等)是中国普惠金融服务的中坚力量,要依据巴塞尔委员会《银行业有效监管核心原则》(1997)(Core Principles for Effective Banking Supervision)来实施审慎监管,监管应遵循资本充足率、风险管理、内部控制、资产质量、损失准备、风险集中、关联交易和流动性管理等原则,以确保此类金融机构的正常运营,并保障存款人的存款安全,让普惠大众的存贷业务得以长期可持续发展。现代信息技术、移动互联网技术催生互联网金融业务,促使不具备存款功能的非存款类机构也能从事金融服务,而互联网金融服务和互联网金融产品通常又均具备一定的普惠性,所以,对从事互联网金融业务的机构进行监管,更多应是非审慎的合规性监管。考虑到互联网金融的快速发展,对其进行的合规性监管,应从中央和地方政府的分层监管、行业自律性的市场监管和非存款类机构的内部监管三方面,来寻求监管模式的创新。当然,以机构为着眼点而实施的微观行为监管(年志远,等,2017),通常又是传统意义上的金融监管,机构从事的金融业务多具有单一性,更多的适宜多元化的分业监管。但互联网金融平台大多混业经营,很难界定其金融产品与服务的类别,分业监管将会有大量人力、物力、财力和制度成本。因此,中国普惠金融与互联网金融的监管应更多注重单一监管模式的创新,以保障普惠金融的健康发展。

对普惠金融与互联网金融,比较明确的监管量化标准和相对简单固定的监管手段也难再适用,互联网金融监管的标准和手段也更为复杂(年志远,等,2017)。而借鉴英国、新加坡、加拿大、澳大利亚等国的互联网金融监管经验,则可采用监管科技(RegTech)、监管沙盒(Regulatory Sandbox)和金融创新中心等监管方法。其中,监管科技(RegTech)则是借助科技手段与工具,从智能分析、信息数字化、特定编码以及大数据等方面来对互联网金融进行监管(年志远,等,2017)。监管沙盒(Regulatory Sandbox)是为可能具有破坏性和众多风险的金融创新提供一个安全的测试环境和监管试验区,准入的互联网金融平台可在其中对自身的金融创新产品、服务和模式等进行试验,及时发现该金融创新的缺陷与风险,继而寻求解决方案(柴瑞娟,2017)。金融创新中心,则是由政府部门引导建立,金融监管部门积极参与评估,互联网金融平台创新金融产品的一种合作监管机制,能保证 Fintech 的创新产品和业务的合规性。

就实际情况看,中国普惠金融的监管依然以传统方法为主,而有关互联网金融的监管还在探索之中。例如,中国互联网金融协会正在尝试对互联网金融平台与业务进行网上登记和信息披露服务,监管沙盒(Regulatory Sandbox)和金融创新中心也在探索之中。

(三)提高监管人素质和能力

金融监管的主体力量是监管人。因此,提高监管人素质和能力是提升金融监管效果和效率的重要途径。

自 1986 年《中华人民共和国银行管理暂行条例》明确中国人民银行是国家中央银行,中国人民银行履行金融监管职责以来,中国金融监管体制已历经数次重大变革。其中,1992 年,国务院证券委和中国证监会成立,中国证券市场统一监管体制开始形成;1998 年,国务院证券委和中国证监会合并为证监会,中国保险业监管委员会相继成立;2003 年中国银监会成立,"一行三会"金融业分业监管体制形成;2017 年,中国国务院金融稳定委员会成立;2018 年 3 月 13 日,中国银监会和保监会正式合并成立中国银保监会,中国金融监管迎来"一委一行两会"新体制(图 7-1)。

由中国金融监管体制图可看出,中华人民共和国国务院及其下属的国务院金融稳定委员会,是中国金融监管的最高国家权力机关。其中,国务院金融稳定委员会主要职责在于强化金融监管部门监管、人民银行宏观审慎管理和系统性风险防范,以保障金融安全与稳定发展,更多的是行使宏观审慎监管职能。而从"一行两会"机构设置来看,新合并成立的银保监会设有专门针对普惠金融与互联网金融开展监管工作的部门,所以,银保监会将承担主要的监管实施职责。

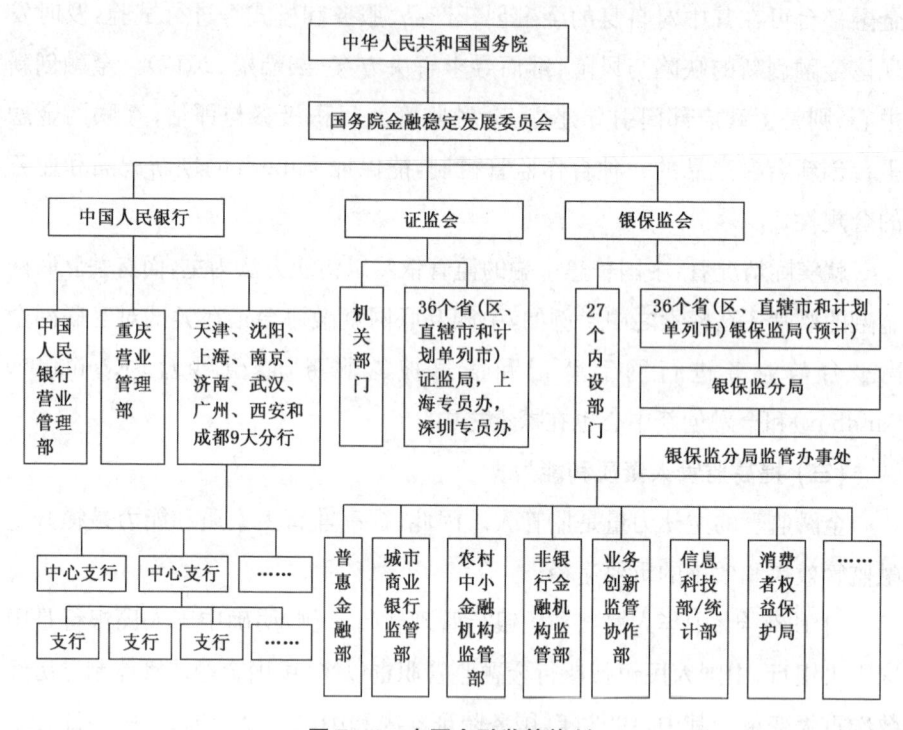

图 7-1 中国金融监管体制

当然,"一委一行两会"的金融监管,主要是由各基层监管人员来执行,即中国人民银行各地区支行、36个省(区、直辖市和计划单列市)证监局及上海和深圳专员办、银保监会各分局监管办事处等的监管人员,是中国最基层的金融监管人,所以他们监管素质的高低和监管能力的强弱直接影响普惠金融与互联网金融监管的效果和效率。据公开资料显示,目前中国金融监管人员约15万人,其中,中国人民银行系统人员最多,达12余万人;合并后的银保监系统人员其次,预计约为2.6万人(原银监会2.3万人、原保监会0.3万人);证监系统人数约为0.3万人。不难发现,对金融机构具有直接监管权力的银保监和证监会基层监管人数量上明显少于中国央行系统内的基层人员,同时,这些基层金融监管人员的平均年龄也偏大,少量新招入的年轻人员又因大部分会选择离职去商业银行或证券公司工作(侯潇怡,2018)而难以快速形成适应和熟练运用监管科技的基层监管人队伍。

所以,对"一行两会"基层监管人,尤其是银保监会的基层人员,开展普惠金融及互联网金融知识教育,组织监管科技和监管沙盒技术培训,并着力吸纳优秀人才进入基层监管组织,积极发挥金融业各行业协会的行业监管人作用,引导各金融机构形成高素质的金融监管团队,从政府层面、金融行业层面和金融机构层面,打造出一支高素质、高水平的科技型监管人队伍,对促进互联网金融时代中国普惠金融的创新与发展具有重要意义。

三、重视互联网金融产品研发和服务创新

以人工智能、大数据、分布式技术(云计算、区块链)、互联技术(移动互联、物联网)、安全技术(生物识别、加密)等为基本技术内容的科技技术,正广泛应用于中国金融服务创新,成为互联网金融创新和发展的推动力量。但要实现"让所有阶层和群体能够以平等的机会、合理的价格享受到符合自身需求特点的金融服务"《规划》(2015)的宏伟目标,中国互联网金融仍面临诸多问题和挑战,所以促进互联网金融产品研发和服务创新势在必行。

(一) 服务平台建设

依金融稳定理事会和巴塞尔委员会分类法,互联网金融可分支付结算、存贷款与资本筹集、投资管理和市场设施(包括分布式账户)四类金融服务活动,在中国催生互联网银行、互联网券商、互联网保险、互联网基金销售、互联网资产管理、互联网小额商业贷款、互联网消费金融、P2P、数字货币、众筹、支付、信用评估及征信和金融信息服务等十余种互联网金融服务平台(见表7-4)。

表7-4 中国互联网金融服务平台分类

平台名称	金融服务活动类属	代表性平台
互联网银行平台	支付结算、存贷款与资本筹集	微众银行、浙江网商银行、四川新网银行等

(续表)

平台名称	金融服务活动类属	代表性平台
互联网券商平台	投资管理	80余个券商App
互联网保险平台		平安保险商城等,电商类第三方保险平台
互联网基金销售平台		蚂蚁财富、陆金所、天天基金等第三方销售平台
互联网资产管理平台		京东金融、wind、吉木盒子等
互联网小额商业贷款平台	存贷款与资本筹集	阿里小贷、建行"快贷"、招行"闪电贷"、民生银行"优房闪贷"、微众银行"微粒贷"和宜人贷等
互联网消费金融平台		
第三方支付平台	支付结算	支付宝、财付通、银联商务、快钱、汇付天下和易宝等
网络众筹平台	存贷款与资本筹集	兴汇利、人人投、淘宝众筹、京东众筹和苏宁众筹等
网络借贷平台	存贷款与资本筹集	陆金服、红岭创投、麻袋财富、团贷网和有利网等
数字货币交易平台	投资管理、市场设施	火币网、OKCoin币行、币乐园、LakeBTC、比特星和区块网等
互联网金融门户网站		网贷天眼、网贷之家、易观千帆、艾瑞网和金融之家等
互联网评级和征信平台		中小企业信用信息平台网、上海资信、同盾科技、芝麻信用、鹏元征信和百融金服等
纯金融科技平台	——	恒生电子、百融金服、蚂蚁金服、京东金融和百度金融等

注:互联网金融服务平台涉及多项金融业务,为方便分析仅按主营业务来做平台分类。

目前,中国大陆及港澳台地区形成的十余种互联网金融服务平台,或直接提供金融产品和服务,或仅充当金融交易的第三方服务平台,或为互联网金融业提供评级、征信和行业信息等配套服务,或仅提供纯金融科技平台服务。

表7-4显示,一方面,传统金融机构正通过多种渠道和方式改造自身金融业务,形成"互联网+银行、证券、保险"以及互联网金融等普惠程度更高的金融服务模式,一些传统商业银行、证券公司和保险机构更开始成立金融科技子公司,专门来改造和创新自身金融业务。另一方面,互联网巨头(BAT等)和金融科技企业,或与传统金融机构合作、发起筹建新兴民营银行(互联网银行),或直接参与征信、支付结算、存贷业务、保险、资本筹集和投资管理等互联网金融业务,或仅充当互联网金融业务第三方服务平台,或仅作为纯金融科技企业开展技术服务。

表7-4还表明,开展移动(网络)支付与结算、网络借贷和网络小额保险等业务的平台发展形势最好,平台金融业务规模也最大,而从事其他金融服务的平台则略逊一筹,尤其是专门针对"城镇低收入人群、贫困人群和残疾人、小微企业、农户和其他弱势群体"开展金融业务的平台明显不足。

为此,可推动形成"一核心、一桥梁和两主体"的中国互联网金融服务平台建设格局。所谓"一核心"是指互联网金融平台,要推动纯科技服务平台建设,发挥它们在互联网金融创新领域的优势,做好互联网金融产业的基础技术研发和技术服务工作。所谓"一桥梁"是互联网巨头(BAT等)和"三大"通信公司,发挥它们连接互联网金融平台、金融机构和金融消费者的桥梁作用,它们一方面可申请金融牌照开展互联网金融业务;另一方面则要与传统金融机构深度合作,发挥它们在金融业务模式创新和金融消费市场信息收集上的优势,做好互联网金融业务开展的"中间人"角色。所谓"两主体"是指传统金融机构和新型金融机构,要努力将它们发展成为互联网金融服务的"主力军"。传统金融机构,要加强对传统金融业务的改造,自建或联合建立多样化互联网金融服务平台,而互联网银行、互联网证券公司和互联网保险公司等新金融机构,则应适当加大对普惠金融重点服务人群的倾斜力度,力求加速促进传统金融机构从互联网金融的"跟跑者"转变为"领跑者",并充分发挥新型金融机构在互联网金融服务领域的积极作用。

（二）设施设备建设

通过硬软件设备设施的投入，科技技术能实现金融服务的"网络化、数据化、智能化"，有助于精简金融服务流程，提升金融机构网点智能化水平，促进普惠金融服务创新，带来金融交易成本的降低和社会福利的增进。为此提出如下建议。

在商业银行营业网点方面，推动智能银行建设。智能银行[①]主推智能（现金）柜台服务，它覆盖开卡开户、人民币汇款、打印流水、产品签约、密码挂失与重置、客户信息变更、外汇和外币跨境汇款等在内的80%金融业务，较ATM机更小巧精致、操作也更方便快捷，较传统柜台办理效率提升70%。目前，中国五大国有商业银行、部分股份制和民营银行均已推出智能（智慧）银行网点，甚至中国建设银行还于2018年在上海市推出国内首家"无人"银行。无人银行配备机器人、智慧柜员机、VTM机、外汇兑换机及各类多媒体展示屏等金融服务与体验设备，精心设计的智能化流程无须银行工作人员协助[②]，但对客户信息化操作水平要求较高。所以，在中国经济发达的一、二线城市和中心城市等繁华地区可力推"无人"银行和智能银行，在城市非繁华地区和非中心城市可力推智能银行，而在广大农村地区和偏远地区以人工网点服务为主并辅以智能银行服务。

在保险机构营业网点上，推动智能保险设备设施建设。智能保险是指消费者只需短时间内，回答系统提前设定好的若干问题，系统可自动分析出保险需求，为客户"私人订制"保险配置方案，实现"一键下单"。目前中国已有几家保险公司和保险中介机构推出智能保险平台，它们以App软件和网站建设为主，保险网点智能化建设则依然较为滞后。保险营业网点的智能排队机、自助投保及保单打印设备、理赔资料收集上传设备等，应加大研发力度并尽早推出

---

① 智能银行理念最先由美国花旗银行引入中国，2009年11月，花旗银行在上海新天地开设第一家智能银行。

② 资料来源于长城网，网址 https://baijiahao.baidu.com/s?id=15975345593196970108&wfr=spider&for=pc。

市场,以切实减少客户业务办理等待时间,让客户享受便捷式投保和理赔等服务。保险营业网点要压缩传统柜台,可增设智能保险体验区,投入"一站式"和"场景式"保险智能设备,实现保险营业网点的全面智能化升级。

在金融业务线上化建设方面,推动云平台、云计算、大数据征信、分布式账本(区块链)、生物加密和物联网等设施设备的广泛应用。大量网上交易平台和手机 App 软件被开发与应用,在新金融机构大力创新和拓张线上金融业务的同时,中国传统金融机构也纷纷探索金融业务的互联网式改造,在扩大金融业务覆盖广度和金融业务使用深度上正发挥积极作用。但作为研发和应用金融信息化设施设备的主要力量,金融 IT 软硬件企业和金融科技公司的地区分布却不均衡①。据中国金融科技企业数据库资料显示②,截至 2018 年 8 月底,中国金融科技公司总数达 16 758 家,其中北京、上海、浙江和广东的金融科技公司数量均超过 1 000 家,山东、江苏、福建、四川、湖北和安徽等省份也均超过 250 家,但西藏、新疆、青海、甘肃、宁夏、内蒙古、吉林、黑龙江和海南等省份则均不足 50 家③。这与中西部省市地区需大量金融科技公司来拓展线上金融业务相背离,所以,应鼓励"北上浙广"地区向中西部地区拓展互联网金融业务,支持大中型金融科技企业在中西部地区设立分支机构,以促使信息化硬件设备和金融 IT 软件的投入,更好地起到促进中国普惠金融发展的效果。

(三)服务模式建设

加强中国互联网金融服务模式建设,能有效提升互联网金融应用水平,进而在保障中国普惠金融健康发展方面发挥积极作用,具体可包括如下内容。

---

① 金融 IT 软硬件企业,提供包括服务器集群、光纤传输网络和防火墙等安全设备等在内的硬件设施,以及研发金融类 IT 软件甚至开发金融服务平台等软件设施。蚂蚁金融、众安保险、趣店、陆金所、京东金融和百度金融等"互联网系"和"保险系"金融科技公司,以及安壹账通、兴业数金、招银云创、光大科技、建信科技、民生科技和融联易云等"银行系"金融科技公司,是金融信息化设备应用方,它们主要从事金融科技服务平台开发、金融类手机 App 软件供给和线上金融业务开展等。

② 中国金融科技企业数据库,网址:http://www.fintechdb.cn/。

③ 数据来源于未央网发布的《中国金融科技行业发展报告》,网址:http://www.weiyangx.com/293134.html。

小额信贷、小额理财服务模式建设。由地方政府牵头，联合商业银行、小额贷款公司和农村金融机构，打造地方性第三方互联网金融服务平台，专门为小微企业、个人和"三农"提供网络小额信贷服务，以及专门为中等及以下低收入人群提供网络小额理财服务。

特殊信贷服务和金融互助模式建设。一方面，中国人民银行（支行）可牵头联合地方财政部门、承担扶贫贷款义务的金融机构，专门打造为贫困人群、残疾人和其他特殊人群提供小额贷款业务的互联网金融服务平台；另一方面，地方政府可支持打造地区性金融互助服务网上平台，以小微企业、农户、低收入人群、贫困人群和特殊人群为分类标准，打造不同的金融互助业务板块，互联网金融平台负责解决征信、信息交流、互助信贷和还款监督等网上流程。

综合性金融服务模式建设。地方政府可牵头成立地区性互联网金融行业协会，建设综合性互联网金融服务平台，以提供行业信息发布、平台评级、联合征信、金融资源调节和行业监管等网上金融业务配套服务。

四、建立高水平普惠金融人才队伍

高素质的互联网金融人才，能有效保障互联网金融行业的健康良性发展，进而起到稳定中国普惠金融行业的作用，但互联网金融行业所亟须的既精通金融知识又熟练信息技术的人才十分难求。

当前，中国互联网金融行业人才缺口巨大，复合型人才十分难求，金融风控人才需求缺口尤为突出。虽然国内一些高校敏锐发掘这一契机，开始开设互联金融、大数据等相关专业，以培养互联网金融行业所需的专门人才[①]。国内高校开设互联网金融专业，有金融学院办学和计算机学院牵头这两个方向，前者注重金融细分，主打"金融＋互联网"模式，后者则与其他相关学院共同办

---

① 教育部公布的2016年度普通高等学校本科专业备案和审批结果，首次同意电子科技大学、安徽财经大学、安徽新华学院、铜陵学院、云南财经大学和广东金融学院设置互联网金融专业，并有32所高校成为第二批成功申请"数据科学与大数据技术"本科新专业。到2018年设置互联网金融专业的高校数，又增加19个。

学,倡导"互联网＋金融"模式。两种模式各有侧重,均是对互联网金融人才培养的有益探索。

但仅依靠高校相对滞后的人才培养规划,远远不能满足市场发展需求。为此还可采用"联合培养、团队建设、内部培训"多种渠道,尽快培养出大量同时掌握金融业务知识和互联网技术、既有创新思维又有实践能力、兼具风险意识和法律意识的复合型人才(叶望春,2018)。其中,"联合培养"要求政府部门、金融机构和研发型高校等联合起来[①],通过建立互联网金融研究中心,来共同承担其培养责任;"团队建设"是指将具备金融、信息技术、创新能力或风管技巧等技能的人才,纳入一个组织中打造出互联网金融人才团队;"内部培养"是金融机构采用"以老带新""内部培训"和"团队建设"等方式来培养人才。

总之,互联网金融人才的培养,需依靠互联网金融行业、传统金融机构和高等院校的共同努力,形成长效的人才培养机制。

---

① 如2018年8月28日,由南京市人民政府、南京大学、江苏银行、中国人民银行南京分行和中国人民银行数字货币研究所五方合作,正式揭牌成立的"南京金融科技研究创新中心"暨"中国人民银行数字货币研究所(南京)应用示范基地",可充当金融科技高端人才培养基地。

主要参考文献

外文文献：

［1］ADAMS D W，VON PISCHKE J D. Microenterprise credit programs：Déjà vu[J]. World Development，1992，20(10)：1463－1470.

［2］ADRIAN T，SHIN H S. Prices and quantities in the monetary policy transmission mechanism[J]. Staff Reports，2009，5(4)：131－142.

［3］ANDERLONI L. Financial services provision and prevention of financial exclusion[R]. European Commission，2008.

［4］BECK T，DEMIRGUC-KUNT A，HONAHAN P. Access to financial services：measurement，impact，and policies[M]. New York：Oxford University Press，2009.

［5］BECK T，DEMIRGUC-KUNT A，PERIA M S M. Reaching out：access to and use of banking services across countries[J]. Journal of Financial Economics，2007，85(1)：234－266.

［6］BROWN M，MAURER M R. Bank ownership, bank competition, and credit access：firm-level evidence from transition countries [R]. Zurich：Swiss National Bank，2005.

［7］CHAKRAVARTY S R，PAL R. Financial inclusion in India：an axiomatic approach[J]. Journal of Policy Modeling，2013，35(5)：813－837.

［8］CLEMONS E K，ROW M C. Information technology and industrial cooperation：the changing economics of coordination and ownership[J].

Journal of Management Information Systems, 1992, 9(2): 9-28.

[9] DEYOUNG R, LANG W W, NOLLE D L. How the internet affects output and performance at community banks [J]. Journal of Banking & Finance, 2007, 31(4): 1033-1060.

[10] DINIZ E, BIROCHI R, POZZEBON M. Triggers and barriers to financial inclusion: the use of ICT-based branchless banking in an Amazon county[J]. Electronic Commerce Research & Applications, 2012, 11(5): 484-494.

[11] FREDERIC S M, STANLEY G E. Financial markets and institutions [M]. London: Pearson Education ltd., 2001.

[12] FUNGÁCOVÁ Z, WEILL L. Understanding financial inclusion in China[R]. BOFIT Discussion Papers, 2014(10).

[13] GARG A, SATRY P S, PANDEY M. Numerical simulation and artificial neural network modeling of natural circulation boiling water reactor[J]. Nuclear Engineering & Design, 2007, 237(3): 230-239.

[14] GURLEY J G, SHAW E S. Financial aspects of economic development [J]. American Economic Review, 1955(45): 515-538.

[15] HANNIG A, JANSEN S. Financial inclusion and financial stability: current policy issues[J]. Electronic Journal, 2010.

[16] HELMS B. Access for all: building inclusive financial systems[M]. World Bank Publications, 2006(31).

[17] HERMES N, LENSINK R, MEESTERS A. Outreach and efficiency of microfinance institutions [J]. World Development, 2011, 39 (6): 938-948.

[18] HESTER D D. Financial disintermediation and policy[J]. Journal of Money, Credit and Banking, 1969(8).

[19] HESTER D D. On the theory of financial intermediation[J]. De

Economist, 1994, 142(2): 133 - 149.

[20] HOLLIS A, SWEETMAN A. Microcredit in prefamine ireland[J]. Explorations in Economic History, 1998, 35 (4): 347 - 380.

[21] HONOHAN P. Cross-country variation in household access to financial services [J]. Journal of Banking & Finance, 2008, 32(11): 2493 - 2500.

[22] KEMPSON E, WHYLEY C. Understanding and combating financial exclusion[J]. Insurance Trends, 1999b(21): 18 - 22.

[23] LEWIS M. Flash boys: a wall street revolt[M]. New York: W W Norton & Company Inc, 2014: 1 - 77.

[24] LEYSHON A, THRIFT N. Geographies of financial exclusion: financial abandonment in Britain and the United States[J]. Transactions of the Institute of British Geographers, 1995, 20(3): 312 - 341.

[25] MALONE T W, YATES J, BENJAMIN R. Electronic markets and electronic hierarchies[J]. Communications of the ACM, 1987, 30(6): 484 - 497.

[26] MATTHIEU C. The benefits and costs of microfinance: evidence from bangladesh[J]. Journal of Development Studies, 2008, 44(4): 463 - 484.

[27] MCKINNON R. Money and capital in economic development, Washington, DC: Brookings Institution[J]. Journal of International Economics, 1973: 223 - 224.

[28] MERTON R C, BODIE Z. Deposit insurance reform: a functional approach[C]. RePEc, 1993: 1 - 34.

[29] UNITED NATIONS. Building inclusive financial sectors for development [R]. Department of Economic and Social Affairs & United Nations Capital Development Fund, United Nations, 2006.

[30] NOURSE T H. The missing parts of microfinance: services for

consumption and insurance[J]. Sais Review, 2001, 21(21): 61-69.

[31] PRIYADARSHEE A, HOSSAIN F, ARUN T. Financial inclusion and social protection: a case for india post[J]. Competition and Change, 2010(14): 324-342.

[32] RASHID A. How does private firms' investment respond to uncertainty? Some evidence from the United Kingdom[J]. Journal of Risk Finance, 2011(8): 339-347.

[33] MCKINNON R I. The order of economic liberalization: financial control in the transition to a market economy[M]. Baltimore: Johns Hopkins University Press, 1993.

[34] KING R G, LEVINE R. Finance and growth: schumpeter might be right[J]. The Quarterly Journal of Economics, 1993, 108(4): 717-738.

[35] KING R G, LEVINE R. Finance, entrepreneurship and growth[J]. Journal of Monetary Economics, 1993, 32(3): 513-542.

[36] SARMA M, PAIS J. Financial inclusion and development[J]. Journal of International Development, 2011, 23(5): 613-628.

[37] SPRITZ R A, OH J, FUKAI K. Novel mutations of the tyrosinase (TYR) gene in type I oculocutaneous albinism (OCA1)[J]. Human Mutation, 1997, 10(2): 171-174.

[38] STIGLER G J. Capital and rates of return in manufacturing industries[M]. Princeton: Princeton University Press, 1963.

[39] THEODORE J. The net spreads wider[J]. The Banker, 2000, 150(889): 9-12.

[40] BECK T, DEMIRGUC-KUNT A, LEVINE R. SMEs, growth, and poverty: cross-country evidence[J]. Journal of Economic Growth, 2005, 10(3): 199-229.

[41] KUNIOKA T, WOLLER G M. In (a) democracy we trust: social and

economic determinants of support for democratic procedures in central and eastern europe[J]. Journal of Socio-Economics,1999,28(5):577-596.

[42] WONGLIMPIYARAT J. Competition and challenges of mobile banking: a systematic review of major bank models in the Thai banking industry[J]. Journal of High Technology Management Research,2014,25(2):123-131.

[43] ZHOU W, ARNER D W, BUCKLEY R P. Regulation of digital financial services in China: last mover advantage[J]. Social Science Electronic Publishing,2015,8(1):25-62.

中文文献：

[44] [美]博特赖特. 金融伦理学[M]. 静也,译. 北京:北京大学出版社,2002.

[45] [美]丹尼尔·贝尔. 后工业社会的来临[M]. 高铦,等译. 北京:新华出版社,1997.

[46] [美]马克卢普. 美国的知识生产与分配[M]. 孙耀君,译. 北京:中国人民大学出版社,2007.

[47] [美]马克·尤里·波拉特. 信息经济[M]. 袁君时,周世铮,译. 北京:中国展望出版社,1987.

[48] [英]爱德华·肖. 经济发展中的金融深化[M]. 王威,等译. 北京:中国社会科学出版社,1989.

[49] [英]亚当·斯密. 道德情操论[M]. 蒋自强,钦北愚,朱钟棣,译. 北京:商务印书馆,1997.

[50] 安强身,吕安民. 金融广度:指标选择与政策建议[J]. 济南大学学报(社会科学版),2014(03):74-92.

[51] 巴曙松,李成林,尚晓政. 智能化服务模式与银行网点转型研究——基于对工行A市分行物理网点智能化试点的案例分析[J]. 金融电子化,2018,268(01):8+37-41.

[52] 白钦先,张坤.再论普惠金融及其本质特征[J].广东财经大学学报,2017,32(3):39-44.

[53] 曹凤岐.互联网金融对传统金融的挑战[J].金融论坛,2015(1):3-6.

[54] 查华超,裴平.中国金融市场化水平及测度[J].经济与管理研究,2016(10):22-30.

[55] 柴瑞娟.监管沙箱的域外经验及其启示[J].法学.2017(08):27-40.

[56] 钞小静,惠康.中国经济增长质量的测度[J].数量经济技术经济研究,2009(06):75-86.

[57] 车树林,顾江.包容性金融发展对农村人口的减贫效应[J].农村经济,2017(4):42-48.

[58] 陈金香,康绍大.对农户小额信贷融资途径的探究——以河北易县扶贫经济合作社为例[J].经济研究参考,2014(35):41-43.

[59] 陈科.普惠金融的风险评估及风险防范研究[J].上海金融,2017(10):91-95.

[60] 陈新民.金融云服务在普惠金融领域的应用探索[J].清华金融评论,2017(3):70-72.

[61] 程恩江,刘西川.小额信贷缓解农户正规信贷配给了吗?——来自三个非政府小额信贷项目区的经验证据[J].金融研究,2010(12):190-206.

[62] 崔艳娟,刘旸.我国包容性金融发展水平评价研究——基于我国省际数据的分析[J].大连理工大学学报(社会科学版),2017,38(2):66-70.

[63] 丁杰.互联网金融与普惠金融的理论及现实悖论[J].财经科学,2015(6):1-10.

[64] 杜莉,潘晓健.普惠金融、金融服务均衡化与区域经济发展——基于中国省际面板数据模型的研究[J].吉林大学社会科学学报,2017(5):37-44.

[65] 杜强,潘怡.普惠金融对我国地区经济发展的影响研究——基于省际面板数据的实证分析[J].经济问题探索,2016(3):178-184.

[66] 范兆斌,张柳青.中国普惠金融发展对贸易边际及结构的影响[J].数量经济技术经济研究,2017(9):57-74.

[67] 高霞.当代普惠金融理论及中国相关对策研究[D].辽宁大学,2016.

[68] 宫晓林.互联网下的新金融形式[J].中国金融,2013(24):56-57.

[69] 韩晓宇,星焱.普惠金融的减贫效应——基于中国省级面板数据的实证分析[J].金融评论,2017(2):69-82.

[70] 何学松,孔荣.普惠金融减缓农村贫困的机理分析与实证检验[J].西北农林科技大学学报(社会科学版),2017,17(3):76-83.

[71] 胡辰.P2B互联网金融风险控制模式及实际应用[J].财经问题研究,2017(09):49-55.

[72] 胡联合,胡鞍钢.贫富差距是如何影响社会稳定的?[J].江西社会科学,2007(09):142-151.

[73] 黄昌隆,黄子奇,林庆元.粤东西北地区普惠金融发展水平测度及影响因素分析[J].广东经济,2017(3):71-82.

[74] 黄益平.数字普惠金融的机会与风险[J].新金融,2017(8):4-7.

[75] 霍兵.互联网金融的风险、监管层次和原则——基于互联网连接模式的视角[J].亚太经济,2014(6):34-38.

[76] 焦瑾璞,黄婷婷,汪天都.中国普惠金融发展进程及实证研究[J].上海金融,2015(04):12-22.

[77] 焦瑾璞.小额信贷和农村金融[M].北京:中国金融出版社,2006.

[78] 焦瑾璞.中国普惠金融体系的治理结构及其风险监管[C].IMI研究动态2017年上半年合辑,2017.

[79] 兰王盛,邓舒仁.数字普惠金融欺诈的表现形式及潜在规律研究——基于典型案例的分析[J].浙江金融,2016(12):68-73.

[80] 蓝庆新,韩羽来.基于Logistic模型的传统金融与互联网金融共生性研究[J].贵州财经大学学报,2018,No.195(4):40-47.

[81] 黎来芳,牛尊.互联网金融风险分析及监管建议[J].宏观经济管理,2017

(1):52-54.

[82] 李博,董亮.互联网金融的模式与发展[J].中国金融,2013(10):19-21.

[83] 李光磊.持续深入开展投资者教育工作[N].金融时报.2016年5月13日第007版.

[84] 李建伟.普惠金融发展与城乡收入分配失衡调整——基于空间计量模型的实证研究[J].国际金融研究,2017,366(10):14-23.

[85] 李猛.金融宽度和金融深度的影响因素:一个跨国分析[J].南方经济,2008(05):56-67.

[86] 李涛,徐翔,孙硕.普惠金融与经济增长[J].金融研究,2016(4):1-16.

[87] 李莹.互联网金融与传统金融相互融合后的未来银行[J].中央财经大学学报,2015(s1):34-39.

[88] 李元.城区农信社战略定位研究——以泰山区农村信用社为例[D].山东农业大学,2015.

[89] 刘国建.积极拥抱金融科技创新,深入推进信息化银行建设——中国农业银行信息科技工作2017年总结与2018年展望[J].中国金融电脑,2018(3).

[90] 刘澜飚,沈鑫,郭步超.互联网金融发展及其对传统金融模式的影响探讨[J].经济学动态,2013(8):73-83.

[91] 刘锡良,洪正.多机构共存下的小额信贷市场均衡[J].金融研究,2005(3):72-83.

[92] 刘晓春."去杠杆、降成本":商业银行服务实体经济的思考与实践[J].清华金融评论,2017(5):30-32.

[93] 刘燕云.互联网与普惠金融发展[J].中国金融,2015(9):85-86.

[94] 刘志洋,汤珂.互联网金融的风险本质与风险管理[J].探索与争鸣,2014(11):65-69.

[95] 卢一铭,张乐柱.互联网生态下中小银行普惠金融业务创新——以民生银行为例[J].海南金融,2017(1):82 88.

[96] 陆凤芝,黄永兴.普惠金融与城乡收入差距——基于省际面板数据的经验分析[J].山东工商学院学报,2017,31(4):103-111.

[97] 陆凤芝,黄永兴,徐鹏.中国普惠金融的省域差异及影响因素[J].金融经济学研究,2017(01):113-122.

[98] 陆岷峰,吴建平.互联网金融契合普惠金融发展研究[J].西部金融,2016(11):7-12.

[99] 马义华,李杰.互联网金融风险评估与防范研究——基于AHP和模糊综合评价实证分析[J].中国统计,2018,441(09):61-64.

[100] 马彧菲,杜朝运.普惠金融指数测度及减贫效应研究[J].经济与管理研究,2017,38(5):45-53.

[101] 年志远,贾楠.互联网金融监管与传统金融监管比较[J].学术交流.2017(01):117-122.

[102] 潘稔,崔冉.广西村镇银行发展问题研究[J].广西经济,2011(11):53-55.

[103] 乔海曙,杨彦宁.金融科技驱动下的金融智能化发展研究[J].求索,2017(9):53-59.

[104] 任碧云,张彤进.包容性金融发展与个人职业选择及收入变动:理论与经验研究[J].金融经济学研究,2015(5):16-28.

[105] 任碧云,张彤进.移动支付能够有效促进农村普惠金融发展吗?——基于肯尼亚M-PESA的探讨[J].农村经济,2015(5):123-129.

[106] 任春华,卢珊.互联网金融的风险及其治理[J].学术交流,2014(11):106-111.

[107] 师俊国,沈中华,张利平.普惠金融对投资效率的非线性效应分析[J].南方经济,2016,34(2):73-86.

[108] 宋晓玲,侯金辰.互联网使用状况能否提升普惠金融发展水平?——来自25个发达国家和40个发展中国家的经验证据[J].管理世界,2017(1):172-173.

[109] 孙英杰,林春.中国普惠金融发展的影响因素及其收敛性——基于中国省级面板数据检验[J].广东财经大学学报,2018(02):89-98.

[110] 汪炜,郑扬扬.互联网金融发展的经济学理论基础[J].经济问题探索,2015(06):170-176.

[111] 王博,张晓玫,卢露.网络借贷是实现普惠金融的有效途径吗——来自"人人贷"的微观借贷证据[J].中国工业经济,2017(2):98-116.

[112] 王达.美国互联网金融与传统金融的融合[J].学术交流,2015(6):124-128.

[113] 王海,净田原,杨伟坤.如何做到扶贫与经济双赢?——河北易县扶贫经济合作社调查[J].银行家,2016(3):100-104.

[114] 王婧,胡国晖.中国普惠金融的发展评价及影响因素分析[J].金融论坛,2013(6):31-36.

[115] 王立平,申建文.手机银行与农村普惠金融[J].中国金融,2016(3):50-51.

[116] 王子柱,张玉梅.从易县扶贫经济合作看户小额贷款的发展[J].商场现代化,2009(8):20.

[117] 吴晓灵.发展小额信贷促进普惠金融[J].中国流通经济,2013,27(5):4-11.

[118] 伍旭川,肖翔.基于全球视角的普惠金融指数研究[J].南方金融,2014(6):15-20.

[119] 谢家智,王文涛,李尚真.包容性金融发展的产业结构升级效应[J].当代经济研究,2017(3):74-83.

[120] 谢平.互联网金融的现实与未来[J].新金融,2014(4):4-8.

[121] 谢平,邹传伟.互联网金融模式研究[J].金融研究,2012(12):11-22.

[122] 谢平,邹传伟,刘海二.互联网金融的基础理论[J].金融研究,2015(08):1-12.

[123] 星焱.普惠金融:一个基本理论框架[J].国际金融研究,2016(9):21-37.

[124] 徐光顺,蒋远胜.信息通信技术与普惠金融的交互作用[J].华南农业大学学报(社会科学版),2017,16(2):37-46.

[125] 杨东.防范金融科技带来的金融风险[J].红旗文稿,2017(16):23-25.

[126] 杨军,张龙耀,马倩倩.县域普惠金融发展评价体系研究——基于江苏省52个县域数据[J].农业经济问题,2016(11):24-31.

[127] 杨松,张永亮.金融科技监管的路径转换与中国选择[J].法学,2017(8):3-14.

[128] 杨涛,贲圣林.中国金融科技运行报告(2018)[M].北京:社会科学文献出版社,2018.

[129] 姚金楼,王承萍,张宇."三农"领域发展数字普惠金融的调研与思考——基于供给侧结构性改革背景[J].金融纵横,2016(6):52-59.

[130] 姚文平.互联网金融:即将到来的新金融时代[M].上海:中信出版社,2014.

[131] 叶望春.探索金融科技人才发展之道[J].银行家.2018(5):132-133.

[132] 叶宗裕.关于多指标综合评价中指标正向化和无量纲化方法的选择[J].浙江统计,2003(04):24-25.

[133] 尹海员.金融科技创新的"监管沙盒"模式探析与启示[J].兰州学刊,2017(9):167-175.

[134] 尹应凯,侯蕤.数字普惠金融的发展逻辑、国际经验与中国贡献[J].学术探索,2017(3):104-111.

[135] 袁博,李永刚,张逸龙.互联网金融发展对中国商业银行的影响及对策分析[J].金融理论与实践,2013(12):66-70.

[136] 袁乐轶.信息经济理论综述[J].学术月刊,2003(6):110-112.

[137] 翟帅.江苏省普惠金融指数及其影响因素研究[J].财会月刊,2015(12):65-69.

[138] 詹韵秋.数字普惠金融对经济增长数量与质量的效应研究——基于省级面板数据的系统GMM估计[J].征信,2018(08):51-58.

[139] 张健. 中国互联网金融风险与监管体系改革的路径选择[J]. 亚太经济, 2018(6):78-82.

[140] 张江洋, 袁晓玲, 张劲波. 基于电子商务平台的互联网金融模式研究[J]. 上海经济研究, 2015(5):3-11.

[141] 张洁. 金融监管的理论综述[J]. 时代金融, 2011(9):57-57.

[142] 张景智. "监管沙盒"制度设计和实施特点:经验及启示[J]. 国际金融研究, 2018(01):57-64.

[143] 张天行. 我国普惠金融的立法障碍及其完善——以美国法律实践为镜鉴[J]. 华北金融, 2018(04):51-58.

[144] 张彤进, 任碧云. 包容性金融发展与城乡居民收入差距——基于中国内地省级面板数据的实证研究[J]. 经济理论与经济管理, 2017, 36(5):90-101.

[145] 张晓芬, 张羽. 互联网金融的发展对商业银行的影响[J]. 兰州学刊, 2013(12):137-141.

[146] 张正平, 杨丹丹. 市场竞争、新型农村金融机构扩张与普惠金融发展——基于省级面板数据的检验与比较[J]. 中国农村经济, 2017(1):30-43.

[147] 郑联盛. 中国互联网金融:模式、影响、本质与风险[J]. 国际经济评论, 2014(09):103-119.

[148] 郑中华, 特日文. 中国三元金融结构与普惠金融体系建设[J]. 宏观经济研究, 2014(7):51-57.

[149] 周斌, 毛德勇, 朱桂宾. "互联网+"、普惠金融与经济增长——基于面板数据的PVAR模型实证检验[J]. 财经理论与实践, 2017, 38(2):9-16.

[150] 周虹. 手机支付——我国支付领域金融科技发展策略选择[J]. 中央财经大学学报, 2009(7):36-39.

[151] 周科. 我国农村正规金融服务缺失的制度机理研究[D]. 西南大学, 2011.

[152] 周孟亮,李俊.普惠金融视角下小额贷款公司监管模式研究[J].吉首大学学报(社会科学版).2014(01):84-89.

[153] 周孟亮,李明贤.普惠金融视野下大型商业银行介入小额信贷的模式与机制[J].改革,2011(4):47-54.

[154] 周孟亮,李明贤,孙良顺."资金"与"机制":中国小额信贷发展的关键[J].经济学家,2012(11):94-101.

[155] 周小川.践行党的群众路线推进包容性金融发展[J].求是,2013(10):18-21.

[156] 朱俊杰,王彦西,张泽义.金融科技发展对我国产业结构升级的影响[J].科技管理研究,2017,37(19):31-37.

[157] 朱民武,曾力,何淑兰.普惠金融发展的路径思考——基于金融伦理与互联网金融视角[J].现代经济探讨,2015(1):68-72.

[158] 朱太辉,陈璐.Fintech的潜在风险与监管应对研究[J].金融监管研究,2016(7):18-32.

[159] 朱有为.证券经营机构利用互联网发展普惠金融业务研究[J].中国证券,2015(10):72-84.

后　记

作为国家社会科学基金重大项目"互联网金融的发展、风险与监管研究"（14ZDA043）的重要研究成果，《互联网金融时代中国普惠金融发展研究》这本著作已被列入"十三五"国家重点图书出版规划项目《中国互联网金融研究丛书》。发展中国家长期存在金融排斥现象，即有相当一部分客户群体，如小微企业、农户和低收入人群等被排斥在金融市场之外。1974年，穆罕默德·尤努斯在孟加拉国创立乡村银行小额贷款，开创性地为被排斥在金融市场之外的客户群体提供金融服务，并且取得了举世瞩目的成就。受孟加拉乡村银行小额信贷的启发，联合国将2005年的会议主题定为"国际小额信贷年"，倡议在世界范围内发展普惠金融（Inclusive Finance），中国政府对此给予高度重视和积极响应。

2005年中国小贷联盟成立。特别是迈进互联网金融时代后，互联网企业、电商平台及金融科技公司纷纷加入普惠金融供给与创新队伍，银行等金融机构借助互联网、大数据、云计算、人工智能和区块链等信息技术开拓由小微企业、农户和低收入人群构成的长尾市场，中国普惠金融发展取得了长足进步。但在互联网金融时代，中国普惠金融发展也不是一帆风顺的，还有不少理论与实践问题需要研究和解决。

作者以互联网金融时代为背景，围绕中国普惠金融发展的研究主题，采用定性与定量相结合的分析方法，特别是通过构建计量模型和选取大量样本数据，对中国普惠金融发展的历史演进、运作模式、测度指标体系和测度方法、中国普惠金融发展的广度和深度，以及中国普惠金融存在的风险等进行深入研究，进而提出在互联网金融时代加快中国普惠金融发展的对策性建议。

作为国家社会科学基金重大项目"互联网金融的发展、风险与监管"的首席专家，我在课题研究中意识到研究互联网金融时代中国普惠金融发展的重要理论价值与现实意义。因此，我指导查华超博士生并与重大项目组成员一起，对互联网金融时代中国普惠金融发展进行了深入研究，也取得了有较大影响的研究成果。

我和查华超博士是《互联网金融时代中国普惠金融发展研究》的共同作者。查华超曾在安徽电子信息职业技术学院任教，2013年9月以优良成绩考进南京大学商学院，在我的指导下攻读金融学专业博士学位，2019年获经济学博士学位，已主持和参加过省级科研项目9个，发表学术论文20余篇，现为安徽财经大学经济学院讲师。多年来，我与查华超亦师亦友，教学相长。在博士课程教学过程之外，我们经常在一起进行学术研究与交流，并在《经济与管理研究》2016年第10期共同发表了学术论文《中国金融市场化水平及测度》。

《互联网金融时代中国普惠金融发展研究》是在我和查华超共同写作的学术论文和查华超博士的学位论文基础上加以丰富与完善而最终定稿的。我们多次研究和改进写作提纲，反复修改和完善写作内容，已难以清晰界定彼此对这部著作的具体贡献，因为这部著作中的每个段落都融合了我和查华超的思想与文字。

作为作者，我们要感谢所有关心和支持国家社会科学基金重大项目"互联网金融的发展、风险与监管研究"顺利开展的专家、学者和博士；感谢南京大学出版社金鑫荣社长、学术出版分社郑蔚莉副社长对本书出版给予的帮助；感谢张静和徐媛编辑在本著作编辑与校对过程中付出的艰辛；感谢南京大学金融学专业博士生何涛协助校对了著作文稿中的部分文字。除已在著作中注明出处或列入的主要参考文献外，作者还参考了其他国内外文献和资料，在此也向所有文献和资料的著作权人表示由衷谢意。

由于各种原因，《互联网金融时代中国普惠金融发展研究》这部著作还会有一些疏漏与不足之处，敬请广大读者批评指正。

裴平

2022年5月20日

于南京大学安中楼

图书在版编目(CIP)数据

互联网金融时代中国普惠金融发展研究 / 查华超，裴平著. — 南京：南京大学出版社，2022.9
(中国互联网金融研究丛书 / 裴平主编)
ISBN 978-7-305-25605-9

Ⅰ.①互… Ⅱ.①查… ②裴… Ⅲ.①互联网络—应用—金融—研究—中国 Ⅳ.①F832.2

中国版本图书馆 CIP 数据核字(2022)第 058384 号

出版发行	南京大学出版社
社　　址	南京市汉口路 22 号　　邮　编　210093
出 版 人	金鑫荣
丛 书 名	中国互联网金融研究丛书
丛书主编	裴　平
书　　名	**互联网金融时代中国普惠金融发展研究**
著　　者	查华超　裴　平
责任编辑	徐　媛
照　　排	南京南琳图文制作有限公司
印　　刷	南京爱德印刷有限公司
开　　本	787 mm×1092 mm　1/16　印张 25.25　字数 390 千
版　　次	2022 年 9 月第 1 版　2022 年 9 月第 1 次印刷
ISBN	978-7-305-25605-9
定　　价	128.00 元

网址：http://www.njupco.com
官方微博：http://weibo.com/njupco
官方微信号：njupress
销售咨询热线：(025) 83594756

* 版权所有，侵权必究
* 凡购买南大版图书，如有印装质量问题，请与所购
  图书销售部门联系调换